KB044684

니사
Nisa

니사

2008년 9월 19일 초판 1쇄 펴냄
2015년 3월 30일 초판 2쇄 펴냄

펴낸곳 (주)도서출판 삼인

지은이 마저리 쇼스탁
옮긴이 유나영
펴낸이 신길순
부사장 홍승권
편집 김종진 김하얀
미술제작 강미혜
마케팅 한광영
총무 정상희

등록 1996.9.16. 제 10-1338호
주소 120-828 서울시 서대문구 성산로 312 북산빌딩 1층
전화 (02) 322-1845
팩스 (02) 322-1846
E-MAIL saminbooks@naver.com

표지디자인 (주)끄레어소시에이츠
제판 문형사
인쇄 대정인쇄
제책 예인바인텍

ISBN 978-89-91097-84-1 93380

값 24,000원

니사

칼라하리 사막의 !쿵족 여성 이야기

마저리 쇼스탁 지음 | 유나영 옮김

삼인

니사와 그녀의 동족들에게,

생존을 위한 투쟁에서

그들이 지금까지 그랬던 것처럼

미래에도 승리하길 빌며

일러두기

1. !쿵 말에서 '/'는 치음齒音('쯧쯧' 하고 혀를 차는 소리와 비슷하다.), '≠'는 치조음齒槽音
(입맛 다시는 쩝쩝 소리와 비슷하다.), '!'는 치조구개음齒槽口蓋音(아이를 어를 때 혀끝으로
입천장을 차면서 '딱딱' 하고 내는 소리와 비슷하다.), '//'는 측음側音(말에게 '이랴' 하고
나서 '쩟쩟' 하고 내는 소리와 비슷하다.)을 나타낸다.

원서에 따라 이 책 본문에서는 !쿵 말 가운데 !쿵, 느/움, 준/트와, 준/트와시 등 몇 단어를
제외하고는 혀 차는 발음을 표시하는 기호를 생략했고, 용어 설명과 지명, 인명 목록에서는
온전히 표기했다.

2. 본문에서 영문, 한자, !쿵 말을 병기할 경우 음을 따라 읽은 것과 뜻을 적은 것 모두 괄호 없
이 첨자로 달았다.

꒰ꕤ꒱

나는 이야기의 문을 깨뜨려 열고

그 안에 든 것을 당신께 들려드립니다.

모래 속에 휩쓸린 물건처럼,

내가 이야기를 끝내면

바람이 이 모두를 쓸어 갈 것입니다.

— 니사

서론

Introduction

누웠는데 또 진통이 왔어. 진통이 점점 심해지고, 간격도 점점 더 밭아지더니 밑이 축축해지네. '정말 아기가 나오려나 보다.' 싶어 일어나 앉았어. 자고 있는 타셰이(니사의 남편—옮긴이)에게 담요를 덮어 주고. 담요 하나랑 작은 영양 가죽 하나를 꺼내 들고 나왔어. 거기 나 혼자만 있었냐고? 여자라고는 시할머니뿐이었는데 오두막에서 주무시고 계셨어. 그래서 그냥 나 혼자 나왔지.

마을에서 조금 걸어 나와서 나무 밑에 앉았지. 거기 앉아서 기다렸어. 아기가 아직 준비가 안 되었는지, 누웠는데도 나올 생각을 안 하기에 다시 일어나 앉아서 나무에 기대 있는데, 또 진통이 와. 계속 진통이 오락가락해. 아기가 금방이라도 튀어나올 것 같은 느낌인데! 그러다 진통이 또 멈춰. "왜 빨리 안 나오는 거야? 빨리 나와서 좀 쉬게 해 주지 않고. 그 안에서 뭉개 봤자 득 될 게 뭐 있다고! 제발 빨리 좀 나와라!" 그랬지.

그런데 아기가 나오기 시작했어. 나는 속으로 '울지 말아야지. 참고 앉았어야지. 봐, 이제 아기가 나오고 있잖아. 조금만 있으면 괜찮아질 거야.' 했어. 하지만 너무 아파! 비명이 터져 나오려는 걸 꿀꺽 삼켰지. '소리가 시집 식구들 있는 마을에까지 들렸겠다.' 그러다가, '아기가 벌써 다 나온 건가?' 그러다가. 확실히 잘 모르겠는 게, 그냥 병이 나서 그런 건지도 모르잖아. 그래서 마을을 떠나올 때 아무에게도 말을 못했던 것도 있어.

그러다 어찌해서 아기가 나왔어. 일어나 앉았는데, 어떻게 해야 할지도 모르겠고 아무 느낌도 없어. 아기가 누워서 손가락을 빨려고 팔을 버둥대더니 우네. 나는 그냥 앉아서 애를 들여다보고 있었지. 속으로 '이게 정말 내 아인가? 이 아이를 누가 낳은 건가?' 그러고. '이렇게 큰 것이? 어떻게 이게 아랫구멍으로 나온 거지?' 싶어서 하염없이 아기를 들여다보고 또 들여다봤어요.

추위가 밀려오기에 배를 덮었던 영양 가죽을 끌어다 아기한테 덮어 주고 나는 가죽외투를 뒤집어썼어. 그러고 좀 있다 태반이 나와서 그걸 땅에 묻고. 추워서 온몸이 덜덜 떨려. 멍하니 덜덜 떨고 앉아 있었지. 아직 탯줄을 묶지도 않았어. 그러다가 아기를 보고 '이제 울지도 않네. 마을로 가서 숯을 좀 가져다 불을 피워야겠다.' 하는 생각이 들어서, 아이를 담요로 감싸 그 자리에 놓아두고(그때 내가 뭘 알았겠어?) 가죽조각으로 배를 두른 다음에 마을로 돌아갔지. 가는 도중에 아이가 다시 울음을 터뜨리더니 도로 잠잠해졌지. 나는 숨을 헐떡이면서 걸음을 재촉했어. 사타구니가 아프지 않았냐고? 그저 뛰어야 된다는 생각뿐이었지. 정신이 몽롱한 데다 감각도 없었어.

도착하니까 가슴이 쿵쾅쿵쾅 뛰어. 오두막 바깥에 불 피워 놓은 데 앉아 몸을 좀 녹이고 일단 숨을 돌렸지. 타셰이가 깨서 일어나 앉더니, 내배와 다리에 흘러내린 피를 보고 괜찮냐고 묻기에 괜찮다고, 걱정 말라고 했지. "어디서 아기 우는 소리를 들은 것 같은데?" 그러기에 저기 내가 몸을 푼 데 아기가 누워 있다고 그랬지. 아들이냐고 묻기에 딸이라고 말해 줬어. 그랬더니 "세상에! 당신 같이 자그마한 계집아이가 혼자서 애를 낳았단 말이야? 도와주는 여자도 없이!" 그래.

그 사람은 그때까지 곤히 잠든 자기 할머니를 불러 깨우더니 마구 고함을 쳤어. "지금 어린 여자애가 혼자 애를 낳았는데, 대체 뭐하고 계시는 거예요? 애 낳다 죽기라도 했으면 어쩌려고요? 이이 친정어머니도 옆에 없는데, 친정어머니가 돌봐 줄 줄 알고 이이를 이렇게 내버려 둘 작정이었나요? 애 낳을 때의 고통은 불같고 해산하는 일은 험악해서 죽을 수도 있다는 거 아시잖아요? 할머니도 안 도와주셨으니 혼자서 얼마나 무서웠겠어요! 어른이 애한테 이럴 수 있어요?"

그때 아기가 또 울음을 터뜨렸어. 나는 혹시 자칼이 와서 아기를 해치지나 않을까 무서워서, 불붙은 장작을 움켜쥐고 아기한테로 도로 달려가서 불을 피우고 앉았어. 타셰이는 "빨리 가세요. 가서 탯줄 끊어 주세요. 손자며느리가 혼자 애를 낳도록 내버려 두다니 어떻게 그러실 수가 있어요?" 하고 소리소리 질렀지.

그래 할머니가 일어나서 타셰이를 따라 내가 아이랑 앉은 데로 와서는 "우리 며느리……, 우리 며느리……" 하고 나직하게 다독이면서 아이를 어르고, 탯줄을 끊고, 뒤치다꺼리를 해 주셨지. 그러고 나서 아이를 안아 들고 다 함께 마을로 돌아왔어. 나는 오두막 안에 들어가 누웠지.

다음 날 남편은 밖에 나가서 샤 뿌리와 몽공고 열매를 구해 껍질을 깨서 먹여 주었어. 하지만 여전히 속이 쓰리고 아팠지. 그래 다시 나가더니 이번엔 날쥐를 잡아 와서 삶았어. 그 국물을 마시면 젖이 잘 나온다고 하거든. 하지만 나는 그래도 젖이 나오지 않았어.

그때 우리는 황야 한가운데에 있어서 애한테 대신 젖을 물려 줄 사람이 아무도 없었어. 아기는 그저 누워 있었고 그렇게 사흘이나 굶긴 다음에야 한쪽 가슴이 불기 시작했어. 그리고 그날 밤에 다른 쪽 가슴에서도 젖이 나오고. 가슴이 좋은 젖으로 가득 찰 때까지 나쁜 젖을 짜서 버렸어. 아기는 정말 끝도 없이 젖을 빨고 또 빨다가 겨우 배가 차니까 잠이 들었지.

＊ ＊ ＊

이 이야기는 아프리카의 보츠와나에서도 오지인 칼라하리 사막 북부에 사는, '니사'라는 쉰 살 난 여성이 내게 !쿵족 말로 들려준 것이다. (!는 치조구개음齒槽口蓋音을 나타내는 발음기호다. 아이를 어를 때 내는 소리와 유사하게 혀끝으로 입천장을 '딱' 하고 한 번 차고 '쿵'이라고 발음한다.—옮긴이)

때는 1971년, !쿵 산족 사이에서 스무 달 동안 행한 현지 조사가 막바지에 다다랐을 때쯤이었다. !쿵 산족은 그들의 전통적인 생계 수단인 수렵채집에서 막 벗어나기 시작하던 참이었다. 그러나 니사의 가족과 그녀가 아는 사람들은 생애 대부분을 조상들이 살던 방식 그대로, 반건조 사바나 환경에서 야생식물을 채집하고 야생동물들을 사냥하면서 살아왔다.[1]

생활 방식으로서의 수렵채집은 이제 거의 사라졌지만, 인류가 지구상에 존재했던 시간의 거의 90퍼센트를 영위해 온 생존 수단이다. 여기에 인류의 선조들이 진화해 온 역사까지 더하면 3백만 년에 달하며, 이는 인류사에서 거의 99퍼센트에 가까운 기간이다. 수렵채집 활동은 1만 년가량 유지되어 온 농업사회나, 이제 겨우 200년밖에 안 된 산업사회에 비하면 인류에게 훨씬 보편적인 경험인 셈이다. 오늘날 인류의 특질과 성품은 수렵채집 환경 속에서 형성되었다 해도 과언이 아니다.

이는 결코 !쿵 산족이나 현존하는 다른 수렵채집민들이 다른 사람들에 비해 덜 진화했다는 의미가 아니다. 생물학적 의미에서 모든 사람들은 지난 수만 년 동안 그러했듯이 기본적으로 유사하다. 현존하는 수렵채집민들은 다른 사회 인간들과 똑같은 지적·감정적 잠재력을 지녔다. 사실 그들은 성공한 삶의 방식을 보여 주고 있다. 적어도 존속 기간 측면에서 보면, 수렵채집은 인간이 환경에 대응해 고안해 낸 가장 성공적인 적응 방식이라 할 수 있다.

니사는 마지막 남은 몇 안 되는 전통적 수렵채집 사회의 일원이다. 자신들을 '진짜 사람'이라는 뜻의 '준/트와시Zhun/twasi'(/는 치음齒音을 나타내는 발음기호다. '쯧쯧' 하고 혀를 차는 소리와 비슷하다.—옮긴이)라고 부르는 이들은 보츠와나, 앙골라, 나미비아 벽지에 고립된 채 살고 있다. 과거에는 이들을 '송콰스Sonquas'라고 불렀고 보츠와나에서는 '바사르와 Basarwa'라고도 하며, '!쿵 부시맨!Kung Bushmen'이나 '!쿵 산!Kung San', 또는 그냥 '!쿵!Kung'족이라고도 부른다. 이들은 대체로 키가 작고—평균 150센티미터 정도—날씬하며 근육질이다. 아프리카인치고는 피부색이 밝은 편이며, 광대뼈가 높고 다소 동양적인 눈매를 가졌다. 이들은 이웃한 유목민인 코이-코이Khoi-Khoi족과 더불어 주변에 살고 있는 다른 아프리카 흑인들과는 구별되는 신체적 특징을 지녔다. 생물학자들은 이들을 '코이산Khoisan'이라는 구별된 인종 집단에 속하는 것으로 본다.(이 용어에서 현재 그들 부족을 가리키는 명칭이 유래되었다. 즉 '코이Khoi'는 호텐토트 Hottentots를, '산san'은 부시맨Bushmen을 가리킨다. '호텐토트'나 '부시맨' 같은 말은 우리에게 좀더 익숙하기는 하지만 경멸의 뜻을 담고 있다.)

1963년, 하버드 대학의 인류학자인 어빈 드보어Irven DeVore와 리처드 리Richard Lee는 최초로 니사가 속한 부족, 즉 보츠와나 북서부의 도베 지역에 거주하는 전통적인 !쿵 산족과 접촉을 시도했다.[2] 이들은 !쿵족의 삶을 전문적으로 연구하고자 다양한 분야의 학자들과 더불어 장기간 조사를 수행했다. 그들은 !쿵족의 건강과 영양 상태, 인구 분포, 고고학, 영유아의 양육·발달 상태, 양육 관습, 성비, 치료 의례, 민간전승, 여성의 생애 주기 등을 비롯해 이들의 삶에 대한 다양한 정보들을 수집했다. 나와 남편이 여기에 참여한 것은 이 프로젝트가 시작된 지 6년이 흘러 거의 막바지에 다다른 1969년이었다. 우리는 !쿵족과 함께 살면서 일하기 위해 합류했다.

나는 아프리카로 떠나기 전에 이미 조사를 통해 유용한 정보들을 어느 정도 접했다. 그리고 선행 연구자들이 전해 준 !쿵족과 그들의 생활 방식에 대한 정보를 기꺼이 받아들였다. 하지만 그들이 진짜 어떤 사람들인지, 그리고 자기들의 삶을 어떻게 느끼는지에 관해 물었을 때 내가 들은 대답은 너무나 다양했다. 답변들은 !쿵족에 대한 객관적인 지식보다는 개별 인류학자들의 성격을 더 많이 반영하고 있었다. 누구랑 이야기해도, 무엇을 읽어도, 내가 진정으로 !쿵족을 이해하고 있다는 느낌을 받지 못했다. 그들은 자기 자신, 자신의 어린 시절이나 부모에 대해 어떻게 느낄까? 배우자들끼리는 서로 사랑할까? 또는 질투를 느낄까? 결혼 후에도 사랑이 계속 유지될까? 그들의 꿈은 무엇일까? 그들도 나이 드는 것이나 죽음을 두려워할까? 무엇보다도 나는 !쿵족 여성들의 삶에 관심이 쏠렸다. 내가 속한 문화와 외견상으로 그토록 확연히 다른 문화에서 여성으로 산다는 건 어떤 것일까? 어딘지 보편적인 요소가 있지 않을까? 만일 그렇다면 얼마나 일치할까?

내가 현지 조사에 들어간 때는 내가 속한 문화권에서 결혼과 섹슈얼리티에 대한 전통적인 가치들이 의문시되기 시작하던 시기였다. 여성 운동이 막 힘을 얻으면서 전통적으로 당연시되던 서구 여성의 역할을 재검토할 것을 요구하고 있었다. 나는 현지 조사를 통해 그러한 운동이 제기한 쟁점들을 좀더 명확히 밝힐 수 있지 않을까 하는 희망을 가졌다. 어쩌면 !쿵족 여성들이 어떤 해답을 줄 수 있을지도 모를 일이었다. 그들 역시 가족들이 먹을 식량을 대부분 마련했고 아이들을 돌보면서 아내 역할까지 하고 있었다. 게다가 그들의 문화는 우리와는 달리 여성을 둘러싸고 이러쿵저러쿵해 대는 사회 정치 세력에 의해 계속해서 혼란을 겪고 있지도 않았다. 물론 !쿵족 역시 문화적 변동을 경험하고 있지만, 아직은 미약한 정도이고 아주 최근 일이어서 이러한 변화는 그들의 전통적인 가치 체계를 건드리지는 못했다. 오늘날 !쿵족 여성들의 삶이 어떠한지를 밝히는 연구를 하면서 아마도 지난 세대 수천 년 동안 그들의 삶이 어떠했는지를 드러낼 수 있을 터였다.

조사지에 도착해 나는 !쿵 사람들의 삶을 이해하고자 온갖 노력을 기울였다. 그들의 언어를 배우고, 채집 여행에 동행하고, 그들과 같은 오두막에서 기거하며 그들이 먹는 황야 음식만을 먹고, 모닥불 주위에 둘러앉아 그들이 토론하고 논쟁하고 이야기하는 것을 귀 기울여 들었다. 나는 직접 참여하고 관찰하면서 아주 귀중한 관점을 체득했다. 또 주위를 둘러싼 환경에 대한 그들의 방대하고도 섬세한 지식에 깊은 인상을 받았다. 사막에서 동물과 사람의 자취를 해독해 내는 기술이나, 말라비틀어진 덩굴 숲 사이에서 땅 밑에 숨어 있는 물 먹은 뿌리를 찾아내는 기술은 그러한 지식에 근거한 것이었다. 나는 그들이 누구는 더 가지고 누구에겐 덜 돌아가지 않도록 채소나 고기 또는 생활용품을 서로 나누는 모습을 관찰했다. 또 밤늦게까지 이어지는 긴 토론을 거쳐 다툼이 해결되는 과정을 예의 주시했다. 그 토론에서는 합의에 다다를 때까지 갖가지 의견들이 난무하곤 했다. 나는 사냥꾼들이 자기의 무용담을 이야기하고, 음악가들이 자기가 작곡한 노래를 부르며 악기를 연주하고, 이야기꾼들이 몸이 들썩이는 재담으로 청중들을 웃기는 광경을 지켜보았다. 그때마다 나는 그들이 보이는 거의 수줍음에 가까운 겸손한 태도에 주목했고, 자기 자랑이나 거만한 행동이 나쁜 행실로 여겨진다는 것을 알았다. 나는 그들의 치유 의례에 참가해 힘 있고 감동적인 의례가 공동체를 굳게 결속하는 과정을 보았다.

나는 조사지에서 머무른 단 몇 달 동안에 이 모든 것들을 지켜보고 전율했다. 하지만 이 모든 사건들이 !쿵 사람들에게 어떤 의미가 있는지까지 이해하지는 못했다. 가령 나는 그들이 서로에게 얼마나 의존하며 평소에 얼마나 가까운 거리를 두고 앉는지 관찰할 수 있었지만, 그들이 자기들끼리의 관계와 자신들의 삶에 대해 어떤 생각을 하는지까지 이해할 수는 없었다. 그것은 관찰로는 얻기 어려운 정보였다. 나는 !쿵 사람들이 자기 자신에 대한 이야기를 해 주기를 바랐다.

사람들과 대화하고, 그들이 내게 마음을 열고 이야기해 주기를 청하는 것이 내 현지 조사의 초점이 되었다. 나는 주로 여성의 삶에 관심이 있었고 남자들보다 여자들과 이야기하는 게 아무래도 더 편했기 때문에, 작업 방향은 거의 여성들에게만 향해 있었다. 내가 그들에게 소개한 내 모습은 그 당시 내가 스스로를 보던 시각과 아주 비슷했다. 나는 최근에 결혼했고, 사랑, 결혼, 섹슈얼리티, 일, 정체성 등의 문제, 즉 기본적으로 여성성이라는 것이 내게 어떤 의미를 가지고 있는지를 놓고 씨름하는 젊은 여성이었다. 나는 !쿵 여성들에게 여성으로 산다는 것이 그들에게 어떤 의미를 지니는지와 인생에서 중요한 사건들이 무엇인지를 물어보았다.

그중 한 여성—니사—이 자기 경험을 풀어내는 남다른 소질로 깊은 인상을 남겼다. 나는 이야기꾼으로서 그녀가 지닌 재능에 매혹되었다. 그녀는 신중하게 단어를 골라 이야기에 극적 긴장을 불어넣어 가며 말했으며 다채로운 경험을 풀어냈다. !쿵 사람들과 했던 수백 건의 인터뷰를 통해, 나는 인간의 감정은 보편적이라는 것을 깨달았다. 니사의 이야기는 낯선 내용이었지만 그런 깨달음을 더욱 깊이 있게 해 주었다.

전통적인 !쿵 마을로 걸어 들어가는 방문객은 광활한 하늘 아래 서 있는 그 마을이 얼마나 연약하고 부서지기 쉽게 보이는지, 주위를 둘러싼 덤불의 키 큰 풀과 듬성듬성한 나무들 한가운데에서 그 모습이 얼마나 생경해 보이는지 놀랄 것이다. 그리고 작은 초가 오두막이 예닐곱 채 줄지어 늘어선 곳에 가까이 다가가면, 그 집들이 얼마나 나지막하고 또 얼마나 서로 가까이 붙어 있는지 알아보게 될 것이다. 그 한가운데 아이들이 자주 뛰노는 둥그런 공터는 뱀이나 그 기어간 자국이 쉽게 눈에 띄도록 풀과 덤불을 깨끗이 치워 놓았다.

만약 한창 추운 6~7월에, 그것도 동틀 무렵에 도착한다면, 아직까지 오두막 앞 불가에 사람들이 담요와 짐승 가죽을 겹겹이 덮고 웅크려 잠들어 있는 모습을 볼 것이다. 벌써 일어난 몇몇은 숯에 불을 때고 불씨를 살려 쌀쌀한 아침 공기에 얼어붙은 몸을 녹인다. 대부분 사람들은 느지막이 아침을 시작한다. 겨울 추위가 가져다 준 작은 사치다. 하지만 덥고 건조한 10~11월이라면 동틀 무렵부터 벌써 깨어 돌아다니는 이들을 많이 보게 될 것이다. 뜨거운 열기를 피해 그늘 밑에서 쉬어야 하는 한낮이 오기까지 몇 시간을 아껴 사냥과 채집을 하려면 일찍 일어나야 하기 때문이다.

칼라하리 사막 언저리에 위치한 도베 지역은 반건조생태계로 분류된다. 잡초와 잡목, 가시나무와 말라비틀어진 나무들로 덮인 이 땅은 겉보기엔 단조로운 평지처럼 보이지만 실은 낮은 언덕, 사구, 평지, 마른 강바닥 등 다양한 지형으로 이루어져 있다. 강에는 10년에 두 번 정도만 물이 흐른다. 해발고도는 약 990미터이며, 기온은 겨울엔 영하로 떨어지고 여름엔 평균 섭씨 38도 정도다. 우기는 대여섯 달 동안 계속된다. 연 강수량은 130밀리미터에서 1,000여 밀리미터까지 변동이 심하다. 짧은 가을(4~5월)이 지나면 겨울이 서너 달 이어지며, 그중 6주가량은 밤 기온이 영하 언저리로 떨어진다. 봄은 8월 하순경에 시작되지만 곧 덥고 건조한 여름으로 바뀐다. 이 기간에는 섭씨 43도를 웃도는 날도 드물지 않다.

이 지역은 마실 만한 물도 부족한 데다 주변 인구 밀집 지역과의 사이에 물을 구할 수 없는 지대가 넓게 버티고 있고 전반적인 환경이 워낙 가혹해서, 유럽인이나 반투어족 등 외부인의 잦은 이주로부터 오랫동안 보호되어 왔다. 그러나 역으로 이러한 환경이 수렵채집에는 알맞은 조건을 제공했음에 틀림없다. 고고학 발굴 결과를 보면 이곳 도베 지역에 수렵채집민들이 1만1천 년 이상을 지속적으로 거주해 왔음을 알 수 있다.

!쿵족은 이렇게 끊임없이 변화하는 극단적인 환경 조건에 대응할 능력을 갖춘 생존의 달인들이다. 그 성공의 열쇠는 적응 능력에 있다. 반영구적인 마을이나 캠프에서 사는 사람들은 약 열 명에서 서른 명 정도다. 무리가 이동할 때마다 모든 가재도구를 싸들고 다녀야 하기 때문에 사유재산은 최소화해야 한다.(한 사람이 소유하는 짐의 무게는 평균 11킬로그램을 넘지 않는다.) 도구나 기구를 제작하는 기술은 비교적 단순하고, 집집마다 그런 기술을 보유하고 있다.

존재하는 재산은 모두 개인에게 속하며, 소유자는 자기 재산을 마음대로 처분할 수 있다. 하지만 물건은 대부분 결국 다른 사람들에게 주어져 빈번히 교환되는 재화 연결망network of goods의 일부가 된다. !쿵 사람들은 모두 이런 호혜적인 선물 증여에 참여하지만, 한 사람이 선물을 주고받는 파트너 수는 몇 명에 불과하다. 선물을 주는 것은 매우 의례적인 행사이고 사람들은 누가 언제 무엇을 누구에게 주었는지 정확히 기억한다. 이러한 교환 관계는 평생 동안 지속되고 때로는 자식 대까지 물려지며, 부의 분배를 고르게 하는 역할을 한다. 여기에 더해 음식과 고기가 일상적으로 분배되어 평등에 가까운 상태가 이루어진다. 아프거나 어려운 일이 있을 때 서로 도움을 베푸는 너그러운 관습 또한 한몫한다.

가정생활이나 공동생활은 야외에서 이루어진다. 오두막은 너무 작아서 자는 것 외에 다른 활동을 할 여지가 별로 없다. 오두막마다 입구 앞에 불을 피우는 자리가 마련되어 있어서, 그 주변이 사실상 (핵가족) 식구들과 방문객들의 생활공간이 된다. 오두막 입구는 모두 넓은 공동의 공간을 향해 안쪽으로 나 있다. 빈 땅이 넓어서 프라이버시를 확보하기가 어렵지 않은데도 굳이 이러한 배치를 취한 것은 사회생활을 중요시하려는 의도인 것 같다. 가끔씩 덤불숲에서 밀회할 때를 제외하고는, !쿵 사람들에게 프라이버시란 그다지 중요한 가치가 아니다. 그들이 일상에서 더욱 소중히 여기는 가치는 공동체 의식이다.

야영지의 주거 형태는 유동적이고 날마다 달마다 잦은 변화를 겪는다. 하지만 모든 캠프에는 그 중심에 지금까지 성공적으로 생존해 온, 서로 긴밀히 결속된 연장자들로 이루어진 안정된 핵심부가 있다. 이 핵심 그룹은 오랜 기간, 추측건대 성인이 된 후 줄곧 함께 지내면서 음식과 물건을 공유하고, 그들이 전통적으로 출입하는 지역에서 함께 식량을 채집해 온 사람들인 듯하다. 이 지역에서 가장 오래 산 사람들의 후손들이 '소유'하고 있다고 인정되는 땅은 광활하지만 경계가 지어져 있는데 약 650평방킬로미터 정도다. 하지만 이런 혈연관계가 몇 대 이상 거슬러 올라가는 법은 별로 없다. 땅에 대한 접근권은 독점적이지 않은 공동의 권리이며, !쿵 사람들의 삶이 대개 그런 것처럼 융통성이 있다. 사람들은 대부분 방문객이나 거주자 자격으로 다른 지역에서 살고, 식수원 근처에 잠시 머무는 것도 다른 사람의 거주권을 침해하는 일은 아니다. 방문객들—원래 살던 지역에 잠시 식량이 부족해져서 이동해 왔을—은 다른 지역의 식수, 사냥감, 식물을 채취하기 전에 '주인'의 허락을 구하는 것이 통례다. 그런 부탁이 받아들여졌을 때는 나중에 다른 일로 보답해야 할 의무가 생긴다.

소유권이 배타적인 특권으로 변질되는 일은 거의 일어나지 않는데, 이는 실제로 부족의 모든 구성원들이 직·간접적으로 핵심 성원과 관계를 맺고 있으며, 따라서 그들 지역의 자원에 자유롭게 접근할 수 있기 때문이다. 소유자의 후손들 가운데 연장자는 지배적인 위치에 서게 되지만,

그것도 그가 개인적으로 지도자의 자질을 보일 때만 그렇다. 일반적으로 !쿵족은 위계질서가 없고 추장 또는 수장首長, headman 같은 공인된 권력자도 없다. 집단의 결정은 합의에 의해 이루어진다. 지도자 역할을 하는 사람들이 몇몇 있지만, 그들의 영향력은 주로 사람들로부터 받는 사적인 존경에서 유래하는 것이다.

전통적인 !쿵 집단은 (교역에 의해 얻는 철만 제외하고) 경제적으로 자급자족한다. 어린이와 15세 이하의 청소년과 60세 이상의 노인들은 식량을 구하는 일에 거의 기여하지 못하고, 나머지 사람들도 일주일에 2~3일만 일한다. 나머지 시간은 집안일, 요리, 음식 나르기, 아이 돌보기, 도구 만들고 손질하기, 옷이나 집 짓는 일 따위로 보낸다. 그러고도 여가 활동을 하기에 충분한 시간이 남아서 노래를 지어 부르고, 악기를 연주하고, 정교한 구슬장식을 꿰고, 이야기를 하고, 게임을 하고, 아니면 마실을 가거나 그냥 누워서 쉬는 것이다.

전통적인 !쿵 사람들의 생활에서 중심이 되는 의례 행사는 부족의 모든 구성원들이 참가하는 치료 의례의 황홀경 춤이다. 주술사들은 황홀경에 들어가 환자의 몸에서 병을 의례적으로 끄집어내고, 다른 성원들은 노래와 박수와 춤으로 그들의 노고에 힘을 실어 준다. 이 춤은 매우 오래된 전통으로 한 달에 몇 차례부터 일주일에 몇 차례까지 장소를 가리지 않고 행한다. 사실 너무 오래돼서 그 기원은 살아 있는 가장 나이 든 !쿵 노인들도 가늠할 수가 없다. 그 오랜 역사는 바위그림에 묘사된 장면, 바위에 새겨진 원무圓舞와 고고학적 발굴을 통해 확인되며, !쿵과 다른 언어를 쓰고 수백 킬로미터 떨어진 곳에 사는 다른 산족 집단에서도 형식, 내용, 음악적 양식 면에서 비슷한 춤이 나타나는 것으로도 확인할 수 있다.

식량을 구하러 떠나든 멀리 떨어진 마을로 친척을 만나러 가든, 여행은 보통 우기나 그 직후에 많이 한다. 이때는 사바나 전역에서 물을 구할 수 있는 데다 식량 자원도 풍부하고 다양하기 때문이다. 해가 저물어 그날의 여정이 마무리되면 주변의 덤불과 풀을 순식간에 치우고 최소한의 피신처를 세운다. 그리고 큰 모닥불을 피워 밤의 어둠과 주위의 덤불로부터 안전한 영역을 확보한다. 일행이 이곳에 계속 머물 요량이거나, 혹시라도 우기의 소나기나 천둥벼락이 내릴 것 같으면 풀로 된 은신처를 더욱 견고하게 세운다. 그러나 한 장소에서 몇 주 동안 머물면 주위의 주된 식량 자원들을 전부 소진하게 되므로 다시 떠나야 한다. 어쩌다 큰 동물을 사냥하게 되면 더 오래 머물 수도 있지만, 그럴 경우에도 사냥한 동물이 쓰러져 있는 장소로 집단 전체가 이동해야 한다.

일시적인 물웅덩이나 반영구적인 샘이 말라 버리면, 사람들은 영구적인 식수가 있는 지역으로 다시 이동해 겨울 동안 머물 새 야영지를 세운다. 큰 나무 뿌리 사이에 고인 물에 의지해 가면서 잠시 황야를 여행할 수도 있지만, 온도와 습도가 떨어지면—이는 겨울이 왔고 앞으로 오랫동안 비가 오지 않는다는 신호다—의지할 수 있는 물이라고는 모래 속 깊이 묻힌 나무뿌리나 근처에 흩어진 멜론을 쥐어짜서 얻는 즙이 전부다. 밤에 혹독한 추위가 찾아오고 낮에는 구름 한 점 없이 바람 부는 날씨가 되면, 대부분 집단은 영구적인 샘 주위에서 서너 달씩 머무른다. 사람들이 큰 무리를 지어 한 지역에 모여들면—때로는 200명이 넘게 모이기도 한다—공동체의 의례와 사회생활은 더욱 강화되게 마련이다. 이때는 황홀경 춤판도 더 자주(일주일에 두세 번까지) 벌이고, 비슷한 또래의 소년들이 여럿 모여야 가능한 성인식 의례도 치르며, 서로 선물을 주고받기도 하고,

결혼식 날짜도 잡는다.

한 군데 집중된 자원에 여러 사람이 의존해서 살 경우 불가피하게 긴장이 조성되기도 한다. 특히 식량을 구하러 나가야 하는 거리가 길어지고, 덥고 건조한 계절이 다가오면 여행하기가 어렵고 불쾌해지기 때문에 더 그렇다. 게다가 많은 사람이 좁은 장소에 모여들면 갈등이 증폭되게 마련이므로 그런 야영지에서는 싸움도 더 자주 일어난다. 싸움은 격렬하고 폭발적이지만, 대부분 심각한 사고 없이 빨리 마무리된다.(하지만 1948년 이전에는—이때는 한 반투인 추장이 공식적으로 도베 지역의 츠와나Tswana 관습법을 관리하도록 임명되었는데—싸우다가 독화살을 맞아 죽은 사람들도 상당히 많았다고 한다.) 그러다 마침내 비가 내려 바싹 마른 들판에 일시적으로 드문드문 오아시스가 생기면 사람들은 소집단을 이뤄 다시 식량을 채집하러 출발하는데, 그 구성원은 몇몇 멤버가 떠나고 또 다른 멤버가 들어오면서 조금씩 바뀐다.

하루 단위의 생계도 계절 단위의 순환만큼이나 복잡하게 편성된다. !쿵 여성들이 전체 식량 소비량의 대부분(무게로 계산해서 60~80퍼센트)을 조달한다. 평균 일주일에 이틀 이상은 식량을 구하러 다니는데, 콩류, 견과류, 구근, 뿌리, 이파리 식물, 나뭇진, 장과류, 기타 채소와 과일류를 비롯한 105종의 야생식물로부터 식량을 채집한다. 또 벌집에서 꿀을 채취하기도 하고, 이따금 작은 포유류, 거북, 뱀, 쐐기벌레, 곤충, 새알 등을 모아 오기도 한다. 완전한 형태의 타조알은 고영양 식품이면서—타조알 한 개는 영양 면에서 계란 스물네 개에 맞먹는다—껍데기도 유용한 재료가 된다. 한쪽 끝에 작은 구멍을 하나 뚫어서 내용물을 비우면 훌륭한 물통으로 쓸 수 있다. 오래된 둥지에서 주운 깨진 알껍데기는 구슬 모양으로 다듬어서 꿰거나 매달아 목걸이나 머리띠, 앞치마를 만든다.

!쿵족의 주된 영양 섭취원은 풍부하게 널린 몽공고(또는 망게티) 열매로, 이들이 먹는 채소량의 절반이 넘는 비중을 차지한다. 몽공고 열매는 안쪽의 씨앗과 바깥쪽의 달콤한 과육이 모두 소중한 식량이다. 다른 긴요한 식물로는 바오밥 나무 열매, 마룰라 열매, 신 자두, 차마멜론, 친콩, 물 머금은 뿌리, 여러 종류의 장과류 등이 있다. 여성들은 대개 집에 가져온 식량을 공유하는데, 채집한 식량을 분배하는 데 정해진 규칙은 없다. 대가족을 부양해야 하는 여성들은 다른 사람들에게 줄 것을 조금만 남겨 놓는다.

식량 자원은 마을에서 멀리 떨어져 있기도 하고 가까이 있기도 하지만, 그 공급은 매우 안정적이다. 아침 일찍 여성들이 삼삼오오 짝을 지어서 정해진 장소로 출발한다. 그들은 여유 있게 걸으면서 이것저것 채집한 식량을 외투 속에 불룩하게 욱여넣고 오후 늦게 돌아온다. 잠깐 쉬고 난 뒤 가져온 식량을 분류하는데, 그중 일부는 떼어 선물용으로 남겨 놓는다. 식량은 대개 48시간 안에 분배되고 소비된다.

!쿵 여성들은 육아를 비롯한 여러 가지 집안일도 한다. 생계에 필요한 도구들을 손질하고 집안일을 하는 데는 하루 평균 4시간 남짓 걸리는데, 여기에는 물을 길어오고, 땔감을 모으고, 모닥불을 피우고, 오두막을 짓고(뼈대를 세우거나 지붕을 잇는 일), 잠자리를 만들고, (딱딱한 나무 열매 껍질을 깨는 등) 음식을 준비하고 내는 일이 포함된다. 남성들은 도구를 만들고 수리하고 집안일을 하는 데 하루 평균 3시간 정도를 쓴다. 여기에는 땔감이나 오두막 뼈대로 쓸 나무를 해 오고, 땔감 줍는 일을 돕고, 사냥감을 요리하고 고기를 내는 일이 포함된다. 그들은 헌신적이고 자애로운 아버지

28

로 아이 보는 일도 거든다. 하지만 양육에 쏟는 시간으로 따지면 그 기여도는 여성에 미치지 못한다.

공동체 내에서 여성의 지위는 높은 편이고 영향력도 상당하다. 언제 어디로 이동할 것이며 자녀들의 결혼 상대는 누가 좋을지 등 가족이나 집단의 의사 결정에서 많은 경우 중요한 역할을 한다. 또 상당수의 여성들이 무리의 핵심 지도층을 이루거나 물과 식량 채집 구역의 소유주가 된다. 하지만 남성과 비교했을 때 그들이 실제 어느 정도의 영향력과 지위를 누리는가는 한마디로 말하기 미묘한 문제다. 실질적으로 여성은 거의 남성과 동등한 지위를 누리지만, 문화적으로는 남성보다 권력이 약하다고 '정의'된다. 다시 말해서 !쿵 여성의 영향력은 (남성과 여성을 막론한) !쿵 사람들 자신이 인정하는 것보다 사실상 더 크다.

남성은 주로 사냥한 고기를 제공함으로써 식량 자원에 기여하는데 이는 매우 높이 평가된다. 그 이유는 아마도 사냥이라는 것이 예측하기가 매우 어렵기 때문일 것이다. 사냥감을 가져오는 날이면 마을은 축제 분위기가 되고 춤판이 벌어지기도 한다. 남성들은 평균 일주일에 사흘 약간 못 미치는 시간을 사냥에 쏟는다. 그들 역시 이른 아침에 홀로 또는 둘씩 팀을 이루어 출발해서 보통은 해질녘 즈음에 집으로 돌아오는데 가끔은 밖에서 밤을 새우기도 한다. 숙달된 사냥꾼이라도 네 번 시도해서 한 번 정도만 성공하는 것이 보통이다. 사실 칼라하리 북부에는 동물이 드물다.—훨씬 남쪽에 있는 '중앙 칼라하리 수렵 보호구'에 동물들이 수천 마리씩 떼 지어 있는 것과는 대조적이다—그마저도 지난 50년 동안에는 더욱 줄었다.

최소한의 활, 화살, 화살촉이 기본적인 사냥 도구이고, 여기에 여러 가지 다른 도구와 저장 자루가 따라온다. 하지만 사냥꾼들이 가장 신뢰하는 것은 딱정벌레 유충에서 채취한 독액이다. 독액의 효력은 엄청나서, 제대로 맞기만 하면 영양이나 기린 한 마리도 한나절 만에 거의 죽을 지경에 이른다. 이 독액은 동물의 중추신경계에만 작용하기 때문에 고기를 먹는 사람들에게는 해가 없다. 해를 끼치는 것은 동물이나 사람의 혈관 속으로 직접 들어갔을 때다. 독을 칠한 화살은 화살집에 넣어서 아이들의 손이 닿지 않는 곳에 걸어 둔다. 더욱 안전을 기하기 위해, 독액은 화살대에만 칠하고 화살촉 끝에는 칠하지 않는다. 만에 하나 사고로 찔렸을 때를 대비한 것이다. 화살은 정기적으로 점검하고 새로 독을 발라 둔다.

늘 규칙적이고 꾸준한 채집 활동을 하는 여성들과 달리, 남성들은 정해진 사냥 일정에 별로 얽매이지 않는다. 몇 주 동안 집중적으로 사냥에 전념하다가 한동안은 아무 일도 하지 않는 식이다. 사냥에 성공하는 데는 변수가 너무 많기 때문에 고기는 !쿵 사람들의 식생활에서 20~40퍼센트 정도의 비중밖에 차지하지 않는데, 그 비중도 계절이나 마을의 사냥꾼 수에 따라 달라진다.

남성들도 여성들 못지않게 식물에 대한 지식이 풍부하긴 하지만 실제로 식물을 채집하는 일은 많지 않아서, 그들이 채집한 양은 합쳐 봤자 전체의 20퍼센트 정도에 불과하다. 남성들이 생계에 크게 기여하는 종목은 역시 사냥한 고기다. 사냥감은 크고 눈에 띄는 동물(쿠두, 누, 젬스복, 일런드영양, 밤색영양, 사슴영양, 기린 등)부터 작은 동물(혹멧돼지, 스틴복, 다이커영양, 토끼 등)까지 다양하다. 뱀과 거북 같은 파충류와 양서류, 곤충류를 잡아오거나, 땅속에 굴을 파고 사는 동물(호저, 흙돼지, 날쥐, 땅돼지 등)이나 새(기니닭, 자고새, 능에, 사막꿩, 비둘기 등)를 노리고 덫을 놓기도 한다.

어디서나 환영받는 메뉴인 꿀은 벌집에서 채취하는데 여성들의 도움을 받을 때가 많다. 아주 작은 동물들을 제외한 사냥감 분배는 채집 식량에 비해 공식적인 규칙의 제약을 받지만, 그 결과는 비슷하다.

아마도 사냥 방식의 한계 때문이겠지만, !쿵 사람들은 꼭 필요한 동물만 죽이고 일단 잡은 사냥감은 알뜰하게 활용한다. 뼈와 발굽은 쪼개서 골수를 빼 먹고, 가죽은 먹거나 햇볕에 말려서 담요로 쓴다. 힘줄은 실을 만들거나 활시위로 만들어 건다. 어떤 동물들은 꼬리도 쓸데가 많다. 털은 악기의 현으로 쓰거나 꼬아서 팔찌를 만들고, 온전한 꼬리털은 치유 의례의 황홀경 춤에서 영험한 물건으로 활용한다.

식량은 단 며칠이라도 일부러 저장해 두는 일이 거의 없다. 주위의 자연환경 자체가 일종의 천연 저장고여서, 식량은 필요할 때마다 모으면 되는 것이다. 간혹 중요한 야생식물이 부족해질 때도 있지만, 적어도 몽공고 열매가 떨어지는 일은 거의 없다. 몽공고는 도베 지역에 너무나 잘 적응한 식물이기 때문에 가뭄이 든 해에도 이 열매만은 수십만 개씩 땅바닥에 널브러져 썩어 가곤 한다.

식생활의 질은 매우 뛰어나다. 1968년 !쿵족의 식생활을 조사한 리처드 리는 이들의 평균 칼로리와 단백질 섭취량이 미국 권장량을 초과하는 것을 확인했다. 이들의 식단에 염분, 포화지방, 탄수화물, 그리고 특히 설탕의 함유량은 극히 적으며, 반대로 불포화지방, 섬유질, 비타민, 무기질의 비율은 높다. 실로 현대적인 의미에서 가장 이상적인 영양 비율을 이루고 있는 것이다. 1968년 건기에는 현대사에서 가장 혹독한 축에 드는 가뭄이 들었는데, 이때 !쿵족의 식생활은 오히려 평년보다 더 나았다.(좀 더 최근의 연구에 따르면 건기에는 !쿵족의 상당수가 체중이 주는데, 이는 칼로리

섭취가 충분치 못함을 의미한다. 하지만 건기가 끝나면 모두 원래의 체중을 회복한다. 이 기간에 실제로 환경 조건이 얼마나 불리해지든 상관없이 이들의 식단은 변함없이 다양한 메뉴와 높은 영양을 유지한다.)

이상적인 식생활과 여유 있는 삶의 속도 덕분에 !쿵 사람들은 우리 사회에 흔한 질병들을 모르고 산다. 이들에게는 고혈압, 심장병, 동맥경화, 치매, 정맥류, 그리고 위궤양이나 장염 같은 스트레스성 질환이 없다. 그렇다고 !쿵족의 건강 상태가 전반적으로 좋다는 뜻은 아니다. 어린이들 가운데 거의 절반이 15세를 넘기지 못한다. 20퍼센트는 1세가 되기 전에 사망하며, 그 원인은 대부분 소화기 감염이다. 신생아의 기대 수명은 겨우 30세에 불과하며, 15세가 되었을 때 기대 수명은 55세다. 나이가 들어서 흔히 우리를 괴롭히는 질병들이 이들에게 거의 위력을 발휘하지 못하는 이유 가운데 하나는, 60세 넘어서까지 사는 사람이 전체 인구의 겨우 10퍼센트에 불과하기 때문이다. 성인 사망의 주된 원인은 호흡기 감염과 말라리아다. 그렇기는 해도 !쿵족의 건강 상태는 아직 산업화가 안 된 많은 나라들이나, 공중 보건과 근대적 의약품이 출현하기 이전의 우리 사회와 비교하면 매우 양호한 편이다.

이들에게 주어진 환경을 고려할 때 !쿵족이 거둔 성공은 놀랄 정도다. 주변 환경에 대한 상세한 지식이 없는 이들에게는 결코 유리한 조건이 아닌데도 이들은 생존해 왔고, 나아가 번성했다. !쿵족의 전통은 수백 대에 걸쳐 이어져 내려온 수천 년 경험의 정수다. 예컨대 화살에 바르는 독액이나 황홀경 춤이 존재하지 않았던 시기에 대한 전설이나 기억은 남아 있지 않다. 이들은 거의 500여 가지에 이르는 동식물 종에 관해 정통한 지식을 가지고 있다. 먹을 수 있는지 약으로 쓸 수 있는지, 독성이 있는지,

화장품으로 쓸 수 있는지 등 자원을 어떤 용도로 활용할 것인지에 대해 잘 알고 있다. 주변 환경을 이용하는 뛰어난 기술 덕택에, 이들은 남는 시간을 가족 관계, 사회생활, 영적 수련 등에 쏟을 수 있다. !쿵 사람들의 삶은 인간적인 온기와 미적 경험으로 충만하며, 부러울 만큼 일과 사랑, 의례와 놀이가 조화롭게 어우러져 있다.

!쿵족은 다른 수렵채집민들과 비교해 예외적인 집단이 아니다. 현대에 남아 있는 수렵채집 집단들의 사회·경제조직을 비교 연구한 학자들에 따르면, 이웃한 농경·목축·산업 사회 사람들보다 멀리 떨어진 수렵채집 사회 서로 간의 유사성이 훨씬 크다. 어디에 살든, 기후나 토양이 어떻게 다르든 간에 현대의 수렵채집민들에게는 부인할 수 없는 공통의 마스터플랜이 존재한다. 이에 대한 가장 설득력 있는 설명은 수렵채집의 생활 방식에는 선택할 수 있는 대안의 수가 한정되어 있기 때문이라는 것이다. 땅에 의존해 살아가는 사람들이라면 누구나 비슷한 생태학적 문제에 직면하게 되고, 따라서 대략 비슷한 생존 체계를 개발해 낼 것이라는 얘기다. 그리고 이러한 유형—정확히 말해 이러한 유형의 범위—은 농업혁명 이전, 인간이 진화해 온 긴 시간 동안 대부분의 인간 사회에 보편적으로 퍼져 있었다고 추측하는 것도 무리는 아니다.

하지만 이 모든 것이 현재의 우리와 무슨 관련이 있을까? 과거 수렵채집 시절에 관한 지식에서 우리가 뭘 얻을 수 있을까? 아마도 가장 중요한 것은 수렵채집민들이 지닌 풍부한 유산일 것이다. 선사시대 우리 선조들의 삶이 끊임없이 궁핍했던 것만은 아니다. 오히려 적절한 식생활, 적당한 노동, 풍부한 여가, 자원의 공평한 분배, 그리고 남성과 여성 모두 가족과 사회와 경제생활에 실질적으로 기여하는 평등한 상태를 누렸다. 게

다가 오늘날 !쿵족을 비롯한 수렵채집민들은, 물과 식량이 풍부한 지역을 독차지했던 선사시대의 수렵채집민들과 달리 대부분 극한 환경으로 내몰려 있다. 그러므로 오늘날의 수렵채집민들에 대한 자료에 혹시라도 편견이 들어가 있다면, 그것은 오히려 그들과 우리 선조의 삶의 질을 과소평가하는 쪽으로 치우친 편견일 소지가 높다.

현지에 도착한 후 처음 몇 달은 칼라하리의 삶에 적응하는 데 주력했다. 나는 그곳에 먼저 가 있던 다른 인류학자 세 명과 함께 지내면서 !쿵족 언어를 공부했다. !쿵족 언어는 문법책이나 사전이 존재하기는커녕, 사람들은 읽고 쓰지도 않는다. 처음에 나는 다른 인류학자들에게서 기초적인 말을 배웠다. !쿵 말에는 흡기음吸氣音(혀 차는 소리) 네 개와 인후음咽喉音(목구멍에서 나는 소리) 두 개가 있으며, 모두 연습을 통해 쉽게 익힐 수 있다. 하지만 서구인들의 귀에는 똑같이 들리는 소리들이 네 가지 이상의 억양으로 구분되는데, 이 부분이 어려운 대목이다. 듣기도 어려운데 숙달하는 건 두말할 나위도 없다. 나는 "이것의 이름은 무엇입니까?"와 "이렇게 하는 걸 뭐라고 부릅니까?"라는 중요한 표현 두 개를 배웠다. 나는 이 두 가지 질문에 손짓발짓을 섞어서 몇 주 안에 꽤 많은 단어를 익혔다. 하지만 다른 인류학자들은 머지않아 떠날 예정이었기 때문에 저마다 자기 연구를 마무리 짓느라 정신이 없었다. 그들은 내 질문에 친절하게 대답해 주었지만, 나는 시간을 빼앗는 게 미안해서 되도록 혼자 힘으로 공부하는 방법을 찾아야 했다.

첫 한 달이 가기 전에 나는 !쿵 사람 두 명을 고용했다. 나는 그들을 앞에 놓고 손으로 가리키거나 몸짓으로 표현하거나 "이것의 이름은 무엇입니까?", "이렇게 하는 걸 뭐라고 부릅니까?"라는 질문을 한 다음, 그 대답을 받아 적으려 고군분투했다. 그 소리는 내가 예전에 한 번이라도 들어 본 말들과 아무런 유사성도 없었다. 혀 차는 소리를 적는 데는 국제 음성기호를 사용했다. '/'는 치음齒音('쯧쯧' 하고 혀를 차는 소리와 비슷하다.), '≠'는 치조음齒槽音(입맛 다시는 쩝쩝 소리와 비슷하다.), '!'는 치조구개음齒槽口蓋音(아이를 어를 때 혀끝으로 입천장을 차면서 '딱딱' 하고 내는 소리와 비슷하다.), '//'는 측음側音(말에게 '이랴' 하고 나서 '쩟쩟' 하고 내는 소리와 비슷하다.)을 나타낸다. 나머지 자음과 모음은 비슷한 소리를 내는 영어 알파벳으로 표기했다.

석 달이 지나고 나니 !쿵 말이 좀 덜 낯설게 들렸다. 흡기음과 성문폐쇄음聲門閉鎖音과 마찰음도 그럭저럭 발음하고 억양도 구분할 수 있었고 (그걸 정확히 발음할 수 있게 되기까지는 거의 스무 달이 걸렸지만.) 이제는 공손한 인사말도 주고받게 되었다.

"오늘 아침은 잘 일어나셨어요?" "네, 괜찮아요, 아저씨."

하지만 영어에 대응하는 !쿵 말을 찾는 데는 그것만으로 부족했다. 맥락에 맞는 적절한 말을 골라서 그 문화에 맞게 구사하는 것은 또 다른 문제였다. 어색하고 창피했던 최초의 순간들을 거친 끝에, 여섯 달 정도 지나자 나는 좀더 여유 있게 말할 수 있게 되었고 이따금씩 사람들에게 질문을 던져 사적인 대답을 이끌어내는 데 성공하기도 했다. 그때부터 나는 기꺼이 말 상대가 되어 주는 친절한 사람들을 대상으로 '인터뷰'를 시도하기 시작해, 그들이 삶에서 중요하게 느끼는 일들에 관해 다양한 방식으로 물어보았다. 나는 결혼에 대한 일반적인 생각과 결혼 생활에 대해 물어보았다. 임신한 여성에게는 아이를 갖는 것이 어떤 느낌인지를, 일부다처 형태의 결혼을 한 여성에게는 다른 여자와 남편을 공유한다는 게 어떤 느낌인지를 물어보았다. 이러한 대화들은 내게 바람직한 방향을 제시해 주었지만, 아직 바랐던 만큼 성공적이지는 못했다. 아직도 한참 연습을 더 해야 했고, 내 빈약한 어휘력으로는 변죽만 울리는 추상적인 대답밖에 이끌어 내지 못했다. 내가 파고들려는 주제에 접근하려면 좀더 풍부하고 섬세한 언어 능력이 필요했다.

말하기 연습을 계속하면서 내 언어 능력은 꾸준히 향상되었다. 그러다 열 달째 되던 때, 한 전기를 맞았다. '바우'라는 여성과 몇 주 동안 친근하고 일상적인 대화를 나눈 끝에, 그녀가 마침내 내게 마음을 열고 비밀스러운 이야기를 털어놓았던 것이다. 바우는 다른 사람들이 넌지시 암시만 했던, 자신의 삶에 대한 이야기를 해 주었다. 그녀는 어린아이들이 하는 성적인 장난에 대해 말해 주고, 마을에서 어느 어느 아이가 '커플 사이'이며 어떤 종류의 성적인 놀이를 하는지 알려 주었다. 또 많은 사람들이 혼외정사를 한다는 사실과 마을 안에서 누구와 누구가 그런 관계인지도 말해 주었다. 과거에 원치 않은 임신을 한 여성은 월경이 돌아오게 하는 약초를 먹기도 했는데, 그 약을 먹으면 다시 임신하는 데 해를 끼치지 않으면서 낙태할 수 있지만 "속을 버린다."고 말해 준 것도 바우다. 또 할머니 대까지만 해도 이따금씩 실제로 영아 살해가 일어났지만 이제는 그런 일이 없다고도 했다. 츠와나 정부가 영아 살해를 금지하고, 만약 적발되면 중한 벌을 내리기 때문이다.

내가 듣고 싶었지만 그때까지 들을 수 없었던 이야기들을 바우는 놀랍게도 기탄없이 해 주었다. 우리는 두 주 동안 일곱 차례에 걸쳐 대화를 나눴고, 나는 이해한 내용을 모두 기록했다. 그중에는 아이들이 처음에 어떻게 부모의 성생활에 대해 알게 되는지도 들어 있었다. 부부들은 아이들과 자는 단칸방에서 밤중에 조심스레 관계를 가지는데, 이것을 목격한 아이들이 성적인 장난을 흉내 내게 되는 것이다. 처음에는 친구들과, 심지어는 형제자매들과 그런 식으로 장난을 하다가, 조금 크면 형제자매들과는 장난을 멈추고 이성친구들하고만 그런 놀이를 한다. 바우 자신도 어렸을 때 '엄마아빠 놀이'를 했었고, 한번은 두 친구가 이불 아래에서 '성행위'를 하는 장면을 본 기억도 있었다.

좀더 개인적인 얘기로 들어가서 바우는 최근에 꾼 꿈 이야기를 해 주었다. 다른 여자와 큰 소리로 욕설을 주고받다가 얼굴을 할퀴면서 치고받고 싸우는데, 누군가 그 둘을 억지로 떼어놓는 꿈이었다. 꿈속에 나온 여자는 바우의 남편이 예전에 바람을 피웠던 여자를 닮았다고 한다. 남편은 바우에게 자신이 바람피운 사실을 털어놓았는데, 그것은 심각한 모욕이었다. "남자들은 자기가 연애하는 걸 아내에게 말하지 않거든요. 그냥 바람을 피우지." 얼마 후, 그녀 자신도 연애를 시작했다. 한번은 남편이 나간 사이에 애인과 몽공고 덤불숲에서 며칠 밤을 보냈는데, 그들이 마을을 나가는 것을 본 누군가가 남편에게 일러바쳤다. 남편은 그녀를 '죽을 정도로 때렸다.' 그 후로 바우는 애인을 만나지 않았고, 그때부터 새로운 연애를 두려워했다.

바우의 신뢰를 얻은 것이 첫 걸음이었다면, 그녀가 보여준 신뢰가 무엇을 의미하는지를 이해하는 것은 그 다음이었다. 나는 그녀가 내게 말해준 것이 전부 진실이라고 믿을 정도로 순진하지는 않았다. 정보제공자(informant, 인류학 현지 조사에서 인류학자와 인터뷰하는 현지인을 가리키는 말—옮긴이)는 인류학자가 듣고 싶어한다고 여겨지는 얘기를 할 때가 많기 때문이다. 때로는 사실을 숨기려고, 또는 무심하게, 또는 순전히 재미로 노골적인 거짓말을 하기도 한다. 또는 바우가 이야기한 방식이, 나는 알지 못하는데 그녀는 내가 알고 있다고 오해하는 어떤 문화적인 관습에 따른 것일 수도 있다. 이야기를 문자 그대로 해석하면 그녀가 한 말의 진정한 의미를 놓칠 수도 있다.

　해답을 알지 못하는 나는 그저 바우가 거짓말을 한 것이 아니기를 바랄 수밖에 없었다. 나는 그녀에 대해 내가 알고 있는 것들을 하나하나 따져 보면서 진실을 가늠하려 애썼다. 그녀는 조용하고 내성적인 성격이었고 나에게 특별히 친한 척하지도 않았다. 바우가 내게 속내를 털어놓기 시작한 시기는 우리가 대화를 나눈 지 몇 주일이 지나서였다. 그녀는 나와의 대화에서 언급했던 사람들 모두에게 공정하게 대했고, 불필요한 가십에 휘말리는 타입도 아니었다. 그녀가 "저 사람에겐 애인이 있어요." 라고 말했을 때는 그 사람의 이름과 구체적인 사실들도 같이 얘기해 주었다. 대체로 보자면, 그녀 자신도 자기가 한 이야기를 진실이라고 믿고 있다는 게 확실했다. 그렇다면 문제는 그녀의 개인적인 편견이 개입되었는지뿐인데, 이로써 이제 앞으로 탐구해야 할 기반이 생긴 셈이었다. 당연히 나는 바우가 보여준 신뢰의 유효성을 검증하기 위해 다른 사람들에게도 비슷한 질문을 할 터이므로, 어쨌든 그녀는 내게 뭔가 시작할 수 있는 기반을 마련해 준 것이다.

　그때부터 열 달 뒤 현지를 떠날 때까지 나는 그런 방법으로 조사를 해 나갔다. 사람들을 인터뷰하고 그들의 삶에 대해 질문을 던졌다. 나는 바우와의 경험에 기초해 시행착오를 거친 끝에 접근 방식의 기준을 세웠다. 달라진 점이 있다면 이제는 내가 무엇을 좇고 있는지 확실히 알고 있으며 그것을 얻을 수 있다는 자신감이 생긴 것이었다.

내가 취한 방법은 직접적이고 단순했다. 누군가에게 나와 같이 "일에 들어오라."(!쿵식 표현이다.)고 부탁해서, 약 두 주 동안 하루에 한 시간 남 짓 같이 앉아 대화하고 그 내용을 녹음했다. 녹음을 하면 메모만으로는 늘 놓쳐 버리는 섬세한 부분까지 잡아 내고, 이야기가 어떻게 발전하고 표현되는지를 생생하게 알 수 있다.

나는 인터뷰할 대상을 완전히 객관적으로—임의로 또는 엄밀한 대표 성을 따져서—선택하지는 않았다. 나는 두 남성을 인터뷰했는데, 여성들 하고 이야기할 때만큼 친밀한 분위기를 만들 수 없다는 걸 깨달았다. 내 가 인터뷰한 여성들은 좋은 라포(rapport, 인류학자가 현지인과 맺는 인간적 신뢰 관계, 또는 개인적으로 친밀한 관계를 일컫는 말—옮긴이)를 형성할 수 있 다고 느껴지는 사람들이거나, !쿵족의 다양한 삶의 조건을 대표하는 사 람들이었다. 나는 니사 이외에 열네 살에서 일흔 살에 걸친 여덟 여성과 인터뷰했다. 열네 살 소녀는 미혼에 아직 월경을 시작하지 않았으며 부모 와 함께 살고 있었다. 일흔 살 할머니는 큰 확대가족을 거느리며 식량을 채취하는 한 구역의 '소유주'였다. 그녀는 몇 년 전에 과부가 된 여동생을 자기 남편의 작은마누라로 데려와서 함께 살고 있었다. 또 연애결혼을 해 서 한 딸아이의 엄마가 된, 스물두 살 난 활달한 여성도 있었다. 또 한 사 람은 재능이 많은 여성이었는데 30대 초반부터 아이를 낳지 못했다. 그 녀는 츠와나 남자와 결혼했는데, 부부 사이에 심각한 불화를 겪고 있었 다. 30대 후반에 남편과 사별한 지 얼마 안 된 또 한 여성은 치료술사로, 다섯 살 난 아들과 결혼한 딸과 함께 살고 있었다. 30대 여성 두 명—어 떤 의미에서 이상적인 !쿵 여성—은 아이를 여럿 낳고 이상적인 결혼 생활을 하고 있었다. 그리고 아이가 없고 수줍음 많은 40대 여성이 있었는데, 존경받는 치료술사와 결혼해서 살고 있었다. 이 여성들은 1960~1970년대 도베 지역에 살던 !쿵 여성들의 다양한 삶의 조건을 잘 대변했다.

내가 다가갔던 여성들은 모두 기꺼이 인터뷰에 응해 주었다. 아마도 반은 내가 제시한 보수 때문이었겠고 반은 추측건대 자기 자신에 대한 이야기를 할 수 있는 기회였기 때문일 것이다. 나는 이들에게 여러 날 동안 그들 자신에 대한 이야기를 해 달라고 했다. 내가 사는 문화에서 여성이라는 것이 무엇을 의미하는지 더 잘 이해하기 위해, 당신들의 문화에서는 여성으로 산다는 것이 어떤 것인지를 배우고 싶다고 했다. 좀더 나이가 든 여성들에게는 한 걸음 더 나아가, 나 자신을 앞으로 인생을 배우기 위해 도움이 필요한 어린아이로 소개했다. 어떤 경우에든 이 여성들은 한 인간이자 여성인 나 개인을 상대로 이야기했다.

또 내가 관심 있는 주제가 무엇인지도 말해 주었다. 어린 시절의 기억, 부모·형제·친척·친구들에 대한 감정, 사춘기 시절, 다른 아이들과의 관계, 꿈, 결혼, 출산, 어린 시절과 어른이 되어서의 성생활, 남편이나 애인들과의 관계, 죽음에 대한 감정, 미래에 대한 생각 등 그들의 삶에서 중요하다고 여겨지는 일들. 나는 내가 이곳에 머무르는 동안은 들은 내용 전부에 관해 비밀을 지킬 것임을 분명히 했다. 하지만 내가 사는 나라의 사람들에게는 그들이 !쿵 여성들의 삶에 대해 배울 수 있도록 이 이야기를 들려줄 것이라고 말했다.

한 가지 기억에서 그 다음 기억으로 옮아가는 방식 자체도 중요하다고 여겨서, 나는 여성들이 처음에 말문을 틀 수 있도록 북돋아 주는 역할만

했다. 그리고 사실 확인이 필요할 때 이외에는 이야기 중간에 거의 끼어들지 않았다. 간혹 너무 간략하게 다루어진 내용은 좀더 자세히 설명해 달라고 부탁하고, 한 주제로 계속 이야기하거나 다른 이야기를 시작하기 어려워할 때에는 방향을 잡아 주었다. 사람에 따라서 어떤 이는 인터뷰할 때마다 매번 내가 이끌어 주어야 했지만 어떤 이는 일단 과정을 이해하고 나면 거의 도울 필요가 없었다.

여성들은 나와 일하면서 느끼는 즐거움을 자주 표현했다. 자신들에게는 몸에 밴 빤한 일들에 내가 열광한다는 것과, 나를 가르쳐 줄 사람으로 자신이 선택되었다는 사실에 자부심을 느꼈다. 그들 말에 따르면 이런 이야기는 남자들하고는 절대 할 수 없는 것이었다. 왜냐하면 "남자들에게는 남자들만의 이야기가 있고, 여자들에게는 여자들만의 이야기가 있기" 때문이다. 우리가 대화하는 도중에 남자들이 오두막 안으로 들어오기라도 하면 그들은 문득 하던 이야기를 멈췄다. 애인 이름, 젊었을 적 성 경험, 출산을 앞두고 홀로 마을을 나서던 순간을 처음 입에 올릴 때 그들의 목소리는 낮아지고 흥분으로 떨렸다.

!쿵 사람들은 이야기를 하고 듣는 데서 미적 즐거움을 느낀다. 문자가 없는 !쿵족은 몇 시간이고 둘러앉아서 이야기하는 것을 즐긴다. 사냥이나 채집 여행을 간 이야기를 하는 이야기꾼은 손짓발짓을 하면서 목소리를 갑작스레 높였다가 낮추기도 하고, 새, 짐승, 곤충의 소리와 움직임을 흉내 내기도 한다. 이야기에서 특별히 재미있었던 부분은 빈번히 적당한 과장을 섞어서 두고두고 재연한다. 이야기의 드라마와 흥분에 이끌려 들어간 청중은 말하는 도중에도 쉬지 않고 끼어들어 참견한다. 다른 재능들과 마찬가지로, 이야기에도 다른 사람들에 비해 특별한 재능이 있는 사람

들이 있다. 내가 인터뷰했던 여성들 중에서는 니사가 바로 그런 사람이었다. 그녀는 같은 이야기라도 더 풍부하고 생생하고 감동적으로 하는 재능이 있었다. 니사는 말하는 감각과 재주가 뛰어나서 그녀가 하는 이야기는 실제보다 더 크고 중요하게 느껴졌다. 때로는 삶의 섬세하고 심오한 경험을, 때로는 삶의 혼란과 모순을 이끌어 내는 능력이야말로 그녀의 이야기가 지닌 진가였고, 내가 니사에게 끌려든 이유였다.

나는 니사를 처음 만났던 순간을 기억하지 못한다. 아마 우리가 야영하는 캠프에 그녀가 담배를 빌리러 들렀을 때라고 짐작한다. 그녀는 매번 다른 용건으로 우리 거처에 들르는 많은 사람들 가운데 하나였다. 그녀가 내 머리에 처음 인상을 남긴 것은 바우와 인터뷰를 끝내고 두 주일 뒤, 스무 달 동안 진행된 현지 조사가 절반가량 지나갔을 무렵, 남편과 내가 가우샤 근방으로 이동해 일주일 예정으로 캠프를 쳤을 때였다. 그곳에는 !쿵족 마을을 비롯해 마을이 많았는데 니사도 거기에 살고 있었다.

우리의 주 야영지였던 고시Goshi에서 출발해 가우샤에 도착했을 때에는 벌써 해가 저물어 있었다. 우리는 지프를 몰고 한 !쿵족 마을을 지나 한참이나 더 가서 어느 버려진 마을 터에 차를 세웠다. 하늘 높이 조그맣게 뜬 보름달이 차가운 빛을 흘리고 있었다. 관목 숲과 가시덤불의 긴 그림자가 트럭의 헤드라이트 불빛 속으로 어지럽게 비쳐 들더니, 잠시 후 지프의 조명등이 꺼졌다.

우리와 동행한 !쿵 사람 크소마와 투마는, 앞서 이곳을 다녀간 인류학자 리처드 리와 낸시 호웰Nancy Howell이 4년 전에 야영했던 자리에 캠프를 치라고 충고했다. 다른 누군가가 먼저 살았던 자리에 사는 게 좋다고 그들은 말했다. 그러면 그 자리에 사는 사람도 과거와 연결된다는 것이다. 리처드와 낸시가 머물렀던 오두막의 가느다란 뼈대는 그대로 남아 있었다. 그것은 괴괴한 달빛을 받아 주변을 에워싼 덤불숲 가운데 놓인 하얀 해골처럼 보였다. 주위에서 꺾은 기다란 나뭇가지를 바닥이 1.8미터 가량인 원형을 이루도록 둥그렇게 세우고 위쪽을 모아 가운데로 구부린 다음 식물의 잎에서 채취한 띠로 한데 묶은, 전통적인 !쿵식 오두막의 뼈대였다. 지붕을 덮은 띠는 오래 전에 니사네 마을에서 벗겨 가서 사용하고 있었다. 서 있다 뿐이지 비바람을 피할 수도 없고 사생활도 보장되지 않는 집이었다.

투마는 주변에서 죽은 나뭇가지를 모아 불을 피웠다. 그리고 우리가 지프에 늘 싣고 다니는 5갤런들이 물통 하나를 가져다 주전자에 물을 붓고 불 위에 올렸다. 마을에서 누가 찾아오리라고 기대하지는 않았다. 마을 사람들은 우리 차가 지나가는 소리를 들었을 테고 또 갑자기 엔진 소리가 멈췄을 때는 우리가 근처에 차를 세웠으리라는 것을 알았겠지만, 누가 찾아오기에는 너무 늦은 시간이었다. 그들은 우리가 누군지 알고 있으며, 우리는 내일 아침에도 계속 여기 머무를 테니까. 날이 밝으면 !쿵 사람들이 담배며 약품을 빌리러 찾아올 것이고, 가축을 치는 헤레로 사람들도 나름대로 뭔가를 부탁하러 올 것이다.

우리 네 사람은 트럭에서 담요와 텐트를 내리고 슬슬 일하기 시작했다. 크소마와 투마는 작은 나무 그늘 아래 천막을 치고, 남편은 리처드와 낸시의 오두막 뼈대 위에 우리 텐트를 둘렀다. 나는 침구를 끌러 모래를 털어 낸 다음 바닥에 펼쳤다. 예전에 낸시의 슬리핑백에서 독사가 나왔던 일이 생각났다. 나는 새로 마련한 잠자리에 누워 이불 밑으로 들어온

가시나무 가지와 딱딱하게 굳은 가축 똥을 손으로 쓸어 냈다. 우리는 !쿵족처럼 몸을 가볍게 하고 여행하기로 했기 때문에 매트리스나 베개가 없었다.

나는 불가에 앉은 남자들 틈에 끼어 치커리 향 나는 갓 우려낸 커피를 마셨다. 언제나 그렇지만 어찌나 금방 새로운 곳에 친숙해지는지 놀랄 일이었다. 모닥불과 담요와 커피만 있으면 충분했다. 피곤에 지친 나는 모든 부담감에서 해방되어, 드물게 찾아오는 고요한 순간을 즐기고 있었다. 근처 마을 쪽에서 사람들이 웃고 떠드는 소리가 들렸다. 그들이 지금 거기에 있다는 사실이 위안이 되었다. 나는 달콤한 졸음에 취해 모닥불 타는 소리와 사람들 목소리를 자장가 삼아 재킷을 깔고 드러누웠다.

이사 한 번 하면 언제나 진이 다 빠진다. 트럭에 짐을 싣기 전에 챙겨야 할 것이 정말 많다. 가솔린, 물, 식량, 공책, 관찰 기록지, 카메라, 녹음기, 랜턴, 텐트, 옷가지……. 이사를 거들어 주는 사람들과 나와 남편, 마을 사람들 사이에는 긴장이 흘렀고 모두들 그걸 느꼈다. 우리가 한 곳에 오래 머무를수록 사람들은 우리에게 더 많은 것—담배, 의약품, 교역 또는 단순히 우리가 있음으로써 생기는 재미—을 의지했고, 우리가 머무는 곳 주위에는 늘 많은 사람들이 모여들어 여느 때보다 더 오랜 시간을 보내곤 했다. 그러다가 떠나게 되면 그들은 생활이 거의 붕괴될 지경이었는데, 특히 우리가 오랫동안 머물렀던 고시에서는 더 했다. 그날 우리는 아주 늦게야 겨우 출발할 수 있었다.

커피가 거의 다 떨어지고 이제 자러 가자는 말이 나오는 참이었다. 그때 사람들이 이쪽으로 오는 소리가 들렸다. 니사와 그녀의 남편이었다. 니사는 너무 커서 헐렁하고 색이 바랜 꽃무늬 천 위에 낡은 담요를 두르고 왔다. 보는 기운 헝겊 조각조차 여기저기 다 떨어져 가는 반바지를 입고 있었다. 인사를 하고 불가에 앉자 그들이 더 잘 보였다. 둘 다 쉰 살이 가까워 보였다. 보는 움직임이 느리고 말투도 부드럽고 신중했지만 지적이고 힘 있는 눈빛을 지녔다. 니사는 활력 그 자체였다. 표정이 풍부한 얼굴에 말이 빠르고 끊임없이 움직이며 놀랍게도 문득문득 교태가 넘쳤다.

자리를 잡기가 무섭게 보가 말했다. "여보게, 타셰이(남편의 !쿵식 이름), 담배 좀 주게. 담배가 고파 죽는 줄 알았어! 벌써 얼굴이 누렇게 뜬 거 안 보이나?" 나는 남편이 "내일 아침까지 좀 기다리세요. 지금은 쉬는 시간이라고요. 우리야말로 오늘 시달린 것만으로도 벌써 죽겠다고요."라고 할 줄 알았다. 하지만 그는 그러지 않았다. 말싸움하기에는 너무 늦은 시간인 데다 거기에는 우리 둘밖에 없었다. 때로 우리는 부탁하는 대로 들어주는 게 편하다는 걸 깨달았지만, 그러다 보면 너무 많은 부탁에 끊임없이 시달려야 했다. 그래서 우리는 그러지 않는 편이 더 쉽다는 걸 알면서도 그들과 다투곤 했다. 만약 다툼이 반만 심각하고 반은 친근한 그들의 방식대로 흘러가면 괜찮았지만, 때로는 그러지 못할 때도 있었다. 그럴 때 그들이 우리에게 던지는 말("부자이면서 되게 인색하구먼." 또는 "충분히 도와줄 수 있는데도 거절하다니.")은 상처가 되었다.

남편은 자리에서 일어나 지프의 화물칸을 열고 짓이긴 잎궐련을 가지고 돌아와서는, 내일 아침에 더 주겠다고 하면서 니사와 보에게 건네주었다. 사실 그 잎궐련은 다음 날 아침에 우리와 함께 일할 !쿵 사람들에게 나눠 주기 위해 가져온 것이었다. 남편은 갓난아이와 어머니의 관계, 그리고 신생아의 신체적·정신적 발달에 대해 연구하고 있었고, 나는 약재로 쓰는 나무뿌리의 특성을 가르쳐 줄 여성들을 찾던 중이었다. 바우는 불임 치료,

서론 45

낙태, 유산 등에 영향을 미치는 몇 가지 약재를 내게 일러준 적이 있었다.

보는 물물교환을 통해 얻은 것이 분명한, 대통만 있는 오래된 나무 담뱃대를 채웠다.(새 담뱃대도 물부리는 거의 쓰지 않는다.) 그는 작고 해진 헝겊 주머니를 펴서 그 위에 담배를 놓고 대통을 채우기 시작했다. 그러고는 담뱃대에 불을 붙이고 네다섯 번 깊이 빨아들였다. 한 번 빨아들일 때마다 숨을 멈춰 가면서 양 볼을 부풀려 연기를 있는 대로 가득 머금었다가 내뿜었다. 그리고 고개를 돌려 침을 퉤 뱉은 다음 니사에게 담뱃대를 넘겨주었다. 그녀는 같은 식으로 담배를 피우고 다시 그것을 크소마와 투마에게 건네주었다. 크소마는 자기 커피 잔에 남은 것을 니사와 보에게 돌렸고, 그렇게 해서 남은 커피를 다 마셨다.

네 사람은 마을의 새로운 소식을 교환하며 이야기를 시작했다. 그들은 우리의 존재에 무관심한 듯했고, 나는 그들의 대화를 알아들으려고 열심히 귀를 기울이던 것도 관뒀다. 잠이 몰려왔다. 대화를 나누는 소리가 의미 모를 기분 좋은 웅얼거림으로 들리기 시작했다. 그 와중에 니사가 나를 내 !쿵식 이름으로 부르는 소리를 알아들었다. 그녀는 나에게 말을 걸고 있었다. "환틀라, 환틀라……, 리처드와 낸시 소식은 없어? 그 친구들 정말 좋아했는데! 그 친구들도 날 좋아했고 말이야. 정말 멋진 선물들도 많이 주고, 우리를 데리고 여기저기 많이 다니기도 했는데. 나랑 보는 일하는 걸 꺼리지 않아서 그 친구들을 위해 열심히 일했어. 우리 넷이서 참 잘 지냈지. 그래, 낸시와 리처드……, 아! 그 친구들이 여기 있으면 좋으련만!"

그녀는 계속해서 리처드와 낸시가 4년 전에 가우샤에 머물렀던 때의 일을 이야기하기 시작했다. 니사의 이야기가 이어지는 동안, 나는 또 지난 열 달 동안 적응하느라 고생했던 일들을 떠올렸다. 우리는 이 궁벽한 마을을 거쳐 간 인류학자들의 긴 대열 중 맨 끄트머리에 있었다. 리처드가 다녀가기 전에는 여섯 명이 이곳을 거쳐 갔고, 그들은 각각 2년 정도씩 여기에 체류했다.

우리는 뒤에 온 만큼 특별한 이점을 안고 시작했다. 전에 만났던 동료들이 우리를 고시로 데려다 주었고, 그곳의 !쿵 사람들은 이미 우리를 맞이할 준비가 되어 있었다. 선배들이 수집해 놓은 정보들 또한 아주 유용했다. 그중에는 그들이 체류하던 기간 동안 수집한 마을 사람들의 신상명세와 가족사, 출생·사망·혼인 기록들도 들어 있었다. 우리는 도착하기도 전에 이미 많은 사실을 알고 출발했기 때문에 곧바로 각자 관심 있는 주제로 파고들어가 정력을 쏟을 수 있었다.

하지만 시간이 흐르면서 우리는 선배들이 심각한 문제들 또한 같이 물려주었다는 사실을 깨달았다. 이 !쿵 사람들은 거의 6년 동안이나 인류학자들을 봐 오면서 이미 그들에 대해 너무 많이 알아 버린 것이다. 선배들은 우리에 대한 !쿵 사람들의 기대치를 높여 놓았지만, 그 기대에 부응하기는 어려웠다. 우리는 그런 관행들에 비판적이었기 때문이다. 이를테면 인류학자들만을 위한, 따로 분리된 고급스러운 텐트에서 산다든가, 담배를 나눠 준다든가, 노동과 수공품을 받고 돈을 지불한다든가, 이따금 숲까지 트럭으로 태워다 주는 관행들 말이다. 우리는 다른 길을 택하기로 했다. 그리고 선배들이 물려준 텐트를 버리고 !쿵 마을 안에 있는 !쿵식 짚 오두막으로 들어갔다.

일단 우리 방식대로 밀고 나가기로 한 건 좋았지만, 우리의 낭만주의는 다름 아닌 !쿵 사람들한테서 공격받기 시작했다. 그들은 다른 인류학자들이 그랬던 것처럼 우리도 자기들에게 일거리를 주기를 바랐다. 그들은 우리가 이제 점점 유지하기 힘들어져 가는 자신들의 전통적인 생활 방식에 의지하는 것도 달가워하지 않았다.

그들은 말했다. 돈만 있으면 염소를 살 수 있다, 옷도 담요도 살 수 있다, 츠와나나 헤레로 사람들처럼 우리도 농사를 짓고 싶고, 그러려면 곡식을 심을 종자가 필요하다, 그리고 우리는 담배도 필요하다. "담배가 없으면 일어나서 하루 종일 죽지 못해 살아. 해가 뜨고 지는 것도 모른다고." 담배가 몸에 해롭다고 말해 줘도 그들은 상관하지 않을 뿐더러 그 말을 못 믿는 눈치였다. 그들은 우리가 돕지 않으면 굴욕을 무릅쓰고 이웃의 헤레로 사람들에게 구걸하게 될 거라고 말했다. 또 나아가서 우리는 자기들의 삶을 좀더 즐겁게 해 주어야만 한다고 주장했다. 결국 우리는 쉽게 구할 수 있지만 그들에게는 몹시 아쉬운 뭔가를 주어야 했다.[3] 이는 그들이 우리에게 협조하고 자신들의 삶에 침입하도록 허락하는 대가였다.

그러나 우리는 적어도 아직은 납득할 수 없었다. 우리는 담배를 돌리거나 현금을 주거나 사람들을 부리려는 유혹에 굴복하는 것을 스스로 정당화할 수 없었다. 온통 답이 없는 질문투성이였다. 그들의 전통적인 경제생활에는 화폐가 존재하지 않았으며 돈이 이 지역에 들어온 것도 최근 들어서였다. 그들 전부가 아닌 몇몇 사람들에게만 돈을 준다면 공동체에 어떤 영향이 미칠까? 우리가 사람들을 고용하면 그들이 영위하는 수렵채집 생활에 어떤 영향이 미칠까? 또 그들의 자녀들이 굳이 황야에서 생존하는 기술을 배울 필요가 없다고 여기지는 않을까? 우리가 그들에게 농작물을 심도록 부추긴다면, 어느 해 가뭄이 들어 흉년이라도 닥치는 날엔 어떻게 될까?

가장 크게 고려해야 할 점은 우리가 다른 인류학자들처럼 연구를 끝내고 떠난 후에 닥칠 문제들이었다. 그 뒤에는 어떻게 될 것인가? 이를테면 그들은 낮은 임금에 소몰이 일꾼으로 고용되는 일을 감수할 수 있을까? 그렇지 않다면 이전의 수렵채집 생활로 온전히 복귀할 수 있을까? 설사 그렇게 하더라도, 그게 잘 될까? 바깥 세계에 대해 알고 있는 반투어족들이 가축 떼를 거느리고 이 지역에 밀어닥치면서 이미 변화는 피할 수 없는 일이 되었다. 하지만 그렇다 하더라도 인류학자들은 이 공동체에 현금과 상품을 단기 투입한 일을 정당화할 수 없다. 우리가 압력에 굴복한다면 그건 무책임한 행동이 아닐까?

우리는 끊임없이 이런 문제에 직면했으며 그중에서도 담배는 뜨거운 감자로 떠올랐다. 우리는 같이 살고 있는 마을 바깥 사람들에게는 담배 주기를 거절하기 시작했다. 우리의 희망사항은 그러다가 조만간에 담배 공급을 완전히 끊는 것이었다. 그러던 어느 날 아침, 남편이 트럭에 빈 물통들을 싣고 물을 길러 마을에서 8킬로미터 정도 떨어진 우물에 가는 길이었다. 가시나무 더미가 수북이 쌓여 길 한가운데를 막고 있었다. 그리고 얼마 안 있어 근처 마을 사람들이 나타났다. "담배는 안 주면서 물은 길어 가려고?" 여차저차 해서 그들은 결국 길을 터 주었지만(우물에서 식수 긷는 일을 방해하는 것은 불법이었다.), 우리는 그 정도로 강력한 저항을 무시할 수는 없다는 것을 깨달았다. !쿵 사람들은 우리의 조건이 아닌 자기들이 내세운 조건에 따라 관계를 맺을 것을 요구했다. 결국 우리는 동료들이 여러 달 전에 강력히 충고한 대로 그들의 조건을 받아들일 수밖에 없었다. 우리의 담배 인심은 전보다 너그러워졌고, 이제 마을에 오는 방문객들에게도 담배 주기를 거절하지 않게 되었다.

나중에 우리는, 현지를 떠나온 뒤에도 우리가 계속해서 져야 할 책임이 있다는 것을 깨닫게 되었다. 그것은 산족이 자신들의 미래를 스스로 결정하려는 투쟁에 동참해야 할 책임이었다. 하지만 우리가 니사와 보와 함께 불가에 둘러앉아 있던 그때는 그런 의무에 대해서까지 의식하지 못했다. 그때만 해도 우리는 아직 !쿵족의 생활 방식을 절대 어지럽히지 않는다는 원칙을 과연 실천할 수 있을까를 놓고 씨름하던 중이었다.

리처드와 낸시에 대한 니사의 칭찬을 듣고 있노라니 그 고통스러웠던 과정들이 다시 떠올랐다. 그들은 정말로 우리보다 잘해 냈던 것일까? 그들과 보와 니사의 관계는 니사의 말처럼 그렇게 원만했을까? 니사의 말은 내 호기심을 자극했다. 잠이 확 달아난 나는 그녀에게 좀더 얘기해 달라고 부탁했다.

"낸시와 리처드? 최고였지! 낸시, 반가워! 낸시, 안녕! 말도 마, 그 친구들은 우리에게 필요한 건 다 갖다 줬어. 옷, 음식, 돈, 전부 다. 한 번도 거절하는 법이 없었지! 내가 낸시를 얼마나 좋아하는데! 그 친구는 이 근방의 백인들 중에서 최고였어. 낸시에게 내가 그랬다고 전해 줘. 그리고 옷이랑 돈도 좀더 보내 달라고 해 줘. 낸시에 비하면 전부가 인색하기 짝이 없지. 그 친군 달랐어. 그 친구는 유럽인이 아니라 거의 !쿵 사람이라니까! 아, 낸시가 여기 있었으면 좋겠다. 그 친구는 정말 날 잘 돌봐 줬는데."

나는 이제는 익숙해져 버린 절망감을 느꼈다. 그녀가 무슨 이야기를 해 주리라 기대했던 걸까? 싸웠던 일? 리처드와 낸시가 거절해야 했던 그 수많은 부탁들? 낸시가 니사 보고 다음에 오라고 했던 이야기? 천만에. 나는 이미 너무나 잘 알고 있기에 물어볼 필요도 없었다. !쿵 사람들은 낸시와 리처드를 대했던 것과 똑같은 방식으로 우리를 대하고 있는 것이다.

니사의 이야기는 계속되었고 나는 그녀의 목소리가 거슬리기 시작했다. 내가 아무 반응도 안 보이면 그쪽도 그만두겠지 싶었다. 아니나 다를까 그녀는 곧 내게 이야기하는 걸 관두고 크소마와 투마와 자기 남편 쪽으로 몸을 돌려 그들이 나누는 대화에 끼어들었다. 이제 꽤 늦은 시간이었다. 니사와 보는 담배를 피우고 설탕을 듬뿍 친 커피를 마시며 이런저런 새로운 소식들을 교환했다. 마침내 그들도 일어날 때가 되었다. 그들이 멀어지는 것을 보며 나는 안도감을 느꼈다.

우리는 가우샤에 일주일 정도 머물렀다. 그동안 니사는 우리 야영지로 매일 찾아왔고 그때마다 리처드와 낸시가 자기에게 얼마나 잘해 주었는지 이야기했다. 그녀는 아침부터 와서 우리의 존재로 인해 늘 일어나는 주변의 소란들을 지켜보고, 담배나 의약품을 받으러 온 사람들과 앉아서 수다를 떨었다. 또 꼭 세 살배기 자기 조카딸을 데리고 와서 웃고 떠들며 놀곤 했다. 나는 그 첫째 날 이후 그 시간을 두려워하기 시작했다. 그녀의 목소리는 크고 날카롭고 신경을 긁었으며 끊임없는 집중을 요구했고 영원히 계속될 것만 같았다. 내가 그녀에게 주의를 돌릴 때마다 (그리고 그러지 않을 때에도) 그녀는 낸시와 리처드 이야기를 꺼냈다. 내 두려움은 얼마 가지 않아 가벼운 혐오감으로 바뀌었고 그 혐오감은 갈수록 더해 갔다. 점점 여름이 다가오고 날씨가 더워지고 있었기 때문에 내 텐트로 피신해서 입구를 닫고 들어가 있는 것도 못할 노릇이었다. 나는 !쿵 마을로 가서 여자들과 인터뷰하며 시간을 보내곤 했지만 돌아와 보면 또 그녀가 기다리고 있을 때가 허다했다. 그녀의 목소리는 나를 끈질기게 따라다녔고, 거기에는 은근한 비난의 화살이 숨어 있었기 때문에 완전히 무시해 버릴 수도 없었다. 나는 눈과 귀를 닫고 더는 그 목소리를 듣거나 대답하지 않아도 되는 곳으로 도망가고 싶었다. 뭔가 조치가 필요했다.

마침내 나는 결정을 내렸다. 어차피 그녀 이야기를 계속 들어야 한다면, 이왕이면 내가 듣고 싶은 이야기를 시켜 보기로 한 것이다. 마침 나는 가우샤 근방에 사는 여성들에게 여러 가지 식물과 나무뿌리의 약효를 물어보고 다니던 참이었는데, 인터뷰 결과는 그리 신통치 않았다. 대답들이 너무 애매했는데 아무래도 내가 물어보는 내용에 대해 잘 알지 못하는 것 같았다. 어떤 나무뿌리에 어떤 효능이 있는지를 정확히 알고 있는 사람은 하나도 없었다. 그들은 나보고 좀더 나이 지긋한 여성, 그러니까 아플 때 실제로 도움을 줄 수 있는 사람에게 물어보라고 충고했지만 누구라고 지목해서 말해 주지는 못했다. 그런데 그 사람이 바로 니사였다는 것을 내가 어떻게 알았겠는가?

마침내 나는 그녀에게 다가갔다. "여쭤 보고 싶은 것들이 좀 있는데, 저랑 같이 일하실래요?" 그녀는 하던 대화를 멈추고 내 눈을 바라보며 활짝 미소를 지으며 말했다. "아이예!" 이 말은 글자 그대로 해석하면 "어머니!"라는 뜻인데, 여기서는 "물론이지, 기꺼이 할게."라는 뜻이 된다.

지금 와서 돌이켜 보면 이는 내게 정말로 중요한 의미를 지니게 된 관계가 아주 이상한 방식으로 시작된 순간이었지만, 나에 대한 니사의 태도가 바뀌기 시작한 것은 내가 이런 식으로 그녀에게 다가갔을 때부터였다. 니사는 그전에도 내게 계속해서 말을 걸어 왔지만, 우리의 공통분모라 생각되는 낸시와 리처드에 대한 이야기뿐이었다. 그런데 이제 내가 니사에게 새로운 이야기를 청한 것이다. 마치 그녀가 내게 해 줄 이야기보따리를 가지고 나를 기다리기라도 한 듯이 말이다.

우리의 첫 번째 인터뷰는 약 한 시간 동안 진행되었다. 니사는 내 질문을 주의 깊게 듣고 친절히 대답해 주었다. 그녀는 약재로 쓰는 네 가지 식물의 이름을 알려 주고 각각의 쓰임을 분명하게 설명해 주었다. 하나는 유산을 예방하고, 하나는 월경을 재촉하며, 두 개는 불임을 유발한다는 것이다. 그러면서 니사는 "아이들 때문에 속이 새까맣게 타 버린" 자기 시누이 이야기를 해 주었다. 그녀는 자식을 열 명 낳았는데, 그중 살아남은 아이는 네 명뿐이었다. 막내를 잃고 난 뒤 그녀는 불임이 되게 해 주는 약을 마셨다. 아이들의 잇따른 죽음으로 너무 큰 고통을 받았기에 다시는 그런 일을 겪고 싶지 않았던 것이다. 니사의 이야기는 매우 사려 깊고도 유익했다. 그녀는 내가 확실히 이해할 수 있도록 몇 번이고 다른 방식으로 되풀이해서 이야기해 주었다. 한 시간가량의 대화가 끝날 무렵 나는 이것이 드물게 훌륭한 인터뷰였음을 인정할 수밖에 없었다.

두 번째 인터뷰에서는 아이들이 무엇을 하고 어떻게 노는지 물어보았다. 니사는 바우가 아이들의 성적인 장난에 대해 했던 이야기를 확인해 주었을 뿐더러 자기가 며칠 전에 직접 목격한 사건까지 들려주었다. 여섯 살 정도 된 사내아이가 자기 누이동생을 뒤에서 안고 오두막 벽에 기대선 채 서로 아랫도리를 비비고 있었던 것이다. 게다가 그 일은 처음이 아니었다. 니사는 전에도 그 아이들이 이불 밑에서 장난치는 것을 본 적이 있었다. 그때마다 그녀는 아이들을 꾸짖으며, 그렇게 놀면 밑구멍이 쓰라리고 거기에서 고약한 냄새가 난다고 일러 주었다. 하지만 아이들의 부모에게 그 사실을 알리지는 않았다. 니사의 말마따나 어차피 그 나이 때에 애들은 분별력이 없을 뿐더러, 어머니가 알면 필시 아이들을 때릴 것이기 때문이었다. 어린 여자아이가 성을 즐기는 법을 배우지 못한 채 어른이 되면, 정신이 올바로 발달하지 못해 요 근방에 사는 미친 헤레로 여자처럼 풀을 뜯어 먹으면서 이리저리 헤매고 다니게 된다고, 니사는 웃으면서 덧붙였다. 성인 여자들에게도 섹스는 필요하다. 니사의 주장은 여자가 섹스를 하지 못하면 마음이 황폐해져서 늘 화가 나 있게 된다는 것이었다.

니사와 나는 다음 날도, 그 다음 날도, 또 그 다음 날도 이야기했다. 그녀는 자기의 어린 시절에 대해 이야기하기 시작했다. 처음에 남자아이들과 섹스하기를 거부했던 일, 동성애 파트너, 처음 '엄마 아빠 놀이'를 가르쳐 준 남자 친구, 차차 성의 즐거움에 눈뜨기 시작한 이야기들에 나는 넋을 잃고 빠져들었다. 완벽한 인터뷰였다. 그런데 마지막 날, 니사는 예전에 들었던 이야기들까지 의심하게 될 정도로 어리둥절한 이야기를 했다.

나는 니사에게 가장 어렸을 때의 기억을 말해 달라고 청했다. 그녀 말에 따르면, 아이들은 아주 어릴 때는 젖을 빨고 자는 일 말고는 아무것도 모른다. 걷고 말하면서부터 비로소 뭔가를 기억하기 시작한다. 니사의 가장 오래된 기억은 젖을 빨던 일이었다. 니사는 젖 빨기를 좋아했지만, 어머니가 남동생인 쿰사를 임신하면서부터 젖을 떼기 시작했다. 어린 니사에게는 청천벽력 같은 일이었다. 어머니 젖을 물려고 할 때마다 거기에는 쓴 약 같은 것이 발라져 있었고, 어린 니사는 그걸 다 씻어 낼 때까지 울고불고 떼를 썼다. 어머니는 이제 이 젖은 뱃속에서 자라고 있는 아기의 몫이기 때문에 니사가 계속 젖을 먹으면 아파서 죽게 될지도 모른다고 말했다. 아버지도 그녀를 크게 꾸짖었다. 니사는 떼를 쓰고 끊임없이 젖을 빨려고 하다가 혼이 나곤 했다. 니사는 불행했다.

여기까지는 이치에 맞았다. 전에 다른 여성들도 내게 비슷한 경험을 들려주었고, 남편도 마을에서 아이들이 젖 떼는 기간 중에 강한 심리적 저항을 겪는 것을 지켜본 적이 있었다.

하지만 이야기는 아직 더 남아 있다. 어느 날 니사는 어머니와 함께 식량을 구하러 나갔다. 마을에서 멀리 떨어지지 않은 곳에서, 어머니는 나무 그늘에 앉아 진통을 시작했다. 아기가 태어나자 어머니는 니사에게, 아기를 묻게 땅을 팔 막대기를 가져오라고 했다. 어머니는 니사가 너무 일찍 젖을 떼게 된 것을 걱정했다. 동생만 없으면 니사는 다시 젖을 먹을 수 있을 것이다. 하지만 동생이 죽기를 바라지 않았던 니사는 이제 젖을 더 먹고 싶지 않다며 울고불고했고, 옥신각신 끝에 어머니는 결국 아기를 거두어 젖을 먹이기로 했다. 니사는 아직까지도 그때 동생이 살 수 있었던 것은 자기 덕분이라고 믿고 있었다.

내가 잘못 이해했던 것일까? 니사가 증언한 당시만 해도 영아 살해는 아직 이루어지고 있었지만, 거기에 어린 여자아이가, 게다가 막 출산을 목격한 직후에 연루되었을 리는 없었다. 나는 말했다. "다시 말해 주세요. 이번에는 좀더 천천히, 동생이 태어났을 때의 일을 말이에요." 하지만 다시 말한 내용도 기본적으로는 전과 똑같았다. 니사는 자기가 말한 내용을 직접 기억하는 것일까, 아니면 다른 사람이 해 준 이야기를 자기 기억이라고 착각하는 것일까? 그녀는 말했다. "내 두 눈으로 똑똑히 본 걸 기억해."

나는 그 이야기를 어떻게 받아들여야 할지 알 수 없었다. 어쩌면 다른 식으로 해석해야 하는 것일까? 어차피 그건 그녀가 '기억하는' 가장 오래된 일에 속한다. 그러니 어쩌면 동생에게 느낀 분노와 질투심을 다른 데로 돌리고자 그녀 자신이 만들어 낸 환상일지도 모른다. 아니면 어차피 니사가 반대할 걸 알고 어머니가 진지한 생각 없이 한번 꺼내 본 말인지도 모른다. 그러면 니사에게 동생을 위하는 마음이 생기지 않을까 해서 말이다. 좀더 그럴듯한 설명은 니사가 동생에게 샘을 그만 내도록 일부러 죄의식을 불러일으키려는 위협용 언사였다는 것이지만, 다른 설명들도 가능하다. 확실한 것은 니사가 자기가 한 이야기를 실제로 믿고 있다는 점뿐이었다.

또다시 나는 니사를 의심하기 시작했다. 그 다음 날 우리는 가우샤를 떠날 계획이었다. 물론 더 머물 수도 있었지만, 또다시 니사에 대한 양가감정이 고개를 든 마당에 떠나게 된 것이 오히려 안도감이 느껴질 지경이었다. 여러 날이 흐른 뒤에야 나는 내가 니사를 헌신짝처럼 내버리고 우리 만남의 독특함을 부정했다는 것을 깨달았다. 하지만 그녀와 나눈 대화가 내게 유익했음은 의심할 여지가 없었다. 바우에 이어 니사와의 인터뷰 경험이 덧보태져 나는 좀더 자신감이 생겼다. 나는 이제 다른 여성들을 상대로, 그들의 삶에 관해 더욱 친밀하고 속 깊은 질문을 해 보기로 했다.

이후 열 달 동안 나는 일곱 여성과 인터뷰했고 대부분 매우 성공적이었다. 그들은 바우와 니사가 내게 해 준 이야기들을 확인해 주고 거기에 살을 붙여 주었다. 그런 끝에 나는 !쿵 여성들의 세세한 내면에 관해 이치에 닿는 그림을 그릴 수 있었다. 이는 내가 바라던 일이었으므로 무척 기뻤다. 하지만 다른 차원에서는 아직도 만족스럽지 못한 부분이 남아 있었다. 나는 그들에게 좀더 많은 것을 바랐다. 그러니까 적어도 그중 몇몇은 자기 경험에 좀더 깊은 감정을 실어 전해 주기를 바란 것이다. 또 우리가 일하는 과정에서 진정한 우정을 키우기를 바랐다.

지금까지 한 작업을 돌이켜 보며 나는 그런 일이 일어나지 않은 이유를 이것저것 생각해 보았다. 인터뷰에 응하는 대가로 돈이나 선물을 지불

했으므로, 그 상황은 결국 금전상의 거래에 근거한 것이었다. 아니면 내가 가진 재물이나 지위, 외국인 신분 때문에 그 여성들이 나를 온전히 신뢰하지 못해서일 수도 있다. 또는, 이건 좀더 미묘한 부분인데, 내가 인터뷰 상대로 택한 사람들의 유형과 관계된 문제일 수도 있다. 인터뷰 대상은 결국 내 눈에 띄려고 노력한 사람들에 한정되었던 것이다. 주된 이유가 무엇이었든 간에, 인터뷰 과정에서 진한 우정을 나누거나 자연스럽고 허물없는 교제를 트는 일이 이루어지지 않으리라는 것을 깨닫는 데는 긴 시간이 필요했다.

그런 조짐은 처음부터 있었다. 바우에게 말을 걸고 공식적인 인터뷰를 시작하기 오래 전부터 나는 고시의 한 여성과 마치 기분 좋은 우정의 시작처럼 느껴지는 관계를 발전시켜 나가고 있었다. 그녀는 내가 고시를 떠나게 되면 무척 섭섭해하고, 다시 돌아오면 반갑게 맞아 줄 만한 사람 같았다. 나는 그녀에게 이따금씩 그녀가 부탁한 작은 선물들(병, 기름, 구슬 등)을 주었다. 돈으로 환산하면 얼마 안 되지만 !쿵 사람들이 몹시 탐내는 물건들이었다. 나는 이런 선물들을 그녀가 보여 준 우정에 대한 감사의 표시로 생각했다. 그렇게 몇 주일이 지나고 난 뒤, 나는 그녀가 내게 아무것도 주지 않았다는 걸 의식했다. 물론 그녀보다는 내가 가진 게 훨씬 많았으므로 그에 상응하는 대가는 기대하지 않았지만, 물질적인 가치에 상관없이 !쿵 사람들에게 선물이란 우정을 표현하는 한 방식이었던 것이다.(실제로 그로부터 몇 달 후에 !쿵 사람들이 내게 간소한 선물을 한 걸 보면 그녀에 대한 나의 기대가 과한 것은 아니었다.) !쿵 관습에 따라서, 나는 그녀에게 곧장 찾아가 이번에는 내가 선물을 받을 차례라고 말했다. 나무뿌리나 열매 등 조그만 것이라도 아무거나 괜찮다고 했다. 그녀는 (역시 관습에 따라서) 자기가 인색하다는 말에 반발했지만, 결국은 자기가 너그럽지 못했음을 시인했다. 나는 얼마 동안 아무것도 주지 않고 기다렸지만 그녀는 오지 않았고, 그 후 내가 고시를 떠날 때 섭섭한 기색도 보이지 않았다. 그 뒤 우리는 의례적인 인사를 나눌 때 말고는 서로 말을 안 했다.

환틀라와 처음 만났던 일은 또 다른 예다. 아름답고 독창적이며 카리스마가 넘쳤던 환틀라는 다른 어떤 !쿵 여성들보다도 나를 매혹했다. 우리가 고시에 처음 도착한 날 내 !쿵식 이름을 뭐라고 지을 것인가를 놓고 논쟁이 벌어졌는데, 환틀라와 한 나이 지긋한 여성은 내게 그녀의 이름을 딸 것을 강력히 권했다. 한 !쿵 여성의 이름을 갖게 됨으로써, 나는 가계 내에서 그녀의 쌍둥이로 간주되고 친족과 이름을 공유하는 그 사람의 사회적 연결망 속으로 결합되는 것이다.(!쿵족의 이름은 남녀 각 서른다섯 개를 넘지 않는다. 서로 같은 이름을 가진 사람들은 가까운 친족 관계를 대체할 수 있는 특별한 '이름 관계name relationship'로 맺어져 있다. 그렇게 해서 순전히 생물학적 혈족을 기초로 하는 사회관계에서는 성립이 불가능한 새로운 관계로 서로의 삶이 한 번 더 결속된다.)

나는 처음부터 환틀라라는 이름이 가장 마음에 들었지만, 마을에 온 첫날부터 다른 사람들하고의 관계를 소원하게 만들고 싶지는 않았다. 하지만 그녀가 내게 건네 준 선물을 받아들이는 건 비교적 수월했고, 나는 곧바로 답례했다. 그날 나는 일지에 이렇게 썼다.

우리가 도착한 직후부터 야영지 주변에 둘러앉은 사람들과 길고 시끄러운 토론을 거친 끝에, 오늘 환틀라가 내 텐트에 들이닥쳤다. 그녀는 내게 다시금 자기 이름을 가져갈 것을 권하는 데 그치지 않고 선물까지 가져왔다. 구슬로 장식한 가죽 앞치마였다. 내게 찾아온 다른 여자들은 오로지 자기들의 '작은 이름'을 주고 내게 뭘 받을 건지에 대해서만 이야기할 따름이었다. 하지만 환틀라는 내게 실제로 뭔가를 주었다. 그녀는 내가 답례해야 한다고 말하지도 않았다. 물론 우리 둘 다 내가 그렇게 할 것임을 알고 있었지만.

상황을 이해하자마자—이해하는 데 좀 시간이 걸렸다—나는 그녀에게 쓸 수 있는 손짓발짓을 모두 동원해서, 선물을 감사히 받겠다고 말했다. 나는 오후 내내 환틀라라는 내 이름을 소리 내어 연습해 보았다. 그 어감이 마음에 들었다.

나는 같은 이름을 매개로 환틀라와 나의 관계가 가까워지기를, 어쩌면 의미 있는 우정이 맺어지기를 희망했다. 사실 나는 그녀에게 홀딱 반해 그녀 곁에 머물 구실을 만드느라 흥분해 있었다. 그녀는 넘치는 재능과 열정으로 노래하고, 춤추고, 직접 작곡한 곡을 연주했을 뿐만 아니라 머리도 아주 비상했고, 재치도 있었다. 하지만 언어 장벽이 가로막고 있는데다 내가 다른 지역으로 자주 돌아다녔기 때문에 처음부터 많은 것을 기대할 수는 없었다. 실제로 첫 1년 동안 우리 사이의 관계는 별로 진전되지 못했다.

바우, 니사와 인터뷰를 거친 뒤 !쿵 여성들의 관습과 언어에 좀더 익숙해지고부터, 나는 환틀라와 좀더 가까워지고자 진지하게 노력하기 시작했다. 나는 그녀에게 같이 일해 보자고 제안했다. 그녀는 인터뷰에 매우 열의 있는 반응을 보였지만, 내가 기대했던 관계는 끝내 실현되지 않았다. 그녀가 나를 믿지 못해서는 아니었다. 환틀라는 내가 보는 앞에서 남편과 심한 말다툼을 벌인 적도 있었으니까. 하지만 대개 그녀는 좀처럼 우리 일에 자신을—우리의 관계에 쏟는 노력에 비해서도—온전히 쏟으려 하지 않았다. 사실 환틀라는 자기 자신의 문제에 골몰해 있었다. 환틀라는 아이를 갖지 못했는데, 최근에 남편이 애인에게서 자식을 하나 보더니 날이 갈수록 집에 안 들어오는 시간이 늘어나고 있었던 것이다. 약속된 인터뷰 시간이 끝나고 나면 우리는 개인적인 이야기를 거의 나누지 않았고 그녀는 담배를 빌릴 때만 내 캠프로 찾아왔다.

그 뒤에 인터뷰한 두 여성과는 그다지 깊은 관계를 맺지 못했다. 내이는 이제 여성이 되는 문턱에 들어선 열네 살 소녀였고 누카는 이미 어머니가 된 스무 살 여성이었다. 둘 다 정보제공자로서 나를 많이 도와주었지만 환틀라처럼 불꽃같은 매력과 지성을 뿜어내거나 바우처럼 성숙한 지혜를 지니지는 못했다. 나는 내이에게서 어른이 되는 느낌과 미래에 대한 희망과 공포에 관해서 듣고 싶었다. 하지만 그녀가 겪고 있는 변화와 갈등은 나를 대할 때도 예외가 아니어서, 그녀는 내가 끄집어내는 거의 모든 주제에 대해 답하기를 꺼렸다. 누카로 말하자면 그녀는 별 어려움 없이 남편과 싸운 이야기나 이따금 다른 남자와 만나는 이야기 등을 들려주었지만, 못 한 건지 안 한 건지는 몰라도 좀더 깊은 속내까지 털어놓지는 않았다.

다음에 만난 나우카와 크사루의 경우는 문제가 더 심각했다. 세 아이의 엄마이며 (그녀의 말에 따르면) 행복한 결혼 생활을 하고 있던, 서른다섯 살 된 나우카는 기본적으로 똑같은 이야기만을 되풀이했다. 이야기할 때마다 이름과 장소를 매번 바꿔 말했기 때문에 나는 그걸 깨닫는 데 며칠이 걸렸다. 어떤 때는 그녀가 단순히 (아니면 일부러) 자기가 아는 사람과 장소, 음식의 이름들을 가지고 전형적인 패턴에 끼워 맞춰 새로운 '기억'을 조합해 내는 말장난을 하는 것 같았다. 결국 이런 이야기였다. 그녀의 어머니, 아버지, 언니, 오빠, 이모, 삼촌 등이 어떤 나무뿌리, 열매, 고기 등을 그녀에게 나눠 주기를 거절했다. 그런데 그 다음 날, 다음 주, 다음 달에 그녀가 나무뿌리, 열매, 고기 등을 얻게 되어 아버지, 어머니 등이 그걸 달라고 손을 벌리자, 그녀는 앙갚음할 기회를 놓치지 않고 그 부탁을 '보기 좋게 거절했다!'는 것이었다. 이 공식을 끝도 없이 우려먹는 것이 바로 그녀의 의도인 듯했다. 나는 그 이야기가 별로 재밌지도 않았고 대화를 회피하는 그녀의 묘한 방식을 존중하고 싶지도 않았다. 나는 그녀에게 인터뷰를 해 달라고 간청하지도, 이야기를 계속해 달라고 강권하지도 않았다. 그러다 마침내 그녀에게, 이제 사람들의 인색함에 관해서는 충분히 얘기했으니 지금부터는 다른 얘기를 하자고 단도직입적으로 말했다. 하지만 그 후로 인터뷰는 진행되지 않았다.

크사루와는 또 다른 문제가 있었다. 나우카와 동갑이었던 그녀는 친절하고 온화한 성격인 데다 나와 일하는 것을 좋아했다. 하지만 크사루는 멀리 남쪽 지방에서 나고 자란 탓에 그녀가 구사하는 단어들을 알아들을 수가 없어서, 이야기를 제대로 따라가는 데 너무 많은 노력과 집중이 필요했다. 그녀의 이야기는 모르는 단어를 조각조각 이어 붙이는 과정에서 지루해지기 일쑤였고 나는 이야기를 정리하는 걸 포기하기에 이르렀다. 나중에 나는 그녀가 한 말 대부분을 이해하지 못했음을 깨달았다.

나우카와 크사루와 일하던 당시는 내가 현지에 들어온 지 벌써 열아홉 달이 넘어가던 때였다. 나는 이성적인 끈기보다 좌절과 낭패감을 더 크게 맛보고 있었다. 고향을 떠나 온 긴장감이 너무 긴 시간 계속된 데다, 이질적인 문화에 적응하는 데 따르는 끊임없는 압박감, 정보를 수집하고 그중에서 믿을 만한 것을 걸러 내는 힘든 노동, 물리적인 환경의 혹독함 때문에 나는 지쳐 버렸다. 이제는 그만 끝내고 싶었다. 내게 기력이 좀더 남아 있었더라면 나우카를 다시 잘 설득해서 좀더 자유롭게 이야기할 수 있도록 유도하는 길을 찾았을 것이다. 또 크사루에게 다른 여성들과 인터뷰한 시간의 세 배 정도만 투자해서 그녀가 한 말의 의미를 명확히 알아내려고 노력했더라면, 그녀도 기꺼이 도와주었을 것이다. 하지만 나는 그렇게 하지 않았다. 나는 완전히 기진맥진했고, 인내심도 바닥나 버려서 더는 감수성이 예민한 인터뷰어가 될 수 없었다. 내가 원했던 것은 즉각적인 라포, 즉각적인 이해, 즉각적인 자신감이었다. 나는 외로웠고, 그들에게 받아들여지려는 노력을 기울일 여력이 남아 있지 않았다. 어디 지내기가 육체적으로 좀 덜 힘들고 사람들이 진심으로 내게 신경 써 주는 곳이 있다면, 그러면서도 혼자 있고 싶을 때는 누구에게도 방해받지 않고 몇 시간씩이고 혼자 있을 수 있는 곳이 있다면 나는 당장이라도 떠날 준비가 되어 있었다.

모든 정황이 이제는 떠날 시간임을 알리고 있었다. 조만간 나우카와 크사루와의 일을 마무리 지을 예정이었다. 우리는 출발할 날짜를 3주 뒤로 잡아 두었기에, 일흔다섯 살로 고시에서 제일 연장자인 베이를 인터뷰할 시간이 아직 남아 있었다. 그녀는 재능 있는 이야기꾼이었고, 젊은 여자들하고만 인터뷰하는 것은 시간 낭비라고 지난 몇 달간 내게 누누이 말해 왔다. 그녀는 '정말로 뭘 알고 있었다.' 왜 진작 그녀에게 물어보지 않았을까? 이미 지쳐 있었음에도 나는 흥미가 되살아났다. 그녀에게는 오랜 연륜에서 체득한 남다른 시각이 있으니 뭔가 다를 것이다. 나는 다시 시도해 보기로 결심했다.

　"베이, 지난번에 사람들이 아무리 나이를 많이 먹어도 어린 시절의 경험을 기억한다는 얘기를 했었죠. 또 어르신도 그렇다고 하셨고요. 그럼 어르신이 기억하고 있는 것을 얘기해 주시겠어요?"

　"그래, 나는 어린 시절의 일을 똑똑히 기억해. 내가 나이가 많으니 경험도 많지. 아무거나 물어봐요. 대답해 줄 테니."

　"어린 시절에 있었던 일 가운데 떠오르는 일이 있으면 아무거나 말씀해 주세요."

　"사람들이 어렸을 때를 기억 못한다고? 아니, 기억한다니까. 물어봐."

　"어르신의 부모님에 대해 얘기해 주세요."

　"그래, 부모님은 나를 길러 주시고 먹여 주셨지. 그래 자라서 어른이 됐다우."

　"부모님이 특별히 좋았을 때라든지 나빴을 때는 언제였나요?"

　"좋은 질문이야. 부모들은 어떤 때는 아이들을 칭찬하고 어떤 때는 혼내지."

　"혹시 부모님이 꾸짖으셨을 때가 있나요?"

　"부모들이 아이를 꾸짖지 않을까 봐? 아이들이 분별없는 짓을 할 때는 당연히 혼내지."

　"분별없는 짓이 예를 들면 어떤 건데요? 어떤 때 혼을 내셨어요?"

　"나쁜 짓을 했지. 그러니까 지금 내 손녀처럼. 왜 바로 오늘 아침에도 못된 짓을 해서 그 애 엄마가 때리지 않았겠수. 부모들이 아이들을 꾸짖지 않는다고? 천만에, 애들은 혼이 나면서 배우는 거지."

"베이, 좋은 말씀이세요. 어르신은 연세가 많으니 경험도 많으시리라 생각해요……."

"그럼, 많지. 많고말고……."

"……그런데 저는 다른 사람들 얘기 말고 어르신이 직접 겪으신 일을 듣고 싶어요. 그러니까 어르신이 어렸을 때 어머님이 어떠셨는지, 어떻게 자라셨는지, 또 어떻게 결혼해서 아이들을 낳아 기르셨는지 하는 이야기 말이에요. 지금까지는 주로 누구나 수긍할 만한 당연한 얘기들만 했잖아요. 그것도 좋아요. 하지만 지금부터는, 어르신이 직접 겪으신 인생 이야기를 해 주세요."

"그래요. 좋은 얘기를 많이 했지. 계속 물어봐. 계속 대답해 줄게. 나는 나이가 많아서 아는 것이 많다우."

"지금 묻고 있어요. 그런데 정확히 어떤 기억에 관해 여쭤봐야 할지는 모르겠어요. 어르신이 겪었던 일은 어르신만이 아시니까요. 어르신의 부모님이나 형제들 얘기를 해 주세요. 아니면 처음 월경을 시작했을 때의 일이라든지, 아이나 가족이나 둘째 아내나 남편이나…… 어르신에 대한 얘기라면 아무거나 내키는 대로 해 주시면 돼요."

"그래……, 인제 우리 아버지와 어머니 이야기도 했고, 또 내가 어렸을 때 잘못한 이야기도 했으니까 다른 걸 물어봐. 다 얘기해 줄게. 나는 늙어서 아는 게 많다우. 저기 다른 여자들은 다 애들이야. 아직 아무것도 모른다니까……. 나는 많은 걸 눈으로 봐 왔으니 잘 알지. 물어보면 내가 말해 주지……."

우리는 며칠 동안 이런 말만 주고받다 인터뷰를 중단했다. 어쩌면 그녀는 이미 어린 시절 경험했던 일들을 자세한 부분까지 기억해 내기가 힘들어져 버렸거나, 인터뷰라는 형식에 적응할 수 없었는지도 모른다. 또는 내가 그녀로부터 빨리 이야기를 이끌어 내려는 욕심에 정형화된 질문의 틀에 끼워 맞추기 급급했는지도 모른다. 하지만 그녀 자신은 내가 원하는 충분한 대답을 해 주었다고 생각하는 것 같았다. 그녀는 이 지역에 최초의 정착민들이 도착하기 사반세기 전부터 여기에 살고 있었다. 따라서 그녀는 !쿵족이 지닌 전통과 관습, 믿음의 전수자였으며, !쿵 사람들은 그녀의 견해를 매우 비중 있게 받아들였고 또 실제로 많은 사람들이 그녀에게 조언을 구했다. 어쨌든 인류학자들이 원하는 것이 바로 그런 것 아닌가?

이런저런 인터뷰들을 거치고 난 뒤, 이제는 크사루와 하던 작업만 마무리하고 짐을 싸서 떠날 준비만 하면 됐다. 하지만 막상 끝이 보이기 시작하자 묵은 의문이 다시 고개를 들기 시작했다. 내가 인터뷰하면서 느꼈던 불만은 정말로 그 방식의 한계 때문이었을까? 아니면 나는 아직도 누군가—베이보다는 융통성 있으면서 그에 필적하는 풍부한 경험을 지니고, 그 경험을 성숙하고도 철학적인 시각으로 이야기해 줄 수 있는—를 찾고 있는 걸까. 내가 인터뷰한 여성 아홉 명 대부분은 분명 자기들의 삶을 솔직하게 털어놓았지만, 그중에서 특별히 영감을 주는 인터뷰는 없었다.

결국 나는 다시 니사를 떠올렸다. 아직 그녀를 믿을 수 있을지 자신이 없었지만, 그녀의 무언가가 내 호기심을 끌었다. 나는 그녀가 나를 이해시키고자 얼마나 끈기 있게 대해 주었는지를 생각했다. 그녀는 따뜻하고 개방적인 데다 재밌기까지 했다. 또 아직 해 줄 얘기가 많이 남아 있다고도 했다. 물론 그녀가 다른 사람들과 달리 진지하고 명료하게 자신의 삶에 관해 내게 가르쳐 줄지는 미리 알 길이 없었다. 내가 알고 있는 것은 그저 마지막 남은 인터뷰 기회를 놓칠 순 없다는 것뿐이었다. 이튿날 나는 그녀에게 내 캠프로 와서 지내면서 같이 일하지 않겠느냐는 전갈을 보냈다. 남편과 조카딸을 함께 데리고 와도 된다, 내가 그 식구들의 끼니까지 책임지고 일에 대한 보수를 지불하겠다고 전했다. 며칠 뒤 그녀의 메시지가 도착했다. 그녀는 내가 어디 있든지 올 준비가 되어 있었다.

니사에게서 나는 마침내 내가 찾던 것을 발견했다. 인터뷰의 요구 사항을 이해하고 난 후 그녀는 자기의 일생을 시간 순서대로 대충 요약한 다음, 내가 이끄는 대로 각 주요한 시기들을 좀더 깊이 있게 들려주었다. 첫 번째 인터뷰에서 그녀는 남동생이 태어났을 때의 이야기를 되풀이해 들려주었다. 그전보다 세부 사항이 보충되긴 했지만 기본적으로는 똑같은 이야기였다. 하지만 난 이번에는 전처럼 그 이야기에 휘둘리지 않고, 당분간 내가 이해하지 못할 부분으로 인정하고 받아들였다. 이 이야기에 대한 최종적인 해석은 아마 앞으로도 계속해서 숙고해야 할 주제로 남을 것이다. 나는 그것을 게임의 규칙으로 받아들이게 되었다.

니사와 나는 '합심해서 일을 잘해 나갔다.' 우리는 (그녀의 '조카'인) 내가 아무것도 모르는 어린아이이고 (내 '아주머니'[4]인) 니사는 삶에 대해 가르쳐 주는 경험 많은 여성이라는 주제를 가지고 늘 농담을 주고받았다. 우리는 서로 다정하고 즐거웠으며 우리의 라포는 편안했다. 그녀는 인터뷰 하나하나를 제대로 하려고 결심한 듯 보였고 그 과정을 매우 즐거워했다. 어쩌다가 내게 물어볼 때도 있었지만 대개는 그녀가 방향을 주도했다. 인터뷰를 시작할 때면 그녀는 우리가 어디까지 얘기했고 뭘 더 보충해야 할지를 알고 싶다며 지난 녹음테이프의 끝부분을 다시 들려 달라고 하곤 했다. 그러고는 "자, 옛날 얘기, 늙은이들이나 아는 얘기를 계속해 볼까나. 조카가 배우도록 가르쳐 줘야지." 했다. 한번은 니사가 한창 이야기를 하다가 도중에 생각이 엉켜 버렸다. 니사는 즐거워하며 말했다. "어떡하지? 지금 얘기를 하나 하는데 다른 얘기가 머릿속으로 생각 속으로 달려 들어오네! 그건 좀 이따 말해 줄게. 지금 하는 얘기 다 끝난 다음에."

한 가지 이야기를 끝낼 때면 그녀는 꼭 확인하고 넘어갔다. "이 얘긴 끝난 거지? 그럼 이제 다음 얘기를 하자." 내가 질문을 안 하면 그녀는 계속 이어 말했다. 그녀는 또 이런 표현도 썼는데 내가 특히 좋아하는 말이었다. "바람이 쓸어가 버렸어." 한번은 이 말을 이렇게 자세히 풀어 주기도 했다. "이제 다른 얘길 해 주지. 나는 이야기의 문을 깨뜨려 열고 그 안에 든 걸 이녁한테 들려준다우. 그리고 내가 이야기를 끝내면, 모래 속에 휩쓸린 물건처럼 바람이 그걸 가져가 버려."

그녀의 이야기는 풍부한 묘사로 가득했고 처음과 중간과 끝이 명확했다. 이야기를 끝내기 전에 내가 질문을 할 때면 그녀는 이렇게 말하곤 했다. "기다려 봐. 안 그래도 그 얘길 할 참이야. 일단 들어 봐."

한번은 니사가 이혼했던 이야기를 하는 중이었다. 말할 것도 없이 그녀에게는 쓰라린 경험이었다. 니사는 늘 하던 대로 "이게 다야, 그리고 계속 살았어."라는 말과 함께 이야기를 끝맺었다. 그리고 평소와 다르게 긴 침묵이 흘렀다. 그녀는 생각에 잠겨 느리게 덧붙였다. "아니, 마음속에 아직 끝나지 않은 이야기가 있어. 맘이 아직 산란해. 이야기가 다 나온 게 아니야. 다 끝날 때까지 더 얘기하고 다음으로 넘어가자. 그러면 맘이 좋아질 거야."

마지막 인터뷰를 하면서 우리는 곧 내가 귀향할 일과 그녀의 미래 계획에 대해 이야기를 나눴다. 그녀는 말했다. "조카가 가고 나면, 난 여기 며칠 더 있다가 다시 황야로 돌아가서 살아야지. 거긴 아직 물도 많고 열매도 뿌리도 많아. 겨울에도 황야를 안 떠날 거야. 나는 저 소 떼나 검은 사람들하고는 안 살 거야. 우리는 황야에 살고 황야에 속한 사람들이니까. 우리는 마을에서 사는 사람들이 아니야. 나한텐 염소도 없고 소도 없어. 나는 가진 게 아무것도 없는 사람이에요. 그래서 사람들은 내가 가난하다고 그러지. 맞아. 당나귀도, 말라빠진 소 한 마리도, 메에에에……하는 새끼 염소 한 마리도 없는 가난뱅이지. 그래도 나가서 댕길 때는 외투에 먹을 것이라도 넣어 갖고 댕길 수 있어. 그러니까 황야에서 사는 거예요."

하지만 니사는 미래를 암시하는 꿈을 꾸고선 자신의 소망이 틀어질 것을 예감하기도 했다. "츠와나 사람 밑에서 집에 얹을 건초를 베는 꿈을 꿨어. 그 사람이 칭찬하데. '자네 일 잘하네. 건초 다 묶으면 옥수수죽을 좀 먹게.' 그래 내가 그랬어. '난 옥수수죽 따위나 얻어먹으려고 일한 게 아니오. 돈을 주시오.' 십장은 그러마고 했지. 그런데 잠이 깨고 나서 생각해 보니까 그래. '하느님[5]이 왜 내가 하기 싫은 일을 하게 될 거라고 일러 주셨을까? 오래 전에 그 십장이 나한테 그런 일을 시키려고 한 적이 있는데 마다했어. 일해도 돈을 못 받으니까 안 하겠다고 그랬지. 그런데 인제 하느님이, 내가 또 그런 일을 하게 될 거라고 그러시나 봐." 니사는 잠시 말을 멈췄다가 덧붙였다. "하지만, 그래도 난 이제 그런 일 하기 싫어."

화제는 다시 내가 떠나는 문제로 돌아왔다. "자네가 떠난 뒤에도 나야 계속 살겠지. 이녁이 나한테 뭐뭐 들려달라고 할 적처럼 주변에서 일어나는 일을 유심히 보고 생각하겠지. 뭐 재밌는 걸 보게 되면, '어, 이건 마저리와 내가 이야기했던 일인데, 바로 이거야. 이제 마저리에게 얘기해 줄게 하나 더 생겼네.' 그렇게 기억해 두고 간직할 거야. 또 다른 걸 보면 그걸 또 간직해 두고. 그렇게 보는 대로 다 간직해 두었다가 자네가 돌아오면 줘야지."

그녀는 또 말했다. "아마 나중에 또 다른 백인이, 리처드나 누구나, 와서 얼마간 있다 가게 되면 마저리에게 선물을 전해 달라고 맡길게. 아주고운 걸로—타조알 껍데기 구슬이나, 아님 가죽이 좀 있으면 그 구슬로주머니를 꿰면 정말 고울 거야. 내가 그럴게. '리처드, 집에 돌아가거든이걸 마저리에게 전해 줘요. 딴 사람 말고 꼭 마저리한테.' 또 이녁한테하고 싶은 말을 편지로 써 달라고 할 거야. '이 주머니를 마저리에게 준다고 종이에 써 줘요. 그래서 주머니랑 같이 그이한테 전해 줘요. 내가 마저리를 너무 좋아해서, 떠나보낼 때 맘이 찢어지게 아팠다우.' 그런데 지금은 구근을 캐 담을 주머니도 없고 외투도 없어. 어디서 구할 수 있을지도모르겠고. 그래서 아직 자네한테 선물을 못 줬네그래."

그녀는 자기 팔에 긴 팔찌를 가리키더니 그것을 끌렀다. 짙은 가죽 밴드에 매끄러운 구리 구슬을 동여맨 것이었다. 니사는 그것을 나에게 건네주었다. "자네한테 줄 것을 찾았는데 이 팔찌가 있구먼. 너무 작아서 자네 손목에는 맞지 않을 거야. 가져가게. 나중에 아이한테 물려줘." 나는선물을 사양했다. "그것마저 없으면 어떡하시려고요?" 그녀는 말했다.
"아니, 난 이녁한테 주고 싶어. 다른 사람한테 날름 줘 버리지 말고 꼭 간직하라고. 딸이 생기면 니사라고 이름 짓고 발목에 채워 줘요. 그리고 이팔찌는 네 이름을 따온 사람 것이란다, 하고 일러 줘. 나중에 딸애를 여기데려오면, 그 애를 데리고 다니면서 다른 선물들을 많이 줄게."

이는 우리 둘 모두에게 매우 감동적인 순간이었으며, 우리가 나눈 강렬한 대화의 연장선에 있었다. 하지만 나는 니사에게 '진정한 친구'가 되지 못했고, 그녀도 나에게 그렇지 되지 않았다. 그녀는 나에 대해 묻는 일이 거의 없었으며 내 삶에 특별히 흥미가 있는 것 같지도 않았다. 그녀에게 금전적인 합의가 중요하다는 것은 의심할 여지가 없었다. 그런데 이상하게도 인터뷰에 탄력이 붙기 시작하자 내 눈에는 그녀가 나한테 주는 것만 보이기 시작했고 다른 일은 아무래도 상관없었다. 인터뷰에 대한 그녀의 헌신과 자기 삶을 기꺼이 터놓고 이야기하는 태도는 어떤 의미에서 가장 가치 있는 우정의 선물이었다. 그녀에게 나는 단순한 '백인 여자'나 '돈 많은 사람'이 아니었다. 나는 '준/트와', 즉 그녀와 동등한 '진짜 사람'이었다. 그렇기에 그녀는 나를 위해 수고를 들일 만하다고 여긴 것이다.

그녀는 내게 가장 값진 수고를 선사했다. 그 두 주 동안 열다섯 차례에 걸쳐 한 인터뷰와 그 후 두 번째 현지 여행을 할 때 여섯 차례에 걸쳐 한 인터뷰를 통해 나는 !쿵족의 삶을 한층 깊이 통찰할 수 있었다. !쿵 언어로 진행된 그 인터뷰(내가 !쿵 여성들과 한 인터뷰 전체의 8퍼센트에 해당하는)들은 녹음테이프로는 거의 서른 시간에 가까웠고 발음 그대로 베껴 쓴 분량이 수백 페이지에 달했다. 이들 대부분은 영어로 썼지만, 최종 번역문에 !쿵 말의 독특한 뉘앙스를 반영하고자 !쿵식 표현들을 많이 남겨 두었다. 이 책에서는 구술한 내용을 시간 순서대로 배치했는데, 실제 인터뷰한 순서와 꼭 일치하지는 않는다. 또 같은 사건에 대해 서로 다른 시점에서 구술한 내용들을 연속된 증언인 것처럼 한 군데로 모은 부분이 많이 있다. 말을 명확히 하기 위해 부연하는 부분, 단어나 구절이 반복되는 부분은 수정하거나 삭제했다. 이런 어구들은 !쿵족의 언어에서는 강조를 위한 극적인 장치이지만 영어로 옮겨 놓으면 산만해지기 때문이다. 대신에 형용사를 적절히 활용해서 비슷한 효과를 낼 수 있었다. 이런 변동 사항과 별도로 줄거리 자체는 인터뷰에 충실하다. 또 !쿵 언어의 아름다움과 섬세함을 조금이나마 반영하고자, 관용적 표현들을 가능한 한 글자 그대로 직역했다. 이는 어떤 부분에서는 니사가 의도했던 것 이상의 시적 효과를 내기도 한다.

니사의 이야기는 !쿵족의 삶을 바라보는 한 시각일 뿐이다. 니사의 이야기가 그들 문화에 속한 모든 여성들의 경험을 대표하는 것은 아니다. 다른 여성들의 생애사를 들을 때는 완전히 다른 사연을 접하게 되는 경우가 많다. 게다가 니사가 말한 모든 것을 글자 그대로 받아들일 필요는 없다. 특히 어린 시절 이야기는 더 그렇다. 그녀는 "목소리를 붙잡는 기계"와 함께하는 인터뷰 상황 자체를 즐겼다. 어렸을 때 이야기를 생생하고 극적으로 하고자, 그녀는 마치 다시 어린 소녀 시절로 되돌아 간 듯 아이들 특유의 높고 찡찡대는 소리를 흉내 내기도 했다. 그런 유년기의 사건들은 실제 기억에 나중에 자라면서 알게 된 것들과 그 문화에 흔한 보편적인 경험, 판타지 등이 섞여 어느 정도 과장되었을 수 있다. 인터뷰가 진행되면서 그녀의 목소리는 점점 성숙하고 독립적으로 변해 갔고 이야기도 갈수록 신뢰성을 띠게 되었다. 인생의 후반부에 대한 니사의 증언들을 나는 다른 정보원들을 통해 확증할 수 있었다. 따라서 성인이 된 이후의 삶에 대한 니사의 이야기는 생생한 만큼이나 정확하다고 믿어도 좋을 것이다.

1장

최초의 기억

Earliest Memories

!쿵 아이들은 태어나서 몇 년 동안
엄마와 긴밀한 신체 접촉을 유지한다. !쿵 갓난아기들은 적어도 3년 동
안은 밤이나 낮이나 엄마의 가슴에 매달려 지내며, 한 시간에도 몇 번씩
배고플 때마다 젖을 문다. 아기들은 밤이면 엄마 곁에서 자고, 낮에는 슬
링(sling, 아기를 업거나 안은 채로 엄마의 몸에 붙들어 매는 천. 슬링을 엄마의
한쪽 어깨에 걸치고 아기의 몸과 엄마의 상체를 함께 단단히 감싸게 되어 있다.
!쿵족의 슬링은 동물 가죽으로 만들고 안쪽에 풀을 댄다. 조금 큰 아이들은 엄마
의 외투kaross 등 쪽에 있는 큰 주머니에 싣는다. ―옮긴이)에 싸인 채 엄마가
어딜 가건, 일하건 놀건 늘 엉덩이 근처에 매달려 있다.(아기가 매달려 있
는 이 높이는 좀더 큰 아이들이 동생을 달래고 어르는 데도 이상적이다.) 아기를
슬링에 업지 않을 때 엄마는 아기를 어르거나 노래를 불러 주거나 말을
걸곤 한다. 엄마와 아기가 신체적으로 떨어져 있을 때도 대개 엄마가 가

까이에서 지켜보는 가운데 아빠나 형제자매들이나 할아버지, 할머니, 이모나 삼촌 또는 가족의 친구들이 아기와 놀아 준다. 두 살 반 정도 되면 엄마와 떨어져 있는 때가 좀더 잦아지지만, 그것도 아이가 근처에서 노는 다른 아이들에게 이끌려 엄마 곁에서 먼저 떨어져 나가는 경우가 대부분이다. 이때도 엄마는 대개 아이에게 무슨 일이 생기면 금방 달려 나갈 준비가 되어 있다.

!쿵 아버지들—관대하고 자애롭고 헌신적인—또한 자녀들과 서로 매우 강한 애정의 끈으로 이어져 있다. 그렇기는 해도 남자들이 아이들과 보내는 시간은 여자들에 비하면 새 발의 피다. 특히 갓난아기일 때는 더욱 그렇다. 더구나 남자들은 똥오줌을 치운다든지 아이를 씻기고 목욕시키고 코를 풀어 주는 것과 같이 상대적으로 덜 즐거운 일들은 피하곤 한다. 또 아기들이 울거나 칭얼대면 달래기보다는 그냥 엄마한테 넘겨주게 마련이다. 어쨌든 엄마와 마찬가지로, 아빠도 그렇게 두렵고 권위적인 사람으로 여겨지지는 않는다. 아빠와 아이는 친밀하고 신체적으로 가깝게 보살피는 관계다. 생활하고 잠자는 공간을 서로 공유하기 때문에 아이들은 엄마 아빠 가까이에 머물며 항상 쉽게 다가갈 수 있다. 아버지들은 아이들—특히 남자아이들—이 나이를 먹을수록 좀더 많은 시간을 자녀들과 보내게 된다.

아무런 심각한 질병에도 걸리지 않았다고 가정했을 때, 갓난아기의 평온하고 목가적인 일상이 처음 깨지는 순간은 젖을 뗄 때다. 젖을 떼는 시기는 보통 아이가 세 살 정도 되고 엄마가 동생을 가졌을 때다. !쿵 사람들은 대개 엄마가 다음 아기를 임신했는데도 아이가 계속 젖을 먹으면 위험하다고 믿는다. 엄마의 젖은 태아 몫이기 때문에 만일 아이가 계속 젖

을 먹으면 아직 태어나지 않은 아기나 이미 태어난 아이 둘 중 한쪽에게 해가 미친다는 것이다. 그래서 되도록 빨리 젖을 떼야 하는데, 아이들이 매우 강하게 저항하기 때문에 이 일은 몇 달씩 걸리게 마련이다. 보통은 쓴 나무뿌리(요즘에는 담뱃진)로 만든 고약을 젖꼭지에 발라서 아이들이 쓴맛에 질려 입을 대지 못하게 하는 방법을 쓴다. 심리적인 압박 또한 이용된다. 한 여성은 자신이 어릴 때 젖을 뗐던 일을 이렇게 들려주었다. "어른들은 제가 계속 젖을 먹으면 동생이 태어나서 절 깨물고 때릴 거라고 그랬어요. 물론 젖을 못 먹게 하려고 지어낸 말이죠."

아이가 최근에 젖을 뗐는데 엄마가 유산이나 사산을 하거나 신생아가 죽은 경우에는 아이에게 다시 젖을 물리기도 하지만, 이는 별로 바람직하지 않다고 여겨진다. 한 여성은 갓난아기를 잃은 뒤 어린 아들에게 다시 젖을 물리기 시작했는데, 그 아들이 시름시름 앓아서 걱정하고 있었다. 마을 사람들은 아이의 병이 (원래는 죽은 동생의 것인) 엄마 젖 때문에 생긴 것이라고들 했다. 하지만 그녀는 엄마와 엄마 가슴이 주는 안정감에 너무 절박하게 매달리는 아이를 차마 떨쳐 내지 못했다. 젖을 주지 말아야 한다고 생각하면서도 그녀 역시 몸이 아팠기 때문에 그럴 수 없었던 것이다. 몇 주 뒤에 그녀는 기운을 차렸고, 아이도 곧 회복되었다.

엄마 젖이 주는 신체적·감정적 아늑함 때문에 아이들은 대개 이를 쉽게 포기하려 들지 않는다. 또 모유의 대체물을 제공해 줄 가축이 없기 때문에 그냥 황야에서 채취한 음식을 먹을 수밖에 없는데, 이는 엄마 젖의 매력에 견줄 수 없는 것이다. 이때가 아이들에게는 괴로운 나날이어서 언짢은 기분을 마구 폭발시키곤 한다. 짜증을 내는 것은 보통이고, 대개 심리적 스트레스가 확연히 드러난다. 한 남자는 그때를 이렇게 회상했다.

"나는 동생이 태어난 뒤에도 젖을 빨고 싶었지만 엄마는 못 먹게 했어요. 내가 하도 우니까 할머니가 엄마 젖을 잊게 하려고 절 이웃 마을로 데리고 갔는데, 거기서도 나는 계속 젖 생각뿐이었어요. 다시 젖을 빨게 엄마한테 돌아가자고 졸랐죠. 정말 힘들었어요."

엄마가 30대 후반이나 40대 초반이 되어서 낳은 막내아이는 갑작스럽게 젖을 떼는 고통을 면하게 된다. 엄마가 다시 임신만 하지 않으면, 아이는 대여섯 살쯤 되어서 다른 아이들의 놀림감이 되거나 하는 사회적 압력 때문에 더는 젖을 빨 수 없을 때까지 젖을 붙들고 있기도 한다.

새로 아기가 태어나면 이제 언니 오빠가 된 아이는 엄마 바로 곁의 포근한 잠자리 역시 포기해야 한다. 잠시 동안은 엄마 아빠 사이에서 잘 수 있을지 몰라도 곧 동생 바깥쪽으로 자리를 옮겨야 할 때가 온다. 자연히 부모나, 심지어는 갓 태어난 동생에게까지 화풀이를 하는 일이 늘어난다. 어떤 네 살짜리 여자아이가 동생을 안아 보게 해 달라고 계속 졸라 대는 통에 엄마는 아기를 슬링에서 내려 언니의 팔에 조심스레 안겨 주었다. 어린 소녀는 엄마가 가까이서 지켜보는 데 앉아 아기를 살살 흔들며 노래를 부르고 달래는가 싶더니, 다른 아이들이 근처에서 뛰노는 소리를 듣자 갑자기 벌떡 일어나서 아기를 모래 위에 쿵 떨어뜨렸다. 그리고 아기 울음소리와 엄마의 꾸중을 뒤로한 채 뒤도 안 돌아보고 달려 나가 버렸다.

엄마 젖을 뗀 지 1년이 못 되어 아이는 슬링도 '떼야' 한다. !쿵 아이들은 업히기를 좋아한다. 엄마 등에 찰싹 붙어 있으면 뒤처질까 헉헉대며 걷지 않아도 되기 때문이다. 엄마가 눈치를 주다가 급기야 이제 내려서 걸으라고 하면 다시 떼를 쓰기 시작한다. 아이들은 걷지 않으려고 버티며 업어 달라고 떼를 쓰고, 엄마가 그날 먹을 것을 채집하러 나간 동안 마을에 남아 있지 않으려고 든다. 이럴 때는 흔히 그냥 업어 주는 쉬운 해결책을 택한다. 멀리 걸어야 할 때는 아빠가 아이를 어깨 위에 태우고 가기도 한다. 하지만 아이가 예닐곱 살 정도 되면 더는 업지 않고, 비록 짧은 거리라도 웬만하면 스스로 걸어가도록 한다.

!쿵 부모들은 이런 일로 자녀들이 너무 상처 입지 않도록 신경을 쓰긴 하지만, 이런 일이 한두 번 이어지다 보면 아무래도 힘들어지게 마련이다. 그래서 대신 아버지와 보내는 시간을 늘리기도 하고, 이웃 마을의 너그러운 (그래서 아이들을 버릇없게 만들 것이 분명한) 할머니 할아버지나 이모 고모의 손에 당분간 맡겨 놓기도 한다. 하지만 부모들은 태어나서 첫 몇 년간 쏟아 붓는 아낌없는 사랑이야말로 자식들이 이런 감정적 스트레스를 스스로 다스릴 수 있는 안정된 아이로 자라나게 하는 힘이라는 것을 알고 있다. 아이들은 엄마와의 강렬한 유대에서 힘을 얻는 것 같다. 태어나서 평균 44개월 동안 아이는 엄마의 관심을 온통 독점하다시피 하고, 첫 36개월 동안은 엄마 젖이 주는 영양과 편안함을 제한 없이 마음껏 누린다. 서너 살쯤 되면 이전처럼 엄마가 끊임없이 주의를 기울일 필요가 없게 된다. 아이는 이제 엄마와 계속 부대끼는 것보다는 또래 아이들과 떠들썩하게 뛰노는 일이 더 재밌어진다. 동생이 태어나고 몇 달쯤 지나면 아이는 하루 종일 친구들과 어울려 뛰노는 데 정신이 팔려 가족들에게 심술을 부리는 시간도 줄어든다. 그러다가 결국 동생이 태어나서 받는 스트레스를 극복하고, 비로소 스스로 형이나 언니 노릇하는 일을 즐기게 된다. 이런 일들은 보통 아이가 네다섯 살쯤 먹었을 때 일어나기 때문에, 어른들은 대개 자기가 어려서 젖이나 슬링을 뗐을 때 겪은 일을 세세한 부분까지는 아니더라도 대강의 느낌으로 기억하고 있다. 어떤 어른들은 되

돌아보면 그때의 경험이 지금의 성격을 형성한 중요한 사건이었다고 회고하기도 한다.

!쿵족의 경제는 나눔에 기반하고 있으며, 아이들은 어려서부터 음식이나 물건을 서로 나눠 가지도록 교육받는다. '나na(그것을 저한테 주세요.)'와 '이흔ihn(이걸 받으세요.)'은 어린아이들이 태어나서 처음으로 배우는 말 가운데 하나다. 그러나 나눔이란 어린이들이 쉽사리 배우기 힘든 미덕이다. 특히 누구한테 화가 났거나 누구를 싫어하는데 무언가를 나누는 일은 더욱 힘들다. 누군가에게 음식이나 소유물을 주거나 주지 않는 일은 사랑은 물론이고 분노나 질투나 원한을 표현하는 강력한 수단이기도 하다.

어떤 것을 갖고 싶은데 참는 것 또한 배우기 힘든 일이다. 사실 !쿵 어린이들은 배를 곯을 일이 거의 없다. 이따금 음식이 부족해지는 기간에도 아이들만은 특별대우를 받기 때문이다. 먹을 것을 낭비하거나 버리면 벌로 밥을 주지 않기도 하지만, 그런 벌은 항상 짧게 끝나곤 한다. 그런데도 어른들은 대개 어렸을 때 먹을 것을 '훔쳤던' 기억이 있다. 그런 에피소드는 음식에서 낙을 얻는다는 것을 의미하기도 하지만, 식량 수급에 대해 !쿵 사람들이 느끼는 불안감 또한 반영하고 있다. 이 두 가지 감정은 이미 어렸을 때부터 나타나는 것이다.

!쿵 부모들은 아이들이 짜증을 부리거나 떼를 쓰는 데 관대하다. 어릴 때의 반항은 대개 '애들은 철이 없다'거나, '아직 머리가 자라지 않아서'라고 설명된다. 부모는 아이들의 행동을 판단하고 그에 대해 이러쿵저러쿵하거나 때로 비판하기도 하지만, 꾸짖는 일은 흔치 않다. 애초에 부모들은 아이들이란 원래 완전히 무책임한 존재라고 전제한다. 그리고 아이

들이 자라면서 의식적인 교육을 받든 안 받든, 집단이 요구하는 가치에 따르라는 사회적 압력과 기대를 받게 되므로 자연히 분별 있게 행동하는 법을 배우리라고 믿어 의심치 않는다. !쿵족 성인들 대부분은 협조적이고 관대하며 부지런히 일할 뿐만 아니라 다른 문화권 사람들에 비해 결코 더 이기적이라고 볼 수 없기 때문에, 이 이론은 적어도 그들에게만은 확실히 들어맞는 것 같다.

!쿵 사람들은 아이들에게 규율을 가르칠 필요가 있다고 말하기는 하지만, 실제로 그렇게 하려는 노력은 최소한도에 그친다. 하지만 아이들, 특히 규범에 따라야 한다는 압력을 좀더 강하게 느끼는 큰 아이들은 훈육에 대한 어른들의 이런 태도를 늘 쉽게 이해하지는 않는 것 같다. 어떤 소녀는 한 마을 여자가 자기 아들이 욕을 해 대는데도 아무런 반응도 보이지 않는 것을 두고, 그녀가 욕하는 아이만큼이나 '분별이 없다'고 불평했다. "그 애 엄마는 아무것도 안 해요. 야단도 안 친다니까요. 어른들은 도대체가 다 그렇게 분별이 없어요. 자식이 자기한테 욕을 하는데도 그저 앉아서 웃기만 한다고요."

물론 어린 시절에 부모와 심한 충돌을 빚는 일은 드물지 않다. !쿵 어른이라면 누구나 체벌 위협을 받은 기억이 있다. 하지만 관찰 결과에 따르면 !쿵 부모들은 자녀가 몇 살이 되건 매우 너그럽게 대하며, 체벌은 거의 없는 듯하다. 따라서 체벌이라는 드문 경험이 어린아이의 기억 속에서 한층 더 생생하게 과장되었을 여지가 있다. 또 그보다는 흔한 체벌의 '위협'이 회상 속에서 실제 일어난 사건으로 와전되었을 수도 있다. 사실이야 어떻든, 그런 기억들은 여느 다른 문화권과 마찬가지로 !쿵 가정에도 존재하는 현실의 긴장 관계가 극적인 모습을 띠고 나타난 것으로 볼

수 있다.

조부모(그리고 기타 친척들)는 그보다 훨씬 더 호의적으로 기억된다. 할아버지 할머니와 손자 손녀는 서로 특별한 관계로 여겨지는데, 특히 손자 손녀가 조부모의 이름을 물려받았을 때는 더욱 그렇다. 부모에게 털어놓지 않는 개인적이고 친밀한 이야기도 조부모와는 마음 놓고 할 수 있으며, 조부모는 또 부모가 달가워하지 않는 손자 손녀의 이해를 대변해 주는 역할을 하곤 한다. 또 노인들은 젊은 사람들에 비해 생계에 기여하는 정도가 낮기 때문에 손자 손녀와 놀아 줄 시간도 더 많다. 아이들이, 특히 부모와 갈등을 빚을 때, 할아버지 할머니나 다른 가까운 친척에게로 가서 지내고 싶어하는 것도 무리가 아니다. 어떤 소녀는 이렇게 말했다. "제가 어렸을 때 아주머니네 가서 몇 주씩, 어떤 때는 몇 달씩도 지내곤 했는데 가서는 안 울었어요. 아주머니는 저한테 제2의 엄마였거든요."

목소리가 잘 들리도록 저 기계 좀 맞춰 줘. 나는 늙었고 많은 일들을 경험했고 들려줄 얘기도 많아요. 인제부터 나와 우리 부모님과 다른 사람들 얘기를 해 줄게. 하지만 내 주변에 있는 사람들한테까지 이 얘기가 들어가진 않도록 해 줘.

우리 아버지의 이름은 '가우'이고 우리 어머니 이름은 '추코'예요. 물론 아버지와 어머니가 결혼했을 때 나는 세상에 없었지. 처음에 그분들은 아들을 하나 낳고 이름을 '다우'라고 지었어요. 그 다음에 나, 니사를 낳

고 그 다음에 남동생이 태어났지. 그 애가 막내로 살아남았는데 이름은 '쿰사' 라고 지었어.[1]

어머니가 쿰사를 가졌을 때가 기억나. 난 아직 어렸을 때라서 어머니한테 물어봤어. "엄마, 엄마 뱃속에 아기 있잖아. 아기가 태어나면 배꼽에서 나와? 아기가 자라고 또 자라면 아버지가 엄마 배를 칼로 자르고 동생을 꺼내?" 어머니가 말하길, "아니, 그런 식으로 나오는 게 아니란다. 아기는 여기서 나온단다." 하고 자기 성기를 가리켰어. "아기가 태어나면 너도 동생을 안고 다닐 수 있어." 그래서 나는 "응, 안고 다닐 거야!" 그랬지.

그렇게 지내다가 또 물어봤어. "인제 젖 안 줄 거야?" 어머니는 "인제 젖 먹으면 안 된다. 그러면 너 죽는다." 그랬어. 그래서 나는 나가서 한동안 혼자서 놀다가, 돌아와서 또 젖을 달라고 했지요. 하지만 어머니는 허락하지 않았어. 드차 뿌리로 고약을 만들어서 젖꼭지에다 문지르지 뭐야. 나는 맛을 보고 쓰다고 투정을 부렸지.

어머니가 쿰사를 가졌을 때 나는 허구한 날 울었어. 젖을 빨고 싶어서! 한번은, 그때 우리 식구들은 다른 사람들과 떨어져서 황야로 나와서 지내고 있었는데, 그날은 유난히 울었어. 하루 종일 우니까 아버지가 날 때려 죽인다고 하시는 거야.[2] 난 눈이 퉁퉁 부을 정도로 심하게 울었어. 아버지가 한 손에 큰 나무 막대기를 들고 와서 날 붙들었는데, 때리지는 않고 겁만 주려고 하신 게지. 그래 내가 막 "엄마, 도와줘! 엄마, 빨리 와! 도와줘!" 소리쳤겠지. 어머니가 와서는 "아서요, 가우. 당신은 남자잖소. 당신이 니사를 때리면 애한테 병이 들어가서 무척 아플 거예요. 인제 그냥 놔두세요. 정 필요하면 내가 때릴게요. 나는 때려도 아프게 할 정도는 아니지만, 남자 손으로 때리면 다르잖소." 그러셨어. 그래서 겨우 울음을 그쳤는데 하도 울어서 목이 따끔거렸어. 눈물이 들어가서 목을 다친 거지.

또 한번은 아버지가 나를 데려다가 황야에 혼자 남겨 두고 간 적도 있어. 그날 우리는 마을을 떠나 다른 마을로 가서 하룻밤을 잤어요. 밤이 되어서 내가 울기 시작했지. 무지무지 울어 댔어요. 아버지가 때려도 막무가내로. 아마 밤새도록 울었던 것 같아. 그러자 결국에는 아버지가 벌떡 일어나셨어. "널 데려다 하이에나더러 와서 잡아 가라고 저기 황야에 내다 버려야겠다. 도대체 어떻게 된 애냐, 너는? 동생 젖을 먹으면 죽는다는 거 몰라!" 아버진 날 집어다가 마을 밖으로 끌어내서 한데다가 내놓고, "하이에나야! 여기 너 먹을 것 있다……. 하이에나야! 와서 먹이 가져가라!" 하고 소리치셨지. 그러고는 휙 돌아서서 마을로 뚜벅뚜벅 걸어가기 시작했어.

아버지가 가 버리니까 어찌나 무섭던지! 그래 막 울면서 뛰기 시작했어. 마냥 울면서 아버지를 제치고 계속 뛰어서는, 어머니 곁으로 냉큼 가 누웠지. 어두운 밤이랑 하이에나가 무서워서 꼼짝도 않고 조용히 누워 있었지. 아버지가 오시더니 그러데. "오늘은 너 정말 똥 싸게 될 줄 알아라!³ 엄마 배가 남산만 한 거 안 보여? 그런데 계속 젖 달라고 떼를 써?" 그래 나는 또 울기 시작해서 내내 울다가 잠잠해져서 누웠어. 아버지가 "그래, 그렇게 누워서 조용히 있어라. 내일 기니닭을 잡아다 주마." 하시데.

이튿날 아버지는 사냥을 나가서 기니닭을 잡아왔어. 아버지가 그걸 삶아다 주셔서 먹고 먹고 또 먹었지. 근데 다 먹고 나서 내가 또 엄마 젖을 물겠다고 하니까, 아버지는 가죽 끈을 집어다가 날 때리기 시작했어. "니사, 정말 철이 없는 거냐, 이해를 못 하는 거냐? 엄마 젖 좀 가만 놔둬!" 그래서 난 또 울음을 터뜨렸지.

또 한번은 식구들과 같이 황야에 나갔을 때였는데 내가 "엄마, 업어 줘!" 그랬지. 어머니는 그러마고 했는데, 아버지는 어머니한테 업어 주지 말라고 그래. 인제 난 다 컸으니 혼자 걸어가야 된다는 거야. 그때도 어머니는 임신해 있었는데, 아버지가 날 때리려고 하니까 다우 오빠가 막으셨어. "아버지는 니사를 너무 많이 때리세요! 이 애 비쩍 마른 것 좀 보세요. 뼈밖에 없잖아요. 그러니 인제 그만 하세요!" 다우는 날 들어 올려서 어깨 위에 태워 주었어.

어머니가 쿰사를 가졌을 때 내가 만날 울기만 했냐고? 한동안 울다가도 또 얌전히 앉아서 보통 음식을 먹기도 했지요. 단닌딸기랑 촌 뿌리랑 클라루 구근, 우기에 먹는 것들이지. 하루는 실컷 먹고 배가 불렀는데, 또 어머니한테 "엄마, 젖 아주 조금만 먹으면 안 돼? 제발, 조금만 먹을게요." 그랬더니 어머니가 "아이고 어머니!⁴ 엄마 젖은 지지야, 지지! 맛도 토한 음식 같고 냄새도 고약해서 못 먹는다. 네가 먹으면 '웩, 웩.' 하고 다 게워 낼 거야." 하고 소리치셨어요. "아냐, 안 토할 거야, 그냥 젖만 먹을 거야." 했더니 어머니가 "내일 네 아버지가 날쥐 잡아오실 거다. 특별히 너만 먹으라고." 해서 나는 다시 기분이 좋아졌어요.

다음 날 정말로 아버지가 날쥐를 잡아 오셨어. 그걸 들고 오시는 걸 보고 나는 좋아서 막 소리 질렀겠지요. "와, 와, 아빠다! 와, 아빠 오신다! 아빠가 날쥐 잡아 왔다. 고기 가져왔다! 나 혼자만 먹고 엄마한텐 절대 안 줘야지!" 그래 아버지가 고기를 요리해 줘서 또 배불리 먹었겠지. 그리고 엄마한테, "엄마가 젖 가지고 인색하게 구니까⁵ 나도 고기 가지고 인색하게 굴 거야. 엄마 젖이 뭐 그렇게 대단한 줄 알아? 맛없어, 퉤퉤." 그랬겠지. "니사, 엄마 말 좀 들어라. 엄마 젖은 인제 너한테는 좋지 않아." "에구

할머니! 인제 나도 안 먹어! 대신 고기만 먹을 거야. 인제 다시는 엄마 젖에 손도 안 댈 거야. 아버지랑 오빠가 잡아 온 고기만 먹을 거야."

어머니 배는 점점 더 불러 왔어요. 그러던 어느 날 밤 첫 번째 진통이 찾아와서 새벽까지 머물다 갔어요. 이튿날 아침에는 마을 사람들 모두가 먹을 걸 채집하러 나가고 어머니와 나만 마을에 남아 있었지. 나는 잠시 엄마 곁에 앉았다가, 다른 아이들이랑 놀러 나갔다 들어와서는 어머니가 개암 깨 준 걸 먹었어. 그때 어머니가 일어나서 나갈 채비를 하네. 내가 "엄마, 우물에 가. 나 목말라." 그러니까 어머니는 "그래, 몽공고 열매나 좀 주우러 가야겠다." 하셨어. 그래 나는 친구들한테 가서 나 간다고 하고 출발했지요. 주변에 다른 어른은 아무도 없었어.

조금 걷다가 어머니는 큰 네혼 나무 둥치에 기대앉았어. 거기서 쿰사가 태어났지. 나는 처음에는 멀뚱하니 서 있다가 다가가서 들여다보고는, 속으로 '이런 거구나. 이렇게 앉아서 아기가 여기로 나오는 건가? 나도 이렇게 나왔나?' 그랬겠지. 하긴 어린애가 뭘 알았겠어요?

아기가 나왔기에 눕히니까 울기 시작했어. 동생한테 "안녕, 우리 아기 동생아! 와, 나도 이제 동생이 생겼어!" 하고 인사했겠지. 그런데 어머니는 "너 이게 뭔 줄 알고 그래? 왜 그렇게 말을 걸어? 그만 하고 일어나 마을에 가서 뒤지개(diggig stick, 땅속을 뒤져 식물의 뿌리나 열매를 캐는 데 쓰는 나무로 된 연장—옮긴이) 좀 가져와라." 하시는 거야. 그래 내가 "뭘 파는데요?" 그러니까 "구덩이 파려고. 구덩이 파서 아기를 묻을 거다. 너 다시 젖 먹이려고."[6] 하시데. 나는 혼비백산해서 "우리 아기 동생? 내 동생 말이야? 엄마, 얜 내 동생이잖아! 데리고 마을로 돌아가. 나 젖 먹고 싶지 않아!" 그러고 또, "아버지가 집에 돌아오면 이를 거야!" 그랬어. 어머니는 "이르면 안 돼. 이제 가서 뒤지개 가져와라. 너 젖 좀 먹이게 이 앨 묻어야겠다. 넌 너무 말랐어." 그러셨어. 난 가기 싫어서 울음을 터뜨렸어. 주저앉아서 눈물을 펑펑 흘리면서 울고 또 울었어. 하지만 어머니는 내 뼈가 튼튼해져야 한다면서 날 억지로 떠밀어 보냈어. 그래서 난 울면서 마을로 돌아갔어요.

징징 울면서 마을로 들어가서는, 오두막에서 뒤지개를 가지고 나왔겠지. 그런데 그때 마침 작은 이모가 숲에 갔다가 집에 돌아와 있었어. 몽공고 열매 주워 온 것을 자기 오두막 앞에 쌓아 놓고는 앉아서 그걸 막 구우려던 참이었어요. 이모가 날 보더니 "니사, 왜 그러니? 엄마한테 무슨 일 있니?" 그러기에 내가 "저기 네혼 나무 아래요. 엄마가 나랑 같이 거기 가서 아기를 낳았어요. 그런데 엄마가 아기를 묻는다고, 나 보고 가서 뒤지개를 가져오라고……" 그러다가 또다시 울음을 터뜨렸어. 울면서 "내가 아기를 보고 '우리 동생' 이러니까 엄마가 그러지 말라고 했어요. 엄마는 나쁜 짓을 하려고 해요……. 인제 전 이 뒤지개 갖다 주러 가야 해요!" 했어.

그러니까 이모가 "아이고, 세상에! 추코가? 그랬으면 그건 정말 못된 짓이지! 지금 저 밖에 아기랑 단 둘이 있다고? 계집애든 사내애든 당연히 거둬 키워야지!" 하시더군. 내가 "네, 거기 배 밑에 고추 달린 사내애예요." 그랬더니 이모가 "에구 어머니! 가서 엄마랑 얘기하자. 내가 가서 탯줄을 자르고 아길 데려와야겠다." 그래.

그래 나는 뒤지개를 버려두고 이모랑 같이 어머니가 앉아 있는 곳으로 갔어. 그런데 가 보니까 어머닌 벌써 맘이 흔들리는 것 같더라고. 가니까

어머니가 "니사, 네가 그렇게 울어 대니 아무래도 아길 거둬서 데리고 가야겠다." 그러시데. 이모가 어머니 곁에 누운 쿰사한테로 가 보더니 말했어. "추코, 낯을 쪼개 버리려고 작정했어?[7] 이렇게 크고 튼튼한 아기를 낳고, 니사한테 뒤지개를 가져오라고 시켰단 말이야? 정말 이렇게 튼튼한 아이를 묻어 버리려고 했단 말이야? 아버지가 언니 먹여 살리려고 얼마나 고생해서 일하셨는지 알아? 정말 이 앨 묻었으면, 아이 아버지가 분명히 언닐 가만 안 뒀을 거야. 이렇게 크고 복스러운 아기를 죽이려고 했다니 틀림없이 제정신이 아닌 거야."

그리고는 아기의 탯줄을 자르고 몸을 닦아서 허리춤에 안고 마을로 데리고 갔어. 어머니도 이모의 꾸지람에 무색해져서 곧 몸을 일으켜 뒤따라왔고. 그렇게 잠잠히 따라오다가 어머니는 마침내 말문을 열었어. "이해 못하겠니? 니사는 아직 어린아이야. 이 애가 젖을 못 먹어서 내 맘이 편치가 않아. 이 애 몸이 너무 약해. 뼈를 좀 튼튼하게 해 줬으면 좋겠어." 그래도 이모는 "가우가 이 일을 알면 필시 언닐 때릴 거야. 이렇게 아기를 쑥쑥 잘 낳는 다 큰 여자가 그러면 못써." 그랬어. 그렇게 마을에 돌아와서 어머닌 아기를 데리고 누웠어요.

그때쯤엔 몽공고 덤불에 나간 사람들이 돌아와 있었어요. 다들 거둬온 것을 내려 두고 쿰사를 보러 왔지요. 여자들이 이구동성으로 "세상에, 이 여자가 정신이 없구먼! 이렇게 큰 아기를 낳았는데 죽이려고 했다니!" 그랬지. 그런데 어머니는 "이 애 누나한테 젖을 더 먹이고 싶어서 그랬어요. 나 혼자 있었으면 정말로 그랬을 거예요! 몸소 가서 뒤지개를 가져오지 않은 나도 잘못이지만, 사람들이 나한테서 이 애를 떼어 놓은 것도 잘못한 거라구요! 지금 내가 이 애랑 같이 여기 있는 건 순전히 그 때문이라구요." 그래. 여자들이 고개를 설레설레 저으면서 이모한테 말하길 "이녁이 장한 일 했네. 추코한테서 아기를 뺏어서 데려온 건 아이 아버지를 위해 참 잘한 일이야. 추코가 이 앨 죽였으면 아이 아버지한테 도대체 뭐라고 변명했겠나?" 그랬어.

해가 기울 때쯤 사냥 나갔던 아버지가 돌아오셨어. 내가 나가서 외쳤어. "와, 아빠다! 아빠 오셨다! 저기 아빠예요!" 아버지가 와서 오두막 옆에 앉더니 "뭔 일 있어? 왜 누워 있어? 어디가 아픈 거요?" 그래. 어머니가 "아니, 그냥 좀 누워 있는 거예요." 하니까 아버지가 "에헤! 우리 색시가 애를 낳았구먼! 추코, 아들이요?" 했어. 어머니가 "그래요, 사내애예요." 했어. 그랬더니 이모가 "아주 크고 튼튼한 애예요! 그런데 추코가 글쎄 애를……." 하는데 그때 내가 끼어들어서 "죽이려고 했어요!" 그랬지. 그러고는 신이 나서 "엄마가 나한테, 아기를 죽일 거니까 가서 뒤지개를 가져오라고 그랬어요. 근데 코카 이모가 저랑 같이 가서 애기를 뺏어 왔어요." 했더니 이모가 말을 받아서 "그래요, 내가 아기를 무덤에서 빼내 데려왔어요." 그러는 거야. 내가 다시 끼어들어서 "아기가 저기 누워 있었어요. 엄마가 아길 죽이려고 했어요." 그랬지.

그랬더니 아버지가 그랬어. "추코, 왜 내 아들을 죽이려고 했지? 정말 그랬으면 당신을 가만두지 않았을 거야. 창으로 찔러 죽였을 거야. 내가 그렇게 못 할 것 같아? 암, 그렇게 하고말고. 대체 뭐가 그리 힘들어서 이렇게 튼튼한 아이를 죽이려고 했던 거요? 인제부터 애들을 다 거두어서 키우는 거요. 니사는 앞으로 젖 안 먹고 크는 거고."

쿰사가 태어나고 나서 나는 혼자 노는 시간이 많아졌어요. 큰 슬링을 가져다 그 안에 드러누워 놀고, 그러다가 문득 이런 생각이 들었어. '나는 만날 혼자 놀잖아. 혼자서 어디 갈 수도 없고.' 그래 일어나서 어머니한테 그랬어. "엄마, 동생이랑 같이 놀게 슬링에서 내려 줘." 하지만 난 그때마다 동생을 때려서 울렸어. 그러면 어머니는 "너 아직도 젖 먹고 싶어서 그러는구나. 하지만 안 돼. 쿰사가 달라면 주지만, 네가 보채면 못 먹게 가리고 창피를 줄 테다." 그러셨어.

엄마 젖이 너무 먹고 싶었는데, 어머니가 쿰사 젖 먹일 때 젖이 넘쳐서 흘러내리는 게 보이잖아. 그럼 밤새도록 우는 거지, 다음 날 동틀 때까지. 어떤 날은 아침부터 앉아서 먹지도 않고 울기만 했어. 쿰사가 젖 먹는 걸 봤거든. 그렇게 먹고 싶은 젖이 흘러내리는 걸 내 눈으로 본 거야. 난 그 젖이 내 거라고 생각했어.

하루는 오라버니가 사냥 나갔다 다이커영양을 잡아가지고 왔어. 난 혼자 놀고 있다가 오라버니가 오는 걸 보고, "엄마! 엄마! 봐 봐! 오빠가 영양 잡아 왔어! 저기 봐 봐, 영양 잡아 왔어." 그러니까 어머니가 "그래, 그러니까 오늘 아침에 그만 울고 오빠 오길 기다리라고 하지 않던? 가서 오빠가 뭘 잡아 왔는지 봐라!" 그러셨어.

가서 보니 오라버니가 영양 가죽을 벗기기 시작했어. "우와……, 영양이 수놈이야, 엄마……. 봐 봐, 수놈이야." 그러고 손으로 가리키면서 "이건 고추고, 이건 방울이야." 그러니까 오빠도 "그래, 이건 고추고 이건 방울이야." 그래.

가죽을 벗기고 난 다음에 오라버니가 나한테 발을 잘라 줬어. 그래 그걸 숯불에 넣고 구웠지. 다음에는 장딴지 살을 잘라 줘서 그것도 불에 넣고 구웠어. 그렇게 다 익혀서 게걸스레 먹어 치웠지. 어머니도 고기를 달라고 했지만 난 보기 좋게 거절했어. "엄마는 젖 가지고 인석하게 굴었잖아? 내가 그렇게 젖 먹고 싶다고 그랬는데! 이 고기는 나 혼자만 먹을 거야. 엄마한텐 한 점도 안 줄 거야!" 어머니가 "이 젖은 네 동생 거니까 그러지. 왜 그렇게 계속 젖을 먹으려고 드는 거냐?" 그러셔도 나는 "이 영양은 오빠가 잡은 거니까 엄마는 먹지 마. 나머지 고기는 오빠가 길게 잘라다가 걸어 말려서 나 먹으라고 줄 거야. 엄마도 나한테 젖 못 먹게 하는데 오빠라고 그러면 안 돼? 근데 엄마는 왜 자꾸 고기 달라고 그래?" 그랬어.

하루는 어머니가 쿰사를 안고 누워서 깜박 잠이 들었어요. 그래서 살금살금 몰래 다가가서, 쿰사를 가만히 들어다 방 한 편에 눕히고 돌아와서 엄마 곁에 누웠겠지. 엄마가 자고 있는 동안 젖꼭지를 물고 빨기 시작했어. 한도 끝도 없이, 내도록 빨았지. 어머니는 쿰사가 젖을 빨고 있는 줄 아시는 것 같았어. 하지만 쿰사는 내가 젖을 빠는 동안 아까 눕혀 둔 그 자리에 계속 있었지. 어머니가 깼을 때는 벌써 많이 먹어서 배가 든든해졌어. 어머니가 날 보시더니 소리를 질렀어. "세상에…… 니사, 쿰사 어떡했니? 동생 어딨어?" 바로 그때 쿰사가 울음을 터뜨렸어요. 내가 그랬지. "저기요."

어머니는 날 잡아다가 저리로 확 밀쳐 버렸어. 이번엔 내가 울 차례였지. 어머니는 쿰사한테로 가서 애를 안아다가 다시 옆에 뉘었어요. 그러고는 내 성기를 갖고 놀리면서[8] 욕을 퍼부었겠지. "얘가 정신이 나갔니? 왕보지 니사, 어떻게 된 일이래? 얼마나 정신이 나갔기에 쿰사를 딴 데 옮겨 놓고 와서 젖을 빨았을까? 왕보지 니사! 단단히 정신이 나갔구나! 난 또 쿰사가 젖을 빠는 줄 알았지!" 나는 누워서 울다가 "벌써 다 먹었다, 뭐. 배도 부른걸. 인제 젖은 쿰사보고 먹으라고 그래. 난 나가서 놀 테니까." 하고 밖에 나가서 놀았어. 놀다가 들어와서 어머니와 동생 곁에서 같이 있었겠지.

그러고 있는데 사냥 나갔던 아버지가 돌아오셨어. 어머니가 "당신 딸이 어떻게 된 아인지 봤어요? 쟤 좀 가서 때려 줘요! 오늘 쟤가 무슨 짓을 했는지 들어 보우. 지 동생을 거의 죽일 뻔했다니까! 저 작은 아기를, 저 작고 약한 놈을 에미한테서 뺏어서 내팽개쳐 버렸다고요. 내가 애를 안고 누워서 자고 있는데 그새를 틈타서 세상에, 애를 한데다 밀쳐놓은 거 있죠. 그러고선 동생 자리에 누워서 젖을 훔쳐 먹었지 뭐요. 이제 당신 딸 좀 때려서 어떻게 해 봐요!"

나는 거짓말을 했어. "뭐라구요? 엄마가 거짓말하는 거예요! 아빠, 나 젖 안 먹었어. 쿰사를 뺏어다 내팽개친 적 없어요. 엄마가 거짓말하는 거예요. 나 젖 안 먹었어. 인제 젖 더 먹고 싶지도 않아." 아버지가 "다시 한 번만 그런 짓을 했단 말이 내 귀에 들어오면, 진짜로 널 때릴 테다! 그런 짓 다시 한 번만 더 했단 봐라!" 그러셔. 내가 "네, 쟤는 내 동생이잖아요? 우리 예쁜 동생, 내가 얼마나 동생을 사랑하는데요. 다신 안 그럴게요. 동생 혼자서만 젖 먹게 놔둘게요. 아빠가 안 계셔도 엄마 젖 안 훔쳐 먹을게요. 엄마 젖은 동생 거잖아요." 그러니까 아버지가 "그래, 우리 딸. 하지만 엄마 젖을 한 번만 더 먹으려고 들면 그땐 정말로 아프게 때릴 테다." 하셨어. 나는 "저, 지금부터 나 아빠 따라 다닐래요. 아빠가 사냥 나가면 나도 따라갈래요. 우리 둘이 날쥐도 같이 잡고, 아빠가 덫을 놓아 기니닭도 잡아서 다 나한테 주는 거예요." 했어.

그날 밤 아버지는 내 옆에서 잤어. 날이 밝자 아버지는 오빠랑 같이 다시 사냥을 나갔어. 아버지와 오빠가 떠날 채비를 하는 걸 보고 있자니 '내가 여기 있으면 엄마는 또 젖을 못 먹게 하겠지.' 하는 생각이 들어. 그래 일어나서 따라 나갔는데, 오빠가 날 보더니 도로 마을로 밀쳐서 돌려보냈어. "마을로 돌아가서 얌전히 있어. 오늘처럼 햇볕이 뜨거운 날 나가면 넌 죽어. 그건 그렇고 넌 도대체 왜 따라오려고 하는 거니?"

나는 가끔씩 먹을 걸 훔치기도 했어. 물론 아무것도 훔치지 않고 말썽도 안 부리고 얌전히 노는 날도 많았지만, 가끔씩 마을에 혼자 있을 때는 다른 사람들의 물건을 훔치거나 망가뜨리기도[9] 했어. 그땐 몰랐지만 어른들이 날 야단치고 때리면서 내가 철이 없다고 그랬지.

훔치는 거야 뭐 가지가지지. 단닌딸기랑 클라루 구근일 때도 있고, 어떤 때는 몽공고 열매. 나는 '흥, 어른들은 나한테 아무것도 안 줘. 하지만 내가 먹을 걸 훔치면 때리겠지.' 하고 생각했거든. 간혹 가다 어머니가 채집 나가기 전에, 먹을거리를 가죽 자루에 담아서 오두막 안 들보에 걸어놓을 때가 있지. 클라루는 껍질을 벗겨서 넣어 두고.

자루 안에 뭐가 있든, 어머니가 나가시기 무섭게 손대는 거지. 제일 큰 구근을 꺼낸 다음 자루를 다시 가지에 걸어 놓고, 어디 들어가 앉아서 몰래 먹는 거야. 어머니가 돌아오시더니 "세상에! 니사가 여기 있는 구근을 전부 다 꺼내 가 버렸네!" 그러고는 날 때리면서 "그만 좀 훔쳐 먹어라! 뱃속에 거지가 들어앉은 거냐, 어떻게 된 거냐? 그러면 안 돼! 어째 그리 못된 짓만 골라서 하니?" 하시겠지.

하루는 어른들이 집을 비우기가 무섭게 자루를 걸어 둔 들보로 타고 올라가서 구근 몇 개를 주머니에서 몰래 꺼냈어. 그래 그 구근을 짓이겨서 물로 반죽한 다음에, 동그랗게 부쳐서 앉은 자리에서 다 먹어 치운 거야.

또 하루는 클라루 몇 개를 훔쳐다가 숨겨 놓고는 조금씩 아껴 먹고 있는데, 마침 어머니가 돌아와서 그걸 보셨어. 날 끌어내 냅다 때리면서 "니사, 그만 좀 훔쳐 먹어! 클라루를 먹고 싶은 게 너 하나뿐이냐? 남은 거 다 가져와라. 다른 사람들 부쳐 먹이게. 그걸 정말 너 혼자 다 먹으려고 했단 말이니?" 하셨어. 난 아무 말도 못하고 울음을 터뜨렸어. 어머니는 남은 클라루를 부쳐다가 식구들한테 나눠 주었어. 난 구석에 앉아서 훌쩍이고 있었는데 어머니가 "아이고, 이 철없는 것 같으니. 엄마가 껍질 벗겨서 주머니에 넣어 둔 클라루를 다 작살내 버렸네. 어째 그리 생각이 없니?" 하셔. 내가 "엄마, 그런 말 마." 하고 지지 않고 소리 질렀겠지. 어머니가 날 때리려고 했지만 아버지가 말리셨어.

또 한번은 어머니, 아버지, 오빠랑 같이 채집을 나갔어. 좀 걷다가 내가 "엄마, 클라루 조금만 줘." 했더니 어머니가 "아직 껍질을 안 벗겼으니 이따가 집에 가서 벗겨 가지고 먹자." 했지. 나도 집에 갖고 갈 클라루를 몇 뿌리 캐긴 했지만 캐는 대로 다 먹어 버렸어. 어머니가 "그렇게 앉은 자리에서 다 먹어 버리면 집에 가서 먹을 게 없잖니?" 그래. 나는 또 울기 시작했어. 아버지도 똑같이 말씀하셨지. "클라루를 그렇게 여기서 다 먹어 버리면 안 돼. 하나씩 모아 두면 곧 주머니를 꽉 채울 수 있단다." 하지만 나는 그러고 싶지 않았어. "클라루를 다 주머니에 넣어 버리면 당장 뭘 먹으란 말이야?"

그러다가 식구들이 근처에서 클라루를 캐고 있는 동안 나는 나무 그늘에 들어가 앉았어요. 식구들이 멀리 가 버렸을 때를 틈타서 나무 위에 기어올랐어. 자루에다 클라루를 가득 담아서 나뭇가지에 걸어 놓았거든. 아버지가 나한테 만들어 주신 작은 주머니가 있었는데, 거기에다 클라루를 몰래 옮겨 담았겠지. 그래 하나씩 둘씩 꺼내어 전부 내 주머니에다 몰아 넣었어요. 그러고는 나무에서 기어 내려와서 시치미를 떼고 기다렸어.

식구들이 돌아와서 말했어. "니사, 클라루를 먹어 버렸구나! 입이 열 개라도 할 말이 없지?" 내가 "흠, 흠, 전 안 먹었는데요." 하니까 어머니가 "그래, 맞는 게 아플까 봐 무서운 게로구나?" 하시데. 내가 "흠, 흠, 전 그 클라루 안 먹었다니까요." 했더니 어머니가 "먹었잖아. 먹었으면서 왜 그래. 이제 다신 그러지 말아라! 왜 그렇게 계속 훔쳐 먹니?" 그래.

그러니까 오빠가 "어머니, 오늘은 니사 혼내지 마세요. 벌써 너무 많이 때렸잖아요. 그냥 내버려 두세요. 자, 그럼 생각해 보자. 니사가 자기는 안 훔쳤다니까, 그럼 누가 먹었을까? 여기에 또 누가 있지?" 하고 한마디 했어.

나는 울음을 터뜨렸어. 어머니는 나뭇가지를 꺾어다가 날 때리기 시작했어. "훔치지 말라고 그랬지! 그래도 모르겠니? 해도 해도 말을 안 듣는구나. 엄마가 얘길 하면 듣기는 하는 거냐?" "음, 음, 엄마는 늘 나만 가지고 그래! 나 할머니한테 갈 거야. 엄만 만날 내가 훔쳤다고 아프게 때리잖아. 나 할머니한테 가서 살래. 가서 할머니랑 만날 같이 다니고 할머니 옆에서 잘래. 할머니가 캐 온 클라루 먹을 거야."

그래 할머니한테 갔더니 "애야, 이번에는 널 돌봐 줄 수가 없구나. 네가 나랑 같이 있으면 배를 곯을 거다. 나는 이제 늙어서 채집하러 매일 나갈 수가 없어. 아침마다 그저 앉아 있는 게 일이니. 그러니까 돌아가서 엄마 아빠 옆에서 자라." 하셨어. 그래 내가 그랬지. "싫어요. 아빠가 날 때릴 거예요. 엄마도 날 때릴 거예요. 너무 맞아서 아프단 말이에요. 나 할머니랑 있을래요."

그래서 나는 얼마 동안 할머니와 같이 지냈어. 그래도 허구한 날 울면서 지내는 건 마찬가지였어요. 울고 울고 또 울고, 해가 지건 중천에 오건 할머니 옆에서 만날 울었지. 어느 날 해가 지고 거의 보름달이 떠오를 때쯤 되어서 나는 어머니한테로 돌아왔어요. "엄마는 날 미워해. 엄마는 만날 날 때리잖아. 난 할머니한테 가서 살 거야. 엄만 날 미워해서 견딜 수 없을 때까지 때려. 인제 지쳤어."

또 한번은, 그때도 할머니네 가 있을 때였는데, 할머니는 부모님과 다른 마을에서 살고 있었어요. 내가 거기에서 지내고 있는 동안 아버지가 어머니한테 그랬대. "가서 니사를 데려와요. 데려와서 곁에다 둬야겠어. 그 애가 뭘 어쨌기에 쫓아 보냈단 말이오?" 부모님이 내가 돌아오길 바라신다는 소식을 듣고 내가 그랬지. "싫어. 나 안 돌아갈 거야. 아빠 말대로 안 할 거야. 난 엄마랑 살기 싫어. 할머니랑 있을 거야. 아직도 맞은 데가 아프단 말이야. 오늘도 그냥 할머니 옆에서 잘 거야."

그래서 나는 계속 할머니랑 지냈어요. 그런데 어느 날 할머니가 "널 엄마 아빠한테로 데리고 가야겠다." 하더니 정말 날 부모님한테로 데리고 갔어요. "자, 니사를 여기 데려왔다. 그런데 여기 이 앨 제대로 돌봐 줄 사람이 있는 거냐? 그렇게 애를 때리기만 하면 안 되지. 이 앤 먹는 걸 워낙 좋아하는데, 너희들이 게을러서 애를 마냥 내버려 두니 애가 제대로 크질 못하지 않니. 주변에 먹을 게 좀 많으면 내가 이 앨 계속 돌봐 주련만. 다 자랄 때까지 내 손으로 키우련만. 너희들은 이 애를 굶겨 죽일 테니까 말이야. 그 손으로 이 앨 그렇게 때리니, 준/트와[10]가 아닌 양 그렇게 때리니 원……. 그래서 그래 이 애가 만날 울고 다니지 않니. 이 애 좀 봐라.

아직도 애가 얼마나 작은지 좀 봐." 어머니는 "아니, 제 말 좀 들어보세요. 당신 손녀 말이에요. 얜 먹을 걸 보기만 하면 무작정 울기부터 한다니까요." 그랬어.

하지만 나는 속으로 얼마나 고소했는지! 할머니가 어머니를 꾸짖어서 말이야! 난 너무 기분이 좋아서 깔깔 웃었어. 하지만 할머니가 날 놓아두고 가 버리자 이번엔 앙앙 울었지. 아버지가 고함을 치셨지만 때리진 않았어. 아버지는 화가 날 때도 주로 입으로만 화를 내셨거든. "이 철없는 것아! 네가 가 있는 동안 얼마나 속이 허전했는지 모르지? 모두 네가 빨리 돌아오길 기다렸단다. 네 엄마도 널 얼마나 기다리고 보고 싶어했는지 몰라. 이제 네가 돌아왔으니 모든 게 다 잘됐다. 이제부턴 엄마가 늘 데리고 다니면서 뭐든 같이 하고 먹을 것도 같이 캐러 다닐 거다. 왜 그렇게 할머니한테서 안 떨어지려고 하니?"

그래도 나는 울기만 했어. 할머니를 떠나오기가 싫었거든. "엄마, 나 도로 가서 할머니랑 있을 거야. 할머니 따라갈래." 하지만 아버지가 말했어. "그걸로 됐다. 이제 그 얘긴 그만 해라. 이제 널 때리는 사람은 없으니 조용히 해라." 그래서 나는 잠잠해졌어. 그 뒤로 아버지가 클라루 구근을 캐 오면 내가 먹고, 촌 구근을 캐 와도 내가 먹었어. 식구들이 다 나한테 먹을 걸 갖다 주고, 나는 주는 대로 다 먹었어. 그래서 이제 떼를 쓰지도 않게 되었지.

나 자랄 때는 이모네 집에서 지내기도 했어. 이모네서 지내다가 다시 어머니한테 돌아와서 살고, 그러다가 또 할머니네로 가서 며칠 밤 자기도 했어.

그분들 모두가 날 키워 주셨어. 다들 도와주신 거지. 이모도 날 키워 주시고, 어머니와 아버지도 날 키워 주시고, 할머니도 날 키워 주시고. 하지만 나는 너무너무 작은 아이였어. 나는 젖을 너무 빨리 떼는 바람에 제대로 자라질 못했어. 그래서 지금도, 인제는 나도 늙었는데, 아직도 이렇게 작아. 우리 오라버니 다우와 남동생 쿰사를 봤다면 다들 얼마나 큰지 알 거야. 나만 작아.

어른들이 날 제대로 키우시질 못한 거지. 난 키우기가 너무 힘든 아이였어.

2장

가족

Family Life

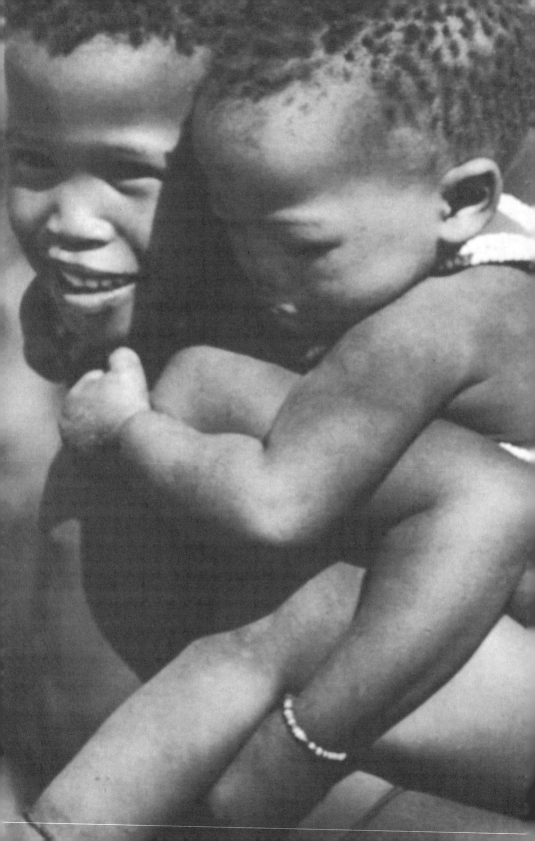

동생이 태어나면서 일어나는 짜증과 분노는 바로 위아래 형제자매 사이에 몇 달 또는 몇 년까지 갈등으로 지속되기도 한다. 한 소녀는 어린 시절 경험을 이렇게 전했다. "여동생이 태어나고 나서 저는 동생을 보면서 생각했어요. '이건 내 동생이 아니야, 딴 애 동생이야.' 하지만 모두들 그 애가 바로 내 동생이라는 거예요. 그래서 그 앨 때려 주고 싶었어요. 척 봐도 그 앤 내 동생이 아니었어요. 그래서 하루는, 그 애가 태어난 지 일주일 정도 됐을 때였는데, 정말로 그애를 때렸어요. 아버지한테 혼이 나서 그 후론 그러지 않았지만. 당연히 나쁜 짓이었죠. 그때는 철이 없었어요."

!쿵 어른들은 아이들이 서로 싸우지 말도록 가르치지만, 궁극적으로는 화를 다스리는 법을 배워야 한다고 여긴다. 서로 힘이 비슷한 아이들은 부모들이 개입하기 전에 자기들끼리 싸움을 결판 짓는 일이 잦다. 화

를 다스리는 건 아이들뿐만 아니라 어른들에게도 힘든 일이다. 일상적인 갈등은 공공연한 적대감으로 표출되는 일이 비일비재하다. 주변 사람들은 싸움이 진짜로 심각한 감정 폭발로 이어지지 않도록 분위기를 가라앉히지만, 그게 늘 쉽지만은 않다. 언쟁이 과열되면 거기에 있는 모든 사람들이 연루되기 십상이기 때문이다. 간혹 치고받는 싸움으로 비화되기도 한다. 그런 충돌이 있은 후에 사람들은 대개 저지른 일을 후회하고 만회하려고 애쓴다. 하지만 다행히도 대부분의 갈등은 이런 지경까지 이르기 전에 몇 시간이고 대화를 해서 해결한다. 흔치는 않지만 때로는 집단이 일시적으로나 영구적으로 갈라서는 방법을 쓰기도 한다.

!쿵 아이들은 형제끼리 평균 네 살 정도 터울을 두고 태어난다. 피임을 하지 않는 집단치고는 유난히 긴 터울이다. !쿵 여성들이 어떻게 이렇게 출산 간격을 길게 유지할 수 있는지에 대한 해답은 이제야 겨우 규명되는 중이다. !쿵 사람들은 어떤 약초를 제대로만 먹으면 유산을 유도할 수 있다고 주장하지만, 그 약초가 실제로 효과가 있다는—심지어 그 약초가 실제로 사용된다는—증거는 없다. 출산 후 약 여섯 달가량은 성관계를 가지면 안 된다는 터부가 유효하다고도 하지만, 실제로 부부들은 대개 출산 직후부터 한 이불 밑에서 자고 그런 금기에 그리 오래 얽매이지도 않는다.(설령 이 금기를 지킨다 하더라도, 출산 후 여섯 달이 경과한 뒤에 곧 다시 임신을 하게 되면 결국 임신 주기는 길어야 2년 정도가 되는 셈이다.)

영아 살해 또한 출산 간격이 벌어지는 원인으로 제시되었다. 현재 반투족의 법률은 그러한 관습을 금지하나, 과거 전통 사회에서도 그런 일은 드물었다. 즉 영아의 성별에 관계없이 선천적인 기형이거나, 출산 간격이 너무 짧거나, 쌍둥이일 때에 한했다. 사실 출산 간격은 아이의 생사가 걸

린 문제이기도 했다. 다음 아기를 너무 빨리 가지면, 새로 태어난 아기와 앞서 태어난—그래서 이미 많은 애정을 쏟아 부은—아기 둘 가운데 하나는 죽을 수밖에 없기 때문이다. 아기에게 젖을 물리는 어머니는 매일 대단히 많은 칼로리를 필요로 한다. !쿵족의 식단으로 보통 그 정도 영양을 충당할 수 있지만, 둘이나 되는 아이에게 먹일 정도로 많은 모유를 생산하는 것은 거의 불가능하다.(!쿵족 여성의 모유는 분석 결과 영양학적으로 적합하고 그 성분 비율도 서구 여성의 모유에 견주어 거의 손색이 없다고 밝혀졌다.) 모유를 대체할 다른 것이 없기 때문에, 앞서 태어난 아이는 젖을 떼고 황야에서 채취한 거칠고 소화도 잘 안 되는 음식을 먹어야 한다. 그런 음식을 먹으면서 생존할 수 있으려면 아이는 두 살보다는 나이가—그것도 상당히—많아야 한다.(물론 현재는 유아들이 먹을 우유가 있기 때문에 이런 문제가 상당 부분 해결되었다.)

영아를 살해하기로 하는 결정은 절대로 가볍게 즉흥적으로 내리지 않지만 때로는 선택의 여지가 없을 때가 있다. 그럴 때 !쿵 여성은 홀로 아이를 낳고 아이가 태어나자마자, 되도록이면 첫 숨을 들이쉬기 전에 파묻었을 것이다.(전통적으로 !쿵족은 아기가 마을 밖에서 태어나서 누군가 마을로 데리고 들어오기 전까지는 그 아기를 진정한 사람으로 보지 않는다. 그래서 태어나자마자 이루어지는 영아 살해는 살인으로 간주되지 않는다.) 하지만 그런 경우는 극히 드물었음에 틀림없다. 사산율은 전체 출산의 1퍼센트에 불과했고 영아 살해를 사산으로 위장하는 경우는 그중에서도 극히 미미했다. 따라서 개인적으로 직접 영아 살해를 할지 말지 갈림길에 직면해야 했던 여성은 몇 되지 않았을 것이다.

긴 출산 간격에 대한 한 가지 그럴듯한 설명은 오랫동안 지속되는 !쿵족의 수유 패턴이다. 아기가 6개월만 되면 이미 (미리 씹거나 짓이긴) 고형 음식을 주지만, 모유 수유는 아이가 태어나서 수년 동안 한 시간에도 몇 차례씩 이어진다. 유두에 가해지는 지속적인 자극은 배란을 촉진하는 호르몬의 분비를 억제해서 수태를 방지한다. 또 다른 가능성은 수유와 생존에 소요되는 엄청난 칼로리 소모 때문에 배란에 필요한 잉여 에너지를 감당할 수 없다는 것이다.

그 정확한 원인이 무엇이든 결과적으로 출산 터울이 4년이 된다는 것은 !쿵족의 생활에서 본질적인 부분이다. !쿵 여성들은 아이 양육을 거의 전담하며, 어딜 가건—추정치로 1년에 2,400킬로미터에 이르는 거리를—항상 아이들을 데리고 다닌다. 여성들은 또한 사람들이 먹는 식량 대부분을 채집하는데, 일주일에 두세 차례씩 아이를 업은 채로 3~20킬로미터에 이르는 거리를 걷고, 돌아오는 길에는 약 7~15킬로그램의 야생 채소를 짊어지고 온다. 짐의 무게는 18킬로그램을 훌쩍 넘기도 한다. 그들은 또한 심심찮게 수 킬로미터 떨어진 이웃 마을에 하루 거리 마실을 다녀오기도 하고, 집단 전체가 야영지를 옮기거나 멀리는 거의 100킬로미터까지 떨어진 곳에 사는 사람을 방문하러 긴 여행을 떠나기도 한다. 이러한 장거리 여행 중에도 여성들은 얼마 안 되는 가재도구들을 짊어진다. 절구와 절굿공이, 요리 기구, 물통, 뒤지개, 여러 가지 장신구와 옷가지 들, 여기에 물통에 든 물의 무게까지 합하면 다시 1~2킬로그램이 추가된다.

몸무게가 평균 41킬로그램 나가는 여성들이 이런 생계 활동을 유지하면서 출산 간격을 단축하기란, 불가능하진 않더라도 힘든 일일 것이다. 아이가 네 살 정도 되면 짧은 거리는 어른의 걸음에 보조를 맞춰 따라갈 수 있고, 또는 엄마가 그날 식량을 채집하러 나간 동안 마을에 혼자 남아 있을 수도 있다. 하지만 아이가 그보다 어리면 혼자 놔둘 수 없기 때문에, 어머니는 어딜 가든지 아이를 업고 다녀야 한다. 갓난아기도 예외는 아니다.(사실 네 살도 절충안이다. 채집한 식량을 잔뜩 짊어진 여성이 어깨에는 12~13킬로그램은 족히 되는 네 살배기 아이를 목말 태우고, 슬링에는 5~6킬로그램짜리 아기를 엉덩이 언저리에 매달고 돌아오는 모습을 보는 건 드문 일이 아니다.)

　!쿵 여성들은 월경을 임신과 임신 사이에 고작 몇 차례만 경험하기 때문에 그들에게 월경은 그저 '하찮은 일'일 뿐이다. 간혹 '아픈 때'라고 지칭하기도 하고, 거기에 수반되는 신체적 불편(예를 들어 생리통, 두통, 요통이 오거나 유방이 민감해지는 등)이 있다는 것을 인정하기도 하지만 월경이 여성의 심리 상태에 영향을 끼친다고는 생각하지 않는다. 그러나 많은 !쿵 여성들은 다른 여성의 다리에 묻은 생리혈을 보거나 심지어 다른 여성이 월경을 한다는 얘기를 듣기만 해도 그 사람에게 월경이 시작된다고 믿는다.('월경 주기의 동기화menstrual synchrony'라고 하는 이 현상은 언제 어디서나 일어난다고 입증되지는 않았지만 미국에서도 연구를 통해 그 존재가 뒷받침되었다.)

　!쿵 여성들은 생리혈이 보이지 않게 하려고 애쓰지만 그게 항상 가능하지는 않다. 생리대로는 나뭇잎이나 가죽 조각이 고작이며 최근에야 세탁과 보관이 가능한 옷감을 쓰게 되었을 뿐이다. 여성들은 청결을 유지하는 데 신경을 쓰지만 거의 1년 내내 물이 귀해서 매일 씻기가 어렵다. 어떤 여성들은 양이 많은 날엔 외출을 삼가기도 하지만 일상적인 활동을 계속하는 여성들도 많다. 한 여성은 이렇게 설명했다. "그런 날은 밖에 나

가고 싶으면 밤에 나가요. 그러면 다리에 피가 묻은 걸 아무도 못 보니까요." 월경이 끝나면 물이 부족하더라도 꼭 목욕을 한다.

!쿵 사람들에게 월경은 미미한 관심사에 불과하다. 여성들은 월경 기간에도 격리되는 일이 없고 남편이나 애인과 한 잠자리에서 잔다. 대체로 생리 기간에는 성생활을 중단해야 한다고 여기지만 정자가 생리혈의 끝물과 결합함으로써 수태가 이루어진다고 믿기 때문에, 임신을 바라는 부부라면 특히 월경 마지막 날이나 그 전날은 금기를 꺾게 마련이다.

우리는 살고 또 살았어요.[1] 자라면서 나는 동생을 어깨에 매달아 업고 다닐 수 있게 됐어. 그땐 기분이 좋았지. 동생을 예뻐하니까 가는 데마다 업고 다녔어. 동생이랑 어느 정도 놀아 주다가, 울기라도 하면 어머니한테 데려가 젖을 먹인 다음에 다시 데려와서 놀아 주고 그랬어.

쿰사가 어렸을 때까진 그랬지. 하지만 그 애가 조금 자라서 말을 하고 뛰어다니기 시작하면서부터는 날마다 서로 괴롭히고 때리고 싸우는 게 일이었어. 애들은 다 그렇게 놀잖아. 한 애가 못되게 굴면 다른 애도 맞받아서 못되게 구는 식으로. 아버지가 사냥을 나가면 "아빠가 고기를 집에 가져오시겠지? 그러면 나 혼자만 먹어야지!" 하고 있다가 아버지가 정말 집에 고기를 가져오시면 그러는 거야. "우리 아빠가 고기 가져왔다! 너네한테는 한 점도 안 줄 거다!" 그럼 다른 아이들이 그러겠지. "너 그렇게 만날 못 되게 굴면 너랑 안 놀아."

쿰사가 커서도 서로 만날 그랬어. 치고받고 싸울 때도 있었지. 어떤 때는 내가 동생을 잡고 "우우우……, 세상에서 제일 못생기고 머리 나쁘고 못된 애가 누구게? 난 아무 짓도 안 했는데, 지는 만날 못된 짓만 한대요!" 하고 약 올리면, 동생도 지지 않고 "너 때릴 거야! 나라고 누나 못 때릴 줄 알아?" 그러지. 그럼 나도 "이 쪼매난 게! 때리는 건 나야! 웃기지 마!" 이런 식으로 욕을 하면 동생도 욕하고 나도 또 받아서 욕하고. 그러다가도 좀 있다가 또 같이 앉아서 잘 놀고 그랬어.

한번은 아버지가 고기를 가지고 오셨는데, 우리 둘 다 같이 뛰어나가서 "호, 호, 아빠다! 호, 호, 아빠다!" 하고 외쳤어. 그런데 쿰사가 "아빠, 아빠." 하는 걸 보고 내가 그랬어. "너 왜 우리 아빠한테 아빠라고 그래? 우리 아빠지 너네 아빠냐? 넌 그냥 '안녕하세요, 아버지.' 그래." 그래도 쿰사가 계속 "호, 호……, 아빠!" 그러기에 내가 빽 소리 질렀겠지. "조용히 안 해? 네가 왜 우리 아빠한테 인사해? 내가 '아빠, 아빠.' 할 때 넌 가만히 있어. 나만 인사할 거야. 우리 아빠지 너네 아빠냐? 계속 그러면 때린다!" 그래서 우린 싸우기 시작했어. 어머니가 와서 뜯어말릴 때까지 계속 싸웠어. 그러고는 어머니가 고기를 요리해 주시는 동안 둘러앉아 있었지.

어머니는 고기 몇 점을 숯불 위에 올리고 나머지는 냄비에 넣고 끓였어. 고기가 끓고 있는데 내가 "나 쪼끔만 먹을게." 하니까 어머니는 "냄비에 손대지 마라! 너 손에 뭐 들고 있니?" 하시겠지. 난 고기를 냄비에 도로 넣고 울음을 터뜨렸어. 조금 있다가 또 "나 쬐끔만 먹을게." 하니까 어머니는 이번엔 날 딴 데로 쫓아내셨어. "저리 가 앉아서 고기가 익을 때까지 기다려라. 날걸 먹을 셈이냐?" 그래 난 울면서 돌아가 앉았지. 그러다가 또 슬금슬금 와서 이번엔 숯불에 굽고 있는 고기를 집어 들었어. 어머니가 내 손을 탁 때리기에 주저앉아서 또 울음을 터뜨렸겠지. "쿰사는 먹잖아. 난 쿰사보다 나이도 많은데, 왜 난 아무것도 못 먹어?" 그러니까 어머니는 냄비에서 작은 고기 조각 하나를 꺼내 주셨어. 그래 내가 앉아서 그걸 막 먹으려는데, 쿰사가 오더니 고기를 뺏어서 도망가네. 나는 모래를 박차고 벌떡 일어나서 쿰사를 쫓아갔겠지. 그래 고기를 도로 뺏고 동생을 흠씬 두들겨 패 줬지. 울음을 터뜨리는 쿰사를 내버려 두고 불가로 가 앉아서 다 먹어 치웠지.

고기가 다 익은 다음 어머니가 냄비를 불에서 내려서 내 몫을 덜고 또 쿰사 몫을 덜어 주셨어. 어머니가 "니사, 동생이랑 여기 한 접시에 나눠 먹어라." 그러셔. 나는 "싫어! 쿰사는 손이 더러워. 쿰사 손은 더러워서 같은 접시에 안 먹을 거야. 쟤는 딴 데다 줘. 왜 내가 쟤랑 한 접시에 먹어야 돼?" 그랬지.

그래서 우린 서로 다른 그릇에 덜어 먹었어. 하지만 좀 있다가 또 툭탁거리고 싸웠지. 그땐 둘 다 철이 없었어. 만날 싸웠지. 난 동생이 미웠어. 쿰사는 어땠냐고? 걔도 내가 밉긴 마찬가지였겠지.

쿰사랑 내가 어렸을 때 또 생각나는 일이라면, 하루는 우리 둘이 어머니를 따라서 클라루 구근을 캐러 나갔어. 쿰사는 작은 가죽 주머니를 어깨에 걸치고 있었지. 그런데 우릴 앞서가고 있던 어머니가 갑자기 사라져 버렸어. 우리는 클라루를 찾으면서 뒤를 따라가고 있었는데, 문득 어머니를 찾아서 고개를 들어 보니까 아무도 없는 거야. 그래서 "엄마!" 하고 불렀는데 아무 대답이 없어. 그래서 더 크게 "엄마아!" 하고 불렀는데 그래도 대답이 없어. 부르고 부르고 또 불렀지만 마찬가지였어. 사실 그때 어머니는 그 근처 나무 뒤에 숨어서 우릴 기다리고 있느라 대답을 안 했던 거였는데 그걸 우린 몰랐던 거지. 그래 쿰사와 나는 엄마를 부르면서 어머니가 간 길을 되짚어 갔어. 그렇게 나무 근처까지 갔는데, 갑자기 나무 뒤에서 어머니가 확 뛰쳐나왔어. "너희들 뭐 해? 여기까지 와서 뭐 찾니? 그러게 왜 그렇게 많이 뒤처졌어? 앞장서라!" 어머니가 우릴 놀래킨 거지. 우리는 너무 놀라서 바들바들 떨고만 있었어. "너희들이 계속 그렇게 걸으면 엄마는 저만큼 앞서가서 클라루를 다 캐 가지고 혼자 집에 가 버릴 테다. 그럼 저 덤불 속에서 무서운 게 나와서 너흴 죽일지도 몰라. 엄마가 일하는 동안 그렇게 멀리 뒤처져 버리면 어떡해?"

우리는 그 자리에 앉아서 쉬다가, 이내 웃으면서 다시 이야기꽃을 피웠어.

그 다음부터는 엄마 옆에 꼭 붙어 다녔지. 쿰사가 큼직한 클라루를 캐서 큰 소리로 "이거 봐 봐! 여기! 내 거 봐라? 내 클라루 무지 크지?" 하고 뻐기기에 나는, "지한테 대고 싸고 있네.[2] 그걸 뿌리라고 하냐? 왜 보라고 한 건지 모르겠네!" 해 줬지. 쿰사는 다시 큰 소리로, "봐 봐! 내 거 봐 봐!" 하더니 와서 내 클라루 하나를 낚아채 갔어. 그래 나는 "너 진짜로 미쳤구나!" 하고 달려가서 뒤지개로 동생을 때려 줬지. "넌 철도 없니? 왜 내 클라루 가져가?" 그렇게 우린 계속 걸어서 마을로 돌아왔어.

처음엔 내가 캔 클라루를 먹기가 아까운 거라. 쿰사가 자기 걸 먹는 걸 보고 가서 "쿰사, 나 쬐금만 주라. 누나한테 줄 거지?" 해도 쿰사는 앉아서 그걸 혼자서 다 먹어 치우네. 나는 속으로 '흥, 그래. 다 먹어 없애라.

내 건 아직 저기 고스란히 남아 있으니까. 이따 쟤한테는 한 개도 안 주고 나 혼자서 구워 먹을 테다.' 하고는 그렇게 했어. 내 걸 꺼내다가 혼자서 다 먹어 치워 버렸지.

그렇게 우리는 한 곳에서 먹고살다가 또 다른 곳으로 떠나곤 했어.

그래도 삶은 계속되고 나도 점점 커 갔어요. 어느 날 내가 약간 더 컸을 때인데, 엄마 허벅지에 빨간 게 묻어 있는 걸 봤어. 난 그걸 계속 유심히 보고 또 보다가 마침내 물어봤어. "엄마, 그거……. 거기 왜 피가 묻어 있어?" 어머니는 날 야단치셨어. "니사, 미쳤니? 아직 쪼그만 게 남의 가랑이 사이를 그렇게 뚫어지게 보게? 그렇게 뚫어져라 보면, 거기 뭐가 있을 줄 알고?" 어머니는 달거리 중, 그러니까 '달을 보는'[3] 중이었어. 어머니는 계속 말씀하셨어. "네가 여자 성기에 대해 뭘 안다고, 그렇게 봐도 되는 줄 아는 거냐? 똥을 지리도록 때려 줄 테다! 아빠한테 일러서 흠씬 때려 주라고 할 테다! 엄마 성기를 가지고 그렇게 막 말해도 되는 줄 알고?"

그래 나는 잠잠해졌지. 어머니는 일어섰다가 좀 있다 다시 앉았어. 나는 또 "엄마……, 거기 피……, 거기 피 나!" 그러고는 작은 소리로 "엄마……, 엄마……, 거기서 피 나." 하고 속삭였어. 어머니는 "피가 어디 있는데? 너도 나중에 크면 성기에서 피가 나고 달거리하게 된다는 걸 몰라? 그런데 뭘 그렇게 뚫어지게 보는 거냐?" 하셨어. 그래 나는 "뭐라구? 내가? 난 달거리 안 할 거야. 나한텐 그런 거 없어. 난 절대로 달거리 안 할 거야." 했지. 어머니는 "봐라, 바로 거기 너한테도 밑구멍이 있으니 너도 나중에 달거리를 할 거다. 지금은 무슨 말인지도 모르겠지만." 하셨어. 나는 "그 피 닦으면 안 돼, 엄마? 뭐 잎사귀 같은 걸로 좀 닦아." 했지만 어머니는 그러지 않았어. 오히려 내 뺨을 찰싹 때렸지. 나는 울음을 터뜨렸어.

다음 날 나는 또 물어봤어. "엄마, 그게 뭐야? 그 빨간 건 어디서 나오는 거야? 아빠가 창으로 엄말 찔렀어?" 어머니는 "아니, 아빠가 엄마를 찌른 게 아니야. 네가 크면 너도 아래에서 피가 나올 거다. 언젠가는 지금 내가 보는 걸 너도 보게 될 거다." 하셨어. "어, 진짜로?" "그래, 진짜로. 하지만 딸이 엄마의 달거리 피를 보더라도 그걸 입에 담는 건 무례한 짓이야. 그러니까 다시는 그런 말을 하지 마라. 안 그러면 아빠한테 이를 테다. 그럼 아빠는 널 무지 아프게 때릴 거야." "아냐, 안 그래. 아빤 오늘은 날 안 때릴 거야. 아냐. 아빠는 나 안 때려! 피가 난 건 엄마잖아. 인제 그거 닦아, 엄마. 피 닦아." 하지만 어머니는 피를 닦아 내지 않았어.

며칠 뒤에 어머니에게서 달이 떠나갔어. 나는 어머니의 허벅지를 보고 속으로 '어, 엄마 다리가 깨끗해졌네.' 하고는 어머니에게 속삭였어. "엄마……, 엄마……, 엄마 다리가 깨끗해졌어! 인제 피가 없어졌어. 엄마, 엄마, 인제 엄마 다리에서 피가 없어졌어."

그렇게 시간이 흐르고 어머니에게 또다시 달거리가 찾아왔어. 해질녘, 달이 높이 떠오를 무렵이었어. 그리고 또 그 다음 달이 어머니를 지나가고 또 달이 지나가고 했어. 또 그 다음 달, 그 다음 달……. 많은 달들이 지나갔어. 그리고 어머니는 다시 아기를 가졌어.

그때 나는 벌써 꽤 큰 아이가 되어 있었지. 동생 쿰사도 많이 자랐지만, 서로 미워하고 못살게 구는 건 여전했지. 쿰사가 엄마한테로 가서 젖을 빨려고 할 때마다 난 개를 들어다가 덤불로 끌고 가서 내동댕이치곤 했어. 그리고 막 때려 줬지. "엄마가 동생 가지신 거 안 보여?" 하고.

어머니가 임신을 하고 얼마 안 되었을 무렵, 아버지가 무슨 일로 어머니한테 크게 화가 나서 어머니 배를 걷어차는 바람에 거의 유산할 뻔한 일이 있었어. 아버지 친척들이 우리 집에 와서 머물고 있던 때 일어난 일이었지.

그 친척들 가운데 바우라는 아이가 있었는데, 그 애랑 나는 별로 사이가 안 좋았어. 서로 못살게 굴고 허구한 날 싸우고 그랬지. 하루는 다른 아이들이랑 물웅덩이에 놀러 갔는데 동생도 데리고 갔어. 쿰사를 물가 근처에서 놀게 놔두고 나는 좀더 큰 애들이랑 어울려 놀고 있었는데, 그때 바우가 쿰사를 물웅덩이에 처박은 거야. 애를 붙잡고서는 물속에 강제로 밀어 넣고 또 밀어 넣고, 거의 애가 빠져 죽을 지경으로! 그걸 보고 나는 "너 왜 내 동생 죽이려고 해?" 하고서는 달려가서, 그 애 여동생을 잡아다가 물속에 던져 버렸어. 그리고 그 앨 잡고 물속에 처넣고는 있는 대로 물을 먹였지. 아주 배가 빵빵해질 때까지! 그 자리에서 내 동생이랑 그 애 동생이랑 나란히 익사할 뻔했다니까.

그런 다음에, 동생한테 달려가서 배를 문질러서 마신 물을 토해 내도록 했어. 얼마 후에 동생은 좀 정신을 차렸어. 바우도 똑같이 자기 여동생한테로 달려가서 물을 다 토해 낼 때까지 배를 문질렀지. 나는 "인제 다시 우리 동생 죽이려고 했단 봐라!" 하고 소리쳐 줬어.

우리는 그 물웅덩이 근처에서 좀더 놀다가 동생들을 데리고 마을로 돌아왔어. 집에 가서는 어머니들한테 두들겨 맞았지. "다시는 동생들 가지고 물에 빠뜨리는 장난하지 마라! 너희들이 아직 아기니?"

(웃음) 음, 하지만 어렸을 때는 정말 그러고들 놀았지.

바우랑은 다른 사건도 있었어. 하루는 그 애랑 우리 어머니랑 다른 마을 아주머니들이랑 같이 채집을 나갔는데, 우리가 막 출발하기가 무섭게 그 애가 자기 엄마를 부르면서 울기 시작했어. 바우가 "엄마!" 하고 우는 소리를 듣고 내가 "조용히 해. 왜 그렇게 시끄럽게 굴고 그래? 지금은 우리 엄마를 따라가고 있잖아." 그러고 그 앨 우리 어머니가 채집하고 있는 데로 데리고 갔어. 그런데도 그 애가 또, "엄마! 엄마!" 하고 울기에 내가 "너 미쳤니? 바우, 조용히 좀 해. 넌 지금 우리 엄마랑 있잖아." 하니까 어머니가 "그냥 내버려 둬라. 바우는 우리랑 같이 가고 있잖니. 그냥 엄마가 보고 싶어서 그러는 게지. 왜 그렇게 소리를 지르고 그러니?" 하셨어. 그래 우리는 계속 걸어가면서 클라루를 더 캐고 있는데, 조금 있다 바우가 또 "엄마……, 어떡해, 엄마!" 그래. 내가 "조용히 해! 너네 엄마는 클라루 캐러 저어기 딴 길로 가셨잖아. 그러니까 조용히 하고 우리 엄마나 얌전히 따라와." 하고선, "그리고, 네가 찾은 클라루는 내 주머니에다 넣어. 네가 캔 구근은 다 나한테 줘야 돼. 너네 엄마 주려고 감춰 놓지 말고. 알았어?" 그랬지. 그러니까 바우는 "싫어! 안 그럴래! 내가 왜 클라루를 캐서 널 주니? 네가 뭐 추장[4]이라도 돼?" 그러겠지. "너 맞고 싶어? 너는 뿌리 캔 거 나한테 주고 나는 그걸 우리 엄마한테 드리는 거야." "엄마! 니사가 때린대요!" "너 진짜로 맞을래? 너는 철도 없냐? 너는 너네 엄마하고만 있고 싶지? 나하고는 있기 싫고." 그러면서 우린 계속 걸어갔어. 그런데 바우가 또, 이번엔 작은 소리로 "엄마……." 그래. 그 소릴 듣고 나는 "이번엔 진짜로 때려 줄 테다!" 하고선 뒤지개로 그 애를 흠씬 두들겨 패 줬어. 바우는 울음을 터뜨리고, 나는 "인제 실컷 울었잖아. 그만 울고 우리 엄마 옆에 가서 얌전히 있어. 우리 엄마 계속 따라가다 보면 이따가 너네 엄마랑 만나게 될 거야." 그랬어.

그러니까 바우가 울음을 그치더니 가는 내내 잠잠하데. 그래 이번에는 짐짓 칭찬해 줬지. "인제 네가 너네 엄마 안 부르니까 네가 다시 좋아졌어." 그렇게 우리는 계속 걸어서 마침내 집에 돌아왔어.

그런데 마을에 도착하기가 무섭게 바우가 즈이 엄마한테로 막 울면서 달려가더니, "엄마……, 니사 쟤 너무 못됐어! 나 니사랑 쟤네 엄마랑 같이 갔는데 니사가 나 막 괴롭혔어! 쟤가 나 때린 것 좀 봐 봐. 등이랑 여기, 여기…… 다 때렸어! 쟤가 나 얼마나 못살게 굴었는지 봐 봐." 그러네. 그래 나는 "거짓말! 난 너 괴롭힌 적 없어!(물론 그건 거짓말이었지.) 쟤가 거짓말하는 거예요. 난 그런 짓 안 했어. 네가 그렇게 고자질했으니까 내일부턴, 아니 앞으로 다시는 너 안 데리고 나갈 거야. 미쳤냐?" 했지. 바우도 지지 않고 욕을 했어. "밑구멍에 벼락이나 맞아라! 미친 건 너 아냐? 나보고 너네 엄마랑 같이 나가자고 네가 먼저 그랬잖아!"

바우가 소리 지르는 동안 나는 아무 말도 않고 서 있었어. 하지만 말이 채 끝나기도 전에 그 애한테 달려들어서 확 집어다 내동댕이쳐 버렸지. 그러고는 이빨로 콱 깨물었어. "어떻게 그렇게 막 욕을 하고 그러니? 우린 친구잖아!" "거짓말! 요 쪼그만 게! 그러니까 네가 그렇게 못돼 처먹은 거야! 아직 어려서 철이 덜 들어서, 그렇게 못돼먹은 거지!" "난 너보고 너네 마을에서 우리 마을로 와서 살라고 그런 적 없어. 너네 엄마 아빠는 도대체 왜 널 여기 데려왔다니?" 내가 다시 깨물어 버리겠다고 으르대니까 바우는 자기 부모님네 집 쪽으로 도망쳤어.

바우네 부모님은 집 앞에 모닥불을 피우고 앉아 있었는데, 바우는 그 앞을 지나쳐서 오두막 안으로 들어가고 난 그 뒤를 쫓아갔지요. 바우네 어머니 아버지가 앉은 사이로 막 뛰어서 오두막 안까지 쫓아 들어가서는 그 앨 잡고 마구 깨물었어. 바우 어머니가 들어와서 우릴 떼어 놓고는, "아이예! 어떻게 된 애니, 애는? 얘가 지금 뭐 하는 거야? 설마 너희 어머니가 너더러 여기 와서 우리 바우를 깨물라고 그런 건 아닐 테고. 왜 이렇게 우리 바우를 못살게 구는 거니? 우리가 여길 떠나게 되면……." 하데. 그 말을 듣자마자 나는 악을 썼어. "좋아요! 언제 떠나는데요? 아줌마 딸도 데리고 가요! 제발 가 버려요! 내일 아침이 좋겠네요. 내일 이 끔찍한 애 좀 여기서 데리고 나가세요. 더는 여기다 두지 말구요!"

하지만 이튿날 아침에도 그 식구들은 가지 않고 머물러 있었어. 그래가서 따졌지. "떠난다고 그러지 않았어요? 어떻게 뻔뻔하게 계속 앉아 있어요?"

그때 어머니가 싸움에 끼어들었어. 내 편을 들면서 "어른들이 돼 가지고, 우리한테 얹혀살면서 어떻게 우리 딸한테 그렇게 심하게 굴 수가 있어? 아직 어린애한테 왜 그렇게 소릴 지르고 그래?" 하고 따졌지.

아버지가 화를 낸 데는 이런 이유도 있었지. 아버지는 어머니에게, 자기 친척들한테 그렇게 막말하지 말라고 그랬어.

그 일이 있고 얼마 지나지 않아 사건이 하나 터졌어. 내 동생이 아버지의 화살을 몰래 꺼내다가 한 친척 아이를 찌른 거야. 다행히도 그 화살엔 독이 발려 있지 않았지. 그 다음에 어떻게 됐는지는 잘 기억이 안 나는데, 아버지가 친척들 편을 들면서 어머니한테 막 소리 지른 건 기억이 나. "추코, 당신은 여기 빤히 앉아 있었으면서, 어떻게 당신 아들……, 아니 우리 아들한테 아무 말도 안 하고 화살을 빼앗지도 않고 가만히 있나? 지금 애를 이걸로 찔렀잖아!"

아버지는 자리를 박차고 일어나더니 머리끝까지 화를 내며 어머니를 걷어찼어. 그런데 그만 발이 아래쪽으로 빗나가서 배 한가운데를 정통으로 차 버린 거지. 거의 어머니를 죽일 뻔한 거야. 뱃속에서 피가 나서 입이랑 아래로 흘러나왔어. 나는 무서워서 속으로 '엄마가 죽는 건가? 아버지는 왜 엄마를 죽이려고 그러나? 엄마 배를 걷어차서 뱃속 아이가 잘못되면 어쩌려고?' 그랬어. 내가 그때 일어나고 있는 일을 분명히 이해할 만큼 철이 들었었는지 모르겠어. 어린 나이에도 어머니가 유산할지도 모른다고, 분명히 죽을 거라고 생각했거든. 나는 목구멍이 다 말라붙을 때까지 울고 또 울었어.

사람들이 와서 어머니한테 물을 끼얹는 동안 쿰사와 나는 그저 옆에 서서 우는 것밖에 할 일이 없었지. 좀 시간이 흐르니까, 여전히 피가 나긴 했지만 어머니는 다시 살아난 것 같았어. 아버지는 어머니의 발을 씻기고 마실 물도 가져다주고 하면서 도우려고 애를 썼지. 허리 아래쪽에 상처를 내서 응급처치도 했어. 그렇게 해가 뉘엿뉘엿할 때쯤 돼서야 간신히 피가 멈췄어. 끝나고 나서 보니까 피는 뱃속의 아기한테서 흘러나온 것이 아니라 다른 데서 나온 거였어. 결국 어머니는 몸을 회복하고 배도 계속 불러 왔어. 임신을 그르친 게 아니었지.

내 동생 쿰사가 갓 태어났을 때, 어머니는 내가 너무 작아서 젖을 더 먹어야 되기 때문에 그 애를 죽여야 한다고 그랬지. 그런데 크삼셰를 낳기 전에도 똑같은 말을 했어요. 아직 임신 중일 때부터 쿰사한테 젖을 더 먹이기 위해 아기를 죽여야 한다고 사람들한테 말했어. 아버지한테까지 그렇게 말했어. 하지만 모두가 반대했지.

아버지가 말하길, "난 이해를 못 하겠어, 추코. 처음에 당신이 쿰사를 죽이려고 했을 때, 니사는 그 어린 나이에도 자기 동생을 살렸잖아. 그런데 또 지금 뱃속에 있는 아이를 죽이겠다니, 말해 봐요. 날 죽이고 싶은 거야? 그런 게 틀림없어. 이 아이들은 내가 밴[5] 아이들인데, 당신은 이 애들을 한 명씩 차례로 죽이려고 하잖아. 그런 식으로 얘기하면 난 당신이 나쁜 여자라고 여겨져. 왜 그런 얘길 해? 아이들을 너무 많이 가지는 게 두려운 거야? 아니면 이제 날 원하지 않는 거야?" 그랬어.

"당신이 아직 어린 소녀였을 때 날 좋아해서 내 오두막에 들어와 내 곁에서 컸고, 내가 당신을 키운 거나 마찬가지야. 그러고는 아이들을 낳아서 훌륭히 키웠어. 하지만 당신이 뱃속의 아이를 기어이 죽이겠다면, 난 당신을 떠날 거야. 결혼할 딴 여자가 없을 줄 알아?"

그렇게 해서 크삼셰는 어머니 뱃속에서 고이 자라게 되었어요. 출산이 가까워지자 나와 어머니 단둘이 나갔어. 그때 우리 식구는 황야에 따로 나와서 살고 있어서, 주변에 도와줄 여자가 하나도 없었거든. 그래서 어머니는 나를 데리고 아이를 낳으러 갔어. 아기가 태어나자 나는 그랬지. "아빠 말이 만약 엄마가 아기를 죽이면, 나랑 쿰사랑 다우를 데리고 가 버린대." "음, 음…… . 죽이지 않을 거다. 이 애는 너무 예쁘구나. 살갗이 얼마나 희고 고운지 보렴."[6] 나는 맘이 밝아졌어. 어머니는 탯줄을 끊고 아기를 마을로 데리고 와서 자리에 누웠어.

그때 아버지는 사냥 나가 있었는데, 아버지가 돌아왔을 때 어머니는 근처에 임시로 엮은 처마 그늘 아래 누워 있었어요. 아버지가 "네 엄마 어디 있니?" 하고 물어서 내가 "저기 누워서 쉬고 있어. 엄마가 아기를 낳았는데, 살갗이 아주 하얘." 했더니 아버지는 어머니를 보러 갔어. "아들이요?" 하니 "아니, 딸이요." 그랬지.

아버지는 잡아 온 날쥐를 삶아서 그 국물을 어머니 마시라고 부어 줬어. 빨리 기운 차리고 젖이 잘 나오라고 마시는 거지요. 하지만 하룻밤을 자고 일어났는데도 젖이 나오지 않아. 그래 이튿날 아침에 아버지가 나가서, 이번에는 기니닭을 잡아와 요리했지. 그런데 그 국물을 마신 다음에도 계속 젖이 안 나와. 그래서 기니닭을 한 마리 더 잡아서 삶은 국물을 마시니까 그제야 젖이 불기 시작했어.

그 뒤로도 우리는 계속 살았어. 어머니는 얼마 동안 오두막 안에 누웠다가, 크삼셰가 조금 크고 난 다음부터는 업고 다녔어. 그 뒤로 어머니는 임신을 하지 않아서 크삼셰 밑으로는 동생이 생기지 않았어. 그래서 크삼셰는 젖을 양껏 먹고 자랐지. 그래서 스스로 젖을 뗐는데 그때도 어머니의 가슴에선 계속 젖이 나왔어요. 그러다가 이내 젖이 멈췄지.

크삼셰는 젖을 떼고도 계속 자랐어. 아주 예쁜 데다 유럽 사람처럼 어찌나 피부가 하얗던지, 내가 그 앨 참 예뻐했지. 게다가 아주 늘씬해서, 아직 어린 소녀였는데 꼭 다 큰 여자 같았어. 그런데 어디서 말라리아 같은 병이—사지가 마구 떨리는 병 말이야—그 애한테 들어와서 결국 죽고 말았어.

그 뒤에도 어머니는 계속 사셨어. 꽤 오랫동안 달마다 달거리를 했어. 그러다 어느 달인가 달거리가 멈추더니 다음 달도 그 다음 달도 거른 채 지나가고, 결국 달이 끝나게 됐지.

3장

황야의 삶

Life in the Bush

칼라하리 사막 북단의 환경은 변덕스럽고 혹독하다. 우기 때의 총 강우량은 그해부터 다음 해까지 최소 130밀리미터에서 최대 1,020밀리미터에 이른다. 1,020밀리미터면 저지대가 차서 작은 연못이 형성될 정도의 양이다. 이때 만들어진 연못은 짧게는 수주부터 길게는 수개월까지 유지된다. 이럴 때는 멀리까지 여행하기가 수월하기 때문에 사람들은 사냥감과 식량을 찾아 소집단을 이뤄 넓은 지역에 흩어져 살 수 있다. 이때는 몇 년에 한 번씩 구경할 수 있는 희귀한 풀들이 번성하지만, 다른 한편으로는 기본 식량으로 이용되는 식물들이 물에 잠겨 버리기도 한다. 비가 계속 내리면 단백질이 풍부한 몽공고 열매 같은 주식이 썩어 버리는 일도 있다. 더구나 우기 초반에 드물게 찾아오는 호우가 쏟아지기라도 하면, 몽공고가 채 열매를 맺기도 전에 꽃에 해를 입힐 수도 있다.

그와 반대로 130밀리미터의 강우량은 가뭄을 의미한다. !쿵 여성들이 채취하는 먹을 수 있는 식물들 가운데 상당수가 자취를 감춘다. 도베 지역에는 평균 4년에 한 번꼴로 심한 가뭄이 찾아온다. 이때는 어디에 가면 영구적인 샘물이 있는지 알고, 시든 덩굴만 보고 땅 밑 1~2미터 깊이에 물을 머금은 큼직한 뿌리가 숨어 있다는 걸 알아챌 수 있으며, 어느 몽공고나 모롤라 나무 굵은 줄기 속의 움푹 들어간 곳에 물이 고여 있다는 걸 기억할 줄 아는 것이 곧 생존 능력이 된다. 이 모든 생존 조건은 그 계절에 내리는 강우량의 지리적 변이에 따라 달라진다. 즉 불과 몇 킬로미터 떨어진 두 지역 사이에 강우량이 두 배까지도 차이가 날 수 있다.

전형적인 봄날(9월부터 11월까지) 만약 이곳의 모래 가시덤불 위에 경험이 없는 방문객이 착륙한다면 우선 그늘부터 급히 찾을 것이고, 그렇게 찾아 들어간 그늘의 기온이 겨우 섭씨 38도밖에 안 된다는 데 감사할 것이다. 그렇지만 물은 눈 씻고 봐도 구경할 수 없고 먹을 만한 건 거의 찾을 수 없을 것이다. 설사 그가 몽공고 나무숲 한 가운데 있어서 수십만 개의 몽공고 열매가 땅에 널브러져 있다고 해도, 이 초짜 방문객은 굶주릴 확률이 높다. 우선 두께가 6밀리미터가 넘는 껍질을 깰 수 있는 단단한 돌 몇 개를 찾아야 한다. 그 다음에는 두 돌 사이에 열매를 끼우고, 손가락을 짓이기지 않게 조심하면서 정확한 위치를 잡아 돌로 적절한 힘을 가해 내리쳐야 한다. 그래야 껍질이 결을 따라 갈라지면서 안에서 개암열매 크기의 알맹이가 드러난다.

이 사람이 동물을 한 마리 봤다고 가정해 보자. 내친 김에 그가 뼛조각을 다듬어 화살촉을 만들고, 키 큰 갈대풀로 화살대를 만들고, 특정한 딱정벌레의 유충에서 독액을 채취하고, 잎이 달린 나뭇가지를 반쯤 말려 활을 만들고, 풀의 섬유질을 벗겨서 꼬아 활시위를 만들 만큼 선견지명이 있었다고 치자. 이처럼 완벽하게 준비된 방문객이라도, 다년간 사냥감의 자취를 쫓고 소리 없이 다가가서 잡는 훈련과 경험이 없이 동물을 쏘아서 맞추려면 비상한 행운이 따라야 한다. 그리고 설사 맞추더라도, 그 동물이 헤매다가 쓰러져서 죽기까지 얼마나 시간이 흘러야 할까? 몇 시간? 아니 며칠? 그가 사냥감의 자취를 쫓아갈 수 있을까? 또 그동안 생존을 위해 충분한 식량을 주변의 식물들로부터 채취할 수 있을까?

!쿵 사람들도 나흘에 한 번 꼴로밖에 사냥에 성공하지 못한다. 사냥꾼은 동물들이 남긴 자취를 읽을 수 있어야 한다. 그 자취가 언제 생겼는지, 어떤 동물의 흔적인지, 나아가 그 동물의 나이, 크기, 건강 상태까지 알아야 한다. 사냥감을 쫓는 것만으로는 부족하다. 발견한 사냥감이 눈치 채지 못하게 화살의 사정거리까지 다가가려면 바람이 부리는 변덕을 몸으로 이해해야 한다. 화살이 명중하면 그 즉시 독화살이 얼마나 깊숙이 박혔는지, 사냥감이 죽을 때까지 얼마나 시간이 걸릴지, 죽어 가는 동안에 어디로 이동할지를 판단해야 한다. 사냥감이 크면 사냥꾼은 일단 마을로 돌아가서 하룻밤을 쉬고, 다음 날 여러 사람을 이끌고 그 자리로 돌아와서 짐승의 자취를 되짚어 사냥감을 찾아낸다. 동물이 아직 안 죽었으면 창으로 찔러 죽이면 되지만, 만약 사냥감이 이미 죽었으면 시체 주변에 사자, 표범, 하이에나, 자칼, 들개, 독수리 같은 맹수들이 꼬이므로, 때로는 큰 위험을 무릅쓰고 이것들을 쫓아내야 한다. 그 다음에 고기를 절단하고 가죽은 조심해서 벗겨 낸다. 벗겨 낸 가죽은 나중에 무두질해서 옷이나 담요를 짓는다. 간은 구워서 그 자리에서 먹고, 나머지 고기는 전부 챙겨 가지고 돌아온다. 뒤에 두고 오거나 낭비되는 것은 하나도 없다.

한 남성이 지니는 사냥 기술이나 성향은 아주 어릴 때부터 길러지는데, 보통 걸음마를 뗄 때부터 연습이 시작된다. 대개 나이 차가 많이 나지 않는 형들이 어린아이에게 장난감 활과 화살을 만들어 준다. 처음에는 정지한 표적을 맞추다가 이내 메뚜기나 딱정벌레 같은 움직이는 목표물이 추가된다. 아이가 좀더 나이가 들면 막대기나 나무창을 던져 목표치를 높인다. 동물들이 남긴 자취를 추적하거나 주변 환경에 서식하는 동식물 수백 종을 구분하는 능력은 관찰과 훈련을 통해 서서히 습득된다. 사냥에 꼭 필요한 동물에 대한 민간 지식은 고금의 사냥에 대해 벌어지는 토론을 통해 배운다. 열두 살쯤 되면 처음으로 아버지에게서 작은 활과 화살이 든 정식 화살집을 받게 되고, 새와 날쥐를 쏘기 시작한다. 덫을 놓는 법도 배운다. 다음 단계는 아버지, 삼촌, 형들이 사냥 나갈 때 따라가는 것이다.

사냥을 나가면 위험한 순간에 부딪칠 때가 많다. !쿵 사람들은 위험에 용감하게 맞서지만, 그렇다고 일부러 위험을 추구하거나 용기를 입증하기 위해 위험을 무릅쓰지는 않는다. 위험한 상황을 적극 피하는 일은 비겁하거나 남자답지 못한 것이 아니라 신중한 행동으로 여겨진다. 더구나 어린 소년들이 공포를 다스리고 어른답게 행동하리라고는 전혀 기대하지 않는다. 불필요한 위험을 감수하는 행동에 대해 !쿵 사람들은 이렇게 말한다. "하지만 사람이 죽을 수도 있잖아!"

이러한 태도는 열두 살 소년인 카셰가 자기 사촌과 함께 사냥에 따라간 이야기를 내게 들려주었을 때 더욱 분명하게 확인할 수 있었다. 그 전까지 사냥을 놀이로만 경험했던 이 아이들은 동네 어른들과 함께 진짜 사냥에 따라나섰다. 사냥에서 돌아온 카셰와 그의 아버지는 우리 야영지로 찾아와서 그들이 죽인 큼직한 겜스복의 고기를 선물로 주었다. 우리가 그들의(그리고 우리의) 행운을 축하하고 사냥하며 겪은 이야기를 상세히 나누는 동안, 카셰의 얼굴에서는 뿌듯한 미소가 떠나질 않았다. 그의 아버지는 사냥 나가서 일어난 일들을 들려주었다. 겜스복을 화살로 맞히고 뒤쫓은 끝에, 마침내 그놈이 멈춰 서서 어떻게 반격을 시작했는지, 그리고 그 길고 뾰족한 뿔로 그들의 창을 얼마나 난폭하게 받아 넘겼는지를 이야기했다. 듣고 있던 카셰는 흥분과 자부심으로 가득 차 어쩔 줄을 몰랐다. 그런데 내가 "너도 도와 드렸니?" 하고 묻자 그 아이는 "아뇨, 저는 나무 위에 올라가 있었어요!" 하고 태평하게 웃었다. 나는 어리둥절해서 다시 물어보았지만, 아이는 자기와 사촌은 그 짐승이 달아나다가 멈추고 돌아서서 전투태세를 취하기가 무섭게 재빨리 나무 위로 기어올랐다고 재차 말했다. 나는 "만약 그 동물이 너희들 손에 맡겨졌다면 우린 다 쫄쫄 굶어야 했겠네." 하고 놀렸지만, 그 아이는 다시 웃으면서 이렇게 대답했다. "네, 하지만 우린 너무 무서웠는걸요!" 거기에는 부끄러움이나, 우리 문화권에서는 용기 없는 짓으로 비칠 수도 있는 행동을 변명하는 기색이 전혀 없었다. 또 그 아이가 그 상황에서 겁을 집어먹었으니 나중에 자라서도 겁쟁이가 될 거라는 식의 생각도 않는 듯했다. 그 아이에게는 위험한 동물과 맞서고 죽이는 법을 배울 시간이 아직 충분히 있고, 또 언젠가 그럴 수 있는 날이 오리라는 건 아이의(그리고 아이의 얼굴 표정으로 판단했을 때 그의 아버지의) 마음속에 의심의 여지가 없어 보였다. 그의 아버지에게 물었을 때 그는 밝게 미소 지었다. "나무에 올라갔냐고요? 물론이죠. 아직 애들인걸요. 다칠 수도 있잖아요."

남자아이가 최초로 큰 동물을 사냥하게 되는 시기는 보통 열다섯 살에서 열여덟 살 사이다. !쿵족의 문화에서는 이 사건을 소년의 인생에서 중대한 전환점으로 보고, 첫 수놈과 암놈 사냥감을 잡았을 때 각각 한 번씩 두 번의 의식을 치러 준다. 이때 작은 의례용 문신을 새기고 덧붙여 작은 상처를 내는데, 이는 사냥꾼으로서 소년의 힘과 그가 앞으로 거둘 성공을 상징적으로 약속해 주는 의미다. 또한 소년은 이때부터 결혼할 자격이 있다고 인정되는데, 실제로는 통상 그로부터 약 10여 년간 결혼을 미룬 채 사냥 기술과 지식을 정련하는 데 힘을 쏟는다.

30세에 달하기 전에 한 남성은 자신의 사냥 이력에서 가장 생산적인 시기에 들어서게 된다. 이 시기는 그로부터 적어도 15년 동안 지속된다. 이 시기 동안 그는 1년에 줄잡아 55종의 포유류, 조류, 파충류, 곤충들을 쫓아 총 1,900~3,400킬로미터에 이르는 거리를 걸어서 이동한다. 그는 땅 위와 땅 밑의 동물들을 잡기 위해 다양한 방법을 동원한다. 몽둥이로 때려잡거나, 덫을 놓거나, (개를 데리고) 뒤쫓거나, 독화살을 쏘는 고전적인 방법을 사용하기도 한다. 또 그는 자신과 동료들이 지닌 주위 환경에 대한 지식에 의지해 어떤 날은 어떤 방향으로 가야 할지 결정한다. 사냥감의 행방에 대한 정보를 알려 준다고 믿는 점술판divination discs이나 꿈 등 주술적 정보원에 귀를 기울이기도 한다. 이러한 주술은 '다른 세계'의 강력한 힘이 그를 뒷받침해 주고 있음을 암시함으로써 사냥꾼에게 자신감을 준다. 사냥꾼은 혼자 사냥하기도 하고 여럿이 같이 나가기도 하는데, 여럿이 나갈 때는 사냥감을 불안하게 만들지 않도록 뒤쫓는 동물을 가리켜 비밀 이름을 사용하고 수신호와 휘파람으로 의사소통한다.

큰 동물을 잡는 데 성공하면 고기를 조심스레 절단해서 마을로 가지고 온다. 마을에 가져온 고기는 규칙으로 정해진 우선순위에 따라 분배되는

데, 직·간접적으로 마을 사람들 모두에게 몫이 돌아간다. 고기는 매우 값진 음식으로 평가되며—다른 식량이 풍족하게 있을 때에도 사람들은 "고기에 굶주렸다."고 말하곤 한다—그중에서도 비계가 많은 고기는 특별히 귀하게 여겨진다. 사막에 사는 동물들은 대부분 말랐기 때문이다. 다음 고기가 언제 공급될지 매우 불확실하기 때문에 고기의 분배에는 감정이 개입되게 마련이다. 돌아갈 몫의 크기를 결정하는 데는 친족 관계 같은 명확한 기준도 있지만, 사냥에 얼마나 기여했느냐 따위의 좀더 미묘한 기준 또한 개입된다. 게다가 사냥꾼들은 대개 관습에 따라 화살집 안에 자기 화살과 다른 사람의 화살을 같이 지니고 다니기 때문에 문제는 더욱 복잡해진다. 동물을 죽인 화살이 그것을 쏜 사냥꾼의 것이 아닐 수도 있기 때문이다. !쿵족의 전통에 따르면 화살의 소유자가 곧 고기의 '소유자'가 되고, 고기를 공정하게 분배하는 명예로운 (그리고 성가신) 임무는 그의 (또는 그녀의—여성도 때로 화살을 소유한다.) 몫이 된다. 따라서 고기를 분배하면서 결례를 범하지 않으려면 눈썰미가 아주 좋아야 한다. 분배된 고기 가운데 일부는 나중에 먹기 위해 말려 두기도 하지만, 엄청난 양이 앉은 자리에서 게 눈 감추듯 사라진다. 사냥이 흡족하지 않은 날에는 빈손으로 돌아오지 않으려고 집에 오는 길에 식물을 좀 채취해 오기도 한다.

!쿵 남성들끼리도 사냥 기술의 수준은 천양지차이지만, 그것이 곧 지위의 차이로 이어지는 일은 없다. 오히려 큰 동물을 잡은 사냥꾼일수록 자신의 사냥 성과를 과소평가하고 겸손하게 처신하도록 엄격히 요구된다. 이러한 겸손한 자세는 그가 마을에 들어서서 소식을 전하는 순간부터 명백히 드러난다. 일단 그는 조용히 걸어 들어와서 불가에 앉아 사람들과

인사를 나눈 다음 잠자코 기다린다. 사람들이 물어보면 이렇게 대답한다. "아뇨, 오늘은 공쳤어요. 얘기할 건더기도 없는 하찮은 것밖에 없었어요." 이미 이러한 관행에 익숙한 다른 사람들은 재차 자세한 얘기를 조른다. "그 하찮은 것 말인데…… 사정거리 안으로 가까이 왔나?" 이런 식으로 대화가 진행되면서 잡은 동물이 일런드영양, 겜스복, 심지어 기린이었다는 사실이 서서히 드러난다. 소식이 전해지면서 마을이 흥분으로 술렁이는 한편, 사냥꾼은 아까처럼 앉아서 사냥감을 죽이기까지의 일을 담담하게 설명한다. 만일 그가 자랑하는 듯한 태도를 보이거나, 이번 성과가 운이 아니라 자기의 사냥 기술 덕분이었다는 식으로 자찬하는 기색이 보이면 사람들은 즉시 날선 농담과 조롱을 던져 그가 본연의 겸손한 자세로 돌아가도록 압력을 넣는다. 사냥에 대한 보다 극적인 이야기는 좀더 시간이 흐른 후에, 과거에 있었던 중요한 사냥 이야기들과 한데 묶여 화제에 오르게 된다.

정말 뛰어난 사냥꾼(또는 채집꾼, 음악가, 주술사 등)은 될 수 있으면 다른 사람들의 질시나 노여움을 돋우지 말아야 한다는 피곤한 문제를 안고 있다. 화살을 나눠 가지는 관습은 그러한 문제를 덜어 주고 사냥감을 죽인 공로를 여러 사람들에게 골고루 분산시키는 효과가 있다. 더욱이 재능이 그보다 못한 사냥꾼들은 뛰어난 사냥꾼의 화살을 쓰면서 그의 힘까지 나눠 받은 듯한 느낌을 받아 자신감이 생긴다. 또 사냥꾼들은 대개 사냥을 나갔다가 오랫동안 쉬었다 하기를 번갈아 하는데 여기에는 다른 사냥꾼들에게도 고기를 가져와서 당분간 집단의 칭찬과 주목을 받을 기회를 준다는 의미가 있다.

사냥꾼이 나이가 들면 사냥을 나갈 때 젊은이들을 대동하기 시작한다.

그렇게 젊은 사냥꾼들에게 자신이 거의 40년 가까이 축적한 기술과 지식을 전수하는 것이다. 사냥 이력이 끝나는 60대 초반까지 한 사냥꾼은 일생 동안 평균 80~120마리의 대형 동물과 수백 마리의 작은 동물들을 잡는다. 건강이 허락되면 그 이후에도 덫을 놓거나, 마을 근처에서 채집을 하거나, 어린 소년들에게 새와 작은 동물들이 남긴 자취를 읽는 법을 가르치는 등의 일을 한다.

우리는 황야에서 살았어요. 아버지가 덫을 놓거나 사냥해서 스틴복이랑 다이커영양이랑 겜스복을 잡아오면, 그 고기랑 황야에서 난 음식을 먹고 살았지. 열매나 뿌리를 거두어다가 갈아서 반죽해 먹기도 하고, 단년딸기랑 친콩도 먹고. 내가 자랄 때는 소나 염소 같은 것도 없었고 헤레로족이 누군지도 몰랐어. 다른 종족 사람들을 전혀 못 만나 봤으니 황야에서 사는 것밖에 알지 못했지. 우린 황야에서 나고 황야에서 컸어.[1]

아버지가 짐승을 잡아오실 때면 발라낸 고기를 막대에 걸쳐서 어깨에 메고 오셨는데, 난 그때마다 기분이 날아오를 것 같았지요. "엄마! 고기야! 아빠가 고기 가지고 오셔!" 아버지를 맞이할 때도 좋아서, "호, 호, 아빠! 우리 고기 먹는다!" 그랬지.

아니면 벌꿀. 아버지는 이따금 집에 벌꿀을 가져오기도 했어. 엄마랑 앉아 있다가 들판 멀리서 뭔가 다가오는 게 보여. 그게 뭔지 유심히 보다가, "우우우, 아빠가 벌집 찾았다! 나 꿀 먹는다! 아빠가 꿀 가지고 오시네!" 하고는 부리나케 아빠한테 달려가겠지.

때로는 어머니가 꿀을 찾아내기도 하셨어. 우리 둘이 식량을 채집하러 나갔다가 흰개미집이나 나무 속 깊숙한 곳에서 벌집을 발견하는 거지. 그런 적이 한 번 있었던 게 기억나는데, 너무 좋아서 방방 뛰어다녔어. 도무지 가만있을 수가 없었지. 우리는 마을로 가서 담을 것을 가지고 도로 흰개미집 있는 데로 와서는, 어머니가 꿀을 채취하는 걸 구경했어. 그걸 담아 가지고 집으로 돌아왔지.

오래 전에, 우리가 황야에서 살 때는 어른들이 짐승을 정말 많이 잡아 가지고 왔어. 그중에서도 비계가 많은 고기는 특별히 귀했지. 아버지가 고기를 가져오는 날엔 나는 "호, 호, 아빠가 고기 가지고 오셨다!" 하면서 뛰어나가 맞았어요. 그런 날은 그저 모든 게 감사하고 기분 나쁠 일도 없었지.

하지만 마을의 다른 사람이 뭘 잡아서 가져오면, 그걸 보고 속으로 그러지. '흠, 흠……, 저 집 사람들은 잘 나눠 주는 사람들이 아닌데. 뭘 가지고 있어도 우리한텐 절대 안 주잖아. 조금 주더라도 우리 식구가 다 먹을 수 있을 만큼 충분히 나눠 주는 법이 없어. 너무 인색해.' 그런 날은 우리가 다른 사람한테 손을 벌려야 하니까 기분이 별로 안 좋았어. 그 다음 날 아침에는 그 집 오두막 앞에 가서 앉아 있는데, 그 사람들이 고기를 많이 주니까 다시 기분이 좋아져서 속으로 '그래, 이 사람들은 우리랑 마음이 가깝구나. 우리 어머니 아버지한테 자기들 걸 줬네.' 그리고 다 같이 고기를 먹겠지.

하지만, 먹는 거 가지고 치사하게 구는 사람들이 마을마다 꼭 한 집씩은 있게 마련이지. 어떤 준/트와시 사람들과 같이 지냈을 때, 그 사람들이 짐승을 잡아와서 고기를 먹고 있었어. 그래 우리 아버지가 고기를 좀 얻으러 갔는데 안 줬어. 나는 속으로 '기다리면 되지. 아빠가 뭘 잡아오시면 고기는 그때 먹을 수 있어.' 그랬어. 우리 아버지는 훌륭한 사냥꾼이었거든.

다른 사람들이 고기를 가지고 마을로 돌아오는 날이면 나는 아버지를 붙들고 "아빠, 왜 아빠는 사냥 나가서 짐승 안 잡아와? 오늘은 저 사람들만 먹잖아." 하고 조르지. 그럼 아버지는 "음, 화살에 아직 새로 독을 안 먹여서 그렇단다. 그랬으면 나도 다른 사람들 사냥 갈 때 같이 나가서 너랑 너희 엄마 먹을 걸 잡아 왔을 거다."라고 해. 그럼 나는 또 그러지. "음, 하지만 저 사람들만 사냥 나갔잖아."

황야에 살 때도 물론 너그러운 사람도 있고 인색한 사람도 있었지. 하지만 어지간한 사람들은 대개 기꺼이 나누고, 서로 아끼고, 싸우지 않고 화목하게 살았어요. 고기든 뭐든 한 사람이 뭘 가지고 인색하게 굴면 다른 사람들이 전부 들고 일어나서 몰아붙였어. "우리한테 고기를 안 준다니 어떻게 그럴 수 있어?"

내가 자랄 때는 음식을 나눠 받는 것이 큰 기쁨이었어. 인색한 사람들만 아니면 기분 상할 일도 없었지. 자기가 가진 걸 안 내놓는 사람이 있으면 기분이 상해서 애써 속으로 '난 그런 거 안 좋아해.' 하기도 하고, 어떤 때는 대놓고 "아저씨는 나쁜 사람이야. 나도 아저씨한테 아무것도 안 줄 거야." 그러기도 했지만, 그냥 울기만 할 때도 있었어. 어떤 때는 밤새고 이튿날 아침까지 울기도 했어. 한번은 누가 아주 작은 새 한 마리를 잡았는데, 나한테는 한 조각도 안 돌아왔어. 나는 그게 너무 갖고 싶어서 주저앉아 울고 또 울었어. 결국 사람들이 그러더군. "너무 작은 새잖니. 그거 가지고 그만 울어라."

지금도 그래. 다 자라 어른이 된 지금도 누가 뭘 나한테 안 주면, 나도 그 사람한테 안 줘. 내가 뭘 먹고 있는데 그런 사람이 다가오면, "흠, 흠, 자네한테는 한 입도 안 줄 거네. 자네가 먹을 걸 가지고 있을 때 나한테 서운하게 굴었으니까 말이야. 자네가 한 번이라도 나한테 잘해 줬으면 나도 당연히 줬지." 그래. 왜긴, 못된 사람들이니까 그렇지. 눈앞에 음식만 있으면 그냥 혼자 먹어 버리잖아.

나는 아버지가 아침 일찍 화살집을 메고 마을을 떠나시는 걸 지켜보곤 했지. 그렇게 하루 종일 나가 계시곤 했어. 뭘 잡은 날엔 돌아와서 이러셔. "오늘 아침에 나가서 처음으로 본 놈이 기린이었는데, 놓쳐 버렸어. 그 다음에는 일런드영양을 봐서 쏘아 맞췄지. 기다렸다가 내일 다시 가서 찾아보자." 그러면 이튿날 우리는 타조알 껍데기에 물을 가득 채워 들고 다 같이 짐승이 죽어 넘어진 곳으로 가는 거야.

한번은 아버지가 다른 사람들이랑 개들을 데리고 같이 사냥을 나갔어. 처음 본 것이 새끼 누여서 그놈을 쏘아 죽이고 그 어미도 쫓아가서 잡았어. 혹멧돼지도 잡았어.

아버지와 사람들이 돌아오는 걸 보고 내가 "호, 호, 아빠가 고기 가져온다! 아빠가 집에 고기 가져왔다!" 하고 소리치니까, 어머니가 "무슨 소릴 하는 거냐. 아버진 아직 집에 오지도 않았는데." 그러다 내가 보고 있는 걸 보고는 "에—헤이, 애야! 너희 아버지가 뭘 잡은 게 맞나 보다. 정말 고기를 가지고 오네." 그러셔.

한번은 아버지의 동생이 먼 곳에서 찾아와 같이 지냈던 적이 있어. 오는 길에 그 삼촌이 일런드영양 한 마리를 잡아서 그 자리에다 놔두고 그 다음 날 마을로 들어왔는데, 삼촌이 도착했을 때 마을에는 나랑 어머니밖에 없었지. 우리랑 인사하고 삼촌이 아버지를 찾으니까 어머니가 그러셨지. "에, 호저 구멍 근처에 발자국을 쫓으러 갔어요. 해 질 때쯤 돌아올 거예요." 그래서 우리는 같이 앉아서 기다렸어. 해가 넘어갈 때쯤에 아버지가 돌아오시니까 삼촌이 그랬겠지. "어제 여기 오는 길에 일런드영양이 한 마리 있더라고—별 건 아니고 그냥 작은 놈인데—그래도 오랫동안 뒤쫓아서 잡았거든. 저기 마른 웅덩이 바닥 건너편 우거진 수풀에 있는데, 고기를 좀 잘라다가 마을로 가져오는 게 어때?" 그래서 우리는 짐을 챙겨서 남은 살림은 나무에 걸어 두고 일런드영양이 죽어 넘어진 곳으로 갔어. 엄청나게 크고 비계도 넉넉한 놈이었어. 우리는 그 영양의 가죽을 벗기고 고기를 길게 잘라 내서 다 마를 때까지 거기서 지내다가, 며칠 뒤에 다시 집으로 돌아오려고 길을 나섰어. 남자들은 막대에 고기를 걸어서 어깨에 메고[2] 여자들은 고기를 외투 안에 챙겨 가지고.

어머니는 처음에는 나를 목말 태우고 갔는데, 그렇게 한참을 가다가 나를 내려놓으니까 내가 또 울음을 터뜨렸겠지. 어머니는 화를 내면서 "너는 이제 다 컸잖니. 걸을 줄도 알고." 하시데. 맞는 말이지, 그때는 나도 꽤 큰 아이였으니. 그래도 어찌나 계속 목말을 타고 싶던지. 그때 오빠가 "애한테 소리 지르지 마세요. 벌써 울잖아요." 하고는 나를 들어다 어깨 위에 태워 줬어. 그렇게 또 한참을 가다가 오빠도 날 내려놓았겠지. 그러다 마침내 마을로 돌아왔어.

그 후로 우리는 그 고기를 먹고 지냈어. 한참을 먹다가 결국은 동이 났지.

우리 오빠 다우는 나보다 한참 나이가 많았어요. 내가 태어났을 때 벌써 자기 오두막을 짓고 독립해서 우리랑 떨어져 살았으니까. 나중에는 결혼도 했지. 하지만 내가 아직 어렸을 때만 해도 오빠는 사냥을 나가서 집에 고기를 가지고 돌아오곤 했어. 아버지가 짐승들을 쫓고 죽이는 법을 아는 것처럼 오빠도 사냥 기술을 배웠어. 오빠에 대한 기억은 나쁘지 않아―행복했던 기억이 많지.

나는 다우가 가는 곳마다 졸졸 쫓아다니곤 했어. 무척 따랐지. 다우가 사냥을 하러 나가야 되면 "마을에 남아서 얌전히 기다리지, 왜 만날 나만 쫓아다니니?" 그래. 그래서 나는 집에 있다가 오빠가 고기를 가지고 집에 오면, "호, 호……, 오빠다!" 하면서 쫓아나가 맞이하고 그랬어.

가끔씩 날 데리고 나갈 때도 있었는데, 내가 꽤 큰 다음에도 어깨 위에 목말 태워서 데리고 다니곤 했어. 사실 그래서 오빠를 졸졸 쫓아다닌 것도 있었지. 그러다가 짐승을 발견하면 날 내려놓고 쫓아가서 쏘는데 그래서 맞으면, 마을로 돌아와서 처음으로 그 소식을 전하는 건 늘 내 차지였어. "우리 오빠가 겜스복을 잡았다!" 그러면 이튿날 아침에 사람들이 오빠랑 같이 짐승을 추적하러 나가지. 어떤 때는 목이 마른데 물이 없을까봐 오빠를 안 따라가고 뒤에 남기도 했어.

다우는 가끔씩 내가 마을에 남아 있을 때 나더러 새덫을 놓으라고 시키기도 했어. 그 일은 나한테만 시키고 동생한테는 안 시켰지. 왜냐하면 쿰사는 미끼로 놓은 촌 조각이나 가우 뿌리를 늘 집어 먹었거든. 그 애는

134

그런 작은 뿌리를 너무 좋아해서 새 먹으라고 놓아 둔 걸 날름 가져가기도 했어.

어머니가 마을 주변에 덫을 몇 개 놓으러 나가잖아. 어머니가 돌아오고 나면 쿰사는 어머니가 갔던 길을 몰래 짚어 다니면서 덫에 놓은 미끼를 하나씩 먹어치워 버리지. 오후 늦게 어머니가 다시 나가서 보면 덫 하나에 기니닭 한 마리만 달랑 걸려 있고, 나머지 덫에는 새도 미끼도 온데간데없어.

한번은 쿰사가 덫에 손가락이 끼어서(자주 그랬어.) 울고 있기에 다우랑 같이 그리로 갔어. 다우가 쿰사를 한 대 콩 때리고, "기니닭이 먹을 미끼를 안 훔쳤으면 그렇게 찡기는 일도 없지! 뿌리 좀 그만 먹어! 덫에서 미끼를 훔쳐 먹다니, 아직 철이 덜 들었니?" 했겠지.

나는 절대 안 그랬지. 구근을 가지고 가서 덫 위에다 얌전히 놓고 새들 먹으라고 놔두고 오지. 좀 있다가 덫을 보러 가서, 새가 걸렸으면 집에 가지고 오는 거야. 그럼 오빠가 털을 뽑아.

내가 아버지 덫도 놨어. 아무도 없이 나 혼자 가서 놓고 오고 그랬어. 그러면 동생이 뒤에서 살살 따라와. 그 앤 구근을 너무 좋아했다니까!

내가 좋아 못사는 건 몽공고 열매 삶은 거. 누가 그걸 먹으면서 나한테 안 주면, 얻을 때까지 죽어라 울어 댔어. 건더기를 다 건져 먹고 남은 국물까지 다 쪽쪽 빨아 마실 때까지 성에 차질 않았지.

우리 오빠는 그걸 아니까, 자주 몽공고 덤불에 가서 열매를 한 포대씩 가득 담아 가지고 오곤 했어. 그걸 가지고 와서 어머니한테 그러는 거야. "여기 열매 주워 왔어요. 이거 삶아서 어머니랑 니사 둘이서만 드세요. 또 너무 많이 해 가지고 딴 사람들 나눠 주지 마시고요. 저 종일 힘들게 주워 온 거니까 꼭 제 말대로 하셔야 해요. 이거 다 니사 먹으라고 일부러 주워 온 거니까, 다른 사람한테 주시면 안 돼요. 먹고 남는 건 뒀다가 니사가 국물 먹고 싶어할 때 삶아 주세요. 인제 저는 달이 질 때까지 눈 좀 붙였다가 나가서 열매 더 구해 올게요." 그래서 나는 그 많은 몽공고 열매랑 그걸 삶은 국물을 몽땅 다 혼자서 먹어 치웠어.

한번은 뜨거운 국물에 덴 적이 있어. 어머니가 클라루 구근을 캐 가지고 와서 그걸 냄비에다 넣고 국을 끓이고 있었는데, 내가 "엄마, 조금만 줘. 나 좀 먹으면 안 돼? 엄마, 클라루 조금만 주세요." 하고 막 졸랐겠지. 졸리다 못한 어머니가 날 잠잠하게 하려고, 윗부분에서 건더기를 조금 덜어다 내 손 위에 얹어 줬어. 어머니는 그게 충분히 식은 줄 알았는데, 알고 보니 아직 뜨거웠던 게지. 그래 손에 닿는 찰나 화들짝 놀라 떨어뜨렸는데 그게 다리 위에 떨어진 거야. 황급히 털어 냈는데 벌써 데서 흉터가 크게 나 버렸지 뭐야. 그 흉터가 까맣게 돼 버리도록 또 엉엉 울었지. 아버지가 그걸 보고 화가 나서 "추코, 내가 여러 번 얘기했지, 니사 울리지 말라고. 왜 말귀를 못 알아들어? 당신은 귀가 없어? 계속 애 울리는 짓만 골라서 하고 말이야. 애들 키우는 엄마가 어찌 그리 말귀가 어두워?" 그랬어.

사람들이 화상에 소금이 좋다고 해서, 상처를 깨끗이 씻고 소금을 잘게 으깨서 그 위에다 발랐어. 나는 첨엔 멋도 모르고 어른들이 하는 걸 멀거니 보는데, 소금이 상처 자리에서 보글보글 거품을 내고, 막 쓰려서 죽겠는 거야. "으, 이 소금 너무 아파……. 아……, 아……!" 하고 막 악을 쓰면서 울었어. 거의 죽다 살아났지. 다리가 끊어지는 줄 알았다니까.

그 흉터가 꽤 오래 가서 걷기가 불편할 정도였어. 일어나는 것도 힘들어서 덤불에 갈 때는³ 엉금엉금 기어서 가고 그랬어. 아버지는 어머니한테 크게 화가 나서 "니사한테 또 한번 저런 짓을 했다가는, 아버지인 내가 당신에게 똑같이 해 주겠어. 질질 끌고 가서 불속에다 던져 버리겠어. 애를 거의 죽일 뻔했잖아! 걷지도 못하는 거 봐! 생각 같아선 아주 지금 당장 끌어다 불속에 던져 버렸으면 좋겠지만, 남들이 말리니까 이번만 참겠어. 하지만 또 이렇게 애한테 화상 입혔다간 그땐 정말 그럴 줄 알아!" 그러니까 어머니가 "그래, 당신이 옳아요. 당신이 날 끌어다 불속에 던진다 해도 난 입이 열 개라도 할 말이 없어요. 하지만 니사 쟤도 너무 철이 없어서 문제예요. 쟤 머릿속에 뭐라도 들었으면 그렇게 음식 갖고 성화를 안 피울 텐데 말이죠." 그랬어.

그렇게 살고 또 살았어. 살면서 시간이 흘러 화상도 차츰 나았어.

또 한번은 이런 일도 있었어. 막 사자가 물어 죽인 짐승이 덤불에 쓰러져 있는 걸 내가 처음 발견한 거야. 그날은 어머니랑 둘이서 채집하러 나갔는데, 나는 어머니가 있는 데서 약간 떨어져서 가고 있었거든. 그때 짐승이 쓰러져 있는 게 눈에 들어온 거라. 좀 가까이 다가가 보다가 무서워져서 뛰어 달아났지. "엄마, 엄마! 이리 와, 이것 좀 봐! 저기 큰 까만 짐승이 넘어져 있어!" 어머니가 나한테로 오기에 내가 "저 나무 옆에!" 하고 손으로 가리켰어. 어머니가 그걸 보고 "아이고, 우리 딸, 우리 니사! 우리 장한 딸! 어떻게 이런 걸 찾아냈을까?" 하더니, "마을로 가서 아버지 좀 오시라고 해라." 하셨어. 그래서 어머니는 짐승을 지키고 나는 마을로 뛰기 시작했는데, 우리가 몽공고 덤불숲으로 너무 깊이 들어와서 얼마 못 가 지쳐 버렸어. 그래 앉아서 좀 쉬다가, 다시 일어나서 왔던 길을 거슬러 뛰다가, 다시 또 앉아서 쉬었다가 일어나서 뛰다가 하면서 마침내 마을에 도착했어.

도착해 보니 날이 뜨거워서 모두들 나무 그늘에 모여 앉아 있었어. 오빠가 날 먼저 보고 "무슨 일이지? 아버지, 저기 보세요. 니사가 혼자서 이리로 뛰어오네요. 혹시 어머니가 뭐에 물리신 거 아냐?"[4] 그러고 있는데 내가 가서는 "아니, 엄마가 뭐에 물린 게 아니라…… 제가, 저기 덤불에 짐승이 죽어 넘어져 있는 걸 제가 발견했어요! 저기 땅이 푹 꺼지고 나무가 우거진 데를 지나서 덤불숲 옆 공터에 있어요.[5] 그래서 제가 엄마를 불러서 보여 드렸어요. 지금 엄마는 거기 있고 저는 이렇게 달려온 거예요." 했어. 아버지와 오빠와 마을 사람들 모두가 나를 따라나섰어. 그 자리에 가서 동물의 가죽을 벗기고 고기를 길게 잘라 내서 나뭇가지에 걸고 마을로 돌아왔어.

집에 고기를 가지고 와서, 우리 부모님은 그걸 마을 사람 모두에게 선물로 나눠 주었어요. 하지만 나는 한 점도 나누기 싫었어. "내가 봤단 말이야!" 하고 떼를 썼지. 고기를 받아 가지고 가는 사람들마다 집 앞까지 졸졸 쫓아가서는 "이거 아저씨가 봤어요? 엄마랑 내가 같이 나갔다가 내가 처음 봤단 말이에요!" 하고 도로 뺏어 가지고 왔어. 그래 가지고는 어머니 오두막 앞에 있는 가지에 도로 걸어 놨어. 그러니까 사람들이 그랬겠지. "아이고, 얘 좀 보게! 이 애는 자기 것을 안 나눠 줄 건가? 자기가 봤다고 해서 그걸 아무한테도 안 나눠 주는 그런 애인가?" 그래서 내가 그랬어. "당신들이 봤어요? 내가 내 두 눈으로 똑똑히 봤으니까 이 짐승은 내 거라고요. 그러니까 우리 오두막에 걸어 놓고 나 혼자 다 먹을 거예요."

그러고 좀 있다가 나가 놀았는데, 내가 나가 노는 사이에 어머니가 고기를 내다가 다시 사람들한테 다 나눠 줘 버린 거야. 돌아와 보니 아무것도 안 남아 있어서 고기가 다 어디 갔냐고 물었지.

어머니는 나를 자주 데리고 나갔어요. 걸어서 식량을 캘 만한 곳까지 가서, 나를 나무 그늘에다 내려놓고 근처에서 뿌리를 캐거나 열매를 따거나 했지.

한번은 그 나무 그늘을 벗어나서 다른 나무 밑에서 놀고 있었어. 그런데 그때 풀이랑 나뭇잎 사이로 자그마한 스틴복 한 마리가 보이는 거야. 갓 태어난 놈인데, 누워서 그 작은 눈으로 날 빤히 쳐다보고 있는 거야. 나는 "어떻게 해야 하나?" 생각하다가 "엄마!" 하고 소리쳤지. 나는 그 자리에 멍하니 서 있고 그놈도 그 자리에 그대로 누워서 서로 빤히 마주 보다가, 어떻게 해야 할지 퍼뜩 정신이 든 순간 잡으려고 달려들었지. 하지만 그놈은 펄쩍 뛰어서 달아났어. 나는 뒤를 쫓기 시작했어. 그놈도 뛰고 나도 뛰고 그놈은 뛰어 달아나면서 울고, 그러다가 마침내 가까이 다가가서 발을 걸어 넘어뜨렸지. 다리를 잡고 끌고 오는데 "에에에…… 에에에……." 하면서 울어. 그런데 근처에 어미가 있었던 거야. 새끼가 우는 소리를 듣고 뛰어온 거지. 나는 어미를 보자마자 새끼 스틴복을 짊어지고 뛰기 시작했어. '이놈을 어미한테 넘겨주지 않을 테다!' 하고 뛰면서 막 소리쳤어. "엄마! 이리 와! 나 좀 도와줘! 엄마! 스틴복 어미가 날 쫓아와! 빨리 와! 애 좀 빨리 데려가!" 하지만 어미 스틴복은 더 쫓아오지 않았어. 새끼 다리를 모아 쥐고 모래땅에다 여러 번 세게 부딪치니까 더는 울지 않고 잠잠해졌어. 죽은 거지. 나는 너무 기분이 좋았어. 그때 어머니가 달려오시기에 죽은 새끼를 건네줬어.

우리 둘은 남은 나절 동안 황야를 돌아다녔어. 어머니가 먹을 걸 채집하는 동안 나는 나무 그늘에 앉아 어머니를 기다리면서 죽은 스틴복을 가지고 놀았어. 들었다가 앉혀 봤다가, 눈을 열려고 해 봤다가, 가만히 바라보기도 하고. 그러는 동안 어머니가 샤 뿌리를 많이 캐 가지고 같이 집으로 돌아왔어.

그날 아버지는 사냥을 나갔다가 커다란 스틴복 한 마리를 활로 쏘았어. 가죽을 벗기고 고기를 발라서 나뭇가지에 걸어 가지고 왔지. 내가 "호, 호, 아빠가 스틴복을 잡았다!" 하고 이어 말했어. "엄마! 아빠! 내가 잡은 스틴복은 안 나눠 줄 거야. 이번에는 절대로 아무한테도 주면 안 돼. 엄마가 요리해 주면 동생이랑 나 둘이만 먹을 거야."

또 한번은 우리 가족이 여행길을 떠났을 때 일인데, 아버지와 오빠가 새끼 땅돼지를 잡았어. 땅돼지는 털이 거의 없고 사람 같은 피부에 사람 같은 손을 한 동물인데, 그놈을 먹고 난 다음에 나는 속이 울렁거리고 토하기 시작했어. 그때 큰 병이 내 몸으로 들어와서 심하게 앓았지. 아버지가 내 몸에 손을 얹고 황홀경에 들어가서, 내가 나아질 때까지 옆에 계셨어. 그때는 아버지가 나를 치료해 주고 있다는 걸 깨닫기엔 너무 어렸지. 그런 걸 잘 몰랐으니까. 나는 그저 아프다는 느낌만 받았어. 내 머릿속엔 온통 '내가 이 병으로 죽는 건가?' 하는 생각뿐이었어. 아버지는 나를 치유의 힘으로 고쳐 주고 있었던 거지. 그렇게 차츰 기분이 나아져서 일어나 앉았어. 그리고 머지않아 친구들과 어울리게 되었지. 병이 완전히 나은 다음에는 다시 나가서 뛰놀고 죽는 것에 대해서도 더는 생각하지 않았어.

아이가 좀더 나이를 먹어서 뭘 알게 되면 그게 자기를 치료하는 과정이라는 걸 이해하게 돼. 그래서 '이 사람이 날 고쳐 주려고 하는구나. 지금은 많이 아프지만, 곧 이 사람이 내 몸에서 아픈 걸 꺼내 줄 거야. 그러면 다시 낫겠지.' 하고 생각하게 되지. 나는 아버지가 우릴 고쳐 주고 낫게 해 주는 게 좋았어. 아버지가 어떻게 우리를 낫게 해 주는 걸까 궁금하기도 했어. 아프다가도 아버지가 손을 대면 몸이 낫는 게 느껴졌거든. 아버지가 다른 사람을 치료할 때는 그 옆에 앉아서 노래를 불러 드리기도 했어요. 아이가 조금만 커도 그런 걸 다 알고 이해하지. 어릴 때는 그런 생각이 없지만.

한번은 고기를 먹고 체한 적도 있었어. 오빠가 독화살로 짐승을 쏘아서 잡아 왔어. 나는 오빠가 엄청나게 큰 고기 덩어리를 짊어지고 오는 걸 보고 너무 좋아서, "호, 호, 우리 오빠가 고기 가져왔다!" 하면서 뛰어나가 맞이했더랬지. 게다가 그 비계! 비계가 어찌나 많던지! 그래 그 큼직한 조각을 받아 가지고설랑, 비계가 많은 부위만 골라서 전부 먹어 치웠겠지. 그렇게 우걱우걱 먹어 대고 나니, 좀 있다 살살 배가 아프더니 설사가 나오는데, 뱃속이 비계로 꽉 차서 설사도 기름지게 나오더라고.

그러다가 곧 나았어. 그리고 또 한동안 일없이 살았지.

또 한번은, 내가 타조알 껍데기 물통을 깨뜨려서 아버지가 날 때린 적이 있었어. 보통 물통을 외투 주머니에 넣고 샘에 가서 물을 떠 오는데, 한번은 하나를 땅에 떨어뜨려서 산산조각이 났어. 집에 돌아가니까 아버지가 회초리를 들고 때려죽이겠다고 막 야단을 치는데…… 어떡해! 막 도망갔지!

그런데 그 일이 있고 얼마 지나지 않아서 또 그런 거야. 타조알 껍데기 물통 몇 개를 가지고 샘에 갔는데, 물통 하나를 채우다가 그만 다른 물통을 떨어뜨렸어. 퍽! 하고 깨지는데…… 혼잣말로 "오늘은 도망가지 말아야지. 아버지가 날 죽이더라도 이번에는 도망가지 않을 테야." 그랬지.

그런데 쿰사란 녀석이 기다렸다는 듯이 신나게 앞질러가서 아버지한테 "아빠! 니사가 타조알 껍데기 또 깨뜨렸대요!" 하고 고자질하지 않겠어? 내가 가니까 아버지가 벌써 날 기다리고 계셔. 아버지가 "말해 봐라, 알껍데기가 왜 깨졌는지. 벌써 다 큰 여자애가 아직도 이런 걸 깨뜨리고 다니냐?" 하면서 날 때렸어. 내가 울음을 터뜨렸더니 아버지도 곧 매를 거두고는 "그래……, 어차피 그렇게 중요한 것도 아닌데, 내버려 둬라." 그러시데.

하지만 그때부터는 누가 나보고 "니사, 이 타조알 껍데기 물통 가지고 가서 물 좀 길어 와라." 해도 가지 않았어요. 만약 물통을 또 깨뜨리면 어른들이 날 또 때릴 걸 알았거든. "알껍데기 물통을 들고 가 봤자 좋을 것 없어요. 난 인제 물통 근처에도 안 갈 거예요. 그랬다간 또 때릴 거면서." 목이 마르면 작은 깡통에 물을 떠다가 나뭇잎으로 덮어서 가지고 왔지, 타조알 껍데기엔 손도 안 댔어. 그래서 샘에 가서 물을 길어 오는 일은 온전히 어머니 차지가 됐지.

나는 그 후로도 꽤 오랫동안 타조알 껍데기에 손을 안 댔어. 그렇게 또 얼마 동안 살았어요.

한번은 우리 식구가 전에 살던 데서 다른 데로 이동하던 중이었는데, 뙤약볕이 뜨겁게 내리쬐는 날이었어요. 그때는 덥고 건조한 계절이어서 물이라곤 아무데서도 찾을 수가 없었어. 지글지글한 뙤약볕이었지! 쿰사가 막 태어나고 난 아직 쪼그말 때였어. 한참을 걸어간 끝에 오빠가 벌집을 발견해서, 오빠랑 아버지가 나무를 쪼갠 다음에 다 같이 꿀을 거뒀는데, 나도 내 몫의 작은 통이 꽉 찰 때까지 꿀을 모았지. 그러고는 그 자리에 앉아 꿀을 먹으면서 쉬고 있는데, 점점 목이 마르기 시작했어. 그래서 꿀이랑 뒤지개를 챙겨 들고 일어나서 다시 걷기 시작했지. 찌는 듯한 열기에 우리 모두 목이 타서 죽을 지경이었어. 난 너무 물이 마시고파서 훌쩍이기 시작했어.

그러다 잠시 후에 다시 바오밥 나무 그늘에 들어가 쉬었는데, 역시 물이라곤 눈 씻고 봐도 없었어. 마침내 아버지가 오빠 보고 "다우, 우리 나머지 식구들은 여기 바오밥 밑에서 기다리고 있을 테니 네가 물통을 가지고 나가서 물을 길어 오너라. 여기서 아주 멀지 않은 곳에 샘이 있을 거다." 하셨어. 그래서 다우는 타조알 껍데기 물통을 있는 대로 모아 가지고, 커다란 항아리까지 메고는 길을 떠났어요. 나는 갈증에 지쳐 쓰러져 있었는데, 문득 '여기 계속 있다간 목이 말라 죽어 버리고 말거야. 왜 오빠를 따라서 같이 물을 마시러 갈 생각을 못했지?' 하는 생각이 들어, 퍼뜩 일어나서 오빠를 헉헉 쫓아갔지요. 큰 소리로 부르면서 오빠가 간 길을 짚어서 뛰어가는데, 오빠는 내가 부르는 소리가 안 들리나 봐. 그래 계속 소리를 지르면서 막 뛰어갔더니, 그제야 뭔 소릴 들었는지 뒤를 돌아보고는, "아이고, 이런! 니사가 따라왔네. 여기까지 쫓아왔으니 어쩐다?" 하고선 내가 따라잡는 걸 기다리고 섰다가, 날 번쩍 들어 올려서 목말을 태우고는 가던 길을 갔어.

그렇게 둘이 한참을 걸었어. 한참을 걷고 걷고 또 걸어서, 마침내 샘에 도착했어. 뛰어가서 막 물을 들이키니까 좀 살 것 같데. 그런 다음에 물

항아리를 채워서 삼실로 짠 망에다 넣어 가지고 오빠가 등에다 지고, 날 다시 목말 태웠어.

그래 다우가 물동이를 지고 날 태우고서는 다시 왔던 길을 거슬러 가기 시작했어. 그렇게 조금 가다가 날 내려서 걸렸는데, 좀 있다 내가 울음을 터뜨리니까 오빠가 "니사! 자꾸 그러면 때려 줄 테다! 나는 이 물통들을 다 지고 가는 것만으로도 너무 무겁단 말이야. 그러니까 네가 얌전히 따라와야 이 물을 부모님한테 갖다 드리지! 안 그래도 지금쯤 너무 목이 타서 거의 죽을 지경이실 텐데. 도대체 왜 우는 거니? 이 철없는 것아!" 그래. 내가 울면서 "싫어. 업어 줘, 오빠. 들어서 목말 태워 줘." 하고 떼를 써도 다우는 꿈쩍도 안 하고 가던 길을 갔어. 내가 징징거리다가 쪼르르 쫓아가서 또 징징거리고, 또 쪼르르 쫓아가고 그랬더니 마침내 오빠도 두 손 들고, "좋아, 업어 줄게." 하고는 날 들어다 어깨에 태워 줬지. 그렇게 해서 결국 부모님이 기다리고 있는 바오밥 나무 아래까지 왔어.

어머니 아버지는 모두 물을 양껏 마시고 마시고 또 마셨어. "우리 애들이 이렇게 물을 다 길어 오고, 참 대견하구나! 이제 우린 다시 살았다!" 우리는 바오밥 나무 그늘에서 잠시 쉬었다가 다시 다른 샘까지 길을 떠났어. 거기까지 가는 것도 먼 길이었지만, 이번엔 나도 울지 않았어요. 내 몫의 물통이랑 꿀통을 메고는 얌전히 따라갔어. 그래서 마침내 목적지에 도착해서는 얼마 동안 거기에 머물렀어. 나는 꿀을 먹을 수 있어서, 그냥 그렇게 사는 것이 흡족했어.

또 한번은 우리가 길을 떠나 어떤 샘 근처에 지내러 갔는데, 샘이 다 말라 버리고 물이 없었어요. 그래서 다시 우리 모두 목이 타게 생겼지. 근처에서 물을 얻을 수 있는 것이라곤 '크와'라고, 물을 머금은 커다란 뿌리뿐이었어. 어머니가 그걸 벗겨 가지고 한 무더기 얇게 채를 친 다음 꽉 쥐어짜서 그 즙을 내 입 속에다 떨어뜨려 줬어. 이 중에서 니사가 제일 어린데 목이 타들어간다면서. 그런데 크와 뿌리가 많기는 했는데 그 즙이 무척 쓰거든. 너무 써서 울었지.

그렇게 거기서 계속 지내고 있는데, 그러던 어느 날 비구름이 보였겠지. 하나가 이리로 왔는데, 그냥 떠 있기만 하고 비는 뿌리지 않고, 그렇게 걸려 있기만 했지. 그러다가 어느 날 또 다른 비구름들이 몰려왔는데 그것도 그냥 걸려 있기만 했지. 그러다가 결국 비를 뿌리기 시작해서 소나기가 내렸어.

그렇게 우기가 시작된 거야. 그날 하루 해가 뜨고 질 때까지 비는 계속 내렸어. 쉬지 않고 줄기차게 뿌려 댔지. 얼마 안 가 웅덩이에 물이 가득 고이고, 내 마음도 가득 차서 넘실거렸어! 우리는 거기에 머물면서 고기를 먹고 몽공고 열매를 먹고 또 고기를 먹고 그랬는데 전부 다 그렇게 맛이 있었어.

나는 너무 기분이 좋아서 작은 강아지처럼 꽁무니를 흔들면서 깡충깡충 뛰어다녔어. 정말 어찌나 행복했던지! 큰 소리로 "오늘부터 우기가 시작된다! 야! 야!" 하고 소리 질렀어.

비가 오니 주변에 쐐기벌레 같은 먹을거리들이 "음음음……, 음음음……." 하면서 꼬물꼬물 기어 다녔어. 어른들은 뿌리를 캐고 식량을 채집해다 한 짐씩 묵직하게 해서 가지고 왔지. 고기도 풍부해서 많이 잡아다가 막대에 걸어 가지고 와서는 야영지 근처 나뭇가지에 널어놨어. 난 맘이 터질 듯이 기뻐서 마음껏 음식을 먹고 강아지처럼 꽁무니를 흔들어 댔어. 그러면서 웃음을 터뜨렸어. 새끼 당나귀처럼 웃음을 터뜨렸지. 꽁무니를 흔들면서 "오늘은 쐐기벌레 먹는다아……. 쐐—기—벌—레 먹는다!" 하고 소리쳤어. 어른들이 고깃국이랑 쐐기벌레 껍질 구운 걸 가져다줘서 그 날은 배가 터지도록 먹고 또 먹었어! 그런 다음 쓰러져 잠이 들었지.

그런데 그날 밤에, 다들 잠이 들었을 때 이부자리에다 쉬를 하고 말았어. 아침이 밝아서 다들 일어났는데, 나는 못 일어나고 쉬한 자리에 그냥 누워 있었겠지. 해가 중천에 떴는데도 나는 그 자리에 그대로 누워 있었어. 사람들이 놀릴까 봐 무서워서. 어머니가 "니사가 왜 저러지? 해가 중천에 떴는데 이부자리에서 나오지도 않고. 아……, 이불에 쉬한 게로구나!" 하셨어.

자리에서 일어나서 앞치마를 보니까 아니나 다를까, 젖었어! "우! 오줌 쌌잖아!" 비참한 기분이었지. 나는 속으로 '이렇게 오줌을 쌌으니 이제 다들 날 놀릴 거야.' 하고 생각했어. 한 친구에게 "쐐기벌레를 먹고 잤는데 왜 오줌을 싼 걸까?" 하고 물었어. 그러고는 속으로 '내일부터는 다른 사람들과 따로 떨어져서 자야지. 또다시 이부자릴 적시면 엄마 아빠가 날 때릴지도 몰라.' 그랬어.

한번은 친구들이랑 놀다가 늑대거북을 본 적이 있어. 우리는 물웅덩이에서 헤엄치고 물장구치면서 놀다가, 거북이를 보고는 들어다 던지고 받고 하면서 장난치기 시작했지. 그런데 내가 거북이를 딱 받았는데 그놈이 손가락을 꽉 깨무는 거야. 막 비명을 질렀는데도 놓지를 않아. 그래 손을 막 흔들면서 "엄마! 내 손! 내 손가락 좀 어떻게 해 줘! 케야! 노니! 와서 나 좀 도와줘! 너네는 머리도 없냐! 빨랑 와서 도와줘! 나 물렸단 말이야!" 했어.

모래땅에다 대고 세게 쳐도 꽉 물고 안 떨어져. 울면서 도움을 청하다가, 나머지 한 손으로 있는 힘껏 잡아 빼니까 그제야 툭 떨어지는데, 손가락이 막 욱신욱신해. 내가 주저앉아서 한숨 돌리는 동안 아이들이 그놈을 죽였지. 앉아서 손가락을 바라보는데, 쓰리고 아파. 덴 것처럼. 아이들이 날 고쳐 준다고 황홀경 춤을 추기 시작했어. 그냥 손을 대고 치료해 주는 흉내만 내는 거지. 그래 친구들이 둘러서서 춤을 추고 나는 언제쯤 손가락이 나을까 기다렸지. 남자아이들 몇 명이 황홀경에 들어서 손에서 아픈 걸 빼내려고 했지. 그러다가 해가 저물어서 우리는 마을로 돌아왔어. 거북이는 요리해 먹으려고 가져왔고.

집에 가니까 어머니가 "무슨 일이니? 어디 물렸니?" 해서 내가 "거북이야. 이 거북이. 이거 가지고 던지면서 놀고 있는데, 내가 막 이놈을 잡으려니까 콱 물었어요. 아주 세게 물었어." 그랬어.

그때부터 나는 거북이를 무서워하게 돼서 봐도 손을 대지 않았어요. 다른 아이들이 집어다가 멀리 던져 버릴 때까지 가만히 서서 보고만 있었지. 난 어릴 때 참 철이 없었어! 위험한 것도 무작정 만지고 봤지. 겁도 없이 그런 거북이를 손으로 그냥 집고 말이야. 그러니까 물리지. 지금도 내 손을 보면 여기가 흉하게 됐잖아. 자네가 어렸을 때는 어땠는지 모르지만.

한번은 친구들이랑 같이 들판을 가고 있었는데, 그때 여러 가족들이 함께 한 야영지에서 다른 야영지로 이동하는 중이었어. 나는 친구들이랑 같이 어른들을 저만치 앞서서, 당나귀 흉내를 내며 서로 등에 타고 놀면서 가고 있었어. 그런데 그때 내 친구 베사가, 짐승 한 마리가 땅에 죽어 넘어져 있는 걸 본 거야. 근데 가만히 보니 그게 한 마리가 아니야. 여기

저기 죽어 있는데, 사자한테 당한 지 얼마 안 된 것 같아. 우리는 가던 길을 되짚어 막 뛰어가서 "저기 죽은 짐승들이 있어요! 사자가 죽인 짐승들이요!" 하고 소리쳤어. 그러니까 어른들이 "오호라⋯⋯, 대견하기도 하지, 내 새끼들!" 하면서 칭찬해 줬어.

그래 우리는 짐승들이 쓰러져 있는 데로 가서, 거기 캠프를 치고 며칠 동안 머물렀어. 첫째 날에는 짐승들의 가죽을 벗기고, 물이 나오는 샘을 찾고, 고기를 발라 먹었지. 이튿날에는 여자들이 샘에 가서 물을 더 길어 왔어. 그날도 고기를 먹고서는 누워서 잠을 청하는데, 그날 밤 사자들이 돌아온 거야. 자기들이 잡아 놓은 짐승을 먹으려고—그놈들이 세 마리를 죽여 놓고 한 마리밖에 안 먹었거든.

사자들은 우리 야영지 근처까지 와서, 주변에 빙 둘러 불을 피워 놓은 바깥에서 서성거렸어. 우리는 주변 덤불숲의 어둠 속에서 그놈들의 눈이 빛나는 걸 볼 수 있었지. 눈 한 쌍이 여기서 번득이고, 또 눈 한 쌍이 저기서 번득이고, 또⋯⋯ 수가 많았어. 그놈들은 우릴 죽이려고 기다리고 있었지.

그때 우리 아버지가 황홀경에 들어갔어. 아버지의 몸이 황홀경에 드는 동안 아버지의 영혼은 저세상으로 날아가서 신들과 대화를 나누고, 혼령들과 힘을 합쳐 사자들을 몰아냈어요. 정말로 사자들이 저 멀리 떨어진 샘으로 물러났거든. 아버지가 정신을 차리고 우리 곁으로 돌아온 다음 우리는 다시 잠을 청했어요.

한번은, 이건 내가 꽤 컸을 때 일인데, 친구들이랑 동생을 데리고 마을에서 멀리 떨어진 황야까지 나갔어. 가고 있는데 모래 위에 새끼 쿠두가 지나간 자국이 있는 거야. 그래서 "야! 모두들 와 봐! 여기 쿠두 발자국이 있어!" 하고 불러 모았지. 아이들이 다 몰려와서 봤어.

우리는 그 발자국을 쫓아서 하염없이 걸었어. 얼마나 갔을까, 작은 새끼 쿠두 한 마리가 풀숲에 죽은 듯이 누워 조용히 자고 있는 거야. 내가 펄쩍 뛰어서 달려들었더니 그놈이, "에에에에…… 에에에에……." 하고 울더니, 그만 날 뿌리치고 달아나 버렸어. 우리는 일제히 그놈을 쫓아 뛰기 시작했지. 하지만 내가 제일 빨리 뛰어서 곧 다른 아이들을 멀찍이 제치고, 나 혼자 젖 먹던 힘을 다해 쫓아갔어. 그래서 결국 잡았어. 그놈을 죽여 가지고, 다리를 잡아 거꾸로 들고 어깨에 둘러메는데 숨이 차서 "헉……, 헉……." 소리가 나와.

그걸 둘러메고 다른 아이들이 기다리고 있는 곳으로 돌아가니까, 사촌 오빠가 "야, 우리 사촌동생이 쿠두를 잡았네! 딴 애들은 다 뭐 한 거야? 우리 남자애들은 다…… 요 어린 여자애가 혼자 열심히 뛰어가서 이놈을 잡는 동안 우린 아무것도 한 게 없잖아?" 그래.

나는 그놈을 사촌오빠 보고 메고 가라고 건네줬어. 돌아오는 길에 또 한 여자애가 작은 스틴복을 발견해서, 그 애랑 그 애 오빠랑 같이 쫓아가서 그놈을 잡았어. 그날은 우리가 마을에 고기를 많이 가지고 가서 모두가 배불리 먹었어.

내 어린 시절이 행복했냐고? 내가 한창 자랄 때까지는, 어렸을 때는 대개 행복했던 것 같아. 하지만 내가 어린아이였을 때는 행복한지 슬픈지를 따질 만큼 뭘 알 만한 나이가 아니었지.

4장

성에 눈뜰 때

Discovering Sex

!쿵 사람들에게는 마을에서나 가족 단위의 주거에서나 프라이버시가 거의 없다. 부모와 자식들은 칸막이도 개인 공간도 없는 작은 단칸 오두막에서 한 이불을 덮고 함께 잔다. 어른들은 자기들의 성행위를 아이들이 알아차리지 못하게 하려고 애를 쓰지만, 덤불숲에 나가 몰래 데이트를 하는 것도 힘들다. 아이들은 엄마가 가는 곳이라면 어디든 따라가려고 떼를 쓰기 때문이다. 대안은 아이들이 잠들 때까지 기다렸다가 조심스럽게 하는 것이다. 하지만 아이들은(특히 어느 정도 나이가 든 아이들은 더욱) 호기심이 많아서, 잠든 척하고 있다가 실눈을 뜬 채 부모가 성행위하는 장면을 엿보기도 한다. 부모들은 아이가 커서 십대 초반 정도가 되면 대개 부모와 따로 떨어져 자도록 한다. 아이들이 자진해서 떨어져 나와 혼자, 또는 친구들과 함께 독립된 오두막을 짓고 지내는 일도 흔하다. 간혹 잠시 동안 조부모와 함께 지내는 편을 택

하기도 한다.

제한 없는 자유 시간을 마음껏 누리는 !쿵 아이들은 성에 대한 인지와 호기심을 일찍 꽃피운다. !쿵 아이들에게는 학교도 없고, 생계에 기여하거나 동생을 돌보거나 (이따금 물을 길어오는 등의 잔심부름 말고는) 집안일을 도와야 할 책임도 없다. 여자아이들이—결혼을 했든 안 했든—어머니와 함께 정기적으로 채집을 나가거나 나무를 하거나 물을 길어 오고, 남자아이들이 아버지와 함께 사냥을 나가려면 십대 중반쯤은 돼야 한다.

부모들은 보통 채집을 나가 있는 동안 (아주 어린 아이들은 제외하고) 아이들을 마을에 남겨 두는 편을 선호한다. 그래야 식량 채집을 좀더 효율적으로 할 수 있고 더 먼 거리를 이동할 수 있기 때문이다. 아이들도 대개 또래 친구들과 함께 마을에 남고 싶어한다. 길고 고달픈 채집을 따라나서는 것보다는 친구들과 어울려 노는 것이 훨씬 재밌기 때문이다. 특히 덥고 건조한 여름에는 더욱 그렇다. 이때는 뜨거운 모래에 발바닥이 데고, 타조알 껍데기 물통에 담아 가는 적은 물만 가지고 버텨야 한다. 아이들이 어른을 따라간다고 해도 채집에 기여하는 일은 거의 없다. 그동안 아이들은 대부분 어른들이 가져다주거나 스스로 채집한 음식을 먹고 덤불에서 놀면서 시간을 보낸다. 여성들은 일주일에 사흘 정도만 채집을 나오기 때문에, 대개는 마을에 머물러 쉬거나 일하면서 아이들을 지켜보고 감독할 사람이 언제나 있게 마련이다.

한 여성은 이렇게 털어놓았다. "애를 억지로 데리고 나가면 징징대기만 하고 아무 일도 못해요. 마을에 두고 가면 애도 불평 안 하고, 식량을 좀더 많이 구해 가지고 집에 돌아올 수 있죠." 하지만 다른 질문에 대해서는 이렇게 대답하기도 했다. "내가 마을에 있고 아이들이 주변에서 놀고 있으면 걱정이 안 되죠. 그런데 아이들을 두고 혼자 나오면 다른 사람이 애들을 잘 보고 있나 걱정이 돼요. 특히 마을에 혼자 있는 어른이 몸이 아프다거나 할 때는 좀 그래요."

전 세계적으로 대부분의 사회에서는 어느 정도 큰 아동이나 어린 청소년들이 마을이나 가정 경제에 실질적인 기여를 하기 때문에, !쿵 어린이들이 이러한 책임에서 완전히 자유로운 것은 매우 인상적이다. 이는 !쿵족의 생계 기반이 안정적이고 안전하며, 또 이런 극한의 환경에서도 수렵채집이 그렇게 험난한 생활 방식은 아니라는 반증이기도 하다. 만일 성인들의 노동 부담이 너무 과중해지면 어른들은 젊은 아이들의 놀고 있는 에너지를 꺼내 쓰기만 하면 된다.(사실 청소년들은 오히려 어린아이들보다 집안일을 돕는 시간이 더 적다.)

마을은 어린이들이 놀기에 안전하고 사회적으로 풍족한 환경이다. 친척, 친구, 손님들을 비롯해 한 마을에 사는 평균 서른 명가량의 사람들은 모두 아이들이 아는 얼굴이고, 활동은 대개 야외, 즉 각 가족의 생활공간을 구획하는 모닥불 주변에서 이루어진다. 아이들은 마을 어느 곳이나 쉽게 돌아다닐 수 있고, 다른 오두막에 들르기도 하고 넓게 트인 마을 공터에서 놀기도 한다. 마을 한가운데에 오두막으로 빙 둘러싸인 공터에는 덤불이나 풀이 깨끗이 치워져 있다. 아이들은 어떤 때는 마을 경계를 벗어나기도 하지만, 그때도 무슨 사고가 생겼을 때 즉시 뛰어갈 수 있을 정도로 가까운 거리에 항상 어른들이 대기하고 있다. 채집 나가서나 마을 주변의 황야에서 아이들이 길을 잃어버리는 일은 극히 드물고, 설사 그랬다 하더라도 곧 길을 찾아서 돌아온다.

아이들은 언제나 어른들의 주의 깊은 보호 아래 있지만, 아이들의 놀이에 어른들이 직접 개입하거나 참견하는 일은 거의 없다. 간혹 싸움이 났을 때, 특히 서로 덩치 차이가 나는 아이들끼리 싸움이 붙었을 때는 중재를 하고, 아이들이 다치지 않도록 주의를 주기는 한다. 마을 안에서 일어날 수 있는 가장 큰 사고는 바로 불에 데는 것이다. 사실 그것만 아니라면 마을은 정말로 안전한 장소인데, 간혹 가다 크고 작은 화상 사고가 일어날 때가 있다. 부모들이 주의를 주어도 아이들은 달아오른 장작을 집어 들거나(그랬다가 놀라서 바로 떨어뜨리지만) 나뭇가지나 풀에 불을 붙여 가지고 이 불가에서 저 불가로 뛰어다니기도 하고, (양날이 선 길고 뾰족한) 칼을 조심성 없이 함부로 다루기도 한다. 독화살이나 독 묻은 창 따위의, 마을에서 가장 위험한 물건들은 아이들의 손이 안 닿는 곳에 조심해서 보관한다. 하지만 !쿵 사람들은 워낙 가진 세간 자체가 적기 때문에, 물건을 아이들의 손에서(또는 아이들을 어떤 물건에서) 보호하려고 골머리 썩을 일이 별로 없어서 아이들은 마을 안을 어디든지 마음 놓고 돌아다닐 수 있다.

가족 수가 적으므로, 한 마을 안의 놀이 집단은 대개 현재 마을에 거하는 다양한 나이대의 아이들 몇 명 정도로 구성된다. 대여섯 살 먹은 유아부터 10대 초반까지 아우르는 이 놀이 집단은 주로 어른들과 가까운 마을 근처에서 머물러 놀기도 하고, 수백 미터 떨어진 곳(마을에서 시야에 들어오지는 않아도 소리는 들리는 정도의 거리)에다가 자기들만의 '마을'을 따로 짓기도 한다. 아이들의 놀이는 대부분 어른들의 활동을 모방하는 것이다. 사냥, 채집, 노래, 황홀경을 비롯하여 살림놀이, 엄마놀이를 하거나 결혼을 모방하기도 한다.(큰 아이들은 작은 아이들을 업고 다니면서 엄마나 아빠 흉내를 내곤 한다.) 이따금 아이들의 모방은 현실이 되기도 한다. 마을 주변에서 뿌리와 열매를 채집하거나, 작은 동물과 새를 잡고 덫을 놓기도 한다. 공식적인 교육 과정이 거의 없기 때문에—관찰과 연습은 모든 배움의 기본이다—어린이들이 제구실을 하는 어른으로 성장하기까지 필요한 기술은 대개 이 과정에서 자연스레 습득하게 된다.

가족의 잦은 이동은 아이들의 놀이 집단에도 큰 영향을 끼친다. 놀이 집단의 구성원은 거의 매번 바뀌다시피 하지만, 그중에서도 계절에 따른 변화가 가장 크다. 겨울이 되어 몇몇 영구적인 샘 주위로 사람들이 많이 모여들면 어린이들도 같이 놀 친구가 많이 생긴다. 여름이 되어 비가 땅을 적시고 여기저기 샘이 고이면 사람들은 다시 멀리 떨어진 친척에게로 가거나 식량과 사냥감이 풍부한 곳으로 흩어진다. 이동할 때는 불과 한두 가족 단위로 움직이게 마련이어서 아이들은 이에 적응하기 힘들어하고, 대개는 다시 영구적인 샘으로 돌아갈 날을 손꼽아 기다리곤 한다.

!쿵 남자아이와 여자아이는 대부분 구분 없이 함께 어울려 논다. 미국을 비롯한 대부분의 문화권에서는 남자아이에게 적합한 놀이와 여자아이에게 적합한 놀이가 따로 나뉘어 있으며, 어렸을 때부터 남자아이는 남자아이끼리, 여자아이는 여자아이끼리 놀도록 권장된다. 영어에서 놀리는 말로 사용하는 '톰보이(tomboy, 말괄량이, 사내애같이 괄괄한 여자아이를 일컫는 말—옮긴이)'나 '씨씨(sissy, 계집애같이 얌전한 남자아이를 놀릴 때 쓰는 말—옮긴이)' 같은 말에 해당하는 단어가 !쿵 말에는 없는 것 같다. !쿵 어린이들은 성별에 따라 분리되지 않으며, 어떤 성性도 순종적이거나 공격적으로 행동하도록 훈련받지도 않으며, 사람에게 타고난 감정 표현을 억제하도록 강요받지도 않는다. 여자아이 남자아이 할 것 없이 대판 싸움을 벌이기도 하면서 크는 건 마찬가지지만, 어른들의 공격적인 행동을 모방

하는 경우는 드물다. 또한 많은 문화권에서처럼 남자아이들이 싸움 기술을 연습하는 데 시간을 투자하는 일도 찾아볼 수 없다. !쿵 사람들은 아이들에게 어떤 책임도 지우지 않으며 처녀성에 특별한 가치를 부여하지도 않고, 여성의 몸을 특별히 가리거나 숨겨야 한다고 요구하지도 않기 때문에 여자아이들은 남자아이들과 마찬가지로 자유롭게 나다닌다.

어린이들의 놀이에 경쟁이 개입되는 경우는 거의 없다. 아이들은 같은 활동을 나란히 공유하면서 놀지, 집단의 규칙을 정하고 놀지는 않는다. 아이들은 반복을 통해 (놀이를) 좀더 잘 하려고 노력하지만, 다른 아이를 이기거나 남보다 더 잘하려고 애쓰지는 않는다. 그것은 어울려 노는 아이들의 수가 적은 데다, 서로 견주어 보면서 자신을 규정할 수 있고 경쟁심을 부추기는 비슷한 또래의 친구가 별로 없기 때문인 것도 같다. 그러나 !쿵 어른들도 경쟁이나 개인의 위계를 가르는 일을 애써 피하기는 마찬가지다. 사실 사람 사이의 차별을 억제하는 문화 덕분에 !쿵 사람들은 누구를 승리자, 최고의 미인, 가장 성공한 사람, 또는 최고의 춤꾼, 사냥꾼, 주술사, 음악가, 구슬 공예가 등으로 규정하는 일을 되도록 피한다. 물론 사람들은 주변 누구누구가 인상적인 재능을 지녔다는 사실을 잘 알고 있고, 종종 이를 이용해 큰 이득을 보기도 한다. 그러나 그러한 재능에 주목하는 일은 매우 좋지 못한 태도로 여겨진다.

자세히 관찰하면 남녀 어린이들의 활동 사이에 미세한 차이가 발견된다. !쿵 어린이들의 놀이 활동에 대한 연구 결과를 보면 남자아이들이 여자아이들보다 신체적으로 더 과감하고, 여자아이들이 남자아이들보다 어머니 이외의 어른들과 더 활발한 교류를 나눈다는 것을 확인할 수 있다. 그러나 다른 문화권에 속한 어린이들과는 달리 !쿵 어린이들은 남자

아이나 여자아이나 똑같이 활동적이고, 한 가지 일에 주의를 집중하는 능력도 대등하고, 도구를 가지고 노는 시간도 비슷하다. 또한 !쿵 어린이들은 동성 친구끼리만 같이 노는 것을 특별히 더 선호하는 경향도 보이지 않는다.

!쿵 어린이들은 거의 모든 시간을 자기 마음대로 놀도록 방치된다. 하지만 아이들은 지루해하기는커녕 이러한 자유로부터 창의적이고 역동적인 놀이들을 고안해 낸다. 이 중에는 다양한 게임과 활동이 많이 있지만, 그중에서도 성인이 되어서까지 가장 생생하게 기억하는 것은 바로 성적인 장난이다. 이런 장난을 얼마나 많이 하느냐는 집단마다 다르지만, 그와 관계없이 실제로 보편적으로 행하는 놀이들이 있다. 어릴 때의 성적 장난은 처음에는 동성 친구끼리 시작했다가 대개는 남자아이들의—때로 공격적인—주도로 점차 이성 친구들과 같이 하게 된다. 좀 큰 아이들의 놀이는 성기 접촉을 수반할 때도 많지만, 실제 성행위를 하려면 몇 년이 더 흘러야 한다. 따라서 일찍 결혼하는 여자아이들은 결혼할 때까지 성행위를 경험하지 못하기도 한다.

어른들은 아이나 청소년의 성적 장난을 용인하지는 않지만, 그렇다고 못하게 막으려고 일부러 나서지도 않는다. 자기들도 어렸을 때 그렇게 놀면서 자란 기억이 있으며, (대개 부인하긴 하지만) 자기 아이들도 그런 놀이를 한다는 걸 알고 있다. 성적 장난이 어른들의 시야 바깥에서 이루어지기만 하면, 아이들이 거기에 열중한다고 특별히 제지받지는 않는다. 만약 그 자리에서 들키면 "얌전히 놀아라." 하고 꾸지람을 듣지만 그게 전부다. 아이들은 소꿉놀이를 방해하는 사람이 없다는 걸 알고 있다. '결혼' 놀이를 할 때는 마치 부모로부터 떨어져 어른이 된 듯한 기분이 든다. 적

어도 물이나 음식을 가져다주고 싸움을 중재해 줄 어른의 도움이 필요해
질 때까지는 그렇다.

이렇게 보면 !쿵 어린이들의 삶은 일반적으로 매우 쾌적하다고 할 수
있지만, 이 아이들이 커서 어른이 될 때까지 살아남을 확률은 반반이다.
모든 !쿵 어린이들은 항상 자신과 형제들을 겨냥하고 있는 질병과 죽음
의 위협 아래 살아간다. 부모들도 우리 사회의 성인들에 비하면 질병에
훨씬 취약하다. 그래서 형제 중에 늦게 태어난 !쿵 아이들은 성인이 되기
전에 부모의 죽음을 경험하는 경우가 많다.

나는 나이가 들어서 알 건 다 알아.
사람들이 얘기할 때 열심히 듣거든.[1] 우리 할머니가 우리 어머니한테 들
려준 얘기를 해 줄게. 이건 우리 신화인데 태초에 대한 이야기야. 사람들
이 아직 성에 대해 눈뜨기 전에, 어떻게 사랑을 나누는지 알지 못했을 때
이야기야.

아주 아주 오랜 옛날에, 두 여자가 오두막을 짓고 살았어. 그 마을에는
그 두 여자밖에 아무도 없었어. 그런데 다른 마을에 두 남자가 살고 있었
어. 두 여자는 이쪽에 살고 두 남자는 저쪽에 살았지.

하루는 그중 한 남자가 여자들이 사는 마을을 발견했어. 남자들은 그
여자들을 훔쳐 올 맘을 먹고, 이튿날 아침 해가 아직 낮게 떴을 때 마을을
나섰어. 그런데 남자들이 도착했을 때 여자들은 식량과 열매를 구하러 나

가고 마을에 없었어. 마침내 여자들이 집에 돌아와서 그날 채집한 걸 내려놓고 앉았는데, 그때 남자 둘이 와 있는 걸 보고는 여자 한 명이 말했어. "뭐지? 남자들이 여기 있다니, 우리가 잘못 왔나? 우리는 남자가 없는 데서 살고 있는 줄 알았는데, 여기 정말 남자들이 있었나?"

여자들은 남자들한테 그걸 가르쳐 주기로 했어요. 하지만 아직 날이 일러서 일단은 그냥 앉아서 밥만 먹다가 날이 저물자 남자 하나가 이 여자한테 오고, 또 남자 하나가 저 여자한테로 가서, 두 쌍이 그렇게 오랫동안 누워 있었어. 그러다 남자 하나가 그걸 하고 싶어서, 일어나서 여자의 입에다 대고 하려고 했어. 여자가 "아니, 그게 아니야." 했어. 다음에는 귀에다 대고 하려고 했어. "아니, 그것도 아니야." 다음에는 콧구멍에다 대고 하려고 했어. "아니, 그것도 아니야. 사랑은 그렇게 나누는 게 아니야. 봐, 여기 내 다리 사이에 구멍이 있어. 입으로는 밥을 먹어. 눈으로는 보는 거야. 귀로는 들어. 그리고 코로는 숨을 쉬어. 여기 보지가 있는데 여기다 해야지, 내 얼굴에다 하려는 거야?" 그래서 남자는 자기 물건을 여자의 구멍에다 밀어 넣고 마침내 일을 치를 수 있었어. 그러고는 남은 밤이 새도록 사랑을 나눴어.

날이 밝자 두 남자는 다른 사람들을 찾아가서 이렇게 말하고 다녔어. "어젯밤에 우리는 사랑을 어떻게 나누는지 알았어요. 보지라고 하는 게 있고 거기다가 하면 돼요." 사람들은 그 말을 듣고 저마다 그렇게 사랑을 나누기 시작했어.

밤에 애가 지[2] 엄마 곁에 마주보고 누우면, 아버지는 엄마 뒤에서 사랑을 나누는데[3] 애는 그걸 보게 되지요. 아이가 어리니까 부모들은 아이에 대해서 별로 걱정하지[4] 않고 일을 치르지. 왜냐하면 설사 아이가 그걸 보거나 밤일하는 소리를 듣더라도, 부모들이 뭘 하고 있는 건지 모르거든. 아직 어리고 분별이 없으니까. 보고도 거기에 대해서 무슨 생각을 하지는 못하지.

아마 아이들이 그런 식으로 부지불식중에 배우는 거겠지. 애들이 좀 머리가 크면 자기 엄마 아빠가 사랑을 나눈다는 걸 이해하게 되니까. 처음에는 '성기를 가지고 저렇게 하는구나.' 하고 생각하다가, 남자애 같으면 어린 여자애나 자기 여동생을 데려다가 똑같은 짓을 해. 그렇게 스스로 가르쳐.[5] 엄마 아빠가 하는 걸 본 대로 성행위를 흉내 내는 거지. 그렇게 일단 배우고 나면, 아무나 붙잡고 그런 식으로 놀려고 하지.

아이들이 조금 크면 성적인 느낌에도 눈뜨게 되지. 부모와 한 오두막에서 자다가, 채 잠들기 전에 부모가 사랑을 나누기 시작하면…… 누워서 그걸 다 듣고 있자면 괴롭지. 어쩌면 속으로 이렇게 생각할 수도 있지. '그래, 엄마랑 아빠가 늘 하는 일을 하는 것뿐이야.' 하지만 그렇게 받아들여도 그런 소리를 들으면 저도 모르게 자극을 받는단 말이야. 애들이라도 머리가 굵어지면 거의 어른이나 다를 바 없어서 성적인 감각도 아주 강하거든. 그래서 다른 사람이 사랑을 나누는 소리를 듣기만 해도 흥분이 되지. 그렇게 동이 틀 때까지 누워 있다가 아침이 돼서 다른 아이들과 어울려 놀게 되면, 전날 밤에 부모들이 일 치르는 소릴 들은 얘기를 저희들끼리 해. 남자애들은 여자애를 보면 성적인 장난을 치면서 놀게 되지.

큰 아이들은 더 그러지. 어린 여자애랑 같이 있게 될 때를 기다렸다가 기회를 봐서 같이 누우려고 하는 거야. 그러고는 침을 묻혀서 여자애의 성기를 문지르고, 반쯤 발기된 성기를 가지고 이리저리 찌르는 시늉을 하는데, 진짜로 하는 건 아니야. 그게 딱딱해질 수는 있어도 아직 여자애 몸속으로 정말로 들어가지는 못하거든. 아직 제대로 사정하는 법도 모르고. 남자애가 거의 청년이 다 되어서야 어른처럼 성관계를 맺기 시작해.

여자애들은 처음에는 그런 놀이를 안 하려고 해. 마구 찔러 대는 게 아프다고. 하지만 여자애들도 좀 나이가 들면 그걸 차차 받아들이고 조만간에는 같이 즐기게 되지.

남녀 간의 일, 남녀가 같이 살면서 잠자리를 함께하는 일, 어른들끼리 하고 즐기는 일, 마치 춤추는 것처럼 남자가 여자 위에 올라가서 오르락내리락 하는 일들을, 내가 아직 어렸을 때는 이해하지 못했어. 처음에는 그냥 '사람들이 그런 일을 하는구나.'라고만 생각했는데, 알고 보니 그게 친구들이랑 놀 때 애들이 나한테 했던 거랑 똑같은 일이더라고.

어머니랑 아버지가 그렇게 누워서 실제로 무슨 일을 했는지 알게 된 건 그보다 좀더 나이가 들어서였어. 먼저 어머니가 눕고, 이윽고 둘이 같이 누워서 일을 시작하면, 나는 이런 생각이 들었어. '남자들이 저걸 할 때는 여자를 죽이려는 건가? 뭔가 무서운 일이 벌어지고 있는 것 같은데, 누가 누굴 죽인다든지 하는, 그럼 지금 아빠가 엄마를 죽이려고 하는 걸까?'

밤이면 아버지는 어머니랑 같이 눕곤 했는데, 어떤 때는 내가 채 잠이 들지 않았을 때도 있었어. 아버지가 어머니 뒤에 누우면 나는 엄마 앞에 누워서 그걸 지켜보게 되는데, 처음에는 뭐가 뭔지 몰랐지만, 좀더 머리가 굵어지니까 불만이 생겼어. '왜 아버지는 내가 자고 있는지 어떤지 신경도 안 쓰는 거지? 이제 나도 다 컸는데 왜 날 존중해 주지 않는 거지? 어른이면 다른 사람들 생각도 해야 되지 않나? 내가 깨어 있는 게 보이지도 않나? 왜 엄마랑 눕는 건데?' 그렇게 속으로 투덜거리면서 누워 있었어. 아니면 '어머니 아버지는 왜 나한테 신경을 안 쓰는 거야? 나도 벌써다 컸단 말이야. 옆에 사람이 아직 잠들지도 않았는데 그런 짓을 해선 안돼. 하려면 기다렸다가 내가 잠든 다음에 하라고.' 그러다가 마침내는 이런 생각이 들었어. '싫어. 이제 여기서 안 잘래. 다른 오두막에 가서 잘 테야. 분명히 아버지는 내 생각은 전혀 안 하는 거야. 그저 자기 할 일만 생각할 뿐이야. 난 그건 싫으니까 어머니 아버지랑은 한 오두막에서 자지 않겠어. 여기서 계속 자 봤자 나한테 좋을 게 뭐 있담?

그때부터 나는 작은 오두막을 하나 찾아서 따로 나와 혼자 자기 시작했어. 어머니 아버지야 그분들 오두막에서 계속 일을 치렀겠지. 그게 부부 간의 일이니까. 하지만 자식 생각도 조금은 해 주는 게 좋지 않았을까?

젖먹이는 사물을 제대로 파악하지 못하지. 아는 것이라곤 엄마 젖이 전부이고, 그걸 빼면 아무것도 분별하지 못해. 일어나 앉을 수 있게 돼도 아직 지능이 들어오지 않아서 생각을 할 능력이 없어. 생각을 가져올 데가 어디 있겠어? 생각할 줄 아는 것이라곤 젖 빠는 것뿐이지.

그런데 아기가 자라서 걸어 다니기 시작하면 많은 생각을 하게 되지. 앉아서 이런저런 생각을 하고 그 일—성적인 놀이에 대해서도 생각을 하기 시작해. 왜냐하면 아이들이 놀 때는 으레 그런 짓을 하거든. 어린 사내아이들은 그렇게 성적인 장난을 하면서 스스로 가르치지. 어린 수탉들이 스스로 가르치는 것처럼. 어린 여자애들도 같은 방식으로 서로 놀면서 배워.

처음에는 사내애들끼리 장난을 시작해. 서로 뒤에다 대고 성기를 찌른다든가 하고 말이야. 그리고 여자애들은 여자애들끼리 그러고 놀아. 그러다 나중에 사내애가 여자애 혼자 있는 걸 보면, 데려다 '성행위'를 해. 그런 식으로 배우는 거야.

성적인 장난이 달콤하다는 건 사내애들이 먼저 알지. 그래서 놀 때 그런 장난을 하는 거고. 그래, 여자애들은 어릴 때는 성에 대해서 잘 몰라. 그런 걸 정말로 이해하지는 못해. 하지만 사내애는 고추가 달려 있고 모르긴 몰라도 엄마 뱃속에 있을 때부터 그걸 알고 있었을 거라고. 사내애들은 자기 성기를 가지고 노는 법을, 그걸 어떻게 위아래로 움직이는지를 안단 말이야. 어린 여자애들을 그냥 데려다가 눕히고 성행위를 한다고. 단순한 놀이에 불과하더라도 그 짓을 하는 건 분명해.

여자애들끼리만 있을 때는 자기들끼리 성적인 놀이를 하기도 하지. 하지만 남자애들이 같이 있을 때는 남자애들이랑 같이 놀지. 여자끼리야 서로의 성기를 만지는 것밖에 못하는데 해 봐야 별로 재미가 없지. 하지만 사내애들은 딱딱한 게, 물건이 있잖아. 찌를 창이 있단 말이야. 여자애들한테는 창이 없으니까. 아무것도 없어. 부드러운 것밖에 없어. 여자애들은 고추처럼 움직이는 게 없어. 그래서 여자애들끼리 서로를 취하면 그게 잘 안 돼. 사내애들이 최고지. 그걸 제대로 할 줄 아니까.

내가 아주 어렸을 때는 별것도 아닌 걸 하고 놀았지. 주변에서 일어나는 일들을 이해하지 못해서 성적인 장난이 뭔지도 몰랐어. 여자애들끼리 놀 때도 그냥 얌전히 놀았어. 좋은 놀이랑 나쁜 놀이가 있거든. 나쁜 놀이는 서로 성기를 만지는 거야. 좋은 놀이는 그런 짓을 안 하는 거고.

그런데 조금 커서 분별력이 생기니 성에 관해서도 알게 되었지요. 그

때만 해도 사내애들이나 계집애들이나 '야한 놀이'라는 게 실제로 뭔지를 몰랐어. 그런 게 있다더라 얘기만 했지. 사내애들은 서로 "야한 놀이를 어떻게 하는 거야?" 하고 물어보고, 또 우리한테도 와서 물어봤겠지. 우리가 "그런 장난, 우린 어떻게 하는지 몰라. 너네들은 허구한 날 그 얘기만 하는구나. 우린 그런 거 몰라. 어쨌든 너네들이 그 놀이를 해도 우린 안 할 거야. 그냥 놀면 안 되니?" 그러면 남자애들은 "어떻게 그걸 안 하고 그냥 놀 수가 있냐." 하면서, '너희 계집애들은 아무것도 몰라. 봐 봐, 우리는 지금 이렇게 같이 놀다가 크면 결혼할 거고, 그럼 어차피 서로 성기를 만지고 같이 자게 될 거라고." 그랬겠지. 여자애들은 매번 거절했어. "그런 식으로 노는 건 아주 나빠. 우린 그런 거 하기 싫은데 왜 자꾸 하자고 그러는 거야?"

그러다 결국에는 여자 친구들도 서로 성적인 장난을 치기 시작했어. 손에다 침을 발라 성기를 문지르고, 서로 성기를 만져 주고 하는 거야. 나는 그걸 어떻게 하는지 몰라서 그냥 끼기 싫다고 했어. 그러니까 친구들이 그러지. "왜 우리랑 안 놀려고 그러는 거야?" "그런 짓 하면 밑에서 고약한 냄새가 나잖아. 너네들 거기에 침 바르는데 난 그거 싫어." 그래서 나는 근처에서 기다리고 있다가 애들이 얌전한 놀이를 하기 시작하면 그제야 나도 끼어서 놀고 그랬어.

그러다 얼마 안 가서 여자애들 몇몇이 남자애들이랑 그런 놀이를 하기 시작했어. 걔네들은 나보다 훨씬 먼저 그걸 스스로 가르쳤는데 울지도 않고 잘 배웠지. 나는 꽤 오랫동안 그 놀이를 배우지 않고 버텼어. 그게 어떤 건지도 몰랐고, 남자애들이 그 놀이를 하자고 할 때마다 울음을 터뜨렸지. 걔네들이 "너는 왜 우리랑 놀 때마다 우니?" 그러면 나는 "너네가 야한 놀이를 시키니까 그러지." 그랬어. 어떤 때는 "너네가 이런 놀이를 시켰다고 엄마한테 이를 거야." 하기도 했어. 나는 나쁜 놀이는 하기 싫었기 때문에 나처럼 우는 다른 몇몇 여자애들이랑 같이 뒤에 남았어. 그렇게 몇몇이서 그 놀이에 끼지 않고 뭉쳐 다녔지.

그래도 보기는 했어. 다른 아이들이 실제로 뭘 하면서 노는지를 다 지켜봤지. 그러면서도 애들이 그런 놀이를 할 때마다 울었어. 그걸 아주 여러 번 보고 나서야 걔네들이 정확히 뭘 하는 건지 겨우 좀 이해가 되는 것 같더라고. 그제야 두려움이 사라졌지. 그러다가 결국은 우리도 그 놀이에 끼게 됐어. '애들은 서로 성기를 만지면서 노는 건가 보다.' 했지. 다른 애들이 노는 걸 지켜 본 다음이라 나도 그런 놀이를 하며 놀기 시작한 거야. 그러다가 결국은 나도 그걸 즐기게 됐지.

왜냐하면 아이들의 마음은 다 비슷하거든. 애들은 그렇게 같이 어울려 놀아. 그러면서 크는 거고.

그렇게 컸어. 우리는 부모님들이 사는 마을을 나와서 근처에다가 우리만의 작은 '어른들' 마을을 지었어. 그리고 황야에서 먹을 걸 거두는 놀이를 하고, 그걸 마을로 가져와서 먹는 놀이를 했겠지. 또 서로 '결혼'하고 야한 놀이를 했겠지. 하루 종일 그런 놀이를 하면서 놀았어.

누구 아버지가 짐승을 한 마리 잡아 오면, 우리는 마을로 가서 작은 깡통이나 단지에다 고기를 얻어다가, 뿌듯해 가지고 우리의 작은 마을로 돌아와서 거기서 하루 종일 지내곤 했어. 한 남자애가 한 여자애 옆에 앉고 또 한 남자애가 한 여자애 옆에 앉는 식으로 둘러앉아서, 고기를 요리해 가지고 어른들이 하는 것처럼 나눠서 서로 돌려 먹고. 그러다 고기가 떨어지면 한 명이 마을로 가서 또 얻어 와 가지고 요리해서 돌려 먹고. 그러다 해가 질 때쯤 돼서야 부모님이 계신 마을로 돌아왔지. 마을로 돌아와서도 놀이는 계속됐어.

나이를 먹으면서 나는 어른들이 우리가 어떤 놀이를 하는지 볼까 봐 두려워지기 시작했어. 그래서 얌전히 앉아 있는 걸 배우게 됐지. 어른들은, 특히 우리가 사람들이 있는 데서 성적인 장난을 치면 소리를 지르며 나무라곤 했어. 어린아이들은 어른들을 두려워할 줄 모르거든. 옆에 사람이 있건 없건 상관없이 성적인 장난을 치지. 아이들은 두려움이 없는 데다 분별도 없어서, 사람들이 자기들을 보고 야단을 칠 거라는 생각을 못 하지.

어떤 날은 동생이랑 같이 어른들 마을에서 얌전히 지내다가도 어떤 날은 다른 아이들이랑 어울려 놀지. 처음 한동안은 보통 놀이를 하다가, 남자애들이 날 취하려고 달려들잖아. 가끔 내가 거절하면 그 애들은 날 눕히고 움켜잡은 다음 가죽 앞치마를 벗기고 성행위를 하는데, 나는 그게 아팠어. 뼈가 들어가 있는 것처럼 딱딱한 물건으로 마구 찔러 대면 죽을 것처럼 아파서 막 울었지. 그때는 아직 어려서 그 달콤한 맛을 몰랐어.

하지만 어떤 때는 순순히 응하기도 했지. 어떤 때는 보통 놀이를 하고 또 어떤 때는 같이 누워서 놀기도 하고 그런 식이었어.

남자애들은 우리 보고 바람을 피운다고 뭐라고 하기도 했어. "애들이 그러는데 너희 딴 남자애들하고 좋아한다며?" 그러면 우리는 "아니, 우린 딴 남자애들 안 좋아해. 너희가 문제 있는 거 아냐? 그런 생각을 하게?" 그러면 그 애들은 저희끼리 가서 "우리 이제 쟤네들한테 가지 말자." 그래. 또 어떤 때는 "아냐, 여자애들이 나쁜 짓을 했어. 딴 애인을 사귀었잖아. 다신 딴 남자들을 못 만나게 가서 쟤네들을 때려 주자." 하기도 했어.

한번은 친구 한 명이랑 마을에서 담요를 가지고 와서 같이 덮고 둘이 누워 있는데, 남자애들이 와서 우리 곁에 누웠어. 나중에 어른들한테 가서 "여기요! 여기요! 오늘 우리가 놀고 있는데 남자애들이 와서 덮쳤어요!"[6] 그랬더니 어른들이 "남자애들이 너희 성기에 손대려고 하면, 그 애들은 무시하고 여자 친구들끼리 놀아라. 남자애들은 자기들끼리 놀게 놔둬라." 했어. 그래서 내가 "하지만 우리끼리만 놀고 있어도 그 애들이 슬금슬금 따라와서 쫓아다녀요. 그러고는 우리한테 장난을 걸면서 밑을 못 쓰게 괴롭혀요.(우린 그걸 그런 식으로 얘기하곤 했어.)" 하고 일렀어. 어른들은 우리가 남자애들한테 우릴 가만 내버려 두라고 말해야 한다고, 착하게 놀아야 한다고 했지. 성기를 가지고 장난치는 건 나쁜 짓이라고.

나중에서야 나는 문득 그 얘기를 어른들한테 하지 말았어야 했다는 생각이 들었어. 어른들은 날 야단치기만 했는데 내가 왜 그랬을까? 그래서 그 뒤부터 나는 아무 얘기도 하지 않았어. 아이들과 어울려 놀면서도 그런 얘긴 다시는 안 했어.

한번은 또 남자애들이 와서 놀자고 하기에 내가 "케야랑 나는 저기 가서 우리끼리만 놀 거야. 너네 또 야한 장난치려고 그러지? 가서 너네끼리 놀아. 우리는 안 할 거야. 우리한테 나쁜 장난 시키려고 그러는 거잖아." 그랬어. 그랬더니 남자애들이 "그래서 그러는 게 아니라는 거 다 알아! 가서 너네끼리 그 짓 하려는 거지?" 그러는 거야. "틀렸어. 자지도 없이 어떻게 그걸 하니? 보지 두 개로 그 짓을 할 수 있어?" "너네는 너네끼리 늘 야한 장난을 하잖아. 그래서 우리랑 안 놀려고 하는 거잖아." "너네 다

미쳤어. 가서 너네끼리 놀아. 우리는 우리끼리 있을래." 그리고 걸어가는 데 남자애들이 우리한테 막대기를 집어던졌어. 우리도 소리쳐 줬지. "꿈도 꾸지 마셔……. 쌤통이다!"

나중에 우리가 돌아와서 "우리 두고 어디 갔었어? 우리 이제 같이 안 노는 거야?" 그랬더니, 남자애들은 "뭐? 우릴 두고 간 건 너네잖아. 너네가 우리랑 야한 놀이 하는 게 무서워서 간 거 아냐?" 그랬겠지. 우리가 "서로 성기를 만지는 건 나쁜 짓이니까 그렇지. 엄마가 그러셨단 말이야." 그러니까 "엄마들이 너넬 놀리느라고 그러는 거야. 그러니까 우리는 서로 애인인 척하고 덤불에서 몰래 만나면 돼. 니사만 빼고. 쟤는 우리가 그러고 놀 때마다 가서 어른들한테 이르니까." 그래.

케야랑 나는 조그만 오두막을 짓고, 다른 아이들이 자기들 오두막에서 노는 동안 그 안에서 우리끼리 놀았어. 그러다가 살금살금 나가서 다른 애들이 있는 오두막으로 가서 보고 "얼레리 꼴레리! 쟤네들 뭐하고 노는지 보래요!" 하고 큰 소리로 놀렸지. 남자애가 나와서 "너네 둘 혼날 줄 알아! 니사는 골이 비었어. 아기처럼 생각이 없어. 그렇게 몰래 들여다보면 어떡해?" 그래도 우린 굴하지 않고 "그 짓 한대요! 그 짓 한대요! 너네 우리한테도 그 짓 하려고 그러지? 어림도 없어. 씹은 나쁜 짓이야. 너네 모두 거기서 썩은 내가 날 거야." 하고 소리 질렀지.

우리는 그렇게 우리 마을에서 놀다가 어른들 마을로 돌아오곤 했어. 그러다 남자애들이 또 "얘들아, 우리, '우리' 마을로 가서 놀자." 그러면 우리는 담요랑 살림살이를 챙겨 가지고 가서, 케야랑 나는 우리 오두막으로 들어가고, 다른 여자애들은 '남편'들이랑 한 오두막에 들어서는, 마치 어른들처럼 서로의 오두막을 방문하곤 했어.

남자애 두 명이 우리한테 와서 "우리 같이 누워서 딴 애들처럼 '일'을 치르자." 그래서 우리가 "어떻게 '일'을 치르는데? 일이라니 뭘 말하는 거야?" 했더니 걔들이 "뭐긴 뭐겠어. 씹하는 거지! 어떻게 하는지 우리가 보여 줄게. 우리는 벌써 다른 오두막에 '아내'가 있으니까, 너희에게는 애인이 돼 줄게. 애인들끼리 하는 일을 하고 우린 우리 오두막으로 돌아가면 돼." 그래. 우리는 "그래, 그게 너희가 말하는 '일'이라는 거지? 우리랑 사랑을 나누려고 여기까지 왔다고? 흠, 싫어. 우리는 남편이 없는데 너희는 유부남이잖아. 우리는 남편이 없으니까, 너흴 따라 너희 오두막으로 가서 거기서 고기도 먹고 밥도 먹을래. 거기서 모두 다 같이 사는 거야." 그랬더니 남자애들이 그래. "안 돼. 대신 이렇게 하자. 우리 형이랑 내가 나가서 먹을 걸 구해다 너희한테 가져다줄게. 그럼 우리는 서로 애인이 되는 거고, 그런 다음에는 우리 아내들을 만나러 와도 돼. 그러면 우리가 나중에 다시 와서 너희를 둘째 마누라로 삼아 줄 수도 있어." "야, 우린 아직 애들이야. 부탁인데 제발 그냥 얌전하게 놀자." 그러고 우리는 다른 아이들이랑 어울려서 다른 놀이를 하면서 놀았어.

하지만 결국 케야와 나도 남자 친구가 생겼고, 그걸 배우게 됐어. 케야는 베사랑, 나는 티케이랑 사귀었어. 그 애들은 우리한테 남자에 대해서 가르쳐 줬지. 한번 그걸 알고 난 다음부터는 매일 그러고 놀았지 뭐. 작은 오두막을 짓고는 거기서 그 짓거리를 했어. 그제야 그러고 노는 재미에 눈떴지. '이렇게 좋은 걸 왜 안 하겠다고 버텼을까? 다른 애들은 벌써 다 알고 있었는데 나만 뭘 몰랐네. 이제야 배웠잖아. 어릴 때 이런 걸 한다는 걸 이제야 알았네. 저마다 스스로 가르친다고.' 하지만 그때 나는 아직 그

진정한 맛은 알지 못했어. 그저 티케이가 하는 짓이나, 그리고 노는 걸 좋아한 것뿐이지.

티케이가 나한테 그걸 가르쳐 주고부터 나는 그 앨 정말로 좋아하게 됐어! 딴 아이들이 나보고 다른 남자애들하고도 좀 놀라고 해도 나는 싫다고 버텼어. 나는 티케이만 있으면 됐으니까. "나? 난 그런 못난 남자애들은 안 사귀어. 난 못생긴 애들하고는 안 놀아." 아이들은 티케이를 놀렸어. "야, 티케이, 니사는 너만 있으면 된단다! 우린 다 싫고 너만 좋단다!" 하지만 티케이는 "괜찮아. 난 니사랑 놀 거야." 그랬어.

하지만 그 전에는 티케이가 내 앞치마를 찢어서 나무 위로 던져 버리기도 했어. 그 애는 하고 싶어했는데 나는 하기 싫었거든. 근데 그 애가 날 덮치려고 해서 치고받고 싸웠지. 내 가슴은 말할 것도 없고, 온몸을 막 움켜쥐었어. 그때는 아직 가슴이 자라지도 않았을 땐데 가슴을 붙잡고 매달렸어. 내가 그랬지. "내 보지로 그걸 한다고? 내 건 아직 자랄 기미도 안 보이는데. 너는 물건이 있지만 나는 할 게 없는데. 너한테는 자지가 달렸지만 나한테는 보지가 없어. 하느님이 너한테는 자지를 달아 주고 나한테는 보지를 안 달아 줬거든. 사타구니가 비었다고. 근데 아무것도 없는 데다 어떻게 그 짓을 하겠다는 거야?" 그러니까 그 애가 "어쨌든 너랑 할 거야! 거짓말 마. 우리는 동갑내기 친구잖아? 너나 나나 어리긴 마찬가진데 그게 무슨 뚱딴지같은 소리야?" 그러면서 다시 와서 날 낚아챘어. 나는 싫다고 도리질하면서 울기 시작했어. 그랬더니 그 애가 내 앞치마를 찢어서 나무 위로 던진 거야. 나는 "상관없어! 기분 나빠! 너랑 안 할 거야!" 하고 막 소리 질렀어. 앞이 휑하니 비어서 샅을 손으로 가리고 그 자리에 서서 울다가, 노는 애들을 뒤로하고 혼자 마을로 돌아왔어요. 가니까 어머니가 다른 앞치마를 가져다주셔서, 그걸 입고 다시 애들한테 가서 놀았어요.

조금 있다가 애들 모두가 근처에 있는 큰 물웅덩이로 놀러 갔어. 그 틈에 내가 "티케이, 저기 올라가서 내 앞치마 가지고 내려와." 그랬는데, 싫대. 재차 말해도 싫대. 그래 할 수 없이 사촌한테 부탁해서 그 애가 올라가 앞치마를 걷어다 줬어. 나는 어머니가 주신 앞치마 위에다가 그걸 또 겹쳐 입었어.

어떤 때는 남자애들이랑 안 놀고 여자애들끼리만 놀기도 했어. 나는 '나이'라는 여자애랑 결혼하기도 했어. 내가 걜 참 좋아했지. 걔는 정말 예뻤거든! 또 다른 때는 '쿤라'라는 애랑 결혼해서 함께 놀기도 했어. 가끔은 다른 여자애들하고도 안 놀고 쿤라랑 둘이서만 놀기도 했어. 야한 놀이를 하기도 하고 다른 놀이를 하기도 하고. 우리가 아기를 낳았다고 하고 돌아가면서 아기 역할을 하면서 놀곤 했지. 그렇게 둘이서 놀다 보면 남자애들이 몰래 따라와서 우리를 갈라놓아. 그러면 각자 지 남편들 따라가서 계속 재밌게 노는 거지 뭐.

비가 많이 와서 물웅덩이가 차면 물에 들어가서 놀았어. 하루는 빗물이 고인 커다란 웅덩이에서 물장구치고 노는데, 남자애들이 여자애들이랑 물 한가운데서 하고 싶다고 그러는 거야. 내가 티케이한테 "싫어, 그러면 우린 죽을 거야. 물이 콧구멍 속으로 들어가서, 숨이 차서 헐떡이다가 죽게 될 거야. 그러니까 안 할래." 그러고는 그 앨 때렸어. "여하튼 넌 멍청해! 내 보지가 네 건 줄 아니? 어떻게 나랑 이런 데서 할 생각을 하니?"

그리고 좀 있다가, 다시 우리만의 작은 마을로 돌아와서 오두막에 들어가 놀았어. 남자애들은 어른들 흉내를 내서 짐승 자취를 쫓고 독화살로 쏘아서 잡는 시늉을 하겠지. 나뭇잎을 가져다가 막대기에 달고 그걸 고기인 척하고 메고 오는 거야. 여자애들은 마을에 있다가 남자애들이 돌아오면, 마을에 살고 있는 척하면서 고기 먹는 시늉을 해. 그래서 남김없이 먹어 치우지. 남자애들이 사냥을 나갈 때 여자애들이 따라가기도 하지. 짐승을 찾아내 잡아서 고기를 잘라 가지고 돌아와. 그러고 놀았지 뭐. 그렇게 거기서 사는 척하면서, 물도 떠 오고 고기 먹는 시늉도 하면서.

한번은 우리 모두가 있던 데를 떠나 헤레로 사람들이 사는 동부[7]로 이사한 적이 있었어요. 그때 처음으로 우유란 것을 봤는데, 마시지는 않았어. 그냥 앉아서 보기만 하고 마시는 건 싫다 그랬어. 처음에는 헤레로 사람들이 무서워서, 그 사람들이 가까이 올라치면 멀리 도망갔어. 나중엔 도망가진 않았지만 그래도 여전히 무서웠지. 애들하고 놀 때도 그 애들하고는 야한 장난은 치지 않았어. 걔네들이 날 만지려고 하면 일어나서 나와 버렸지.

우리가 거기 아직 살고 있을 때 일인데, 티케이가 어떤 헤레로 여자애랑 사귀기 시작했어. 그러면서 나한테 딴 남자 친구를 찾아보라고 그러네. 나는 그러기 싫어서 그냥 혼자 지냈어. "나는 딴 남자 친구 싫어. 그냥 혼자 오두막에 있을래. 내가 야한 놀이 안 해도 너넨 상관없잖아? 난 내버려 두고 너네나 결혼해." 그랬겠지. 왜냐하면 난 티케이가 하도 좋아서, 걔가 딴 여자애랑 노는 게 싫었어. 나 하나하고만 놀았으면 싶었지.

하지만 결국 티케이는 나와 그 여자애를 둘 다 아내로 삼았어. 내 오두막은 여기에, 그 헤레로 여자애 오두막은 저쪽에 있으면 티케이는 내 곁에 얼마간 누웠다가 가서 그 여자애랑 또 눕고 그랬어. 하지만 그 여자애도 나 못지않게 질투심이 만만찮았지. 그 애가 나한테 와서 이래. "어떻게 된 게 네 남자친구는 너랑은 안 눕고 나하고만 눕는다니?" 그랬지만 사실은 그게 아니었지. 티케이는 마치 아내를 두 명 거느린 남자 어른처럼 행세했어. 며칠은 나랑 함께 있고, 그 헤레로 여자애 오두막에 가서 또 며칠 있고.

그러다가 어느 날 아침 내가 더 못 참고, "처음에는 나밖에 없었잖아. 그런데 지금 넌 딴 사람을 내 옆에 들였어. 나 이제 첫째 아내 노릇 하기 싫어. 우리 헤어져." 그랬더니 그 애가 "내가 너한테 못해 준 거 있어? 첫째 아내 노릇 어떻게 하는 건지 몰라?" 그래서 내가 "아니, 너는 아직 어리니까 아내를 여러 명 거느리는 놀이는 하는 거 아니야. 여자애 하나랑 남자애 하나랑만 같이 놀아야 해. 내가 처음에 야한 놀이는 하기 싫다고 그러니까 너는 이건 그냥 놀이일 뿐이라고 그랬잖아. 그냥 놀이일 뿐이라면 어떻게 둘째 아내를 들일 수가 있어?" 그랬지.

하지만 나는 정말로 그 애가 좋았어!

얼마 전에 내가 티케이를 다시 만났거든. 이제 우리 둘 다 어른이지. 그런데 걔가 또 그러데. "니사, 우리가 어렸을 때 내가 너한테 남자 맛을 가르쳐 주었던 거 기억나? 이젠 나도 다 큰 어른이야. 우리 옛날에 그랬던 것처럼 다시 같이 눕지 않을래?"

우리가 동부에 산 몇 년 동안 나는 거기 아이들과 같이 놀았어. 그러다가 우리 식구는 그곳을 떠나 이모가 사는 '초타나' 샘으로 이사했어. 거기서는 다른 아이들과 놀지 않고, 동부에 두고 온 친구들을 생각하면서 어른들 곁에서만 지냈어요. 나는 부모님한테 졸랐어. "옛날에 같이 놀던 친

구들 보고 싶어. 엄마, 우리 동부로 다시 돌아간다고 그랬잖아? 엄마
······, 아빠······, 우리 다시 돌아가자." "거기 가서 뭐 하게?" "옛날에
같이 놀던 친구들이랑 지내고 싶어. 여기에는 애들이 없잖아." "저기 애
들 많이 있네. 저기 가서 저 애들이랑 같이 놀아라. 너희 이모[8]랑 조카랑
사촌들이랑." "아냐, 여기에는 애들이 하나도 없어. 동부로 가. 난 사촌들
이랑 놀기 싫단 말이야." 나는 울음을 터뜨렸어. 친구들이 보고 싶어서
울고 또 울었어요. 부모님은 내가 사촌들이랑 놀기 싫다니 미친 게 틀림
없다고 그러셨어.

하지만 그렇게 앉아 있자니 애들이 노는 게 보여. 그 애들이 노는 걸
보면서 속으로 '저기 애들이 있는데······ 싫어, 난 저기 안 낄 거야.' 그
러고 있었어. 하루는 사촌인 '타사'가 나한테 와서 "니사, 나랑 놀자." 그
랬겠지. 내가 "안 갈래." 그러니까 "저기 웅덩이에 가서 헤엄치고 놀자."
고 하더군. 그래도 "난 헤엄치기 싫어." 그렇게 도리질 치고 앉았어. 하지
만 결국은 그 애가 날 끌어내서 같이 갔어. 가서 다른 아이들과 어울려서
재밌게 놀았지. 물웅덩이에 가서 헤엄치고 놀다가, 마을로 돌아왔다가,
다시 웅덩이로 가서 놀고. 어떤 때는 돌아오면서 나딸기랑 닌딸기를 따
가지고 오기도 하고. 어떤 놀이를 하고 놀다가 마을로 돌아와서는 또 다
른 놀이를 하고 놀고 그랬어.

애들은 분별이 없어서 어른들이 하는 건 다 따라하려고 해. 그래서 사
촌들이랑도 결국은 야한 장난을 치면서 놀았지. 사촌인 '투마'가 여자애
들한테 그런 장난을 치려고 해서 우리가 퉁명스럽게 대하니까, 그 애도
똑같이 심술궂게 굴었겠지. 우릴 때리고 울리고, 그래서 내가 "우릴 내버
려 둬. 여기엔 내 남자 친구가 없으니까 난 아무하고도 안 할 거야. 내 남

자 친구는 동부에 있어." 그랬어.

그때는 나도 철이 없어서 아무것도 몰랐지 뭐. 그땐 내 남자는 오직 한 명뿐이고 그 외엔 아무도 없다고 생각했어요.

그래 내가 "내 남편은 동부에 있어. 게다가 여긴 못생긴 남자애들밖에 없으니까 나는 아무하고도 안 사귈 거야. 내 남편은 잘 생겨서 여기 못생긴 남자들하고는 차원이 달라. 내 남편은 진짜 잘 생겼어. 너네들은 다 엿 같아!" 그러고는 "그건 그렇고 투마, 너는 자지가 엄청 크구나! 난 그런 애랑은 같이 안 놀아!" 그러니까 그 애도 지지 않고 "우린 거기 왕보지랑 씹하고 놀 건데?" 그래. 왕보지는 나를 두고 하는 말이었지. "왕보지! 니 사는 미쳤대요!" "어떻게 그런 욕을 해?" 내가 그랬지. "투마, 니 자지는 너무너무 커서 나랑은 절대 못해! 나랑 하고 싶다구? 창피한 줄 알아라!"

우리는 서로 치고받고 싸우기 시작했어요. "어림도 없지. 두고 봐. 네가 조금만 건드리면 가서 우리 엄마한테 이를 거야. 그럼 우리 엄마가 널 흠씬 혼내서 내쫓아 버릴걸? 이 왕자지야!" "내가 너랑 하고 싶어하는 줄 아니, 왕보지 니사? 여기 재 보지 좋아하는 사람 있어?" "흥, 바로 너잖아! 딴 데 가서 딴 애랑 하지 그래? 내가 너랑 해서 배울 게 뭐 있다고?" "자기 보지가 뭐 엄청 대단한 줄 아나 보지? 천만에, 웃기고 있네!" "뭐? 여기 너처럼 엄청 큰 자지랑 그 짓 할 여자애는 하나도 없다! 그렇게 하고 싶으면 가서 네 여동생이랑 하시지? 어린애들은 그러고 놀잖아? 내가 동부에 살 때 베사라는 애는 여동생이랑 그러고 놀았어! 가서 동생이랑 놀아. 안 그럴 거면 왜 나랑 하겠다는 건데?" "왕보지 니사! 너 어디서 그런 말 배웠니? 동생이랑 하라고? 그런 짓 하면 안 된다는 것도 몰라?" "그야 네가 그런 짓을 하고 싶어하니까 그렇지, 이 왕자지야! 가서 네 동생이랑 씹해라!"

그러니까 이제는 투마의 여동생이 나섰어. "니사, 너 미쳤니? 너 왜 우리 오빠한테 그래?" "미친 건 내가 아니라 너다. 너네 오빠한테 가서 하자 그래. 투마, 가서 동생이랑 씹해. 동생이랑 애인 해." 그러고 나는 타사랑 같이 놀기 시작했어. 내가 타사한테 그랬지. "이제 너도 재랑은 하지 마. 재 자지가 네 보지를 다 찢어 놓을 거야."

그러다가 우리 모두 자리에 누웠어. 타사와 내가 함께 눕고, 투마와 개 동생이 한 이불 아래 누웠어. 있다 보니까 이불이 움직여. 그걸 보고 내가 타사한테 귓속말을 했어. "봐 봐! 저거 봤어?" 우린 조용해졌어요. 그러다 빽 소리를 질렀어. "미쳤니? 동생이랑 씹하게? 우우우! 왕자지가 지 동생이랑 씹한대요! 우리 가서 이르자!" 그러니까 투마도 큰소리로 "내가 맹세하는데, 만약에 이르면 아버지 독화살로 너네 둘 다 죽여 버릴 거야." 그랬어. 우리가 "얼레리 꼴레리! 우린 다 봤다! 동생이랑 씹하면 안 되는 거 몰라? 쟨 머리가 비었나 봐. 너 동생 건드리지 마." 그러니까, 그 애가 "상관없어, 그냥 할 거야. 왜 내가 동생이랑 하는 걸 무서워해야 하는데?" 하데. 그래서 대답해 줬지. "우린 남매들끼리 서로 존중해. 너네들처럼 그런 짓 안 해. 네가 멍청해서 그런 거야."

몇 달 후에 우리는 초타나를 떠나 예전에 살던 샘으로 돌아왔어. 거기 있는 친구들을 다시 보게 되어 기뻤어요. 우리는 같이 놀고 또 춤추고 노래하고, 또 소리를 치고 노래하고 춤췄어. 내가 좋아하는 친구들이랑 같이 있게 돼서 마음이 행복했어요.

우리는 온갖 것을 다 흉내 내면서 놀았어요. 음식을 만들고 불에 굽는 시늉을 하고, 황홀경 춤을 추고 노래하고 춤추고 또 춤추고 노래하고, 남자애들은 우리를 고쳐 주는 시늉을 하고 놀았지. 남자애들이 "자이—이! 코우—아—딜—리!" 하고 주문을 외면서 우리를 고쳐 주면 우리는 노래하고 춤추고 또 춤추고, 하루 온종일 춤을 췄어요.

　우리끼리만 노는 때도 있지만 가끔씩은 다른 마을에서 온 아이들과 놀기도 했어. 다른 아이들이 오면 같이 놀다가 우리만의 작은 마을로 데리고 오기도 했어. 개들이 어른들이 인사하는 모양을 흉내 내서 "다들 평안하셨지요?" 그러면 우리도 "네, 잘 지냅니다." 그러지. 그렇게 같이 놀다가 개들이 자기네 마을로 돌아가서 황홀경 춤을 추면서 놀겠다고 그러면, 우리도 같이 따라가서 춤추고 노래하며 놀아. 가끔 따라가서 놀다가 해가 지기도 하는데 날이 어두워져도 계속 그 마을에 머물러서 놀지. 어떤 때는 밤이 될 때까지 있으면서 춤추고 노래하다가 잘 시간이 되어서야 집으로 돌아왔지.

5장

시험 결혼

Trial Marriages

어린 여성들은 10대 후반에 이르러 월경을 시작하고 결혼해서 출산을 앞두기 전까지는 진정한 성인으로 여겨지지 않으며, 자기 자신이나 타인에 대해 온전한 책임을 지리라고 기대되지도 않는다. 최근에는 여성들이 16세에서 17세쯤—초경을 경험하는 평균 연령이기도 하다—에 결혼하지만, 이전 세대에는 10세에서 12세 사이에 결혼하는 일도 드물지 않았다. 이와 달리, 남성들은 보통 20세에서 30세 사이는 되어야 결혼 상대로 적당하다고 여겨진다. 그 정도 나이가 되어야 큰 사냥감을 잡아서 가족을 부양할 능력이 생기기 때문이다. 따라서 남편은 대개 아내보다 열 살 이상 나이가 많다. 여성이 아무리 어린 나이에 결혼하더라도, 그녀가 성적으로 성숙한 징후를 보일 때—문화적으로 이는 초경을 전후한 시기로 인지된다—까지는 성관계를 시작하지 않는 것이 바람직하다고 여겨진다. 이렇게 이른 결혼은 대개 짧고 불

안정하며, 여성이 평생을 함께할 상대를 만나 아기를 낳기 이전까지 이런 조혼을 몇 차례 거치곤 한다.

첫 번째 결혼은 부모와 가까운 친척들이 중매하며, 자녀가 아직 어린 경우에는 두 번째 결혼까지도 중매한다. 부모는 장래 배우자를 직접 찾아가서 살펴보는데, 선택 범위를 되도록 넓히기 위해 넓은 지역에서 배우자감을 수소문한다. 그러나 인구밀도가 워낙 낮아서 후보자 수는 한정되어 있고 이 중에서 다시 결혼 상대로 적합한 기준에 맞추자면 선택의 범위는 더욱 좁아지게 마련이다. !쿵 사람들 또한 가까운 친족 간의 결혼을 금하는, 거의 인류 보편의 금기를 지키고 있는데, 다른 수렵채집 사회와 다른 점은 사촌 간의 결혼까지도 금지한다는 점이다. 게다가 이들은 당사자의 아버지, 어머니, 형제자매(그리고 당사자가 재혼이라면 그의 자녀)와 이름이 같은 사람과도 결혼을 꺼린다.

사윗감을 고를 때 부모는 나이(딸과 나이 차가 너무 심하게 나면 안 된다), 결혼 경력(이미 결혼하고 둘째 아내를 찾는 남자보다는 초혼인 남자를 선호한다), 사냥 능력, 가정생활을 기꺼이 책임지려는 의지 등을 본다. 또 협조적이고 너그러우며 공격적이지 않은 성품을 가진 사람을 찾는다. 또는 가족의 가까운 친구나, 남들이 선망할 정도로 식량, 사냥감, 물이 풍부한 지역에 접근권을 가진 사람의 아들이 유망한 후보로 떠오르기도 한다. 한편 첫째 아내로 삼을 사람은 젊고 부지런하고 상냥하며 아이를 낳을 수 있어야 한다. 둘째 아내를 물색 중인 어느 40대 초반 남성에게 "당신보다 더 똑똑한 여자와도 결혼할 생각이 있으세요?" 하고 물어본 적이 있는데, 그는 주저 없이 "물론이죠. 그래야 결혼하면 나도 똑똑해지도록 가르쳐 줄 거 아니에요." 하고 대답했다.

일단 양가 부모가 모두 동의하면, 여성이 거부 의사를 밝힌다 해도 억지로 설득해서라도 결혼을 성사시키는 경우가 많다. 어린 소녀들은 보통 결혼에 저항하게 마련이며, 이는 대개 배우자가 마음에 안 들어서라기보다는 결혼하는 것 자체가 싫어서라고들 생각한다. 결혼 후에 남편은 보통 처가 쪽 마을에서 살림을 차리는데, 이는 신부가 아직 어리기 때문에 부모 곁을 떠나기가 더 힘들다고 보기 때문이다. 이렇게 비공식적인 '신부 봉사bride service'는 딸들을 매우 어린 나이에 결혼시키는 주된 동기이기도 하다. 사위는 아내와 처가에 고기를 가져다줄 수 있기 때문이다. 부모는 또 사위가 딸을 어떻게 대우하는지를 가까이서 지켜보고, 부부 간에 갈등이 생겼을 때 딸 편을 들어 줄 수 있다. 결혼은 또한 사돈 가족과의 긴밀한 유대를 통해 부모의 사회적 관계를 확장시켜 주는 역할을 한다. 사돈과의 유대는 선물을 교환하고 서로 방문하고 안부를 챙겨 주는 식으로 표현된다. 또 결혼을 통해 양쪽 집안은 사정이 어려울 때 사돈네 마을과 자원으로부터 도움을 얻을 수도 있다. 불과 몇 마일 떨어진 지역끼리도 강수량이나 채취 가능한 식량의 양이 큰 차이가 나기 때문에, 이러한 보장은 때로 생명줄이 되기도 한다.

부모는 딸네 부부를 계속 곁에 묶어 두고자, 되도록 사위의 비위를 맞추려고 애쓰게 마련이다. 남자들은 3년에서 7년씩 장기간 처가에 머물러 살곤 하며, 평생 동안 같이 사는 사람도 있다. 이렇게 되면 여자 쪽 부모는 추가로 경제적인 지원을 받을 수 있고, 더불어 자녀와 손자 손녀들을 가까이에 두고 편안히 살 수 있다. 똑같은 이유로 남자 쪽 집안도 아들네 부부의 주의를 끌려고 사돈네와 경쟁한다. 그래서 젊은 부부들은 어느 한 곳에 (어느 정도) 정착하기까지 양쪽 집 근처에 번갈아 가면서 사는 경우가 많다.

여성이 남편에게 아무 애정도 못 느낀다고 판단하면 결혼 생활을 끝내자고 요구할 수 있다. 이때 여성은 영향력 있는 친척 어른에게서 지원을 이끌어 내기도 하고, 남편을 일부러 불편하게 만들어서 스스로 떠나도록 유도하기도 한다. 여성이 좀더 나이가 들면 누구와 결혼할지 스스로 결정할 수 있으며, 주변 어른들이 자신의 결정을 수용해 주기를 바란다. 만약 여성이 임신하면, 누군가 반대하더라도 대개는 아이의 아버지와 결혼하게 된다.(이렇게 독립적으로 생긴 애정 관계에서는, 대개 부모가 골라 주는 사람보다 훨씬 어리고 가까운 곳에 사는 남자와 맺어지곤 한다.)

대개 결혼 초기 몇 년은 남녀 모두 스트레스를 많이 받는데, 특히 부부 사이에 나이 차가 많이 날 때는 더욱 심하다. 어린 소녀가 결혼한다고 해서 갑자기 큰 책임을 떠맡게 되는 것은 아니지만, 우선 자기보다 열 살 이상 많은, 잘 알지 못하는 남자와 한 오두막에서 자야 한다. 게다가—결혼하지 않은 또래 친구들은 아직 태평하게 놀고 있는데—해가 갈수록 살림을 꾸려 나가야 하는 부담이 점점 더 커진다.

한편 신랑은 대개 성적으로 성숙한 완전한 성인이다. 그런데 어린 소녀와 결혼한다는 것은 아내가 천천히 성장하는 동안 (때로는 5년 정도까지도) 기다려야 한다는 뜻이다. 남자는 아내와 함께 처가가 있는 마을에 살면서 장인을 도와 사냥한 식량을 처가에 가져다주어야 하고, 또 아내의 무관심과 거절을 참고 견뎌야 한다. 이는 이상적인 상황과는 거리가 있지만, 그래도 많은 젊은 남성들은 기꺼이 이를 감내한다. 아내를 둘씩 거느리는 일부 나이 든 남성들 때문에 젊은 미혼 여성은 희소가치가 있다. 젊은 남성이 되도록 빨리, 그것도 과부나 이혼녀 말고 젊은 처녀와 결혼하고 싶다면 선택의 여지는 별로 없다. 장인 장모가 사위를 쫓아 버리고 싶어하지 않는 것은 분명하지만, 그들은 사위에 대해 상당한 통제권을 행사할 수 있다. 남편이 기꺼이 협력하고 인내심을 발휘하더라도 첫 번째 결혼이 끝까지 유지될 가능성은 그리 크지 않다.

협상과 선물 교환은 실제 결혼식을 하기 한참 전부터 시작되지만, 결혼식 자체는 아주 소박하게 이루어진다. 양가 가족이 마을의 다른 오두막에서 약간 떨어진 곳에 신혼부부가 살 오두막을 지어 준다. 일몰이 다가오면 친구들이 신혼부부를 오두막으로 데리고 간다. 우선 머리를 덮은 신부를 들어서 오두막으로 옮기고 그 안에 눕힌 다음, 신랑은 걸어서 오두막까지 안내해 문 옆에 앉힌다. 양쪽 집안의 모닥불에서 불붙은 장작을 가져다 신혼부부의 오두막 앞에 새 불씨를 놓는다. 옆에서 친구들이 노래하고 놀고 농담을 한다. 신혼부부는 서로 떨어져 있으면서 축제에 끼지 않고 몸가짐을 삼간다. 이윽고 모두가 다 돌아가고 나면 두 사람은 오두막에서 첫날밤을 보낸다. 이튿날 아침, 상대편 배우자의 어머니가 두 사람의 몸에 각각 의례용 기름을 발라 준다. 때로는 낯선 남자와 잠자리를 함께하는 것이 어린 소녀에게는 무서운 일일 수도 있기 때문에, 가까운 친척 중에서 나이 든 여성이 신혼부부 오두막 안에 같이 들어가 신부가 적응할 때까지 옆에서 같이 잠을 자 주기도 한다.

!쿵 사람들은 대개 일생 동안 두 번 이상 결혼하며, 적어도 한 번은 장기간의 결혼 생활을 경험한다. 이혼으로 결혼이 깨지는 일은 매우 흔하다. 이혼은 보통 결혼 첫 몇 년 사이 아이가 생기기 이전에 여성 쪽 주도로 이루어지는 경우가 많다. 공식적·법적 절차는 없지만 감정은 크게 격앙된다. 마을 사람들 모두가 자신의 관점을 피력하고 이혼을 지지하거나

반대하는 주장이 맞서 며칠, 또는 몇 주씩 토론이 계속되기도 한다. 그런 끝에 만약 이혼하기로 결정되면 모든 것은 그 자리에서 끝이 난다. 결혼하는 데는 지참금도 신부대도 없으므로 이혼한다고 해서 돌려주어야 하는 것도 없다.(결혼식 때 선물이 교환되지만 이는 주로 그 예식을 기념하는 뜻으로 주고받는 것이다.) 오두막이나 집을 짓는 데 큰 수고가 들지 않기 때문에, 배우자 중 한쪽이 거처를 옮기는 일도 간단하다. 게다가 모든 재산은 공동소유가 아니라 개인에게 속하기 때문에 재산분할을 놓고 분쟁이 벌어질 소지도 없다. 부부가 이미 성관계를 맺었느냐 여부는 논쟁거리가 되지 않는다. 처녀성에 특별한 가치가 부여되지도 않는다. 사실 나는 !쿵 말에서 '처녀성'을 암시하는 단어조차 발견하지 못했다. 이혼한 여성은 결혼할 남자들이 매우 탐내는 배우자감의 범주 안으로 다시 편입된다. 이혼한 커플은 양쪽 모두 1년 안에 재혼할 확률이 높다. 만약 자녀가 있을 경우에는 일반적으로 어머니 쪽에서 보살피게 된다.

여성은 결혼한 뒤에도 다른 여성들과의 우정을 포기하지 않는다. !쿵 사람들은 우정을 아주 소중히 여긴다. !쿵 말에서 친구, 또래, 동료 등을 의미하는 '≠다라≠dara'라는 단어는 친족 관계나 이름 관계 이외에 우정으로 맺어진 관계를 일컫는다. 어려서 함께 자란 여자 친구들이 결혼한 후에도 한 마을에 살면 그들 사이는 금방 변하지 않는다. 어린 신부들에게는 결혼하자마자 아내 역할을 수행하라는 주위의 압력이 별로 없기 때문이다. 어른이 되어 가정을 꾸린 다음에도 그들은 함께 일하고 함께 즐긴다. 그리고 서로 활발하게 선물을 교환하면서—선물은 모든 !쿵 성인들이 서로 교환 연결망을 유지하는 전형적인 방법이다—서로의 유대를 굳히고 강화해 나간다. 각자의 자녀들이 다 자라고 난 뒤에는, 치유나 황홀경 같은 영적 탐구에까지 서로 도움을 주기도 한다. 둘 중 한 명이 멀리 이사 가지 않는 한 이들의 우정은 평생 지속된다. 그래서 성공한 일부다처 결혼에서 볼 수 있는, 아내들 사이의 돈독한 관계 또한 장기간 유지될 수 있는 것이다. 성적 질투와 경쟁심 때문에 우정이 시험대에 오르기도 하지만, 여성들 사이에 강하고 충실한 유대가 형성되고 지속되는 경우는 많이 있다.

어른들이 그러데. 내가 아직 어려서 가슴도 나오기 전에, 여자애가 자라면 부모가 마련해 준 남편 옆에서 커야 된다고.[1]

어른들이 그런 얘기를 하셔서 내가 그랬지. "내가 왜 남편을 맞아야 한다는 거예요? 나는 커서 결혼 안 할 거예요. 저는 그냥 혼자 살래요. 결혼해서 좋을 게 뭐 있담?"

아버지가 그러셨어. "너는 지금 자기가 무슨 소릴 하는지도 모르겠지만, 나는 네 아버지고 어른이다. 네 어머니도 그렇고. 네가 결혼하면 나가서 식량을 채집해 남편한테 가져다줘야 한단다. 남편도 그래야 되고. 그게 싫다면 누가 너한테 먹을 걸 가져다주겠니? 누가 너한테 입을 걸 주겠니?"

나는 "말할 필요도 없어요. 난 남편 안 맞아들일 거예요. 왜 그래야 하는데요? 지금도 그렇고 나는 아직 어리니까 결혼 안 할 거예요." 그리고 어머니한테 "날 어떤 남자랑 결혼시킬 거라고 그랬다면서요? 그냥 엄마가 데려다 아빠 옆에 두고 살면 안 돼요? 엄마가 그 남자랑 결혼해서 둘째 남편 삼으면 되잖아요.[2] 제가 뭘 잘못했기에 결혼시키려고 그래요?" 그랬어.

어머니가 그러셨어. "말도 안 되는 소리. 남편감을 지어준다는데 제 어미더러 결혼하라니 별 소릴 다 듣겠네. 어떻게 그런 막돼먹은 소릴 해?"

그래 내가 "그야 저는 어리니까 그렇죠. 다 크고 나서 남편감을 맞으라고 그러시면 저도 따르겠지만 지금은 아직 어리단 말이에요. 그러니까 결혼 안 할래요!" 그랬어.

그 일이 있고 또 한참 있다가 어느 날 어머니가 다시 그러셨어. "니사, 너한테 남편을 마련해 주어야겠다. 누가 좋을까?" 나는 어머니가 나랑 결혼시키고 싶어하는 남자가 또 생겼다는 걸 알았지. "전 그 남자랑 결혼 안 해요." 그리고 덧붙였어. "엄마가 결혼해서 아빠랑 같이 데리고 사세요." 하지만 이번에는 그런 말을 한 게 나도 부끄러워져서 더는 아무 말 않고 가만있었어. 나는 속으로 '내가 왜 그러마고 하지 않았나? 어머니한테 그런 식으로 막말을 하다니 내가 왜 그랬을까?' 그랬어.

그 일이 있은 후에도 우리는 계속 살고 또 살았어. 그러고 얼마 지나지 않아서 부모님은 또 그 얘기를 꺼냈지.

나한테는 여러 남편이 있었어—보, 차, 타셰이, 베사, 또 다른 보. 모두 나랑 결혼했던 사람들이야. 날 싫어한 남자도 있었던가?

내가 아직 젖도 안 나오고 성기도 덜 여문 데다 가슴에 몽우리도 피지 않았을 때였어. 먼 곳에서 찾아온 '보'라는 사람을 두고 사람들이 결혼 얘길 숙덕대기 시작했지. 그때 나는 채 아기티를 벗지도 못했지 아마.

190

그러다 어느 날 우리 부모님이랑 그쪽 부모님이 우리 부부가 살 오두막을 짓기 시작했어요. 결혼하는 날 그분들이 나를 그 오두막 안으로 들어 옮겨 놓았지. 나는 울고 울고 또 울다가, 결국 우리 부모님네 오두막으로 도로 달려가서 동생 옆에 누워 잤어. 아주 죽은 듯이 깊이 잤지.

이튿날 밤 누카라는 나이 든 아주머니가 나를 신혼 오두막 안으로 데리고 가서 내 옆에 있어 줬어. 그 아주머니가 보랑 나 사이에 누웠지. 왜냐하면 어린 여자애들은 남편을 무서워하거든. 그래서 나이 든 부인이 어린 여자애랑 신혼 오두막에 같이 들어가서 무서워하지 않도록 달래 주는 게 우리 관습이야. 여자애가 남편을 좋아하는 법을 배우도록 도움을 주는 거지. 그러다 부부가 같이 잘 살고 서로 잘 지내게 되면, 이제 둘이 나란히 자게 놔두고 떠나는 거지요.

누카도 마찬가지였지. 그 아주머니가 나랑 같이 신혼 오두막으로 들어가는 걸 사람들이 보더라도 다들 그러려니 해요. 그 아주머니가 나를 눕혀 놓고 잠들 때까지 기다렸다가, 내가 잠들면 도로 자기 집으로 가서 자기 남편 곁으로 돌아가 잔다고들 아는 거지.

그런데 누카는 교활하게 우리를 속였어. 나는 아직 어려서 보를 멀리했지만 누카는 그이를 좋아했던 거야. 오두막 안에 나랑 남편이랑 눕잖아? 그러면 나를 지 앞에다 누이고 그 뒤에 보가 누워. 그러고선 한참을 있다가, 내가 잠들기가 무섭게 둘이서 그 짓을 하는 거야. 그런데 그 짓을 하다 보면 자꾸 나한테 굴러 와서 부딪히잖아. 한 번도 아니고 계속 와서 부딪히는데 그때마다 잠이 깨는 거야, 아주.

그래 내가 속으로 생각했어. '난 아직 어려서 저런 일은 잘 모르는데, 저 사람들은 저렇게 요란하게 들썩이면서 도대체 뭘 하는 건가? 아까는 나를 신혼 오두막에 데려와서 남편 옆에 눕혀 놓더니, 내가 우니까 나랑 자리를 바꿔서 자기가 남편 옆에 눕는 심사는 뭐지? 혹시 저 사람, 저 아줌마 남편인가? 남편이 저 아줌마 거면 엄마 아빠는 왜 날 저 사람과 결혼시킨 거지?

그렇게 누워서 곰곰 생각하고 있었어. 누카는 동이 트기 전에 자리에서 일어나서 자기 남편한테로 돌아갔어. 나는 누워서 자다가, 날이 밝자마자 어머니 오두막으로 돌아갔지.

이튿날 밤에 날이 어두워지자 누카가 또 날 데리러 왔어. 나는 큰 소리로 "저 사람은 당신 남편이에요! 어제 나를 오두막 안에 데려다 놓고, 자리에 눕히고는 당신네들 둘이 했잖아요! 왜 날 당신 남편한테 데리고 가려고 그래요?" 했어. 그랬더니 "얘가 무슨 소릴 하는 거야? 보는 네 남편이지 내 남편이 아냐. 자, 오두막에 들어가서 앉아 있어라. 좀 있다가 자자." 그래.

그이는 나를 오두막으로 데리고 갔어. 나는 그 안에서 울고 울고 또 울었어. 누카가 우리 옆에 누울 때까지 계속 울었어. 그렇게 누워서 한참 있는데 이윽고 또 둘이서 그 짓을 하는 거야. '이게 뭐야? 도대체 난 뭐야? 내가 이 꼴을 보고 있어야 돼? 저 사람들은 내가 보이지도 않나? 내가 아기인 줄로만 아나?' 하는 생각이 들더라고. 그러고 있다가 소변보러 간다고 하고 일어나서 밖으로 나와, 어머니 오두막으로 가서 동이 틀 때까지 거기서 잤어.

그날 어머니 아버지랑 채집하러 나갔어. 몽공고 열매랑 클라루 뿌리를 줍고 있는데 어머니가 그래. "니사, 너도 이제 다 큰 여자다. 그런데 신혼 오두막에 들어가 눕기만 하면 박차고 일어나 나한테 달려오니 큰일이다.

네가 엄마랑 결혼한 줄 아니? 엄만 널 낳았지 너랑 결혼한 게 아니야. 이제 남편을 받아들여라. 네 남편은 힘이 세서 우리가 먹을 걸 많이 가져다 줄 거다. 언제까지 너희 아버지 혼자서만 식량을 찾아다닐 수는 없지 않니? 짐승을 잡아다가 너한테 가져다주는 것도 남편이고, 고기를 가져다 먹게 해 주는 것도 남편이고, 남편이 벌어 오는 건 다 네 것이 되는 거야. 이제 너는 보랑 결혼했으니 그 사람이 네 남편이다."

그래서 내가 "엄마, 난 엄마랑 있을래요. 밤에는 엄마 옆에서 잘 거예요. 나는 아직 어린데, 엄마는 누카의 남편을 나한테 첫 남편이라고 맺어 주다니 어떻게 그럴 수 있어요?" 그랬더니 어머니가 "왜 그런 말을 하니? 네 남편은 누카의 남편이 아니야. 누카의 남편은 다른 오두막에 따로 있단다." 그러셔.

내가 그랬어. "저······ 첫날밤에 누카가 절 오두막 안에 데려가서 자기 앞에다 눕히고, 보는 그 아줌마 뒤에서 잤거든요. 그런데 그 두 사람이 뭘 하면서 막 요란하게 움직이는 바람에 잠에서 깼어요. 어젯밤에도 마찬가지였구요. 나는 누카 앞에서 자고 보는 그 뒤에서 자는데, 그 두 사람이 계속 나한테로 와서 부딪치는 거예요. 두 사람이 뭘 하느라 그러는지 잘은 모르겠지만, 어쨌든 그래서 제가 밤에는 엄마 옆으로 와서 자고 싶은 거예요. 다시는 저를 그 오두막으로 돌려보내지 마세요."

그러니까 어머니가 "세상에! 얘야! 두 사람이 요란하게 움직였다고?" 그래. "네, 자는데 깰 정도로요. 그래서 일어나서 엄마한테로 온 거예요." "세상에! 보가 그런 호색한이었다니! 누카랑 그런 짓을 했다니! 그자한테서 당장 떼어 놓아야겠구나. 이번만은 니사 네 말이 맞다."

아버지가 그러셨어. "네 말을 들으니 언짢구나. 너는 아직 어린애니까,

네 결혼 문제는 어른들이 책임지는 거다. 하지만 어른들이 골라 준 남편 감이 다른 사람과 정을 통한다면 그건 결혼을 주선한 어른들 잘못이겠지. 네 말 잘 알겠고, 보가 우리를 속인 것도 알겠다. 오늘 밤 누카가 너를 데리러 오면 '우리 딸은 신혼 오두막에 안 갑니다. 누카 당신이 그를 벌써 남편으로 취했으니까요.'라고 하고 널 보내지 않으마."

우리는 돌아오는 길에도 계속 이야기를 나누었어요. 마을에 도착하고도 나는 계속 부모님의 오두막에 앉아 있었어. 앉아서 보니까 보가 우리 신혼 오두막 쪽으로 가고 누카도 보를 따라가네. 두 사람이 얘기하는 걸 보면서 나는 속으로 '저 두 사람은 그 짓을 하고 있었던 거야. 그러느라고 계속 나한테 와서 부딪친 거야!' 그러고 있었지.

나는 어머니 아버지랑 같이 앉아서 밥을 먹었어. 저녁때가 되니까 누카가 와서 "니사, 가자. 오두막으로 데려다줄게." 그래. "저 안 가요." "일어나, 내가 데려다줄게. 거기가 네 집이야. 결혼까지 해 놓고 신혼집에 안 가겠다고 하면 어떡하니?"

그때 우리 어머니가 화를 삼키고 누카한테 다가가서 이랬어. "나, 당신한테 들을 말이 있어. 니사는 아직 어려서 남편을 무서워해. 그런데 이 애를 오두막에 데려다 놓고 이 애 남편이랑 씹질을 해? 앞으로는 이 애 남편이 애를 키워야 하는 걸 몰라? 당신들은 그런 일 따위 안중에도 없나 보지?"

누카는 어머니의 말 속에 든 불에 데여 아무 말도 못하고 가만있었어. 어머니는 그이한테 욕을 퍼붓고 소리를 질렀어. "발정 난 것들! 이제 니사를 남편한테 데려가지 마. 그리고 한 번만 더 저 애 남편이랑 그 짓을 하면 얼굴을 쪼개 버리겠어, 이 발정 난 년아! 지 애비랑 씹할 년 같으니!"

그때 아버지가 나섰어. "그만 해, 여보. 어떻게 여자가, 남편한테 묻지도 않고 먼저 나서나? 이제 남자인 내가 얘기할 테니까 당신은 내 말이나 들어. 니사는 내 자식이고 내가 낳은 자식이기도 해. 여자는 남자가 말하는 동안 조용히 앉아 있어."

그러고는 말했어. "누카, 내가 한마디 하겠소. 나 가우가 이 속에서 말을 꺼내어 당신한테 주건대, 우리는 이 결혼을 위해 이 자리에 모였소. 그런데 불미스러운 일이, 내가 전혀 납득 못할 일이 일어났소. 니사는 이제 내가 지금 앉아 있는 이곳을 안 떠날 거요. 저 오두막은 당신들이 이미 자기네 것으로 차지해 버렸으니까 말이오. 니사는 그 오두막에 더는 볼 일이 없소."

아버지는 계속해서 말했어. "내가 그 자에게 딸을 주는 데 동의했을 때는 그자가 오로지 내 딸만을 위한 사람이었기 때문이오. 니사는 아직 어리기 때문에 저 애 남편을 둘이서 나눠 가질 수는 없어요. 그러니까 가서 그자를 취하시오. 어차피 그자는 이미 당신 거니까. 내 딸은 오늘 내 곁에 있을 거고, 여기서 지내고 여기서 잘 거요. 내일 우리는 이 애를 데리고 여길 떠날 거요. 당신이 이 결혼을 이 꼴로 만들어 놓았으니 계속 이대로 가는 거요."

누카는 아무 말도 하지 않았어. 결국 그는 혼자서 오두막으로 돌아갔지. 보가 "니사는 어디 있어요? 왜 빈손으로 혼자서 왔어요?" 하고 물었어. "니사 아버지가 그 앨 안 보내겠대. 그 애가 지 아버지한테 우리가 사랑을 나눈 얘길 했대. 이제 어떻게 해야 할지 모르겠어. 하지만 난 걔네 오두막으로는 다신 안 갈 거야." "난 그런 얘기 하는 데는 소질 없어요. 당신이 다시 가서 그 앨 데려와요." "난 가우의 오두막으로는 다시 안 갈 거야.

그 애긴 이제 끝났어. 내가 끝났다면 그건 다신 안 가겠다는 소리야."

그러고 누카는 거길 떠서 자기 오두막으로 돌아갔어. 누카의 남편이 그녈 보고 이랬겠지. "그래, 당신과 보가 애인이라며? 니사가 그러는데, 당신이 그 앨 보한테 데려다 준 다음에 둘이……. 그래서, 당신이 도와 준 보답으로 보가 뭘 어떻게 해 줬는지 바른대로 대 봐." "아니, 난 보를 좋아하지도 않고 그 사람은 내 애인도 아니에요. 니사는 아직 어린애고, 그냥 어린애가 하는 실없는 소리예요."

보가 우리한테로 와서 뭐라고 말을 하려는데 아버지가 말했어. "자네는 입 다물고 가만있어. 이 일에 대해서 얘기할 사람은 나야." 보는 더는 아무 말도 못하고, 아버지가 끝까지 이야기하는 동안 가만히 듣고만 있었어.

이튿날 아침 일찍 아버지, 어머니, 이모하고 짐을 싸서 거길 떠났어. 그날 밤에는 몽공고 덤불 밑에서 잠을 자고, 계속 걸어서 또 다른 샘에 도착했어. 다음부터 거기서 줄곧 살았어.

우리는 살고 또 살았어. 얼마 동안은 아무 일도 일어나지 않았지. 그렇게 한참이 흐른 후에, 보가 나무 구슬 꿴 것을 식량과 함께 주머니에 넣어 가지고, 먼 길을 걸어서 우리가 사는 샘까지 찾아왔어요.

그때가 늦은 오후였어. 해가 하늘을 얼추 다 건너갔을 때쯤이었지. 나는 어머니랑 먹을 걸 캐러 나갔다가 돌아오는 길이었어. 마을에 도착했는데 어머니가 그 사람들을 보았어. "에―헤이, 저기 보 아니야? 저놈이 여기서 뭐하는 거지? 오래전에 내치고 다시 돌아오란 소리도 안 했는데. 또 뭘 가져가려고 왔는지 모르겠네."

우리는 거두어 온 식량을 내려놓고, 앉아서 보와 그의 친척들―그의 어머니, 숙모, 누카, 누카의 어머니—을 맞이했어. 보의 어머니가 "우리는 니사를 다시 데려가려고 왔어요." 그러고 보가 "당신 딸에게 다시 청혼하러 왔습니다. 니사를 다시 데려가고 싶습니다." 그랬겠지.

아버지가 말했어. "안 돼. 나는 자네한테서 이 애를 데려왔고, 그걸로 다 끝난 거야. 데려온 아이를 다시 넘겨 줄 수는 없어. 애초에 내 말을 귀담아듣지 않았나? 자네한테 벌써 안 된다고 했을 텐데. 자네는 누카의 남편이니 내 딸은 자네와 맺어질 수 없네. 니사와 결혼한 남자는 다른 여자와 정을 통할 수 없어."

아버지는 이어서 이렇게 말했어. "이제 니사는 우리랑 같이 살 거야. 언젠가는 다른 남자가 와서 이 애랑 결혼하겠지. 앞으로 이 애가 계속 건강하고 눈에 힘이 있다면, 하느님이 이 앨 죽이지만 않고 곁에서 보살펴 주신다면, 언젠가는 다른 남자를 찾아서 이 애의 남편으로 삼을 수 있겠지."

그날 밤 어둠이 내리자 우리 모두 잠들었어. 나는 엄마 곁에서 잤겠지요. 날이 밝자 보는 누카와 그의 어머니와 다른 사람들을 데리고 떠났어. 나는 남았지. 마침내 그들은 아주 떠난 거야.

우리는 그 샘에서 계속 지내면서 먹고 살았지. 아무도 나한테 다른 남편감을 마련해 준다는 얘기는 꺼내지 않았어. 그렇게 그냥 살고 살고 또 살았어.

나는 보는 싫었지만 다음 남편인 '차'랑 결혼할 때는 좋았어. 그 사람하고 결혼했을 때 내가 가슴이 솟기 시작했지.

보와 갈라서고 나서 여러 날이 흐른 다음에 우리 식구들이 또 다른 샘으로 이사를 갔어. 하루는 우리 아버지가 사람들을 만나 호사로(hxaro, !쿵족

의 선물 교환 체계. 용어 설명 참조.—옮긴이) 선물을 주고받으러 다른 샘에 가셨어. 거기서 아버지가 차를 본 거지.

아버지가 돌아와서 어머니한테 "내가 나가 있는 동안에 젊은이를 하나 봤지. 서서 찬찬히 살펴봤더니만, 우리 딸이 그 청년하고 결혼했으면 좋겠더군." 그래. 어머니가 "그 청년이 누군데요?" 하고 물으니, "차라고, 내 친척 바우의 아들인데, 니사와 결혼해도 되냐고 그 친구가 묻더라." 그러셨지. 어머니가 "당분간 두 번째 결혼 안 시키려고 했는데 이 참에 이 앨 그 사람한테 데려가서 결혼 시킵시다. 일단 결혼 시켜 놓고 사위가 이 앨 잘 돌보는지 아닌지 살피면 되겠지요. 어쨌든 니사는 아직 애니까." 그러셨어.

이튿날 아침 우리는 마을을 떠났어. 그날 밤은 길에서 자고, 이튿날 아침에 다시 출발해서는 아주 먼 길을 걸어갔어요. 먹을 것도 캐 먹어 가면서 그렇게 걸어서 그날도 또 길에서 잤어. 이튿날 아침 다시 출발해서 내내 또 걸었어. 그래서 마침내 그 마을에 도착했어. 그래 거기서 하룻밤을 자고 다음 날 거기에 머물렀어.

그날 아침 차의 아버지와 어머니가 우리 부모님이 앉아 계신 곳으로 왔어. 우리 아버지가 "오늘 제가 이렇게 댁네 따님 될 아이를 데리고 멀리서 왔습니다." 하니 차의 아버지가 "잘 하셨습니다. 댁의 따님을 데려다가 저희 아들에게 주고 싶군요. 다른 아이는 원치 않습니다. 저는 우리 가족, 우리 친척의 딸 중에서 우리 아들의 신붓감을 고르고 싶었답니다. 니사를 우리 아들한테 주고 싶습니다." 그래서 모두가 인연을 맺는 데 동의했어. 나도 좋았지.

그날 밤은 그 마을에서 자고, 이튿날 아침 어른들이 신혼 오두막을 짓

기 시작했어. 그날 밤에 사람들이 나를 데려다 오두막 안에 들여 놓았어
요. 그러고는 차를 데려다 안으로 들이밀었겠지. 그래 오두막 안에 우리
단 둘이 있었어.

이튿날 아침에 사람들이 나한테 결혼식 기름을 발라 주고 차한테도
발라 주었어. 나는 신랑한테 구슬을 선물하고 신랑도 나한테 구슬을 선
물했지.

우리는 오랫동안 같이 살았어. 그러다가 그 사람이 막 마음에 들려고
하는 참에, 그 사람이 나한테 성적인 걸 바라기 시작했어. 그런다고 정말
로 막 달라붙고 한 건 아니고 그걸 가지고 싸운 것도 아닌데, 내가 그냥
싫어라 했지. 속으로 '아이, 난 아직 어린데, 왜 남편이 있어야 하나?' 그
러고 '나는 가슴도 없고 성기도 아직 안 자랐는데, 이 사람은 여기다 대
고 뭘 어떻게 하려는 건가?' 그랬지.

하루는 차가 덫을 놓아 가지고 커다란 다이커영양을 잡아 와서, 밤에
불가에 앉아서 먹었던 게 기억나. 우리 아버지 어머니한테 고기를 드렸더
니 구워 주셔서 모두 다 같이 먹었지. 다 먹고는 누웠다가 바로 일어나서
불가에 앉았겠지. 앉아 있다 보니 그 사람 등짝에, 몇 년 전에 불에 덴 흉
터가 보여. 그걸 보니 '이 사람 등이 참 흉하다. 부모님은 왜 이렇게 등이
다 망가진 사람한테 날 시집보냈을까?' 하는 생각이 들어. 그러다가 일어
나서 오두막으로 돌아가 누웠겠지요.

하루는 밤에 그 사람을 오두막에 혼자 눠두고 나와서 엄마 옆에 누워
서 잤다가 이튿날 밤에 우리 오두막으로 다시 돌아왔어. 그때부터 어느
날은 엄마 오두막에 가서 잤다가, 또 우리 오두막에서 잤다가 그랬어. 그
것 때문에 결국 결혼 생활이 끝나게 된 거야.

하루는 내가 어머니 오두막에서 자고 일어난 다음에도 안 돌아가고 계속 거기 머물러 있었어. 차가 "이 사람은 벌써 다 큰 여자인데 지금 이게 뭐하는 겁니까? 나는 이 사람을 아내로 맞았는데 자꾸 나 말고 어른들하고만 자려고 하니. 도대체 언제쯤 우리 둘이 제대로 같이 살아 볼 날이 올지 모르겠습니다. 저 사람은 날 좋아하지 않아요. 그러니 전 떠나겠습니다." 그랬어. 우리 아버지가 "왜 떠나려고 하나? 이 앤 아직 어린애라 생각이 덜 여물어서 그래." 그러셨어.

하지만 그때 나는 벌써 마음이 변해서 그가 싫어졌어. 내가 가슴이 막 자라기 시작하자 나는 그 사람을 영 마다해 버렸지.

하루는 이웃 마을에서 짐승을 잡았다고 해서, 차가 그걸 좀 얻으러 자기 형한테 갔어. 그런데 고기를 가져와서 내려놓고는 앉지도 않고 바로 들어가서 누워 버리데.

내가 친콩을 굽고 껍질을 깨끗하게 벗겨서 그 사람 옆에다 차려 주었는데 쳐다도 안 봐. 나는 속으로 '부인이 남편에게 뭘 해 주려는 건 당연하지 않나? 이 사람이 내가 결혼한 남자가 맞나? 내가 차려 준 음식도 안 먹을 거면 왜 나랑 결혼했담?' 그랬어.

우리 아버지가 "니사, 차가 가져온 젬스복 고기 좀 가져다주지 않으련?" 하고 부탁하셔서 차한테 "고기 좀 굽게 조금만 내 줘요." 했더니 싫대. 재차 부탁해도 계속 싫다는 거야. 아버지가 나서서 "자네랑 니사에게 구워 주려는 건데도 못 내 주겠다는 겐가." 해도 막무가내야.

그러더니 벌떡 일어나서 내려놓은 고기를 들어다가 죄다 나무 위에 걸어 놓았어. 그렇게 많은 고기를 전부 나무 위에 올려놓았어.

아버지가 그걸 보더니 "에! 자네가 우리 딸한테 고기를 안 준 건 대수로운 일이 아니야. 자네는 이 애랑 결혼했고 이 애는 자네 마누라니까 이 애한테 뭘 안 준다고 해도 그게 큰일은 아니지. 허나 장인한테는 그러는 게 아니야. 자네 행실이 내 심기를 건드리네." 하고 말을 이었어. "그러니까, 오늘은 자네 오두막에서 자고, 대신 내일은 아침에 일어나자마자 남김없이 짐을 꾸려 가지고 떠나게. 행여 다시 돌아오더라도 내 딸 볼 생각은 하지 말게!"

그러니까 차가 이랬어. "상관없습니다. 저는 결혼도 안 했고 마누라도 없으니까요. 이 여자는 절 피곤하게만 만들었어요. 저는 저 사람한테 구슬도 많이 주고 고기도 엄청나게 많이 가져다줬는데, 저 사람은 절 남처럼 대했어요. 그러니까 저는 오늘 여기서 자고, 내일 짐을 꾸려 가지고 형네 마을로 갈 겁니다. 가서 형이랑 같이 우리 부모님이 사는 마을로 돌아갈 겁니다."

"그래, 그렇게 자네 마음대로 해." "에, 하지만 갈 땐 가더라도 내가 아내에게 줬던 물건은 하나도 안 남기고 도로 다 가져갈 겁니다." "에, 좋아, 다 가져가. 자네 부모님이 준 선물들까지 전부 도로 돌려주지. 우리 식구가 갖고 있는 자네 물건들 있으면 모조리 챙겨 가!"

나는 그 사람이 나한테 준 물건들을 챙겨다가 그에게 가져다주었어. 아버지도 그러고. 결국 차는 우리한테 고기 한 점도 주지 않고, 자기도 한 점도 입에 안 댄 채 누워서 잠들었어. 그러고 이튿날 아침 동이 트기가 무섭게 짐을 꾸리고 우리 어머니가 가지고 있던 자기 물건까지 챙겨 가지고서는 커다란 짐을 메고 떠났어.

그 사람이 자기 형네 마을에 도착하니까 형이 이러지. "네 처는 어디 두고 왔니? 어제도 혼자 오더니만, 오늘은 둘이 같이 올 줄 알았는데

……. 제수씨는 나중에 오나?" "내 처는……, 그 사람 아버지가 나한테 험한 말을 했어. 자기한테 고기 안 줬다고 소리를 질렀어. 아내를 데려와서 여기서 살고 싶다고 했는데 안 된대."

그래 그 둘은 먼 길을 걸어 자기 부모님네 마을로 돌아갔어. 차가 자기 부모한테 "장인이 절 강제로 나가라고 했어요. 절 내쫓았어요." 하니 그 사람 부모가 "강제로 내쫓다니 무슨 생각으로 그러셨을까. 뭐라고 하시든?" 그랬겠지. "왜냐하면…… 처가 저한테 고기를 구워 먹게 내달라고 그랬는데 제가 주지 않았거든요. 저는 내일 아침까지 기다렸다가 그때 구워 먹겠다고 했어요. 장인어른도 고기를 같이 구워 먹게 내 달라고 했지만, 저는 아직은 안 되고 좀더 기다렸다 먹을 거라고 그랬지요. 그러니까 장인이, 그럼 고기는 자네가 갖고, 대신 내일 아침에 짐 싸서 집으로 돌아가라고 하더라고요. 내가 인색하게 굴었다는 거예요. 그래서 제 물건을 챙겨 가지고 이렇게 온 거예요. 또 궁금한 거 있으세요?"

그들은 그날 하룻밤 자고, 이튿날 아침 남은 고기를 싸 들고 마을을 떠나 우리한테로 찾아왔어.

차, 그 사람 어머니, 아버지, 형, 누나까지 그 집 식구 전체가 총출동했어. 그 집 아버지가 이래. "얘기 좀 합시다. 우리가 온 목적은 다름이 아니고, 나는 차의 아비 되는 사람인데 사돈이랑 얘기 좀 하러 왔소. 당신, 우리 아들의 장인 되는 당신은 자기 손으로 나서서 당신 딸을 이 애와 맺어 줘 놓고, 이제 와서 도로 빼앗아 가겠다는 거요? 우리 아들이 무슨 잘못을 했기에 그렇게 내쫓은 거요? 우리 아들을 당신 딸 옆에 앉지 못하게 하다니 당신 대체 무슨 짓이요?"

우리 아버지가 말했어. "나는 이제 나이가 들어서 심장이 강하지 못하고 쇠약해요. 그래서 사위가 음식을 갖고 있으면 당연히 그걸 내게 가져다줄 걸로 알지요. 나는 제대로 요리할 줄 아니까 그걸 구워다가 사위한테도 주고 딸한테도 주고, 그러면 그 애들이 나도 먹으라고 좀 갖다 주는 거요. 나는 늙어서 심장에 힘이 없으니까요."

그러고는 "오늘로 이 결혼은 죽었소. 니사가 지난번에 결혼했던 남자는 못쓸 작자여서 내가 그 자를 내쳐 버렸소. 이제 또 다른 사람과 결혼했는데 몹쓸 놈이긴 마찬가지구려. 그러니 당장 일어나 당신 아들을 데리고 가시오. 당신들이 가져온 물건들도 전부 가지고 가요. 당신 아들과 결혼할 딴 여자를 찾아봐요. 내 딸은 그냥 여기 혼자 누울 거고, 할 말은 그게 다요. 이 애는 이제 당신 아들의 처가 아니오." 그랬어.

그게 다였어. 그 사람들은 조금 있다가 짐을 싸 가지고 떠나 버렸지. 나는 우리 식구들이랑 뒤에 남았어. 나는 마냥 좋았어. 아직 애였나 봐. 아무것도 모르고 마냥 좋기만 했지. 나는 오두막 옆에 앉아서 더 어린 애들이 뛰어노는 걸 지켜봤어. 가슴이 자라고 있어서 이제 그 애들하고 어울려 놀지는 않았지. 그렇게 가만히 앉아서 내가 얼마나 컸나, 내가 얼마나 여자가 되었나 생각하곤 했지.

내가 결혼해서 첫 번째 남편이랑 헤어지고, 또 결혼해서 두 번째 남편이랑 헤어지고 난 뒤에, 칸틀라랑 결혼 생활을 시작했어. 그 사람도 나한테 마음을 두고 있었고 나도 그 사람한테 마음을 두고 있었지. 그때부터 내 인생에서 중요한 남자들을 떠올릴 때는 그 안에 언제나 그 사람이 있었지. 내가 가슴이 막 자라나기 시작했을 때부터 그 사람은 벌써 내 것이었어.

하지만 나는 그와 결혼할 마음은 없었어. 그 사람은 그때 벌써 '베이'

라는 여자애랑 결혼했었거든. 둘이 아직까지도 같이 살고 있어. 그땐 베이도 어리고 나도 어려서, 칸틀라는 우리 둘 다 아내로 삼고 싶어했어. 나는 거절했지. 베이는 칸틀라한테 그러마고 "니사는 내 친구이고 나도 걔가 좋아요. 우리 둘이 같이 걔랑 결혼하면 되죠." 이랬어.

하지만 난 싫었어. 얼마 동안 그 두 사람하고 같이 지냈는데, 나는 그동안 내내 징징대다가 결국 그 마을에서 도망쳐 나왔어. 동 트기가 무섭게 도망쳐서 부모님이 계신 마을로 돌아왔어. 그러니까 베이와 칸틀라가 와서 나를 다시 자기네 마을로 데리고 갔어. 두 사람은 징징 우는 나를 어머니 오두막에서 끌어내서 자기들 오두막으로 데려다 앉혀 놓았어요. 베이가 나한테 "우리 둘은 친구야. 여기 앉아. 이제 우리 둘은 여기 같이 앉는 거야. 내가 널 못살게 굴 거 같아서 그러는 거야? 널 해코지 안 할게. 우리 어른이 될 때까지 이렇게 같이 있자. 칸틀라 저 사람이 우리 둘을 키워 줄 거야. 우리 둘 다 한 오두막에서 키워 줄 거야. 왜 내가 싫은 거야?" 그래.

내가 그랬어. "네가 싫은 게 아니야. 너는 좋아. 나는 저 사람이 싫어. 베이 너는 좋아해. 우리는 친구니까 전처럼 앞으로도 계속 같이 놀 거지만, 저 사람은 싫어."

"아냐, 넌 내가 싫은 거야. 부탁할게, 친구야. 그만 하고 여기 앉아서 우리 다 같이 한 자리에 눕자. 너는 나랑 칸틀라 앞에 눕고, 칸틀라는 내 뒤에 누우면 돼. 우리 모두 여기 함께 있는 거야."

나는 베이가 하는 말을 잠잠히 듣고 있었지만, 다 같이 누워서는 생각했어. '이러고 어떻게 자나? 싫어, 도망가야지.' 그리고 둘이 잠들 때까지 기다렸다가 조심조심 일어났어. 담요 하나를 집어서는 발소리를 죽이고 두 사람을 빙 둘러서 몰래 빠져 나왔지. 오두막에서 멀어지자마자 뛰기 시작했어. 한밤중이라 사방이 온통 깜깜했어. 나는 뛰고 또 뛰어서 우리 부모님 마을까지 와서는 어머니 옆에 누웠어.

조금 있다가 베이가 잠이 깨서는 "어? 여보……, 니사 어디 갔어요?" 그러니 칸틀라가 "낸들 알아? 니사는 당신 옆에 누워 있었잖아. 안 보고 있었어?" 그랬어.

두 사람은 동이 틀 때까지 얘기하다가, 아침이 되자 칸틀라의 어머니 아버지를 모시고 우리 마을로 왔어. 그 사람들이 우리 어머니한테 와서 "니사가 여기로 왔나요? 니사가 남긴 자취를 따라 여기까지 왔어요. 혹시 니사가 오는 걸 보셨나요?" 하니 우리 부모님이 "네. 그 못된 년이 여기에 있어요. 지금 우물에 물 길러 갔답니다." 그랬겠지.

그들은 느지막한 오후가 될 때까지 거기서 기다렸다가 다시 나를 잡아서 데리고 갔어. 그날 밤에는 내 옆에 칸틀라가 누워서 잤지. 하지만 나는 동이 막 트려고 할 때쯤 돼서 또 도망쳤어. 이튿날 아침에 이번에는 칸틀라 혼자서 나를 찾으러 왔지. 부모님한테 와서는 "저는 니사를 정말 좋아하고 베이 옆에서 함께 키우고 싶습니다. 그런데 이 사람이 이렇게 허구한 날 밤중에 나와서 도망치다가 중간에 맹수한테 잡아먹히지나 않을까 걱정이에요. 그러니 잠시 제 대신 니사를 맡아 주십시오. 저는 우리 마을로 돌아갔다가 내일 다른 곳으로 떠납니다. 이 사람을 잘 돌보고 있다가 나중에 제게 아내로 주십시오." 그러고는 떠났어.

나는 마냥 좋았지. 속으로 '잘 됐다. 그냥 여기 있게 됐다.' 그랬지.

몇 달 후에 그들이 다시 왔어. 나는 어머니와 함께 클라루를 캐고 단닌 딸기를 따 가지고 오는 길이었지. 돌아오는 길에 샘에 들러서 물을 좀 마시고 어머니에게도 드렸어. 그러고 잠시 앉았지.

그러고 있는데 베이와 칸틀라가 우릴 본 거야. 베이가 큰 소리로 "우리 동생! 우리 동생! 아직 결혼 안 했어?" 그러기에 내가 "아니, 다 거절했어. 아직 결혼 안 했어." 그랬지. 우리 어머니가 "아니, 아직 결혼 안 했네. 지금 헤레로 사람 하나랑 혼담이 오가고 있긴 한데."[3] 그러니까 베이가 "안 돼요! 니사를 훔쳐 와서 다시 우리랑 결혼해 같이 살 거예요." 그래.

우리는 샘을 떠나 마을로 돌아왔어. 그날 밤에 나는 베이와 칸틀라와 같이 자지 않았지. 동이 트고 나서 두 사람이 나를 다시 데려가겠다고 했지만 도리질했어. "나는 결혼하기 싫은데 왜 자꾸 그래? 그 헤레로 사람은 나한테 소까지 주겠다고 그러지만 난 그 사람하고도 결혼 안 할 거야." 그랬지.

그래서 나는 다시 혼자가 됐어. 베이와 그 남편은 떠나고 나는 혼자 앉아 있게 되었지.

6장

결혼

Marriage

결혼과 초경은 여성의 일생에서 두 가지 큰 이정표로서 !쿵 사람들이 공식적으로 인정하고 기념하는 행사다.(남성의 경우는 첫 번째 사냥과 성인식이 이에 해당한다.) 이러한 행사의 의례적 측면으로서 참가자는 몸가짐을 절제하고 조심해야 하며 때로는 침묵을 지켜야 할 때도 있다. !쿵 말인 '쿠아kua'는 '경외', '공포', '존경' 등 여러 가지 뜻으로 번역되는데, 의례적인 행사(또는 의례적이지는 않더라도 강렬한 감정이 깃든 사건)에 결부된 느낌과 행위를 모두 가리킨다. 혼담이 오갈 때, 초경을 할 때, 갓 결혼한 신랑과 단 둘이 있을 때 여성이 어떻게 행동하고 느끼는지를 나타내는 단어가 '쿠아'다. 설령 신부가 신랑과 이미 구면이거나 연인 사이이라고 해도, 혼담이 오가고 결혼식을 치르는 동안은, 그리고 이후에도 상당 기간은 '쿠아'를 느껴야 한다고들 한다. 간혹 신부가 배우자와의 결혼을 열렬히 원했다 해도 신부는 기꺼운 마음을 감추고 힘들어하는 척하곤 한다. 그리고 이것이 일반적으로 기대되는 적절한 처신이다.

그러나, 특히 신랑이 신부보다 훨씬 나이가 많거나 낯선 사람일 경우에는 이렇게 꺼리는 태도가 진심에서 우러나온 것일 때도 있다. !쿵 여성들이 어릴 때 경험한 성적 장난을 통해 나름대로 성 지식을 갖추었다고는 하지만, 여자아이들이 또래 남자아이들과 장난치는 것과 이미 성인인 남편과 성관계를 맺는 것은 하늘과 땅만큼이나 다르다. 따라서 어린 여성들이 처음 정식으로 부부관계를 가지는 것은 충격적인 경험이 되곤 한다. 몇 년씩 부부관계가 미뤄지기도 하지만, 여성의 성징이 눈에 띄게 발달하면 보통 남편의 성적 구애를 받아들이라는 압력이 가해진다.

!쿵 사람들은 강한 감정을 억누르기보다는 주로 표현하는 성향이 있어서, 어린 아내가 불만이 있으면 그것을 자유롭게 밖으로 발산할 수 있다. 하지만 너무 힘든 상황에서 결혼 생활이 계속되면 더욱 극적인 행동을 취하기도 한다. 가장 극단적인 경우는 스스로 생명을 끊겠다고 위협하는 것이다. 물론 이런 일은 드물고 실제로 자살한 사례도 알려지지 않았지만, 여전히 이는 !쿵 사람들(대부분 여성)이 자기의 감정에 사람들의 시선을 모으고 집단의 지원을 얻는 가장 강력한 수단이다. 자살 위협이나 자살 기도를 할 때 화살촉에 묻은 독을 먹기도 하는데, 그러면 구토를 하거나 일시적으로 몸 상태가 안 좋아지지만 심각한 해를 입는 일은 별로 없다. 독화살로 자기 몸을 찌르는 경우에는 좀더 위험해질 수 있으므로 주위 사람들이 즉시 달려와서 상처를 빨아 피를 뱉어 내어 독을 빼낸다. 하지만 이런 경우에도 자살을 기도하는 여성은 독의 효력이 떨어진 오래된 화살을 골라서 자신을 보호하는 경향이 있다.

황야로 뛰쳐나가는 것도 격한 수단이다. 여성이 해질녘 즈음에 마을을 나가면 마을 사람들은 그녀를 찾아 나서지만 찾아낼 확률은 희박하다. 밤에는 발자취를 쫓는 일이 거의 불가능하기 때문이다. 여성이 자진해서 황야로 나가 홀로 밤을 새우려면 매우 강력한 동기가 있어야 한다. 황야에는 불도 음식도 담요도 없을 뿐더러 사자, 표범, 하이에나 등 맹수의 공격에 노출되어 있기 때문이다. 그런데도 여성들은 이따금씩 이러한 위험을 감수한다. 그리고 자살 위협과 마찬가지로 이 경우에도 최근에 실제로 피해를 입은 사례는 알려지지 않았다. 도망친 여성들은 대부분 이튿날 아침 수색 때 발견된다. 그때쯤이면 그녀는 자기 감정이 얼마나 강렬한지 모든 사람들에게 알린 셈이므로 대개는 순순히 돌아오게 마련이다.

사람들은 대개 이런 행동을 너그럽게 받아들인다. 특히 여성이 아직 어릴 때는 더더욱 그렇다. 결혼한 지 얼마 안 되었다면 그녀가 아직 혼란스러운 상태임을 모두들 이해한다. 여성이 자기 말대로 남편을 정말로 싫어해서 그럴 수도 있고, 단순히 어른이 된다는 현실과 갈등을 빚는 것일 수도 있다. 즉 부부 간의 관계와 어른으로서의 책임을 받아들일 준비가 안 된 것일 수도 있다. 그러나 이렇게 어쩔 수 없이 거쳐야 할 단계를 거부하는 행동도 나이가 들수록 덜 먹혀들어가고, 점차 관습에 따라 행동하라는 압력이 가해진다.

소녀가 초경을 하면 성인 여성들이 의례를 베풀어 기념해 주는데, 이 의례는 여러 모로 결혼식과 닮았다. 초경 이전부터 소녀는 첫 생리혈을 보면 그 자리에 앉아 몸을 가리고, 말하지도 움직이지도 말고 가만있으라고 교육받는다. 초경을 시작한 소녀가 그러고 있으면 이를 본 성인 여성들은 상황을 재빨리 파악하고 그녀를 마을로 데리고 온다. 거기서 소녀는 장신구로 꾸미고 기름을 발라 '예쁘게 한' 다음에 의례용으로 지은 오두막 안으로 옮겨진다.

그리고 당사자인 소녀만 빼고 모든 참가자들이 축제 분위기로 들어간다. 여자들은 소녀가 있는 오두막 바깥에서 엉덩이를 내보이는 등 여성성을 노골적으로 드러내는 외설적인 춤을 추고 노래를 부른다. 소녀는 머리를 덮고 누워서 될 수 있으면 먹지도 않고 말하지도 않는다. 이때 남자들은 소녀의 얼굴을 봐서는 안 되는데, 그렇게 하면 '사냥 나가서 다칠 수도 있기' 때문이다. !쿵 사람들은 초경을 할 때 황홀경 치유 때만큼 강력한 영적 힘이 개입된다고 믿는다. 따라서 이는 제대로 접근하고 조심해서 다뤄야 하는 일이다. 한 여성은 이렇게 증언했다. "혹시 의례 중에 남자가 초경하는 소녀의 얼굴을 보고 다른 여자들이 그걸 알게 되면, 여자들은 소녀의 몸에 걸친 것을 모조리 거둬들이고 머리까지 싹둑 잘라 버리지요. 그리고 그것으로 의례는 끝나게 돼요." 그래서 !쿵 남성들은 초경 중인 소녀가 오두막에 누워 있을 때 그녀의 얼굴을 절대로 보지 않는다. 그렇긴 해도 이 오두막은 마을 경계 안에 지으며, 의례가 진행되는 동안 남자들은 약간 떨어진 곳에 앉아 여자들이 춤추는 모습을 유심히 보면서 열심히 떠들어 댄다.(여성들이 전혀 보고 들을 수 없는 곳에서 완전히 비밀스럽게 치러지는 남성들의 성년 의례와는 대조적이다.)

의례는 3~4일 동안 계속되다가 월경이 끝나는 것과 동시에 끝난다. 그 후 소녀를 씻기고 향내 나는 약초를 발라 준 다음 오두막에서 데리고 나온다. 몇몇 음식에 금기가 적용되긴 하지만, 이후 소녀는 바로 정상적인 생활을 시작할 수 있다. 그래도 두 번째 월경을 기념하는 춤을 출 때까지는 어느 정도 몸가짐을 삼가고 절제해야(즉 '쿠아'를 지켜야) 한다.

여타 문화와 달리 !쿵 사람들은 초경을 소녀에서 성인으로 바로 들어서는 분수령으로 여기지는 않는다. 여성은 (결혼한 후에도) 많은 시간을 친구들과 어울려 놀면서 지내고, 어머니와 시집 식구들도 가계에 충분한 경제적 지원을 해 준다. 그러나 월경이 시작되었다는 것은 여성이 자유로운 청소년기와 무책임한 어린 시절의 마지막 단계에 다다랐다는 뜻이다. 그동안 부부관계가 미뤄지고 있었다면, 여성이 여전히 저항 의사를 보이더라도 이 시기에 성관계가 시작될 확률이 크다. 주위 사람들이 더는 그녀의 거부를 받아 주지도 않고, 남편도 이제 '자기 것을 취하기를' 미루지 않으려 할 것이다. 여성이 첫 아이를 가지는 시기는 주로 18~20세 사이이며, 이 시기에 여성은 (마침내) 완전한 성인이 된 것으로 여겨진다.

아이를 가지기 전부터 결혼을 한층 긍정적인 시각으로 보게 될 수도 있다. 즉 남편과 그 가족이 가져다주는 고기, 구슬, 기타 선물 등 결혼과 함께 따라오는 특권을 즐기고 일체감을 느끼게 되는 것이다. 남편에 대한 두려움은 점차 사그라지며, 나아가 사랑하는 마음이 생길 수도 있다. 물론 이러한 변화가 힘겹기는 하지만, 많은 여성들에게는 초경을 시작하고 나서 첫 아이를 낳기 전까지가 행복하고도 낭만적이기까지 한 시기다.

!쿵 여성들의 평균 초경 연령은 16.5세로, 1970년 기준으로 평균 12.5세인 미국과 비교하면 매우 늦은 편이다. 그러나 산업화되지 않은 사회는 대개 서구 사회보다 초경 연령이 훨씬 늦으며, 미국만 해도 우리 할머니나 증조할머니 대에는 초경을 늦게 치렀다. 또 !쿵 여성들은 월경이 시작되고도 거의 2년 가까이 임신 능력이 생기지 않는 경향이 있다. '청소년기 불임adolescence infertility'이라고 불리는 이 현상은 !쿵족 이외에도 여러 사회에서 나타나는데, 이로 인해 재생산 기능의 발달이 지연되어 초경

이후 1~3년 동안은 임신이 잘 되지 않는다.

!쿵 여성이 어릴 때부터 잦은 성적 장난을 경험하는데도 신체적으로 늦게 성숙하는 것은 분명한 이점이 있다. !쿵 여성은 보통 출산할 때 큰 위험을 감수해야 하는데, 산모가 10대라면 그 위험은 더욱 커질 것이다. 더구나 어린 산모는 성인 여성들처럼 책임감 있게 젖먹이를 돌볼 만큼 감정적으로 성숙하지 못했을 수도 있다. 그들 사회에서는 영·유아 사망률이 높기 때문에 최적의 양육 조건에서 조금만 벗어나도 사망률이 확 치솟는다. !쿵족을 한 표본으로 놓고 보면, 인간의 재생산 체계는 20~30대에 아이를 낳고 기르도록 고안된 것 같다. 초경이 빨라지는 경향은 극히 최근에 나타난 현상이며, !쿵족에게서 발견되는 재생산 패턴이 인간이 진화해 온 수만 년 동안의 전형적인 패턴일 가능성이 크다.

오래 전에, 우리 부모님이 아주 멀리 있는 샘 옆으로 이사 갔는데, 거기서 늙은 칸틀라와 그의 아들 타셰이를 만났지.[1] 그 사람들도 거기로 살러 온 거였어.

우리가 거기에 도착하고 얼마 안 되었을 때야. 하루는 내 친구 누카랑 같이 샘에 물 길러 갔는데, 거기서 타셰이가 나를 본 거야. 그는 속으로 '저 여자와 결혼해야지.' 그러고는 누카를 불러서 물었어. "누카, 저 여자, 저 젊고 예쁜 여자 말이야……, 이름이 뭐니?" "쟤 이름은 니사인데요." "음……, 어머니 아버지한테 저 여자에 대해 말씀드려야지. 저 사람이랑 결혼해도 되냐고 여쭤 보겠어."

그러고 우리 둘은 통에 물을 채우고 먼 길을 걸어서 마을로 돌아왔어. 누카가 우리 어머니를 보고 그랬지. "니사랑 제가 샘에 가서 물을 긷는데요. 사람들이 와서 물을 채우는데 한 청년이 니사를 보더니, 자기 부모님한테 말씀드려서 니사와 결혼을 허락받겠대요."

나는 아무 말도 하지 않았어. 어릴 땐 누가 나랑 결혼하고 싶다고 해도 내가 무슨 말을 하나. 결혼 얘기가 처음 나왔을 땐 솔직히 싫었어. 나중에는 맘이 약간 기울었지. 타셰이 그 사람이 무척 잘 생겼거든.

이튿날 밤에 우리 마을에서 춤판이 벌어졌어. 벌써 노래 부르고 춤추고들 있는 와중에 타셰이랑 그 사람 가족들이 왔어. 그래 다 같이 어울려서 밤늦게까지 노래하고 춤추고 그랬지. 그런데 내가 누카랑 같이 앉아 있는데, 타셰이가 이리로 오더니 덥석 손을 잡네. 내가 속으로 '뭐야? 이 사람 뭐지? 지금 뭐 하는 건가? 그냥 앉아 있는데 별안간 와서 덥석 손을 잡다니?' 그러고 있으니 누카가 이래. "이 사람이 네 남편이야……. 네 남편이니까 잡은 거지. 안 그래?" "네 손은 안 잡나? 네가 나보다 나이도 더 많잖아. 네가 저 사람하고 결혼해라." "저 사람은 내 삼촌이야. 삼촌이랑은 결혼 안 해. 여하튼 저 사람도 너랑 결혼하고 싶어하잖니."

그러다가 그 사람 부모님이 우리 부모님한테로 갔어. 그 사람 아버지가 그래. "가우, 추코, 저희가 여기 와서 함께 춤을 추었지만, 이제 춤이 끝났으니 한 말씀 드리겠습니다. 두 분이 낳은 자식 가운데 하나를 저희에게 주십시오. 따님을 제게 주시면 제가 우리 아들에게 주겠습니다. 어제 아들놈이 우물에 갔다가 그 아이를 봤답니다. 돌아와서 하는 말이, 자기 대신에 오늘 내가 가서, 따님을 청해 가지고 자기에게 달랍니다. 저희

아들놈이 당신네 따님과 결혼하고 싶답니다."

그러니 우리 어머니가 "에, 하지만 제 딸아이는 여자가 아니라 애랍니다. 딸애는 결혼 생각도 안 하고, 신혼 오두막에 들어갈 생각도 안 한답니다." 그랬지. 아버지도 말했어. "맞아요. 제가 낳은 이 아이는 아직 어린 애랍니다. 신혼 오두막에 들어갈 생각을 안 해요. 남자랑 결혼을 시켜 주면 그냥 떨쳐 버리고 오고, 그러고 나서 다른 사람과 결혼시키면 또 떨쳐 버리고 오길 몇 번입니다. 이 앤 벌써 남편을 둘이나 거절했습니다."

아버지는 계속해서 말하길, "저기 오두막에 '뎀'이라는 또 한 사내가 있는데, 그 친구도 니사한테 청혼했답니다. 그의 첫째 아내도 니사를 작은댁으로 들여서 옆에 앉히고 싶어해요. 나가서 식량까지 거둬 와서 니사한테 줍니다. 니사 보고 요리해서 자기 남편한테 주라고 말이지요. 그런데 첫째 아내가 외투를 끌러 가지고 니사 옆에 식량을 한 짐 쏟아 놓으면, 니사는 그걸 모래밭에 내던져서 엉망으로 만들고 외투까지 발로 차 버린답니다. 그런 걸 보노라면 니사는 아직 여자가 되긴 먼 것 같소이다." 그랬어.

그러니까 타셰이의 아버지가 그래. "말씀 잘 들었습니다. 물론 애들이 그런 짓을 하지요. 애들은 그러게 마련입니다. 처음 결혼했을 때는 남편과 얼마 동안 지내다가 헤어져 나오고, 또 다른 남편한테 가고 그러지요. 하지만 언젠가는 따님도 한 남자 곁에 머무를 겁니다. 애들이 다 그렇듯이."

그렇게 부모들은 혼담을 나눴고 결국 우릴 결혼시키기로 했어. 그때 나는 이모네 오두막에 있어서 그 광경을 보지 못했지만 두런두런 얘기하는 소리는 들렸어. 나중에는 아버지 오두막으로 가서 그 자리에 끼었지. 거기에 가니까 타셰이가 나를 이렇게 보는데, 자리에 앉았는데도 계속 빤히 쳐다봐.

타셰이의 어머니가 나를 보고는, "오오오! 이 아이가 어쩜 이리 예쁠까! 이제 벌써 어엿한 숙녀로구나. 왜 네가 결혼하기 싫어한다고들 그러는지 모르겠구나." 그래. "네, 이 사람이에요. 방금 온 이 사람을 제게 주셨으면 해요." 그랬어, 타셰이가.

결혼식 날에 모두가 다 모였지. 타셰이의 친구들이 전부 주위에 둘러앉아서 웃고 떠드는데, 타셰이의 남동생이 "타셰이, 형은 너무 늙었잖아. 내가 니사랑 결혼하게 비켜. 니사는 나한테 줘." 그러니까 그 사람 조카도 한마디 거들어서 "삼촌, 삼촌은 너무 늙었어요. 그러니까 내가 니사랑 결혼하겠어요." 그러고, 다 둘러앉아서는 그런 소릴 하며 놀았겠지. 모두가 다 나를 맘에 들어했어.

나는 어머니 오두막으로 가서 앉아 있었어. 구슬을 칭칭 감고 머리는 장신구로 뒤덮어 가지고 앞이 보이지도 않았지.

그날 밤에 또 춤판이 벌어졌어. 우리는 다 춤을 췄지. 그러다 어떤 사람들은 잠들고 어떤 사람들은 계속 춤추고 그랬지. 타셰이와 그 친척들은 새벽이 되어서야 자기들 야영지로 돌아가고, 우리는 우리 오두막으로 돌아가서 잠들었어. 다음 날 아침 느지막이 타셰이의 친척들이 다시 왔어. 타셰이의 부모님이 "우리는 여기 오래 있지 못할 거니까, 내일부터 신혼 오두막을 짓도록 합시다." 그러셨어.

그래서 다음 날 일을 시작했어. 사람들이 많이 모였지. 타셰이의 어머니, 우리 어머니, 이모가 힘을 합쳐서 오두막을 짓고, 다른 사람들은 주위에 둘러앉아서 이야기꽃을 피웠어. 그날 늦게 오두막이 완성되자 청년들이 가서 타셰이를 오두막으로 데리고 와서는, 그 옆에 앉혀 놓고 다 함께 불가에 모여 앉았어.

어른들이 내 친구 두 명한테, 가서 나를 신혼 오두막으로 데리고 오라고 했어. 나는 어머니의 오두막 안에 앉아 있었는데 그런 말이 밖에서 들리데. 나는 속으로 '우우우…… 난 도망쳐 버릴 거야.' 그러고는 정말 도망쳤어. 사람들이 왔는데 내가 없으니까 "니사 어디로 갔지? 도망쳤나? 이제 어두워지는데, 밖에 나가면 맹수한테 잡아먹힌다는 걸 모르나?" 그랬지. 아버지도 "니사한테, 이럴 거면 다시는 도망치지 못하게 때려 줄 거라고 그러쇼. 대체 왜 도망간 거지?" 그랬어.

그때쯤에 나는 벌써 황야 먼 데까지 도망쳤겠지. 사람들이 날 찾아 나섰어. 사람들이 부르는 소리가 들렸어. "니사……, 니사……." 나는 나무 밑에 웅크리고 앉아 있었지. 그러고 있는데 누카 목소리가 들려. "니사……, 니사아……. 친구야……, 하이에나들이 돌아다녀……. 맹수들이 널 물어뜯어 죽일 거야……. 돌아와……. 니사……, 니사아……."

그러다 누카가 날 봤어. 보자마자 또 냉큼 달아나기 시작했지. 누카는 날 쫓아 달려와서 결국 붙잡았어. 그리고 큰 소리로 "이봐요! 니사 여기 있어요! 모두들 와 보세요! 니사를 잡았어요! 여기 있어요!" 그랬어.

사람들이 몰려와 나를 데려가서는 오두막 안에 도로 눕혀 놓았어. 나는 울고 또 울었어. 어른들이 그랬지. "저 사람이 너 안 죽인다. 저 사람은 너랑 결혼할 사람이다. 결혼해서 네 아버지나 큰오빠처럼 대해 줄 사람이다. 짐승들을 잡아와서 너한테 먹으라고 갖다 줄 거다. 내일도 네가 이렇게 울고 있으면, 타셰이는 나가서 짐승을 잡아도 자기만 먹고 너한테는 한 점도 안 줄 거다. 구슬도 마찬가지. 구슬을 가져와도 너한텐 안 준다. 왜 그렇게 남편을 무서워하니, 왜 그렇게 울고만 있니?'

나는 그 말을 듣고 잠잠해졌어. 그러고 있다가 둘이서 잠자리에 들었지. 타셰이는 오두막 입구께 불 옆에 자리 잡고 누웠고, 나는 오두막 안에 누웠어. 타셰이는 내가 또 도망갈 거라 생각했나 봐. 그러고는 담요를 덮고 잠들었어.

나는 캄캄할 무렵에 깨서 일어나 앉았어. 속으로 '어떻게 저 사람을 넘어서 나가나? 여기서 나가 엄마 오두막으로 가서 엄마 옆에서 자려면 어떻게 해야 하나?' 그러면서 그 사람이 자는 걸 보고 있는데, 한밤중에 '그래……, 이 남자는 지금 나랑 결혼한 거야.' 하는 생각이 떠올랐어. 그러고 다시 자리에 누웠는데, 또 다른 생각들이 꼬리를 물었겠지. '왜 어른들은 나를 이 남자랑 결혼시켰나? 어른들은 이 남자가 좋은 사람이라고 하지만, 그래도…….'

그렇게 가만히 누워 있는데 빗방울이 떨어지기 시작했어. 비가 계속해서 줄기차게 내렸어. 결국 나는 잠들었지. 그러고 한참 후에 동이 텄어.

아침에 깨어 보니 타셰이가 일어나서 불가에 앉아 있어. 나는 잔뜩 겁에 질려서 자리에 그냥 누워 그 사람이 갈 때까지 기다렸지요. 그러다가 그 사람이 소변보러 일어선 사이에 얼른 나와서 우리 엄마 오두막으로 달려갔어요.

그날 그 사람의 친척들이 우리 신혼 오두막으로 우르르 몰려왔어. 그 사람의 어머니, 아버지, 형제들…… 전부가 다! 그 사람들이 "가서 니사한테, 시집 식구들이 결혼 기름을 발라 준다고 이리로 오라고 전하시오. 여기 앉아 있는 거 안 보이나? 신혼 오두막에서 기름을 발라 줘야 하는데 왜 이리로 안 오는 거지?" 그래.

나는 도리질했어. 그 사람들이 계속 나를 부르니까 결국 우리 오빠가 나섰어. "흠, 흠, 니사, 계속 이런 식으로 굴면 때려 줄 거야. 이제 일어나서 가. 저 사람들이 기름을 발라 주게 저기 가서 앉아 있어."

그래도 나는 도리질치고 마냥 앉아 있었어. 그러니까 오빠가 근처 나무에서 가지를 꺾어 회초리처럼 꼬나들고 나한테로 성큼성큼 걸어 왔겠지. 나는 겁이 나서 오빠를 따라 사람들이 앉아 있는 데로 갔어. 타셰이의 어머니가 나한테 기름을 발라 주고 타셰이한테는 우리 이모가 기름을 발라 주었어.

그러고 나서 사람들이 떠나자 타셰이와 나 둘만 남게 되었어.

그렇게 해서 우리는 함께 살게 되었지만, 나는 도망치고 또 도망치기를 거듭했어요. 마음 한구석에서는 '나는 아직 아이인데 왜 또 남편을 맞아야 하나?' 이랬지.

어느 날 밤에는 마을을 도망쳐 나와 멀리 떨어진 황야에서 하룻밤을 자기도 했어. 남편이랑 나란히 잠자리에 들었다가, 중간에 깨서는 그 사람 발치로 숨죽이고 돌아 나와 재빨리 달아났지. 우리가 살고 있던 몽공고 덤불을 나와서 아주 멀리까지 갔어. 사방이 캄캄한 데다 횃불도 없었어. 그래 나무 둥치에 기대 누워서 잤지.

동이 트니 사람들이 날 찾아 나섰겠지. 내가 남긴 자취를 따라 몽공고 덤불을 지나, 전날 밤 내가 누웠던 곳까지 왔어. 나는 벌써 거길 떠나, 멀리 떨어진 나무 그늘에서 샤 뿌리를 캐고 있었지. 사람들이 나를 뒤쫓았어. 그중에서 누카가 내 자취를 쫓아 서둘러 앞서 와 가지고는 결국 나를 찾아냈지. 누카가 말하길, 자기는 혼자서 나를 찾아왔고 다른 사람들은 딴 데 있대. 그러고는 "여기서 뿌리를 캐 먹으면서 같이 살자." 그래. 나는 고맙다고, 너야말로 좋은 친구라고 그랬지.

그렇게 같이 샤 뿌리를 캐다가, 누카가 그래. "저 나무 그늘 아래 가 앉자. 조금 쉬다가 뿌리를 더 캐는 게 좋겠다. 오늘은 하루 종일 너랑 같이 있을 거지만, 해가 기울면 나는 여길 떠나 마을로 돌아가야 해. 너는 여기 황야에 계속 있어도 돼. 내일 이 뿌리를 좀 구워 가지고 올게." 나는 "친구야! 정말 고마워. 하지만 마을로 돌아가면 날 봤단 얘기 하지 마." 그랬겠지.

그러고 같이 앉아서 쉬고 있는데, 문득 주위를 둘러보니 사람들이 여기로 오는 게 보여. 내가 그랬지. "누카, 사람들이 오고 있어! 너 나한테 거짓말했구나. 다른 사람들은 마을에 있다고 했잖아. 그런데 벌써 여기까지 왔다니. 이제는 딴 데로 도망갈 수도 없어. 여기 너랑 같이 앉아 있을 수밖에."

마침내 사람들이 우리가 샤 뿌리를 그득 쌓아 놓고 그늘에 앉아 있는 걸 찾아냈어. 다들 우리 곁으로 와 앉았지. 우리 오빠, 아버지, 타셰이 …… 다 나왔어. 아버지가 말했어. "한밤중에 그렇게 뛰쳐나가 밤 짐승들 가운데서 자다니, 어찌된 일이냐? 사자가 봤으면 물어 죽였을 거다. 하이에나나 들개였어도 마찬가지고. 넌 어떻게 된 애냐? 이 일을 누가 책임져야 하니? 죽으려고 아예 작정을 했구나."

"네. 제가 밤 짐승들 가운데서 자려고 했다 해도, 아버지 물건을 하나라도 가져간 거 있나요? 저는 아무것도 챙기지 않았어요. 그냥 혼자 빠져나와서 혼자 잔 것뿐이에요. 지금이라도 내키면 전 마음 닿는 데까지 멀리 가 버릴 거예요. 전 지금 오로지 멀리 가 버리고 싶은 생각뿐이니까요. 만약 제가 돌아가서 아버지와 같이 있으면 또 남편을 붙여 주려고 하실 거고, 그런 건 지금은 천금을 준대도 싫어요."

오빠가 그래. "왜 남편이 싫으니? 남편은 아버지와 같은 사람 아니니? 너 사는 걸 도와주고 너한테 식량을 가져다주는 사람이야. 네가 결혼하기 싫다면 어디서 먹을 걸 구할 작정이니?" 나는 "지금 같아서는, 나를 잡아다 마을로 데려가기만 하면 독화살을 삼키고 죽어 버릴 거야! 난 결혼하기 싫어!" 하고 소릴 질렀겠지.

오빠가 "독화살로 찔러 자살하겠다면, 독화살이 뭔지, 그걸로 뭘 하는 건지 네가 제대로 이해할 때까지 두들겨 패 줄 테다. 너는 너 자신을 욕보이고 있어. 너는 한 사람이자 한 여자다. 그런 식으로 막말하려고 살아 있는 게 아니야. 즐겁게 놀고 행복하려고 살아 있는 거지." 그러더니, "네 친구들을 봐라. 다 결혼했잖니. 지금 너랑 같이 앉아 있는 누카도 벌써 결혼했고. 너도 누카처럼 결혼하고 가정을 꾸리는 쪽으로 생각해 보지 않으련? 누카는 가정이 있는데, 너는 왜 없어야 하지?" 그래.

내가 그랬지. "내 친구는 남편을 취했을지 모르지만, 확실히 나보다 나이가 많잖아. 누카는 벌써 다 컸어. 하지만 나는, 나는 아직 어리고 남편이랑 뭘 어떻게 해야 되는지도 몰라."

"음……. 이 뿌리들을 외투에 담아 가지고 돌아가자. 여기 앉은 사람은 다름 아닌 네 남편이야. 이 사람을 우리가 너한테 준 거야. 앞으로 너는 이 사람이랑 같이 크고, 이 사람이랑 같이 눕고, 이 사람이랑 같이 아이들을 낳는 거야."

우리는 일어나서 마을로 돌아왔어요. 나는 우리 오두막으로 가지 않고 어머니네 오두막으로 가서 샤 뿌리를 내려놓고 거기 있었어. 타셰이가 우리 오두막에 가 앉더니, "니사……, 니사……." 하고 날 불러. 속으로 '왜 저러나?' 해서 가 봤더니, 자기가 캐 온 뿌리를 나한테 건네주네. 그래 그중 몇 개는 받아서 어머니 갖다드리고, 나머지는 내가 가지고 우리 오두막으로 돌아와서 거기 있었어. 오후 늦게 땅거미가 지고 하늘이 붉게 물들 때쯤 해서 우리 오두막 앞의 모닥불에다가 음식을 구웠지. 그러고는 불에서 꺼내 옆에 두었다가 몇 개를 가져다 타셰이한테 줬어. 우리는 음식이 식을 때까지 기다렸다가 같이 먹었어.

저 준/트와, 타셰이 때문에 나는 정말 힘들었어. 우리가 결혼하고 얼마 안 되어서 그 사람은 나를 데리고 우리 부모님 마을을 떠나 자기 부모님네 마을로 갔어. 처음에는 우리 친정 식구들도 따라와서 우리랑 같이 잠시 지냈는데 그러다가 결국 그분들도 떠나고 말았지. 이제 타셰이와 시집 식구들하고만 남게 된 거야. 부모님이 떠나자마자 또 울기 시작했지. 타셰이가 "장모님이 떠나기 전까진 안 울었잖아. 당신 식구들이랑 함께 가고 싶단 얘기를 왜 안 했어? 당신도 따라갔으면 됐잖아?" 그러기에 내가 "당신이 무서워서요. 그래서 말을 못했어요." 그랬지.

하지만 그래도 나는 어머니랑 같이 가고 싶었어. 그래서 그날이 지기 전에 또 달아났지. 있는 힘껏 쫓아가서 겨우 식구들을 따라잡았어. 어머니가 나를 보더니 "언젠가는 하이에나가 황야에서 저 앨 물어 죽이고 말 거야. 저 애가 우릴 따라왔어요. 여기 니사가 왔어요!" 그랬어. 나는 친정 식구들하고 같이 마을로 돌아가서 한동안 부모님과 같이 지냈어.

그러고 한참을 지내다가 어느 날 타셰이가 찾아왔어요. 나는 그 사람을 보기가 무섭게 울음을 터뜨렸어. 타셰이가 "일어나, 이제 돌아간다." 그러기에 내가 "이 사람은 왜 날 계속 따라다니는 거야? 내가 저 사람한 테 빚진 게 있어서 어디든 쫓아다니는 거야?" 그랬지. 아버지가 그러셔. "미친것. 남편이 부인을 데리러 왔으면 응당 따라가야 하는 거야. 뭣 때문에 여기 계속 앉아 있는 거냐?"

그래서 타셰이는 나를 데리고 갔지. 난 더 뭐라 말도 못하고 끌려갔어. 그렇게 그 사람네 마을에서 한동안 살다가 어느 날 다른 샘으로 이주했지. 그때쯤 되자 나는 이제 더는 어머니랑 같이 살 수 없다는 걸 깨달았어. 나는 이제 가족을 떠나 남편을 따라온 거니까.

우리는 살고 또 살았어. 그리던 어느 날 심장이 막 두근거리고 머리가 아프기 시작했어. 병에 걸린 거지. 우리 아버지가 나를 고쳐 주러 오셔서는 치유 황홀경에 들었어. 내가 병이 낫자 아버지는 떠나고 나는 뒤에 남았어.

타셰이와 나는 같이 산 지 한참이 지나서야 서로를 마음으로 좋아하면서 잘 지내게 되었어. 그가 내 성기를 만진 것도 우리가 함께 산 지 한참 되어서였지. 그때는 내 가슴도 벌써 커져 있었어요.

우리 부모님 마을에서 지내던 어느 날 그와 처음으로 관계를 가지게 되었어. 강하게 거부하지는 않고 그냥 살짝만 승낙했지. 그래서 둘이 같이 누웠어요. 그런데 이튿날 아침에 일어나니 쓰라린 거야. 그래 잎사귀를 좀 뜯어다가 허리에 둘렀지. 그런데도 계속 아파서 속으로 그랬어. "우우우……, 이런 느낌이 들다니 저 사람은 내 몸속에다 대체 무슨 짓을 한 거야?"

나는 어머니한테 가서 그랬어. "저 사람, 어젯밤에……. 나는 아직 어린데, 어젯밤에 저 사람이 나 덮쳤어. 좀 비켜 봐 봐, 같이 먹게. 이거 다 먹고 우리 딴 데로 이사 가. 엄마…… 엄마……."

그러니까 어머니가 아버지를 돌아보고 이러셔. "일어나요, 회초리 가져다가 이 애 좀 때려 줘요. 얘가 우릴 다 망신시키고 있네. 일어나서 이 애 때릴 것 좀 가져와요." 나는 속으로 '왜? 내가 뭐 틀린 말 했나?' 그러고 있었지.

아버지가 가서 회초리 하나를 들고 왔어. 나는 냉큼 일어나서 이모네 오두막으로 달아났지. 거기 앉아서 속으로, '뭐가 그렇게 나쁘지? 그럼 그걸 뭐라고 얘기해야 되는 거야……. 그게 그렇게 끔찍한 건가?' 그러고 있었어.

아버지가 이모한테 와서 그랬어. "니사더러 내가 흠씬 때려 주게 이리 건너오라고 해. 저년 말하는 게 자기 귓구멍을 깨부숴 버리겠네."**2**

어머니도 그래. "쟤, 저년 막말하는 것 봐. 지금 같아선 내가 독화살로 콱 찍어 죽여 버리겠지만 살이 떨려서 그렇겐 못 하겠네. 하지만 저년이 또 저런 말을 하면 내 못 그럴까 봐?"

부모님은 내가 남편을 거절하지 말고 좋아하기를 바라셨어. 어머니는 부부 간의 일을 아내가 함부로 말하고 다니면 안 된다고 꾸중하셨지. 그건 사사로운 일이니까.

어쨌든 그러고 일어나서 오는데 "응……, 응……, 응……." 하고 몸이 덜덜 떨려. 내 성기를 내려다보면서 '아, 저 사람이…… 어젯밤에 나를 가져서 이제 거기가 못쓰게 됐구나!' 그래 물을 떠다가 아래를 씻고 또 씻었어.

나는 내 성기가 막 여물기 시작하는 게**3** 무서웠거든. 그걸 보고 울기도 하고 뭐가 잘못됐다고도 생각했지. 하지만 어른들은 "잘못된 게 아니야. 그게 네 정상적인 모습이야."라고 했지.

그리고 나이 많은 사람은, 남편 같은 어른은 그 물건이 너무 커서 아플거라고, 나를 다 찢어 놓을 거라고 생각했어. 왜냐하면 어린 남자애들하고 야한 장난이나 쳐 봤지, 어른 남자를 알지 못했으니까. 그래서 타셰이랑 진짜로 같이 잤을 때 아프니까 마다한 거지. 그래서 말을 꺼낸 거고. 그런데 어른들은 타셰이한테는 아무 말도 안 하고 나한테만 소리 소리 지르더라고. 창피했지.

그날 저녁에 또 둘이 같이 눕잖아. 그래서 이번에는 남편이 오기 전에 가죽끈으로 앞치마를 다리에 동여매고, 사타구니에 동여매고, 그걸 다시 오두막 기둥에다가 칭칭 묶어 놓았어. 남편이 나를 찢어 놓을까 봐 무서워서. 나를 가지러 달려드는 게 싫어서.

그래 둘이 누웠는데, 그러고 한참 있다가 남편이 건드리기 시작해. 배에 손을 댔는데 가죽 끈이 만져지겠지. 그래서 뭔가 하고 더듬어 보더니 "이 여자가 뭘 하고 있는 거지? 어젯밤에는 얌전하게 잘 눕더니만. 왜 사타구니를 이리 꽁꽁 동여매고 있을까나? 뭘 주기가 싫어서 그러는 건가?" 이래.

그러고 일어나 앉더니 "니사……, 니사……, 무슨 일 있어? 왜 이러고 있어?" 하고 묻는데 난 대답하지 않았어. "뭐가 그렇게 무서워서 아래를 칭칭 묶어 놓은 거야?" 하고 다그치데. "음, 음, 뭐가 무서워서 그러는 게 아니구요." "아니, 말을 해 봐. 나는 지금 당신이 한 일을 두고 묻고 있는 거야."

그러더니 "이런 짓을 하다니 대체 무슨 생각으로 그러는 거야? 나도 당신과 똑같은 준/트와인데, 나랑 눕기를 꼭 낯선 사람 옆에 눕듯이 하고 있잖아. 우리 둘 다 똑같은 준/트와시인데 당신은 이렇게 몸을 꽁꽁 묶고 있잖아." 그래.

"내 보지를 가지려고 한다면 아무하고도 눕지 않을래요. 어젯밤에 당신이 나와 관계를 가지고 난 다음에 거기 안쪽이 아프단 말이에요. 그래서 당신이 또 날 취하지 못하게 하려고 몸을 꽁꽁 묶은 거예요."

"끈 풀어요. 내가 누굴 죽일 사람으로 보여? 내가 당신을 잡아먹을 것 같아? 난 당신을 죽이려는 게 아니라 당신과 결혼한 거고 당신과 사랑을 나누고 싶은 거야. 내가 당신과 결혼해 놓고 사랑을 나누지도 않을 거 같아? 우리가 그냥 나란히 누워서 잠만 잘 거라고 생각해? 여자랑 결혼해 놓고는 일도 안 치르고 그냥 옆에 누워서 자는 남자도 있나?"

"상관없어요. 나는 싫어요. 오늘은 거기 안쪽이 아프니까 안 할래요."
"음, 그럼 오늘은 그냥 누워서 자지만, 내일은 당신을 가질 거야. 내일도 마다하면 다리를 비집어 열고 억지로라도 가질 거야."

그러고는 끈을 풀더니 "앞으로도 이런 용도로 쓴다면 이 끈을 없애 버리겠어." 하고는 칼을 꺼내 끈을 조각조각 잘라 버렸어. 그러고는 나를 옆에 눕혔지. 하지만 건드리진 않았어. 내가 무서워하는 걸 알았으니까. 그리고 우리 둘 다 잠들었지.

이튿날 일어나서 평소대로 먹고 일하고 하다가, 밤이 되니 또 오두막으로 돌아와서 나란히 누웠겠지. 이번에는 남편이 나한테 막 달려들었어. 양 다리를 꽉 붙들고 달려드는데, 나는 막 몸부림치면서도 결국엔 이 사람이 나랑 일을 치르겠구나 생각했지. '이런다고 좋을 게 없겠어. 이 남자가 정말 날 강제로 범한다면 그땐 정말로 아프겠지. 그러니까 가만히 누워서 이 남자가 먹고 싶은 걸 찾게 놔두자. 그런데 대체 나한테 뭐 먹을 게 있다고 그러는지 모르겠네. 먹어도 배가 차지도 않을 텐데.'[4]

그래서 나는 싸우길 관두고 가만히 누웠고 그 사람은 일을 치렀지. 이번에는 그렇게 많이 아프지 않았어. 그 사람은 일을 마치고는 누워서 잠들었지.

그 이후로 우리는 계속 살았어. 나는 그 사람을 좋아하게 됐고, 그 사람은 날 더는 귀찮게 하지 않았지. 관계를 갖자고 조르지도 않았어. 여러 날이 흘러 우기가 지나고, 겨울이 지나고, 뜨거운 여름이 지나도록 그 사람은 날 그냥 내버려 두었지. 그동안 나는 자라서 남녀 간의 이치를 좀 이해하기 시작했지. 그 전까지는 남자에 대해서 정말로 알지 못했어.

그러다 차차 깨우쳐 갔지. 사람들이 그래. "남자는 원래 여자와 성관계를 하게 되어 있다. 남자가 구슬 목걸이마냥 그냥 두고 보려고 여자랑 결혼하는 게 아니다. 사랑을 나누려고 결혼하는 거다."라고. "남자가 여자 얼굴 보고 결혼하는 것도 아니고, 예쁜 거 보고 결혼하는 것도 아니다. 같이 자려고 결혼하는 거다."라고.

그리고 우리 어머니도 "여자가 남자와 결혼하면, 남편이 몸만 만지는 게 아니라 아래도 만지고 관계를 갖는 거니라." 그러고, 우리 이모도 "남자는 원래 결혼하면 부인과 관계를 가지는 거다. 그런데 너는 왜 그 사람한테 그걸 감추고 거두어들이려고 하니? 거기에 무슨 문제가 있는 것도 아니고." 그래. 타셰이도 한마디 했지. 다른 부부들이 같이 있는 걸 보다가 그래. "사람들은 모두 서로 사랑을 나누는 거라고 어른들이 말씀 안 하셔? 다들 그렇게 사랑을 나누면서 사는 거야."

그렇게 모두들 이야기하는 걸 듣고 차츰 알았지. 결국 나도 이해하게 되었어.

시부모님네 마을에 다시 가서 살 때쯤 해서 가슴이 더 부풀어 오르기 시작했어. 점점 더 커지고 커지고 해서 이만큼 부풀어 올랐지. 가슴이 예민해지고 너무 아파서 속으로 '왜 가슴이 이렇게 아플까.' 그랬지.

타셰이한테 다른 여자들하고 같이 채집 나가겠다고 하면 "우리 둘이서만 같이 다녀야 해." 하고 못 가게 하곤 했지. 날 내보내 주질 않았어. 질투가 많았거든. 내가 다른 여자들을 따라 나돌아다니면, 딴 남자가 쫓아와서 나랑 사랑을 나눌지도 모른다는 거야.

그래 그 사람이 자기 곁을 떠나는 걸 싫어해서, 우린 어딜 가든 같이 다녔지. 채집하러 나갈 때도 둘이 같이 가고, 물을 길러 가도 둘이 같이 가고, 장작 주우러 나가는 데도 둘이 같이 갔다니까.

하루는 그날따라 가슴이 특히 더 쓰라리고 아픈 거야. 이른 아침에 한 여자가 와서 그랬어. "타셰이, 우리 채집하러 나가는데 니사 좀 같이 데리고 가게 빌려 줘. 자네는 올가미 가지고 자네 동생 '트위'랑 날쥐 잡으러 갔다 오게. 니사는 우리랑 채집하러 나가서 드차멜론 따올 테니."

하지만 타셰이는 "니사는 안 가요. 니사는 나랑 트위랑 함께 갈 거예요. 둘 다 제가 데리고 갈 겁니다. 가서 니사 몫만큼 많이 거둬 가지고 오세요. 니사는 우리랑 같이 날쥐 잡으러 가서 고기 나르는 걸 도와야 해요." 하고 거절했어.

울적했지. 여자들이랑 같이 가고 싶었는데 남자 둘을 따라가야 했으니까. 여자는 하나도 없고 남자 두 명과 나밖에 없잖아. 우리는 한참을 걸어서 날쥐 굴까지 갔어. 덫을 놓아서 잡고는 잡은 것들을 나한테 건네주기에 외투 안에 쑤셔 넣었지. 그러고 또 다시 걷고 걷고 또 걸었어. 두 사람은 나보다 약간 앞서서 걷고, 나는 뒤에서 따라가고 있었어. 그러다 소변을 보러 잠시 멈췄는데, 뭐가 빨간 게 비쳐. 속으로 '이게 소변이 빨간 건가 아니면 달거리를 하는 건가?' 생각했지. 주변에 있는 걸 집어서 아래를 슥 닦고 들여다봤지. '어, 달거리 피네! 주변에 남자들밖에 없는데, 이렇게 멀리까지 나와서 달거리를 시작하다니! 어쩌지?'

왜냐하면, 첫 월경을 할 때는 그걸 아무한테도 말하면 안 되거든. 초경을 시작한 여자는 말을 하면 안 돼. 너무 놀라 가지고 온몸이 덜덜 떨리면서두 나는 뒤지개를 집어서 멀찍이 던져 놓았어. 초경할 땐 그렇게 해야 돼. 그러고 외투를 벗어서 그 끝을 깔고 누운 다음에 나머지 부분으로 몸을 덮었어.

마음이 천근같이 무거웠지. 난 아직 애라고 여기고 있었는데, 월경도 아직 할 맘이 없었고. 그때 왜 그렇게 무서웠는지 모르겠어. 월경 의례 중에 며칠씩 굶어야 돼서 그랬나? 정말 모르겠어.

타셰이와 동생은 그런 줄도 모르고 계속 걸어서 나무 덤불 있는 데까지 갔어. "니사……, 헤―에이! 니사……, 헤―에이!"[5] 부르는 소리가 들렸지만 나는 대답하지 않고 가만히 있었어.

타셰이가 자기 동생한테 그랬어. "트위, 니사 가슴이 아주 커졌던데, 어쩌면 월경을 시작했는지도 모르겠어. 아니면 다른 사람들이 지나간 자취를 따라서 그냥 달아난 건지도 모르지. 가서 니사를 찾아봐. 소리쳐 불러 보고 자취를 쫓아가 봐. 만약 다른 사람들을 따라 달아난 거면 그냥 두고, 월경을 시작한 거면 이리로 돌아와."

트위는 내 이름을 소리쳐 부르면서 왔던 길을 되짚어 왔어. 나는 가만

히 누워 있었지. 그는 내가 누워 있는 근처까지 와서 뒤지개가 던져져 있
는 걸 봤지. 그는 관습을 따라서 잘 처신했어. 여자가 초경을 할 때는 남
자가 있으면 안 되거든. 트위는 거기서 더 가까이 오지 않고 뒤지개를 주
워다가 타셰이한테 가지고 갔어. "이거 형수의 뒤지개야. 오늘 아침에 어
머니가 형한테, '네 아내는 아직 어린애다. 저 애를 여자들이 데려가도록
놔 줘라.' 하셨는데 형은 놔 주지 않았지? 형수는 지금 달을 시작했어. 나
무 둥치 옆에 누워 있는 걸 봤어."

타셰이는 왔던 길을 되짚어 걸어와서 결국 내가 누워 있는 모습을 봤
지. 그는 속으로 '아, 저건 내 아내가 맞다. 그런데 월경을 시작했는데 주
위에 여자가 하나도 없군.' 그랬지. 그래 그 사람은 그 자리에 남고 트위
는 사람들을 부르러 마을로 달려갔지. 가서 "오늘 타셰이와 제가 니사랑
같이 나갔는데, 황야에 나가 있는 사이에 달거리를 시작했어요. 우린 둘
다 남자라 어떻게 할지 모르겠어요." 그랬어.

여자들이 다 나한테로 달려왔어. 그러고는 자기가 지닌 구슬과 장신구
들을 가져다 내 머리에 달아 주고, 몸에 기름을 발라 주었겠지. 그리고 타
셰이의 여동생이—이 앤 내 친구이기도 한데—나를 마을까지 업어 갔
어. 누울 자리를 봐 주고 오두막을 새로 짓고, 짚풀로 지붕을 이어서 나를
그 안에 들여다 눕히고, 춤추고 노래하기 시작했지. 나는 누워서 그 노래
를 가만히 듣고 있었어. 그 노래는 이런 거야.

오우ㅡ에ㅡ　오우. 오우ㅡ에.　오우ㅡ에.　에ㅡ히ㅡ히

그렇게 노래하고 떠들고 춤추고 또 춤췄어. 나는 속으로 '음……, 엄마가 없어……. 여긴 타셰이네 가족들만 있잖아.' 그리고 '언제 다시 딴 사람들처럼 평상시로 되돌아갈 수 있을까. 기분이 안 좋아. 도대체 사람들은 언제나 나한테 먹을 걸 줄까?' 그러고 있었어.

왜냐하면 사람들이 나한테 먹을 것도 마실 물도 별로 안 주었거든. 다음 날 아침에 일어나서도 오두막 안에서 못 나오고 그 안에서 쉬기만 했어. 거의 먹지도 마시지도 못하고 그냥 누워만 있었지. 나는 꼬치꼬치 말라서 죽을 지경이 됐어. 셋째 날에 남편이 그랬어. "이게 뭐예요? 내 아내는 어린애라구요. 달거리를 시작한 지 벌써 며칠이나 됐는데 거의 먹지도 마시지도 못하고 있잖아요? 이런 법이 어디 있어요?"

그러고는 일어나서 음식을 구해 가지고 왔어. 샤 뿌리를 캐고 날쥐를 삶았어. 뿌리를 그을려서 껍질을 벗겨 가지고 그걸 제 여동생한테 주면서 "가서 네 올케한테 이걸 갖다 줘. 어린애는 며칠씩 굶고 있으면 안 돼." 그랬겠지. 그걸 갖다줘서 좀 먹긴 했지, 입만 대는 정도로. 안 그랬으면 배가 아팠을 거 아니야? 그래서 조금만 먹고 나머진 다른 사람들 줬어. 그이 동생이 마실 물도 좀 갖다 줬지.

월경이 끝날 때까지 사람들은 매일같이 춤을 췄어. 그러고는 나를 씻겨 줬지. 그 후로 계속해서 살았어.

그 일이 있고 얼마 안 돼서 타셰이가 "당신, 친정 가고 싶어?" 하고 물어보기에 아, 좋다고 했지. 그래 먼 길을 걸어서 우리 어머니네 마을로 왔어. 말할 것도 없이 그때 나는 아주 아주 예뻤어. 아주 젊고 예뻤지. 지금처럼 찡그리고 주름진 얼굴이 아니었어, 그땐.

그렇게 친정 마을에 도착하자 어머니가 나를 보더니 "세상에, 저기 와서 앉아 있는 저 예쁜 처자가 누구야? 저게 누구 딸이래?" 그래. 아버지가 "니사와 그 애 남편이잖소." 그러니까 어머니가 "우리 딸……, 우리 니사……, 우리 딸……, 우리 니사!" 하고 소리치면서 반색을 하시네.

나는 몸가짐을 삼가는 관습 때문에 어머니 오두막에서 약간 떨어진 다른 오두막 옆에 가 앉았어. 먼저 남편이 일어나서 부모님 옆으로 가 앉고, 그런 다음 어머니와 이모가 와서 나를 자기들 오두막으로 데려갔지. 어머니가 "네가 앉는 모양, 행동하는 모양새를 보아하니…… 저쪽 오두막에 떨어져 앉은 걸 보니, 혹시 너 달거리를 시작한 거냐?" 그러셔. 내가 "네."[6] 그러니까 어머니가 "아이고, 우리 딸! 이 조그만 것이, 친척들도 없이 딴 마을에서 초경을 맞았단 말이냐? 거기 사람들이 널 잘 돌봐 주던?" 그러셔.

그리고 얼마 동안 어머니와 함께 지냈어. 타셰이는 어머니랑 지낼 수 있게 날 놓아 주었지. 나는 속으로 '아, 행복하다. 어머니한테로 오니 정말 좋다. 타셰이네 마을에서 지낼 때는 내내 안 좋았지만 지금은 행복해.' 그랬어.

타셰이는 내가 얼마 동안 어머니와 함께 지낼 수 있도록 내버려 두었다가, 도로 나를 데리고 자기 마을로 돌아갔어. 그러고 있다가 다시 월경을 했지. 그래서 월경 의례 두 번을 다 친정이 아니라 시댁 마을에서 하게 된 거야. 월경 기간 동안 여자들이 나를 위해 다시 춤을 춰 줬어. 월경이 끝나자 여자들이 나를 오두막에서 끌어내 씻겨 주었지.

우리는 계속 살았어. 이제는 마치 내가 어른이 된 듯한 기분이 들었지.

월경을 시작하면 철이 들거든. 그때쯤 되어야 그런 걸 이해하게 되고, 비로소 여자가 되기 시작하는 거야.

타셰이가 나랑 같이 누우려 해도 이제 마다하지 않았어. 그렇게 매일 같이 부부관계를 맺고, 이튿날 아침이 되면 아무 일도 없었던 양 오두막 앞에 나와 새치름히 앉아 있고 그랬지. 속으로 '이 남자는 이제 정말로 내 남편이 되었어. 남편은 내 것이라고. 사람들 말이 맞아.' 그랬지.

우리 둘은 함께 살고 또 살았어. 그러다가 정말로 그 사람이 좋아졌어. 결국에는 사랑하게 되었지. 마침내 나도 어른이 되어서 사랑하는 법[7]을 배운 거야. 속으로 이랬지. '남자는 여자와 성행위를 해. 그래, 남자들은 다 그러는 거야. 그런데 그 사람은 안 그럴 거라고 생각했었다니.'

우리는 그렇게 살면서 나는 그를 사랑하고 그는 나를 사랑했어. 나는 젊은 처자들이 사랑하는 방식대로, 무작정 그를 사랑했어. 그 사람이 어디 멀리 가고 뒤에 남아 있으면 그 사람이 보고 싶어. 그러면 속으로 '아, 우리 남편이 언제 집에 오려나? 왜 이리 오래 걸리나?' 하면서 그리워하지. 그 사람이 돌아오면 맘이 기쁘지. '에─헤이! 멀리 갔던 우리 남편이 다시 돌아왔네.'

지내다가 그 사람이 나를 원하면, 거절하지 않고 같이 누웠어. 속으로 '내가 왜 그리 내 성기에만 신경을 썼을까? 사실 그게 그렇게 중요한 게 아니었는데. 왜 내가 그를 마다했을까?' 그렇게 생각했지. 나는 그에게 나를 주고 또 주었어. 이제 우리는 서로 마주보고 누웠지. 그리고 내 가슴은 아주 크게 부풀었어. 나는 여자가 되어 가고 있었던 거야.

7장

일부다처 결혼

Wives and Co-Wives

일단 여성이 초경을 치르고 몇 년간
결혼 생활을 하면, 부부 사이는 더욱 즐겁고 평등해진다. 의사 교환도 자
유롭게 하며 모든 주제에 대해 터놓고 의견을 나눈다. 여성이 성숙해지고
그 자식들이 나이를 먹을수록 여성 자신의 개인적인 재능과 특성을 표현
할 여지도 많아진다. 여성이 강하고 지적이며 지도력을 갖췄다면, 집단생
활에 실질적인 영향력을 행사할 수도 있다. 마을에서 강력한 권위를 갖춘
여성들은 다른 여성들의 역할 모델이 되기도 한다.

!쿵족을 비롯한 수렵채집민들은 지구상의 다른 사회에 비해서는 남녀
가 훨씬 평등한 편이다. 그러나 !쿵 여성들의 탁월함에도 불구하고 대개
는 남성들이 조금 더 우월한 위치에 있다. 이를테면 기혼 남성이 아내에
게 둘째 아내를 받아들이도록 압력을 행사하는 것도 남성의 지배적인 위
치를 반영한다. 사실 많은 남성들이 일부다처혼을 원하지만 그들 가운데

한 번이라도 아내를 둘 이상 같이 거느려 보는 사람은 5퍼센트 정도에 불과하다. 일부다처혼으로 남성이 누리는 이점은 명백하다. 우선 새로운 성적 파트너를 얻고, 자식을 더 많이 가질 수 있으며, 가족이 먹을 식량을 채집할 사람이 하나 더 늘어나게 된다. 첫째 아내를 맞이할 때 얻었던 이점도 고스란히 따라온다. 즉 공동체 내에서 인정을 받고 지위를 획득하게 되며, 새로 관계를 맺은 사돈과 사돈네 마을과 그 채집 영역으로까지 자신의 사회·정치적 영향력을 확대하게 된다. 그러므로 남성이 훌륭한 사냥꾼 자질이 있고 지금껏 자신과 가족들이 운 좋게 잘 지내 왔다면, 두 번째 아내를 들이는 것을 진지하게 고려하게 된다. 만약 첫째 아내에게 아직 미혼인 젊은 여동생이 있다면 그녀가 선택될 확률이 높다. 또는 죽은 형제의 아내도 논리적으로 적합한 후보가 된다.

그러나 여성들 대부분은 그런 관계로 엮이는 것을 그리 달가워하지 않는다. 남편이 둘째 아내를 얻을 마음을 내비치면 많은 여성들은 화를 내게 마련이다. 여성들은 성적 질투심, 경쟁심, 미묘한 (또는 노골적인) 편애, 가사와 여타 집안일을 둘러싼 갈등 때문에 일부다처 결혼이 매우 불쾌해진다고 말한다. 부인들은 한 오두막을 같이 쓰기도 하고 불과 1~2미터 떨어진 거리에 따로 오두막을 짓고 지내기도 하는데, 어떤 경우든 한 여성은 다른 여성과 남편의 부부 생활을 옆에서 빠짐없이 지켜보게 된다. 둘째 아내가 가까운 친척도 친구도 아닌 경우에는, 이렇게 억지로 가까이 붙어서 지내는 것이 오히려 더 참기 힘들어진다.

그래서 !쿵 사람들은, 이미 가까이서 접하고 힘을 합쳐 살아 온 경험이 있는 친자매지간에 서로 사이좋게 지낼 수 있다고 말한다. 여자들 입장에서도 자매가 한 남편과 결혼해 같이 살게 되면 이점이 있다. 서로 친구처럼 지낼 수 있고, 가사와 자녀 양육을 나눠 할 수 있으며, 아프거나 불구가 되었을 때 일을 대신해 주고, 남편과 다툴 때 서로 편을 들어 줄 수도 있다. 이러한 결혼이 순조롭게 유지되느냐는, 아내의 동의 여부는 물론 개인적인 성격에도 크게 좌우된다. 부인들이 서로 화목하게 지내고 같이 협력해 나가면, 매우 강력하고도 충실한 유대관계가 맺어질 수도 있다.

둘째 아내인 여동생과 각별히 지내는 한 여성은 일부다처 결혼 생활이 일부일처 결혼 생활보다 더 낫다고 주장하기도 했다. "제가 동생을 참 좋아하거든요. 만약 그 애가 제 남편이랑 결혼하지 않았다면 다른 사람과 결혼했을 테니 그 애를 자주 못 보았을 거예요." 그러나 그녀는 첫째 아내로서 누리는 이점도 잘 알고 있었다. "내가 나이가 더 많고 남편과 먼저 결혼했기 때문에 더 강한 위치에 있지요. 그건 내가 자식을 못 낳았어도 마찬가지였을 거예요. 내가 마음만 먹으면 동생한테 물 길어 오라 시킬 수가 있지만 동생은 나한테 못 그러거든요. 동생은 이따금 혼자서 채집 나갈 때도 있지만 나는 동생 없인 절대 안 나가요." 다르게 질문을 하자 그녀는 이렇게 대답했다. "네, 만약 그 애가 남편이랑 먼저 결혼했다면 입장이 뒤바뀌었겠죠."

실제로 일부다처 결혼이 오랜 기간 유지되는 경우도 많지만, 균형을 섬세하게 잘 맞추지 못하면 격한 싸움이나 갈등이 초래되곤 한다. 부인들 간의 싸움은 매우 흔하며 자매지간이라고 해서 예외는 아니다. 부인들이 일부다처 결혼에 반쯤 동의한다손 치더라도, 그 긴장을 감내하면서 그런 결혼 생활을 유지할 정도로 대단한 동기가 있는 것은 아니다. 손위 부인이 작정하고 남편과 손아래 부인을 못 견디게 괴롭히면, 신참을 집에서 쫓아내는 데 성공할 가능성이 크다.

어지간히 특출한 남자라도 그런 결혼 생활로 들어선다는 생각이 즐겁지는 않을 것이다. 특히 아내가 둘 다 젊은 경우에는 더욱 그렇다. 일부다처 결혼은 경제적으로나 사회적으로나 관리하기가 어렵다. 투기를 방지하기 위해서는 식량과 재화는 물론 관심과 애정도 어느 정도 동등하게 할당해야 한다. 어떤 결혼 생활에나 긴장이 따르지만 이 경우에는 두 사람이 아닌 세 사람이 있고, 관계도 하나가 아닌 세 개가 맺어지는 것이다. 남자들은 "여자가 둘 있는 집에는 절대 평화가 없다."고 말한다. 그리고 대개의 경우 이 말은 옳다.

자신의 일부다처 결혼 생활에 아주 만족하던 그 여성은, 자기 딸들을 시집보낼 때에도 일부다처혼이 맞을지 묻는 질문에는 그리 낙관적이지 않았다. 그녀는 이렇게 대답했다. "나는 딸들이 사촌자매와 한 남편의 아내가 되는 건 반대할 거예요. 그런 상황에서 서로 잘 지낼 수 있는 건 친자매뿐이에요. 하지만 친자매끼리도 머리끄덩이를 잡고 싸우는 걸요. 물론 나랑 내 동생은 안 그러죠. 우리는 어머니 아버지가 두 분 다 돌아가셨기 때문에 서로 의지하고 지내니까요. 하지만 우리 두 딸이 한 남자랑 결혼하면? 아마 잘 안 될 거예요. 둘이 싸울 거예요."

!쿵 사람들은 살면서 일어나는 여러 문제들을 무섭고 복수심에 찬 신의 장난 탓으로 돌리지만, 일부다처 결혼으로 불거지는 문제들은 사람들 스스로가 자초하는 것이라 여긴다. 일부다처혼의 삼각관계로 빚어지는 싸움에 대한 이야기는, 상대적으로 안정된 일부일처혼을 한 나머지 95퍼센트의 !쿵 사람들에게 끊임없는 심심풀이이자 재밋거리이기도 하다.

한 여자와 결혼한 남자가 또 다른 여자와 결혼해서 첫째 아내 옆에 두잖아. 밤에 셋이 함께 있으면, 남편은 이쪽 여자한테 갔다가 다음엔 또 저쪽 여자한테 갔다가 그러지. 먼저 나이 든 쪽이랑 자고, 다음에는 어린 쪽이랑 자고. 그런데 남편이 어린 여자한테 가면 나이 든 여자는 질투가 나서 남편을 움켜잡고 물어뜯어. 그럼 두 여자가 막 싸우고 물고 뜯기 시작하지. 나이 든 여자가 "첫째 아내인 내가 여기 번히 누워 있는데, 너더러 가서 딴 여자랑 자라고 한 놈이 누구야? 나는 보지가 없나? 그럼 왜 그걸 놔두고 날 내버려 가며 저 젊은 년이랑 놀아나는 건데!" 악을 쓰면서 모닥불에서 불타는 장작을 집어 던지지. 어떤 때는 그렇게 동 틀 때까지 밤새도록 싸우기도 해.

남자 하나에 아내가 여럿인 결혼은 정말 끔찍한 거야!

사실 우리 아버지는 두 아내를 거느린 적이 한 번도 없었어. 딱 이틀 동안 그랬던 것만 빼고. 아버지는 어머니한테 삼촌이랑 다른 마을에 가서 선물을 주고받고 하룻밤 자고 오겠다고만 했지, 사글라이—둘째 아내 이름이야—를 얻어 온다는 말은 안 했어.

그래 두 분이 같이 출발해서 그 마을에 도착해 가지고 선물을 교환하고 하룻밤 잤겠지. 다음 날 아버지는 사글라이를 데리고, 해가 나지막이 걸린 늦은 오후에 우리 마을에 도착했어.

우리 어머니와 이모와 나는 근처 덤불에서 몽공고 열매를 줍고 있었어. 돌아오는 길에 우물에 들렀는데, 거기서 우리 이모가 사글라이의 발자국이 모래에 찍힌 걸 본 거야. 이모가 그 여자랑 아는 사이라서 그 자취를 알아본 거지.[1] 그래 이모가 "추코, 여기가 그 여자가 앉았던 자리고 여기가 형부가 앉았던 자리야." 그랬지. 어머니가 "응? 가우가 거기서 뭘 하고 있었던 거지? 나한텐 구슬 선물을 받으러 간다고 그랬는데? 그런데 웬 여자랑 같이 온단 말이지?" 했겠지. 어머니는 화가 잔뜩 났어.

우리는 몽공고 열매를 지고 마을로 돌아왔어. 아버지를 보고 어머니는 화를 삼키고는, 주먹으로 아버지를 한 방 먹였어. "여기 오두막 옆에 서 있는 건 당신 진짜 마누라가 아니라는 거야? 저 왕보지 사글라이, 저 얼어 죽을 년을 딴 마누라로 얻어 온단 소린 왜 안 했어?" 우리 어머니가 사글라이한테 욕을 퍼부어 대니, 그 여자는 무서워서 오두막 안으로 들어오지도 못했어. 밤에도 밖에서 잤지.

이튿날 아침, 아버지는 아직까지도 어머니가 무서워서 조용히 있었겠지. 그러고 있으려니 삼촌이 그래. "형수한테 사글라이를 내보내겠다고 하는 게 어떨까? 그러게 내가 저 마을에서 여잘 바로 데려오지 말자고 했잖아. 형도 집에 가면 추코가 반대할 거라고 했지. 그래도 형이 형수한테, '나는 이미 사글라이와 결혼했으니, 이 사람을 당신에게 둘째 아내로 선사하겠소.'라고 말하겠다고 했잖아. 그런데 찍소리도 못했지. 형수가 으레 그런 말을 했을 때 형이, 사글라이는 오두막 안에서 재울 거라고 못을 박았어야 했어. 사글라이를 밖에서 재우는 게 아니었어." 그러니 아버지가 그래. "그게 잘 안 되잖아. 추코는 계속 소리 지르지, 욕하지. 추코가 사글라이보고 밖에서 자라고 했어. 그런 와중에 어떻게 그 여자를 안에다 들이잔 소리를 해?"

어머니가 아버지한테 그랬겠지. "만일 내가 먼저 나서서 당신한테 그랬으면, 당신을 붙들어 앉혀 놓고, '가우, 나는 이제 나이가 들어서 걸음도 느리니, 다른 아내를 구해서 데려와요. 그럼 그 여자가 나한테 물도 길어다 주고 장작도 구해다 줘서 불을 쬘 수 있을 거 아니우.' 그랬으면, 그 말을 듣고 딴 마누라를 구해 올 수도 있겠지. 그런데 당신은 날 속이고 무작정 강요했어. 그래서 내가 이렇게 당신한테 창피를 주는 거야."

사글라이는 그날 하룻밤 더 자고, 이튿날 아침 첫 닭이 울 때 자기 마을로 돌아갔어, 혼자서. 그러니까 우리 마을에 단 이틀 밤 머물고 떠난 거지.

삼촌이 아버지한테 와서 "일어나, 그 여자 자취를 쫓아서 마을로 뒤따라가 봐." 그러니까 아버지가 그랬지. "안 갈래. 벌써 한 번 가서 데려왔는데 추코가 싫다고 했잖아. 이 마당에 내가 왜 그 여자를 쫓아가야 해?" "뭐? 형 정말 몰라서 물어? 만약 사글라이가 자기 마을로 돌아가는 길에 맹수를 만나서 변을 당하기라도 하면 어떡해? 마을에 무사히 도착하더라도 그 여자 친척들이 와서, 형한테 그녀를 취해 결혼한 책임을 물을 거야." "난 쫓아가지 않을 거야. 그 여자도 성인이고 스스로 떠난 거야. 그걸 두고 한탄해 봤자 무슨 소용이 있겠어?"

우리 할아버지, 그러니까 우리 아버지의 아버지인 투카는 여자를 많이 거느렸지! 처음에 한 사람이랑 결혼했다가, 또 딴 사람이랑 결혼했다가, 또 딴 사람이랑 결혼했어.[2] 그래서 첫째 아내한테 갔다가 둘째 아내한테 갔다가 다음에 셋째 아내한테 가고 그런 거지. 아내 가운데 한 사람은 혼자 자고 나머지 두 사람은 한 오두막을 썼어. 그래서 할아버지는 두 아내와 한동안 같이 지내다가 나머지 한 아내한테 가서 지내다가, 다시 두 사람에게로 돌아오고 했지.

어떤 때는, 두 마누라랑 같이 자다가 일어나서 살금살금 나와 가지고 셋째 마누라한테 가기도 했어. 그럼 제일 나이 많은 첫째 마누라가 "투카, 거기서 뭐 찾을 거라도 있어요?" 하고 소릴 빽 질러. 그분은 굉장히 질투가 많았거든. 그러면 투카 할아버지는 셋째 마누라를 버려두고 도로 첫째 마누라 옆으로 와서 눕겠지. 그렇게 누워서 마누라가 잠들 때까지 기다렸다가, 잠든 것 같으면 작은 소리로 "다시 일어날 거야?" 하고 속삭여. 그래서 아무 대답이 없으면, 다시 몰래 셋째 마누라한테 가서 밤새도록 같이 있어. 그러다 첫 닭이 울면 도로 오두막으로 돌아오지. 첫째 마누라가 "어디 갔다 왔소?" 그러면 "흠, 흠, 소변 좀 보느라고." 그랬어.

그런데 하루는, 할아버지가 첫째 마누라하고 있다가 셋째 마누라한테 가려고 몰래 일어나는데, 첫째 마누라가 또 벌떡 일어나서 그러는 거야. "투카, 지금 일어나서 뭐하는 거요? 잠 안 자요? 이 한밤중에 뭘 찾는 거예요?"

그래 할아버지가 그랬어. "마누라, 당신도 알다시피 내가 다른 사람들하고도 결혼했잖아. 내가 뭐 하러 결혼했겠어? 사랑을 나누려고 한 거지. 물론 당신하고도 사랑을 나누지만, 당신만 그걸 가진 건 아니잖아? 그게 여자들한텐 다 있다구. 당신은 지금 내가 딴 여자랑 결혼한 이 마당에 그 마누라랑은 같이 자면 안 된다는 거야? 당신하고만 자야 된다고? 그건 말이 안 되잖아!"

나도 한 번 그런 걸 겪어 봤지. 내가 타셰이랑 아기를 갖기 전에, 그 사람이 다른 여자를 우리 결혼 생활에 데리고 왔어. 그때 나는 아직 어린 처자였고 그 여자 티크내이도 마찬가지로 어렸지. 타셰이는 우리 두 사람이랑 결혼하고 우리 둘을 같이 키웠어.[3]

타셰이가 처음 그 얘길 꺼냈을 때 나는 반대했어. 그래도 타셰이는 지치지도 않고 계속 졸라댔어. 조르고 조르고 또 조르고, 그래 마침내 내가 그랬지. "좋아요. 맘대로 해요. 그 여자랑 결혼해서 데리고 와요." 하지만 막상 타셰이가 그 여자를 데리고 오니까 그렇게 싫은 거야. 보고 내 인사도 안 했어.

그렇게 세 명이 1년 좀 못 되게 같이 살았지. 그동안 나는 타셰이를 내가 가까이 오지도 못하게 하고, 부부관계도 마다했어. 그 여자한테서 더러움 탄다고. 그 여자 보짓물을 묻혀 가지고 와서 나한테 옮긴다고. 나는 그걸 아주 질색했지.

싸우기도 많이 싸웠어. 특히 밤만 되면. 타셰이는 한밤중에, 남들 다 깊이 잠든 시간에 티크내이랑 관계를 하는데, 일을 치르면서 자꾸 나한테 와서 부딪치고 밀어붙이는 거야. 그럼 곤히 자다 깨잖아. 한 번은 내가 속으로 '뭐가 이렇게 와서 부딪치는 거야? 잠도 못 자게.' 그리고 일어나서, 둘이 덮은 담요를 홱 잡아채 가지고는 불에다 던져 버렸겠지. 그러고는 "둘 다 일어나! 씹하려면 밖에 나가서 해! 누워서 잠 좀 자자!" 하고 빽 소릴 질렀겠지. 그러니까 티크내이도 발끈하고 일어나서 우리는 싸우기 시작했어. 타셰이가 우릴 가까스로 떼어 놓아서 결국 다 같이 누워 잠을 청했어.

이튿날 아침 나는 칼을 집어 들고 타셰이를 찌르려 달려들었지. 그러자 티크내이가 나한테서 칼을 빼앗았어. 그 순간 화가 아주 머리끝까지 오르데. 그래 막 퍼부었지. "티크내이, 여기서 나가! 일어나서 너희 마을로 돌아가! 세상에 얼마나 남자가 많은데, 너는 어떻게 그 남자들을 다 마다하고 하필 우리 남편이랑 결혼했니?"

그러니까 티크내이가 그래. "내가 그런 게 아니야. 네 남편이 날 여기로 데리고 온 거지 내가 오고 싶어 온 게 아니야." "네가 어떻게 여기 오게 됐는지는 내 알 바 아니야. 널린 게 남잔데, 내가 내 남편을 너랑 나눠가질 필요가 없어! 세상에 물건 달린 사람이 이 사람뿐이니? 다른 남자들은 그게 안 달렸다니? 요거 하나 갖고 나도 매달리고 너도 매달리고 그래야겠니? 이제 일어나서 너희 마을로 돌아가!"

결국 나는 그녀를 내쫓아 버렸어. 그 여자는 자기 부모님한테로 돌아갔지. 나는 그 여자가 가고 난 다음에야 타셰이에게 날 만지는 걸 허락했어. 그렇게 그 여자를 내쫓고 나서야 우리는 다시 같이 살고 다시 사랑을 나누게 되었어.

8장

첫 출산

First Birth

오두막 앞에 나와 앉아서 몽공고
열매를 빨고, 불에 고기를 굽고, 큰 아이 거둬 먹이고 작은 아이 젖 주고,
마실 나온 친척들과 웃으면서 떠들고, 판이 벌어지면 음악을 연주하거나
황홀경 춤에 끼고, 마침내 모두가 돌아가고 애들이 쌔근쌔근 잠들고 난
후에 남편과 단 둘이 앉아 있는 것—이런 것이 !쿵 여자의 삶이자 행복
이라고들 한다. 그러나 이러한 !쿵 사람들의 이상적인 행복은 괴로운 과
정을 여러 번 거친 후에야 얻을 수 있는 것이다. 여성이 사회적으로 인정
받고 어른의 지위를 얻으려면 어머니가 되어야 한다. 그리고 어머니가 되
려면 임신과 출산을 거쳐야 하는데, 이는 여러 모로 무서운 경험이다.

　!쿵 사람들은 임신—"아기가 자궁 안에서 주먹질을 한다."고 표현한
다—이 성행위의 결과이며, 월경은 수정이 이루어지지 않았다는 표시임
을 알고 있다. 그들은 월경이 끝날 무렵 정자가 생리혈의 끝물과 만나서

수태가 된다고 믿는데, 임신이 이루어지는 시기에 대해서 어느 정도 정확한 관념을 가지고 있다고 볼 수 있다. 만일 수태가 이루어질 수 있는 시기에 남편이 오랫동안 부재했다면, 남편은 아이 아버지가 누구냐고 아내를 몰아붙일 소지가 크다.

!쿵 여성들은 달이 차고 이지러지는 것을 보고 자기 월경 시기를 예측한다. 달이 한 차례 지나갔는데도 월경이 찾아오지 않으면 임신을 의심하기 시작한다. 임신을 알 수 있는 다른 징후들도 있다. 젖꼭지 주변의 젖꽃판이 거무스름해진다든지, 특정 음식이 이유 없이 싫어진다든지, 구역질과 구토가 올라온다든지, 고기가 간절히 먹고 싶어진다든지, 또는 감정 상태가 오락가락한다든지 하면 의심은 더욱 짙어진다. 두 번째와 세 번째 달이 지나가면 가능성은 이제 확신이 된다. 주변 사람들이 이미 임신을 눈치 챘더라도 당사자인 여성은 둘째 달이 지나갈 때까지 이 사실을 공공연히 말하고 다니지 않는다. 아마도 주위의 시샘을 살 일이 있을 때일수록 겸손을 지키라는 무언의 압력을 따르는 것 같다. 이러한 침묵은 혹여 자연 유산이 되는 경우에—유산은 임신 첫 달에 일어나는 경우가 많다—심리적으로 여성을 보호해 주기도 한다.

!쿵 사람들은 임신을 '그르치거나ruin' 임신을 중절하는 방법을 많이 알고 있다고 주장한다. 임신한 여성이 다른 집의 불을 써서 음식을 하거나, 아이 아버지가 아닌 다른 남자와 성관계를 맺으면 그것은 낙태를 원한다고 선언하는 것이나 마찬가지다. 또는 말이나 당나귀를 탄다든지 하는 물리적인 방법도 있고, 식물에서 채취한 약재를 이용한 화학적 방법도 있다. 그런 약재가 얼마나 널리 쓰이는지, 얼마나 효과가 있는지는 명확하지 않다. 어떤 경우이건, 여성은 태아가 생존할 가능성이 (최선의 경우에

도) 불확실하거나 평균 이하라고 생각할 때에만 이러한 수단을 감행한다.

일단 임신 사실이 집단 성원들에게 알려지고 나면, 사람들은 아이를 돌봐 준다든지 음식을 갖다 준다든지 집안일을 거든다든지 해서 여러모로 도움을 준다. 그러나 임신했다고 해서 특별히 보호해 주어야 한다거나 일상적인 활동을 그만두어야 한다고 여기지는 않는다. 임신부는 평소대로 먼 거리를 이동해서 식량을 채집하고 평소와 똑같이 짐을 지고 돌아온다. 몸이 안 좋은 느낌이 들면 기분이 나아질 때까지 휴식을 취하기도 한다. 그러나 많은 여성들이 출산하는 당일까지 일상적인 노동을 계속한다. 임신은 당연히 주어진 일이며 '여자들이 감당해야 할 일'이다.

그러나 평상심을 유지하려 해도 감정이 마음을 어지럽히곤 한다. 많은 !쿵 여성들은 임신 중에 기분이 극단적으로 오르락내리락하는 현상을 경험한다. 주위 사람들은 이런 임신 중의 변덕을 으레 있는 일로 치부하고 잘 참아 주지만 그렇다고 바람직하게 보는 것도 아니다. 셋째 아이를 임신한 한 여성은 이렇게 말했다. "어떤 여자들은 아무 때나 화를 내는데 저는 안 그래요. 그런 사람들은 나쁘죠. 저는 그냥 조용히 앉아만 있어요." 그녀는 어머니한테서, 임신 중에 큰 소리로 비명을 지르는 여자들은 난산을 하거나 출산하다 죽을 수도 있다는 얘기를 들었다고 한다. 그녀가 임신 중에 차분하게 지내는—또는 차분하게 지내야 한다고 믿는—이유는 아마 그 때문일 수도 있다. 하지만 실제로 보면 그녀도 그리 차분하게 지냈던 것 같지는 않다. 그녀의 시어머니는 인터뷰에서 이렇게 말했다. "지난주에 우리 며느리가 화가 머리끝까지 나서 마을에서 도망쳐 나가 한데서 잤어요. 이튿날 아침 모두가 그 애를 찾으러 나가서는 결국 찾았는데, 혼자서 불도 안 피우고 있더라고요. 지 남편이 다른 여자랑 바람이

났다고, 화가 나고 질투가 나서 그런 게죠. 그런데 실제로는 아무 일도 없었거든요. 그냥 뱃속의 아기가 그 앨 그렇게 화나게 만든 거예요."

!쿵 사람들은 대부분 아이를 사랑하며, 될 수 있으면 자녀를 많이 두는 것을 이상으로 여긴다. 그러나 !쿵 여성들은 많은 자녀를 키우기 위해 치러야 할 고된 노동과 책임은 물론, 임신에 어떤 신체적 대가가 따르는지도 잘 알고 있다. 너무 이른 시기에 넷째 아이를 임신한 한 여성은 자신의 고통을 이렇게 표현했다. "애들을 많이 낳으면 꼬치꼬치 말라요. 그 애들을 다 업고 다니려면 힘들어서 말이죠."

그래도 아이들은 삶에 기쁨을 주기 때문에 소중한 존재로 여겨진다. 아내가 자식을 갖지 못한 채로 폐경을 맞이한 한 !쿵 남성은 이렇게 말했다. "아이가 있었으면 하는 마음이 정말 간절해요. 사냥을 나갔다가 돌아오면, 애들이 쪼르르 달려 나와 옆에 붙어 앉아서는 '아빠……, 고기 주세요!' 그러잖아요. 그냥 그런 자식들이 있는 것만으로도 행복해질 것 같아요." 그러고는 이렇게 덧붙였는데, 이 말은 !쿵 사람들 사이에서 흔한 사고방식을 보여 준다. "그래서 지금 자식을 낳아 줄 다른 부인을 물색하고 있어요. 다른 사람의 자식은 싫어요. 남이 하나 준다고 해도 싫어요. 내 자식을 갖고 싶어요."

임신한 여성은 의료 시설도 없고 전통적인 산파나 어떤 다른 전문가를 부르지도 못한 채로 출산을 맞이해야 한다. 곧 아이를 낳을 것이라는 생각만으로도 두려울 때가 많다. 특히 초산일 때는 더욱 그렇다. 난산을 겪거나 아이를 낳다가 사망하는 일도 초산부 중에 가장 많다. 그러나 출산중 산모의 사망률은 500명당 2명꼴로 상당히 낮은 편이다. 현대적 의료 혜택을 받지 못하는 문화권 치고는 확실히 괄목할 만한 수준이다. 이에 대해, 여성들이 출산에 금욕적인 태도로 임하기 때문에 사망률이 낮은 것이라는 의견도 있다. 즉 !쿵 여성들은 되도록이면 혼자서, 주변 사람들의 도움을 최대한 덜 받고 아이를 낳으려고 애쓰는데 그 덕분에 감염의 위험이 줄어든다는 것이다.

!쿵 문화에서는 혼자서 아이를 낳는 것이 가장 이상적인 일로 여겨지지만, 초산일 경우에는 다른 여성들이 도와 주는 경우도 많다. 어린 산모들은 되도록이면 친정어머니나 가까운 여자 친척들이 같이 있어 주길 바라지만, 시집 식구들과 함께 살고 있을 때는 시집 쪽 여자 친척들의 도움을 받게 된다. 그러나 다른 사람들이 옆에 있어 준다 해도 진통과 분만 과정에 책임을 져야 하는 사람은—신이 변덕스럽게 개입하는 드문 경우를 제외하고는—어디까지나 산모 자신이다. 순산을 하면 그것은 산모가 출산 과정을 온전히 받아들이고 있다는 의미다. 이때 산모는 조용히 앉아서, 비명을 지르거나 소리쳐 도움을 청하지도 않고, 분만 과정을 처음부터 끝까지 스스로 통제한다. 반대로 난산을 하면, 그것은 산모가 출산에 대해 양가적인 감정을 품고 있다는 뜻이며 나아가 산모가 아이를 거부하는 것으로 비치기도 한다.

출산을 두려워하면 그만큼 더 긴장하게 되어 분만이 더욱 힘들어지기 때문에 위험하다고 여겨지지만, 그보다 더 큰 위험을 초래할 수도 있다. 즉 산모가 불안해하면 신은 산모가 아이를 원치 않는 것으로 해석하고 아기를 죽여 '영계로 돌려보낼' 수도 있기 때문이다. 이런 경우에는 아기의 어머니까지 같이 불려갈 수도 있다. 출산에 용감하게 임해야 한다는 !쿵 사람들의 믿음이 하도 커서, 겁이 많은 여성들은 남몰래 비웃음을 사기도 한다. 반면에 '제대로' 아기를 낳는 여성이 있으면, 어린 소녀들에게 본보

기로 그 출산 과정을 지켜보게도 한다.

아직 초경을 시작하지 않은 한 열다섯 살 소녀는 출산에 대한 질문에 이렇게 대답했다. "사람들은 내가 여자니까 앞으로 결혼해서 아기를 낳을 거라고 해요. 또 아기를 낳는 것은 맹수를 만나는 것과 비슷하다고도 해요. 두려워하는 사람은 죽어서 묻히고, 두려워하지 않는 사람은 산다는 거예요. 두려워하지 않는 여자는 조용히 앉아 있겠지요. 이리저리 돌아다니지도 않고, 얼굴에 파리가 앉아도 쫓지 않아요. 그러지 않으면 주위 사람들이 '저이가 무서워하는구나.' 그러면서 막 비웃을 거예요. 남편도 막 야단칠 거예요. 그러고는 무서워하지 않는 딴 여자를 찾아 떠나 버린대요. 결혼 생활도 끝이고요. 사람들이 하는 그런 말을 들어 보면, 아기를 낳는 일은 꼭 죽는 것 같아요. 그래서 무서워요. 죽는 건 무섭잖아요?" 이 소녀는 아기를 낳다가 죽은 사람을 개인적으로는 한 명도 알지 못하는데도 이렇게 말했다.

정말로 난산이 일어나면, 정상적인 경우에는 분만 현장에 입회하지 않는 아이 아버지가 와서 산모의 가슴에 치유력이 있는 끈을 둘러매 준다. 이렇게 하면 분만을 앞당기는 데 도움이 된다고 한다. 또는 주술사가 황홀경에 들어 귀신들에게 산모와 아기를 포기하라고 설득하기도 한다.

!쿵 여성들은 가임기에 평균 4~5회 출산을 경험한다. 출산을 거듭할수록 혼자서 이상적인 분만을 치러 낼 가능성이 높아진다. 출산이 임박하면 아무에게도 알리지 않고 마을에서 몇 백 미터 정도를 걸어 나와, 나뭇잎으로 자리를 깔고 그 위에서 아기를 낳는다. 옆에서 돕는 사람이 있든 없든, 출산 장소는 대부분 아기의 첫 울음소리가 마을 사람들의 귀에 들릴 만큼 가까운 거리에 있다. 산모의 여자 친척과 친구들은 이 울음소리

를 아이가 태어났다는 신호로 알아듣고 달려온다. 이는 산모가 산후 조치—탯줄을 끊고 아기를 씻기는 등—를 하는 데 필요한 도움을 기꺼이 받아들이겠다는 신호이기도 하다. 그러고 나서 여자들은 아기를 대신 안아 들고 산모와 함께 마을로 돌아온다. 이 마지막 단계까지도 혼자서 처리하는 사람은 가장 경험 많고 의지가 결연한 산모들뿐이다.

!쿵 여성들은 대개 이렇게 이상적인 분만을 동경하지만, 실제로 이대로 실행하는 여성은 가까운 친척들로부터 주의를 듣기도 한다. 한 여성은 밤에 혼자 나가서 아기를 낳아 가지고 돌아왔는데, 스스로를 위험에 내맡겼다는 비난을 받았다. 그녀는 아이를 낳은 뒤에도 아무에게도 도움을 청하지 않았다. 꾸중을 듣자 그녀는 이렇게만 대답했다. "나는 여자로서 할 일이 없단 말인가요? 나는 가서 내 할 일을 한 거예요. 그뿐이에요."

일단 마을로 돌아오면 산모는 누워서 휴식을 취한다. 산모의 가슴에서 처음으로 나오는 젖—초유—은 아기에게 먹이지 않는다. 아기에게 대신 젖을 먹여 줄 수 있는 다른 여성이 없을 경우에는 아기를 2~3일씩 굶기기도 한다.(갓난아기들은 얼마간 음식 섭취 없이도 열을 발생시킬 수 있는 지방을 몸에 저장하고 있다.) 집단생활의 환경이 허락하면 산모는 출산 이후 여러 날 동안 마을 안에서만 머물 수 있다. 명확히 정해진 '산후 조리' 기간은 없지만, 일상생활을 재개할 만큼 튼튼해졌다는 기분이 들 때까지는 일상적인 활동을 최소화한다. 그러나 채집 생활을 하느라 끊임없이 떠돌아다니며 다져진 훌륭한 신체 조건 덕분에 대부분은 금세 회복한다.

마을로 데려온 아기에게는 곧 이름을 붙이는데, 잘 확립된 우선순위의 규칙에 따라 주로 조부모, 이모, 고모, 삼촌 등 살아 있는 가까운 친척의 이름을 따서 지어 주게 된다. 아기와 이름을 딴 사람namesake 사이에 맺어지는 관계는 두 사람의 삶에 중요한 영향을 끼친다. !쿵 사람들은 태어난 아이가 어머니의 자식인 것은 따로 증명할 필요가 없으므로, 첫 아이에게는 아버지 쪽 가족의 이름을 붙여 주어야 한다고 믿는다. 이렇게 하여 '이름 관계'를 통해 아이와 부계 가족과의 관계가 보장되는 것이다. 부계 가족 중에서 이름을 몇 개 할당하고 나면 그 다음부터 새로 붙이는 이름은 좀더 고르게 분배된다.

첫 아이의 출산과 함께 여성은 이제 완전히 성인기로 들어선다. 첫 아이는 뒤에 태어나는 아이들과는 확연히 구분된다. 첫 아이를 가리키는 독특한 표현이 있는데 이를 말 그대로 해석하면 '내 이마 가운데서 나온 이'라는 뜻이다. 또 부모를 부르는 호칭도 바뀌는데 이제 그들은 자기의 본래 이름으로 불리지 않고 자녀와의 관계에 근거해— '나이 아버지', '쿰사 어머니' 하는 식으로—불린다. 이런 호칭은 뒤이어 태어나는 자녀 이름에 따라서 달라지기도 한다.

여성은 이렇게 어른의 세계로 들어서면서 가족, 친구, 시집 식구들 사이에서 사랑과 관심의 중심에 놓이게 된다. 여성은 대개 출산의 시련을 극복하고 건강한 아기를 낳음으로써 자신의 존재를 입증했다고 느끼게 된다. 그리고 결혼 생활은 안정기에 접어든다. 첫 아이를 낳은 후에는 거의 이혼하지 않는다. 이제 갓난아기를 돌보는 일은 가장 중요한 책임이며, 남은 일생 동안 여성은 자녀를 키우는 일에 몰두하게 된다.

그러나 자식을 갖는다는 것은 자식을 잃을 위험을 감수하는 일이기도 하다. !쿵 어린이들 가운데 거의 20퍼센트가 생후 1년 이내에 사망하고, 자라서 결혼하기까지 생존하는 비율은 54퍼센트에 불과하다. 따라서 어린 자녀의 죽음은 !쿵 사람들에게 매우 흔한 경험이다. 그러나 그런 일이 자주 있다고 해서 자식을 잃는 고통이 덜한 것은 아니다. !쿵 사람들은 어린아이의 생명이 공기처럼 불안정하고 여리다는 것을 어쩔 수 없이 인정하면서도, 아이들을 사랑하고 보살피는 데 노고를 아끼지 않는다.

아직 어릴 때는, 남편이 아래를 만져서 거기를 자라게 해 준 다음에 관계를 맺지.[1] 나이가 차면 "이제는 내 성기도 예쁘잖아?" 하는 생각이 들어. 그때쯤에는 남편이랑 관계도 잦아지지. 그러다가 임신하잖아. 임신 첫 두 달 동안은 서로 계속 관계를 해. 물론 임신 내내 할 수도 있지.

아기를 낳고 난 다음에는 한동안 서로 관계를 안 해. 남자들은 산모가 회복할 때 흘리는 피를 두려워하거든. 아기가 좀 자랄 때까지 몇 달을 기다리기도 하지만, 대부분은 애 낳고 한 달 정도만 기다렸다가 다시 남편과 한 이불에 들지.

그래, 아기가 나고 한 달이 되어서 겨우 웃는 걸 배우는가 싶으면 다시 관계를 시작하는 여자들도 있어요. 츠와나랑 헤레로 사람들은 그렇게 안 하지.[2] 그 사람들은 우리랑 다르니까. 우리는 그 사람들보다 피부색도 훨씬 밝고 사는 방식도 다르거든. 우리는 아기가 채 일어나 앉기도 전에 부부관계를 다시 시작해요. 그래서 첫 애가 아직 어릴 때 둘째를 임신할 수 있는 거야.

나는 우리 어머니가 동생을 낳으시는 걸 옆에서 봤어. 어머니는 무서위하지도 않고 큰 소리로 울지도 않고 용감하셨어. 어머니는 나한테 이러셨지. "니사, 네가 자라면 언젠가 너도 임신해서 아기를 낳을 거다. 아기를 낳는 건 아주 많이, 죽는구나 싶을 정도로 아프단다. 하지만 무서워하면 안 된다. 만일 무서워하면 몸속이 찢겨서 죽을지도 모른다. 무섭다고 큰 소리로 울거나, 아프다고 모래 바닥에 몸을 내팽개치면 아기가 다친다. 그러면 아기가 항문으로 밀고 나오려고 해서 너도 아기도 죽게 된다다. 하지만 무서워하지 않고 조용히 앉아 있으면, 아기가 올바른 구멍으로 나와서 아기도 너도 살 수 있단다."

나는 우리 어머니가 아기를 낳는 걸 볼 때도 무섭지 않았어. 그래서 내가 아기를 낳을 때도 혼자서 갔지. 끝까지 혼자 앉아서 아기를 낳았어. 사람들이 나한테 온 건 일이 다 끝나고 난 다음이었지. 어른들이 나보고 분별이 없다고, 왜 아기 낳으러 같이 가 달라고 말 안 했느냐기에 내가 "나는 온 동네 사람들 앞에서 애를 낳으면서 거기를 보여 주고 싶진 않아요." 그랬더니 어른들이 "그건 좋지 않다. 네가 임신했는데 하느님이 아기를 안 내보내 주시면 어떡하니. 어쩌면 하느님이 아이가 못 태어나게 하실 수도 있어. 그러면 난산을 겪어서 더 고통스러울 거다. 그러니 다음번에는 주변 사람들한테 알려서 아기가 빨리 나오게 도와달라고 해라." 그랬지.

하지만 나는 머리를 저었어. "하느님은 저를 보살펴 주세요. 당신들 말처럼 내가 고통스러울 때도 하느님은 나와 함께 계세요. 아이 낳는 걸 아프게 만들고 내가 아이를 낳도록 주관하신 것도 하느님이에요. 하느님이 나를 돌봐주실 테니 나는 아무에게도 도와달라고 하지 않겠어요. 나는 앞으로도 혼자서 아이를 낳을 거예요. 여러분은 아기 울음소리를 들으면 그때 오세요."

애 낳는 여자가 무서워하고 울면 애가 죽어서 나와. 다리뼈가 죄어서 애를 죽이는 거야. 여자도 죽을 수 있지. 몸 안의 살이 찢겨 가지고 말이야.

애를 낳기 전에, 아기가 아직 뱃속에 있을 때는 여러 가지 생각으로 많이 어지럽지. '아이를 낳을 때 나는 용감해질 수 있을까? 무섭지 않을까? 내가 살 수 있을까? 아파도 그걸 견딜 수 있을 만큼 내 심장이 튼튼할까?'

어떤 때는 마음이 온통 끓어올라서 '어떻게 해야 하나?' 하고 걱정되기도 하지만, 또 한 구석으로는 '나는 임신 중에 별 문제가 없었으니까 아기도 잘 나올 거야. 나는 남자가 아니라 여자니까, 때가 되면 아기가 움직이는 것도 느껴질 거고 진통도 느낄 수 있을 거야.' 하고 스스로 달래지.

어떤 때는 또 맘이 너무 무거워서 '아기는 전혀 고통스러운 게 아닌데. 이렇게 좋은 것이 뱃속에서 나올 때는 왜 병에 걸린 것처럼 그리도 아플까?' 하기도 해.

그렇게 살면서 자기 마음의 소리를 듣고, 몸이 달라지는 걸 느끼지. 어떤 날은 아기가 뱃속에서 움직이면서 위로 치솟아 오르는 게 느껴지고, 하루는 배의 다른 곳에서 태동이 느껴져. 그렇게 간혹 아기가 움직이는 걸 느끼면서 지내지.

그러다 금세 태동이 잦아지고, 그 느낌이 등 쪽을 지나 온몸으로 퍼지지. 그러다가 아기가 태어날 자리로 가서 자리를 잡는데, 그때 첫 번째 진통이 와. 이때 아기랑 엄마 둘이 서로 맞부딪치는 거야. 둘이서 막 씨름을 해. 아기가 엄마의 심장을 꽉 쥐어서 마구 고동치게 만들지. 고통이 심장을 세게 쥐어뜯어.

그러고 나면 진통이 오기 시작해. 고통과 진통이 불처럼 밀려오지! 그렇게 아프고 아프다가 문득 가라앉아 한동안 잠잠해졌다가 또 치솟아 올라 찌르고 때리면서, 고통이 점점 더 크게 밀려와. 그랬다가 다시 쉬고. 벌써 애가 밀고 나오는 중이라도 도중에 쉬어. 그리고 또 치솟아 올라 진통이 더 커지고, 미는 힘도 더 커지고, 이제 배 입구에서 애가 막 나오기 시작해. 애가 나오는 중이야. 그때 또 다시 잠잠하게 잦아들었다가 다시 진통이 오지. 이때 아래 입구의 입술에서 불같은 고통과 함께 아기 머리가…… 머리부터 밀고 나오지. 이젠 몸은 아프지 않고 밑이 아파. 그리고 또 잠잠해졌다가 다시 또 밀고 내려오고, 그 다음 진통 때 밀어붙여서 마침내 아기가 밖으로 뛰쳐나오지.

이렇게 아이가 태어나는 거야.

아기, 그래……, 아기가 태어나려고 하는 날이 다가오면 맘이 정말 무거워. 하지만 일단 낳아서 모래 위에 눕혀 놓고 보면 아기는 정말 멋진 선물이지. 아기가 너무 사랑스러워서 맘이 행복해져. 그래 그 조그만 아기한테 말을 걸고 얘기를 나누지.

하지만 아기를 낳을 때의 그 화[3]와 고통이란……. 그런 건 왜 있는지 모르겠어!

여자들은 다 강하지만 쌍둥이를 낳는 여자는, 심장이 특별히 더 강해야지. 심장이 견뎌 내야지.

내가 한 사람 알아. 그 사람이 한 날에 두 아이를 낳았어, 두 아이를! 첫 아이가 나올 때 몸속에서 진통이 한 번 오고, 둘째가 나올 때 진통이 또 올 거 아냐. 이때 여자가 심장이 약하면 심장이 떠나 버려.[4] 그러면 첫째가 나올 때도 비명을 지르고 둘째가 나올 때도 비명을 지르게 되지. 나는 잘 모르지만, 두 아이를 낳는 화라니! 진통으로 죽지 않고 어쩌겠어?

한 사람은 애를 낳았는데 아기가 너무 작았지. 그게 유산이었는지 아니었는지, 어떻게 그렇게 조그만 애가 나올 수 있었는지는 잘 모르겠어. 어쨌든 그이는 자기가 낳은 아이를 안아 들고 마을로 돌아와서, 아일 눕히고 담요로 덮어 주었거든.

어른들이 그래. "저게 살 수 있겠나? 아무리 잘 돌봐 줘도 결국 죽을 거다. 저 작은 것이 너무 일찍 나온 게지. 저게 산다면 온전히 하느님의 뜻이다."

나는 어머니랑 같이 그 여자를 찾아갔는데 그이가 어머니한테 이래. "애를 낳았는데도 배가 여전히 안 좋아요. 왜 아직까지도 아프죠?" 그래 사람들이 와서 배에다 손을 대고 고쳐 주려고 했지. 병이 배로 해서 핏속으로 들어갔으니까. 해로운 피가 있는 자리에 손을 얹고 애를 썼는데도 결국 그이는 죽었어. 아기 낳은 날이 바로 제삿날이 된 거지.

사람들이 "아, 저이가 왜 이렇게 됐을까? 해산도 잘 치렀는데, 출산의 고통도 두려워하지 않았는데, 도대체 무엇 때문에 죽은 걸까?" 그러니 그이 남편이 이랬지. "결국 이렇게 되었으니, 아이는 내가 처리하겠어요. 아내 곁에 누이고 내가 손수 죽이겠어요." "뭐라고? 그러면 안 돼. 그러지 말고, 자네 애인 노릇을 하던 처녀가 있잖나. 그 처녀가 자네를 알고 서로 사랑을 나눴으니, 이 아이를 맡아서 돌보고 키우도록 하는 게 좋겠네."

그래서 그 처녀가 아이를 맡아서 돌보게 됐어. 그 처녀랑 아이 아버지는 한동안 애인으로 지내다가 곧 결혼했지. 둘이 그 아이를 키워서 자라고 또 자랐어.

그러다가 아이는 결국 죽었어.

월경을 시작하고 꽤 시간이 흐르자 나는 이제 진짜로 어른이 되었어. 가슴이 한쪽은 쳐지기 시작하고 한쪽은 섰어. 그때쯤 첫 아이를 임신했지. 배가 점점 불러 왔어.

화가 나서 많이 울었지. 맘속에서 화가 끓어오르고 몹시 괴로운데 그 이유를 몰랐어. 고기랑 단딸기는 먹는 대로 토했지. 하지만 물 뿌리나 구에아 잎 뽑은 거나 도 뿌리를 먹었을 때는 토하지 않아.

어른들한테 "왜 고기를 먹으면 토하지요?" 하고 물어봤어. 아직 배가 거의 안 불렀을 때야. 그러니까 "젖꼭지가 검어진 걸 보니 임신했구나." 그러셔. 타셰이의 어머니도 "그렇게 토해 대는 건 뱃속에 조그만 놈이 들어앉아서 그렇다."고 하셔. 내가 "하지만 우리 남편은 지금 타지에 나가고 없는 걸요. 그런데 어떻게 뱃속에 조그만 놈이 들어앉을 수 있죠?" 그랬지.

왜냐하면 내가 첫 임신을 했을 때, 타셰이는 동부 마을에서 지내면서 츠와나 사람들 밑에서 일하고 있었거든. 그동안 나는 홀로 지내면서 애인들이랑 사귀는 걸 배웠지. 타셰이가 자리를 비우고 없는 동안 애인들이 찾아와서 잠자리를 함께했어.

타셰이랑 같이 살면서 남자를 배우게 된 연후에 말이지, 칸틀라가, 그 나랑 결혼해서 자기 첫째 아내하고 같이 데리고 살려고 했던 남자 말이야. 그 사람이 내게 애인 사귀는 걸 가르쳐 줬어. 내가 남편을 얻었다는 소식을 듣고 칸틀라가 와서 그랬거든. "이게 무슨 소리야? 내가 당신을 부모님한테 맡겨 놓고 올 때, 당신은 아직 내 거라고 분명히 말씀드렸는데. 내 대신 잘 돌보고 있다가 다음번에 내게 신부로 주십사고 말씀드렸는데, 그분들은 왜 당신을 딴 남자한테 줘 버린 거지?"

그때부터 그 사람은 내 애인이 되었어. 그 전까지는 내가 아는 남자라곤 타셰이밖에 없었지. 하지만 내가 성인이 되자 칸틀라가 와서 나를 가르쳤어. 그는 타셰이가 나가고 없을 때만 찾아왔기 때문에 남편은 그에 대해 알지 못했어. 칸틀라는 분별이 있었지.

그런데 내 그 다음 애인이 타셰이의 동생 트위였거든. 그 사람은 그러질 못했어. 트위는 도대체 아무 생각이 없었어. 내가 그와 사귀기 시작할 때쯤엔 이미 다 큰 여자가 되어서 남자에 대해 좀 알았지. 그런데 트위는 내가 오두막 안에 있을 때도 그냥 막 들어와서 나랑 있고 그랬어. 타셰이가 집에 오면 우리 둘이 같이 앉아 있는 걸 볼 거 아냐. 그런데 그 남자가 생각이란 게 있다고 할 수 있겠어? 전혀 아니지.

트위는 타셰이가 외출하길 기다렸다가 그가 돌아오기 전에 찾아와서 나랑 자고 가곤 했지. 하룻밤은 내가 "당신 형이 오늘 밤 돌아올 거야. 그러니 잠시만 있다가 빨리 당신 오두막으로 돌아가." 그랬어. 그래서 그 사람은 나랑 자고 바로 돌아갔지. 나는 동이 틀 때까지 혼자 누워 있었지만 남편은 돌아오지 않았어.

이튿날 아침에 트위가 그래. "우리 형이 돌아올 거라고 하지 않았어요? 왜 형이랑 같이 있지 않는 거예요? 그냥 날 쫓아 버리려고 그런 거죠?" "아니, 무서워서 그랬어. 당신 형이 무서워서. 남편이 우릴 붙잡으면 날 죽일 거야. 당신은 그 사람과 한 부모에게서 난 사이니 죽이지 않겠지만, 나는 바깥 사람이니 분명히 죽일 거야." "말도 안 돼요. 형은 당신을 안 죽여요. 최악의 경우라도 그냥 때리고 말 거예요." "아니, 그 사람은 이미 그러겠다고 얘기했는걸."

그날 오후 늦게 트위랑 같이 오두막 안에 앉아 쉬면서 잡담하고 있는데, 바로 그때 타셰이가 돌아오더니 우리 둘을 불렀어. 트위가 일어나서 타셰이한테 가니까 그 사람이 "가서 마실 물 좀 떠 와라." 그래 가서 물을 떠 가지고 왔겠지.

나는 덜덜 떨다가 할 수 없이 오두막에서 나와서 같이 그늘에 앉았어. 모두가 채집 나가고 마을이 텅 비어서 우리 셋밖에 없었지. 그러고 다른 사람들이 올 때까지 앉아서 기다리는데, 타셰이가 오두막 안에서 우리 둘이 뭘 하고 있었냐고 언제 물어보나, 조마조마해. 그런데 안 물어보네. 속으로 '하느님, 이 남자의 입을 닫아서 제발 내게 묻지 않게 해 주세요.' 하고 빌었지.

그런데 저녁 때 우리 둘이 오두막 안에 있는데 그 사람이 그래. "내가 며칠 나갔다 돌아오면, 왜 그때마다 당신이랑 트위가 오두막 안에 같이 있는 거지? 늘 둘이서 앉아 쉬고 있는데, 둘이 같이 무슨 작당하나?"

"트위랑 내가 무슨 작당을 한다는 거야. 그 사람은 내 시동생 아냐. 내가 어린애예요? 그 사람이 나랑 무슨 특별한 일을 하겠어? 당신이 여기 없으면 그냥 같이 앉아서 잡담이나 하는 거지, 그 사람이 나한테 무슨 짓이라도 하는 줄 알아요?" "좋아. 하지만 다른 날은……, 다음번에 나가게 되면 그땐 밤에 돌아와서 볼 거야." "좋아요. 밤에 돌아와 봐야 볼 것도 없을 거야."

그렇게 지내다가 하루는 남편이 다시 외출했어. 가면서 "오늘 가면 몇 달 뒤에야 돌아올 거야." 그랬지. 하지만 남편은 날 속이고 가까운 이웃 마을로 가서 하룻밤만 있었지.

그날 트위가 찾아오자 내가 그랬지. "당신 형이 말하길 다음번에 나가면 밤에 돌아오겠다고 했어. 그러니 그 사람한테 잡히면 안 돼. 당신은 남자니까 뛰어서 달아날 수 있지만, 나는 남편이 때려죽일 거야." "그렇다면 밤새도록 머물진 않을게요. 잠깐만 같이 있다가 얘기나 좀 나누고 내 오두막으로 돌아가서 잘게요."

밤이 돼서 트위가 다시 찾아왔어. 우리는 서로 얘기도 나누고 일도 치르고, 다 끝난 다음에 트위는 자기 오두막으로 돌아가 누웠어.

그날 밤 아주 늦게 타셰이가 마을로 돌아왔어. 발소리를 죽이고 오두막까지 걸어와서 가만히 들어와 앉더니, 내 앞뒤 주변을 더듬어. 더듬어야 아무도 없는 걸 알고는 눕더니 날 불러. "니사아……." "에?" 그러고 내가 말했지. "왜 그렇게 주변을 더듬는 거야? 뭘 찾느라고? 밤에 와 봐야 볼 것도 없다고 내가 그랬지? 내가 뭐 딴 짓 하는 걸 잡을까 봐? 나는 아직 애라서 애인도 없어요. 다 큰 여자들이나 애인이 있지. 하지만 이제 애들도 애인을 사귈 수 있다는 걸 당신한테 새로 배웠네. 어른들은 다르게 얘기하시던데. 우리 어머니도 어린애는 애인을 두지 않는다고 그러셨는데."

"좋아, 오늘 밤은 내가 바라던 대로였어. 이제 밤에 찾아오진 않겠지만, 앞으로 쭉 지켜볼 거야." 그 이후로 남편은 나를 대놓고 의심하진 않았어. 아무것도 본 게 없으니까.

그렇게 지냈지. 트위와 나는 계속해서 몰래 만났어. 하지만 이제 우리는 황야로 나가서 만날 수밖에 없었지. 그러고 있다가 한참이 지난 후에, 타셰이가 츠와나 사람들 밑에서 일하러 다시 떠났어.

내가 임신한 건 그가 떠나고 난 뒤였어. 처음에는 몰랐지. 알았으면 임신을 그르치려고 진즉에 뭐라도 했을 거야. 타셰이가 돌아왔을 때 애 없이 혼자 있어야 하니까. 하지만 나는 너무 어렸어. 임신을 그르치게 해 주는 뿌리가 있다는 걸 몰랐어. 그땐 아직 어린애였잖아? 애 아버지 아닌 딴 남자랑 자도 아이를 지울 수 있다는 것도 몰랐지. 하나도 몰랐어. 그냥 배가 불러 오도록 바라만 보고 있었어.

어느 날 아침 트위가 와서 둘이 같이 마을을 벗어나 황야로 갔어. 내가 "트위, 당신이 날 임신시켰어. 나는 아직 어린앤데 당신이 날 임신시켰어." 그러니까 그가 "그게 뭐가 문젠데? 당신이라고 임신 못할 게 뭐 있는데?" 그러기에 내가 말했지. "지금 남편이 나가 있잖아. 그 사람이 돌아오면 날 죽일 거야."

우리는 그날 하루를 같이 지내고 이튿날 마을로 돌아왔어. 먹는 족족 토해 내는 걸 보고 사람들이 내가 임신한 걸 눈치 챘지.

배가 점점 불러서 이제 눈에 띌 정도가 되었어. 이제 나는 맘이 변해서 트위가 싫어지고 타셰이가 그리워졌어. 그가 언제 오나 궁금해지기 시작했지.

그러다 하루는, 밤에 사람들하고 모여서 잡담하는데 웬 트럭 소리가 나. 어떤 츠와나 사람이 트럭을 샀는데 남편이 그걸 얻어 타고 오는 거였어. 내가 "저 소리는 백인들 트럭에서 나는 거예요?" 하고 물었더니 사람들이 "아마 아닐 거야. 츠와나 사람이 모는 트럭을 타고 자네 남편이 오는 거야." 그래. 내가 속으로 '이 부른 배를 어찌해야 하나? 뭘로 숨겨야 하나?' 안절부절 못하고 있으려니 한 여자가 "아, 니사! 자기 배 어떻게 할 거야?" 그래. 그래서 다시 '남편이 돌아왔을 때 아무것도 없게끔 해야 되는데 무슨 수로 그리 하나?' 그러고 있었지.

트럭이 점점 가까이 오더니 마을에 도착했어. 남편이 날 부르는 소리를 듣고 속으로 '어쩌지?' 하다가, 담요를 두어 개 집어서 배를 가리고는 남편이 잘 보지 못하게 깜깜한 데 앉아 있었겠지. 남편이 또 부르면서 "니사, 얼굴 좀 보게 이리로 나와." 그러는데, 오오! 그때 어찌나 무섭던지! 남편이 못 보게 배를 가리고는 그 사람 있는 데로 가서 앉았어. "잘 지냈어?" "음. 잘 지냈어요." "무슨 힘든 일 있었어? 아팠어?" "아무 일도 없었어요."

그래 둘이 마주하고 앉았지. "뭘 먹었기에 이렇게 배가 불렀어?" "음식이랑 고기를 너무 많이 먹었어요." 그는 더는 아무 말도 안 했어. 좀 있다가 담요를 깔고 자리에 누웠겠지. 남편은 내 뒤에 눕고 나는 앞에 눕고. 남편이 나를 감싸 안는데 한 손을 내 배 위에 가져가 얹더니, 이리저리 쓸어 보고는 가만히 있다가, 또 이리저리 온 데를 다 쓸어 보고는 또 가만히 있다가 그래. 그러더니 "니사, 당신 배 안에서 차 대는 게 뭐야?" 그러네. 나는 속으로 '뭐라고 해야 되나? 왜 이놈의 아기는 가만있지 않고 지금 차 대는 거야!' 그랬겠지. "당신 뱃속에서 움직이는 게 뭐냐고?" "병 때문일 거예요. 아무래도 좀 아픈 것 같아. 배가 뒤집혀 가지고 속에서 뭐가 꾸르륵거려요."

그러고는 잠들었어. 이튿날 아침 일어나서 같이 앉았는데, 그만 까맣게 잊고 배에 얇은 천 하나만 덮고 있었겠지. 그러니까 남편이 나를 빤히 쳐다봐. 쳐다보고 또 쳐다보고 하더니 그래. "당신 눈이 애 밴 여자처럼 하얘. 임신한 거 맞지. 어떤 녀석이 그랬는지 말해. 그놈 어디 있어?" "아니. 임신 안 했어요." "어제까지만 해도 당신이 많이 먹어서 그렇다는 걸 믿으려고 했어. 그런데 오늘 당신 배를 보니 아무래도 너무 커. 말해 봐.

임신시킨 게 어느 놈이야?"

"누구 딴 사람이 임신시킨 게 아니에요. 당신이 떠나기 전에 달거리 피가 비췄었는데 당신이 그걸 끊어놓고 갔잖아. 달을 끊어 놓은 건 바로 당신이에요. 당신이 가고 나서 달거리가 멈춰 가지고 그 이후로 쭉 없었다고. 이건 당신 아이예요. 당신이 떠나고 나서 애가 쭉 자란 거지. 나는 어린애라서 애인 사귀는 일 따윈 알지도 못해요."

"어……, 그거 정말이야?" "정말이지. 내가 아직 어린앤 줄 알아요? 내가 달거리가 끊긴 게 당신이 떠난 바로 그 달이었다니까." "에, 그렇다면 됐지만. 당신이 정직하든 아니든 둘 중 하나겠지." "이 아이를 밴 건 당신이라니까. 그런 식으로 의심하면서 자기 아이가 아니라고 할 이유가 없어. 분명히 나는 이 아이를 당신이 떠나기 전에 뱄어요."

배가 점점 불러 오면서 나는 화를 내기 시작했어. 나는 타셰이한테 소리 지르고 그를 때리기도 했어. "우리 어머니한테 가서 나 애 낳는 것 좀 도우러 와 달라고 부탁해요." 그래도 그 사람은 나를 보내 주지도 않고 날 데리고 가지도 않았어. 내가 자기네 마을에서 애를 낳아야 한다는 거야. 우리가 결혼한 뒤로 타셰이네 친척들하고 지내고 있었거든. 친정어머니는 멀리 계시고, 나는 어머니 곁을 떠나 시집 식구들하고 살고 있었어. 타셰이가 날 그리로 데리고 간 거지. 나는 거기서 애를 배고 낳았어.

애기 가진 동안에 속으로 '저기, 나는 아직 어린앤데, 어른들은 애 낳는 게 무지 아프다고 하고, 이러다가 애가 나오려고 움직일 거라고 그러는데. 이제 아기가 자리를 바꾸기 시작하면 난 울어 버리고 말 거야.' 그러다가 또 맘을 고쳐먹고 '아니, 울지 말아야지. 그러면 사람들이 나보고 겁쟁이라고 비웃을 거야. 울지 말아야지.' 그러다가는 또, '음, 음, 나는 분명히 울고 말 거야. 다들 애 낳는 게 그렇게 아프다는데. 울 게 뻔해! 만삭이 되면, 백인들한테로 달려가서 몸을 맡겨야지. 그 사람들한테 배를 갈라서 아기를 꺼내 달라고 그래야지. 그렇게 하면 안 아플 거야.' 그러다가 또, '아냐, 정말 진통이 죽을 만큼 힘들더라도, 가만히 앉아서 참아야해. 그러고 있으면 아기가 태어날 거야.' 그러고 있었지.

해산을 며칠 앞두고 남자들 사냥 나가는 걸 따라서 황야로 나가 야영을 했어. 일행은 타셰이, 나, 시할머니, 시할아버지밖에 없었지.

하루는 타셰이랑 둘이 서로 장난도 치고 붙잡기도 하면서 걸어가는데, 허리 아래쪽에서 첫 번째 진통이 느껴졌어. 나는 '왜 허리랑 배가 이렇게 아플까?' 하는 생각이 들어 타셰이한테 나 좀 놓으라고 하고 가만히 걸어갔어. 그렇게 좀 가다가 앉았는데 타셰이가 또 장난을 걸어. 내 배 위에 걸친 옷을 확 제치면서, "우리 마누라! 오늘은 웬일로 아무것도 안 입었어?" 그러는데 내가 "무슨 소리야? 나 지금 아프단 말이야!" 그랬겠지.

우리는 그날 내내 샤 뿌리를 캐고 돌아다녔어. 내 배는 남산만 해 가지고 아주 볼 만했지. 허리 아래쪽에 다시 통증이 느껴졌어. 속으로 '오늘 애를 낳는 건가? 나는 아직 어린데. 내가 어떻게 애를 낳을 수 있을까? 내가 지금 겁을 먹고 있는 건가?' 그랬어.

그날 하룻밤 자고 아침이 밝았어. 또 다시 하룻밤을 자고 아침이 밝았어. 하지만 아기는 아직 나오지 않았어. 시간이 됐는데도 애가 나올 생각을 않는 거 같아. 그래서 혹시 잘못되지나 않을까 걱정되기 시작했지.

이튿날 밤에도 우리는 지난 며칠 묵었던 야영지에 잠자리를 마련했어. 타셰이가 장작을 좀 가져와서 불을 피워 가지고 나도 그 옆에 앉았지.

그런데 또 아기가 움직이는 게 느껴지고 진통이 와. 속으로 '이게 바로 어른들이 말하는 그건가? 애 낳는 게 아프다고 하는 게 이런 건가?' 그랬지. 왜냐고? 아이고 어머니! 내가 다른 사람들이 애 낳는 걸 보긴 했어도, 실제로 애 낳는 건 처음이잖아. 그럴 때 아기가 어찌하는지, 그게 얼마나 아픈지, 실제로 어떻게 태어나는지 제대로 몰랐거든. 그때까지 내가 겪어 본 통증은 병이 나서 아픈 것밖에 없었으니까.

나는 앉아서 훌쩍이기 시작했어. 그러다 속으로 '안 돼, 울면 안 돼. 나는 안 울어야지.' 그러고 맘을 다잡고 다시 앉아 있었어. 그러다 또 진통이 잠시 왔다가, 다시 잦아들었어. 그러고 또 진통이 왔다 가고. '이번 건 진짜로 아프네! 저기……, 저기요……, 왜 이렇게 배가 아픈 거예요?' 속으로만 그러고 입 밖으로는 아무 말도 안 했어.

그러다 또 진통이 왔어. 속으로 '왜 이렇게 아파야 하는 거야? 어머니가 곁에 있었으면 마음껏 울 수 있었을 텐데. 지금은 딴 사람들이랑 같이 있으니까 울면 안 돼. 그러면 사람들이 막 비웃고, 어떻게 다 큰 여자가 진통이 온다고 징징 우나? 하면서 내가 애 낳으면서 울었다고 두고두고 놀릴 거야.' 그랬어. 그래 울지 않으려고 사람들이랑 좀 멀찍이 떨어져 있었지.

그러고 다들 잠자리에 들었는데, 막 동이 트려고 할 때—수탉이 첫 울음 울 때—쯤 해서 잠이 깼어. 다시 또 진통이 오는데 '이게 병이 나서 이러는 건가, 아님 아기가 나오려는 건가?' 그랬지. 그걸 제대로 이해 못 했으니까. 그냥 아프기만 하지 어떻게 해야 되는 건지 확실히 몰라서. '안에서 애가 나오려고 하면 꼭 병이 난 것처럼 아프다는데.' 하는 생각이 들어.

그러고 누웠는데 또 진통이 왔어. 진통은 점점 심해지고, 간격은 점점 더 빨라지고. 그러더니 밑이 축축해지네. '정말 아기가 나오려나보다.' 싶어 일어나 앉았어. 자고 있는 타셰이에게 담요를 덮어 주고. 담요 하나랑 작은 영양 가죽 하나를 꺼내 들고 나왔어. 거기 나 혼자만 있었냐고? 여자라고는 시할머니뿐이었는데 오두막에서 주무시고 계셨어요. 그래서 그냥 나 혼자 나왔지.

마을에서 조금 걸어 나와서 나무 밑에 앉았어. 거기 앉아서 기다렸지. 아기가 아직 준비가 안 되었는지, 누웠는데도 나올 생각을 안 하기에 다시 일어나 앉아서 나무에 기대 있는데, 또 진통이 와. 계속 진통이 오락가락해. 아기가 금방이라도 튀어나올 것 같은 느낌인데! 그러다 진통이 또 멈춰. '왜 빨리 안 나오는 거야? 빨리 나와서 좀 쉽게 해 주지 않고. 그 안에서 뭉개 봤자 득 될 게 뭐 있다고! 제발 빨리 좀 나와라!' 그랬지.

그런데 아기가 나오기 시작했어. 나는 속으로 '울지 말아야지. 참고 앉았어야지. 봐, 이제 아기가 나오고 있잖아. 조금만 있으면 괜찮아질 거야.' 했어. 하지만 너무 아파! 비명이 터져 나오려는 걸 꿀꺽 삼켰지. '소리가 시집 식구들 있는 마을에까지 들렸겠다.' 그러다가, '아기가 벌써 다 나온 건가?' 그러다가. 확실히 잘 모르겠는 게, 그냥 병이 나서 그런 건지도 모르잖아. 그래서 마을을 떠나올 때 아무에게도 말을 못했던 것도 있어.

그러다 어찌해서 아기가 나왔어. 일어나 앉았는데, 어떻게 해야 할지도 모르겠고 아무 느낌도 없어. 아기가 누워서 손가락을 빨려고 팔을 버둥대더니 우네. 나는 그냥 앉아서 애를 들여다보고 있었지. 속으로 '이게 정말 내 아인가? 이 아이를 누가 낳은 건가?' 그러고. '이렇게 큰 것이? 어떻게 이게 아랫구멍으로 나온 거지?' 싶어서 하염없이 아기를 들여다

보고 또 들여다봤어요.

추위가 밀려오기에 배를 덮었던 영양 가죽을 끌어다 아기한테 덮어 주고 나는 외투를 뒤집어썼어. 그러고 좀 있다 태반이 나와서 그걸 땅에 묻고. 추워서 온몸이 덜덜 떨려. 멍하니 덜덜 떨고 앉아 있었지. 아직 탯줄을 묶지도 않았어. 그러다가 아기를 보고 '이제 더 울지도 않네. 마을로 가서 숯을 좀 가져다 불을 피워야겠다.' 하는 생각이 들어서, 아이를 담요로 감싸 그 자리에 놓아두고(그때 내가 뭘 알았겠어?) 가죽 조각으로 배를 두른 다음에 마을로 돌아갔지. 가는 도중에 아이가 다시 울음을 터뜨리더니 도로 잠잠해졌지. 나는 숨을 헐떡이면서 걸음을 재촉했어. 사타구니가 아프지 않았냐고? 그저 뛰어야 한다는 생각뿐이었지. 정신이 몽롱한 데다 감각도 없었어.

도착하니까 가슴이 쿵쾅쿵쾅 뛰어. 오두막 바깥에 불 피워 놓은 데 앉아 몸을 좀 녹이고 일단 숨을 돌렸지. 타셰이가 깨서 일어나 앉더니, 내 배와 다리에 흘러내린 피를 보고 괜찮으냐고 묻기에 괜찮다고, 걱정 말라고 했지. "어디서 아기 우는 소리를 들은 것 같은데?" 그러기에 저기 내가 몸을 푼 데 아기가 누워 있다고 그랬어. 아들이냐고 묻기에 딸이라고 했지. 그러니까 "세상에! 당신 같이 자그마한 계집아이가 혼자서 애를 낳았단 말이야? 도와주는 여자도 없이!" 그래.

그 사람은 그때까지 곤히 잠든 자기 할머니를 불러 깨우더니 마구 고함을 쳤어. "지금 어린 여자애가 혼자 애를 낳았는데, 대체 뭐하고 계시는 거예요? 애 낳다 죽기라도 했으면 어쩌려고요? 이이 친정어머니도 옆에 없는데, 친정어머니가 돌봐 줄 줄 알고 이이를 이렇게 내버려둘 작정이었나요? 애 낳을 때의 고통은 불같고 해산하는 일은 험악해서 죽을 수도 있다는 거 아시잖아요? 할머니도 안 도와주셨으니 혼자서 얼마나 무서웠겠어요! 어른이 애한테 이럴 수 있어요?"

그때 아기가 또 울음을 터뜨렸어. 나는 혹시 자칼이 와서 아기를 해치지나 않을까 무서워서, 불붙은 장작을 움켜쥐고 아기한테로 도로 달려가서 불을 피우고 앉았어. 타셰이는 "빨리 가세요. 가서 탯줄 끊어 주세요. 손자며느리가 혼자 애를 낳도록 내버려 두다니 어떻게 그러실 수가 있어요?" 하고 소리소리 질렀지.

그래 할머니가 일어나서 타셰이를 따라 내가 아이랑 앉은 데로 와서는 "우리 며느리……, 우리 며느리……." 하고 나직하게 다독이면서 아이를 어르고, 탯줄을 끊고, 뒤치다꺼리를 해 주셨지. 그러고 나서 아이를 안아 들고 다 함께 마을로 돌아왔어요. 나는 오두막 안에 들어가 누웠지.

다음 날 남편은 밖에 나가서 샤 뿌리와 몽공고 열매를 구해 껍질을 깨서 먹여 주었어. 하지만 여전히 속이 쓰리고 아팠지. 그래 다시 나가더니 이번엔 날쥐를 잡아 와서 삶았어. 그 국물을 마시면 젖이 잘 나온다고 하거든. 하지만 나는 그래도 젖이 나오지 않았어.

그때 우리는 황야 한가운데에 있어서 애한테 대신 젖을 물려줄 사람이 아무도 없었어. 아기는 그저 누워 있었고 그렇게 사흘이나 굶긴 다음에야 한쪽 가슴이 불기 시작했어. 그리고 그날 밤에 다른 쪽 가슴에서도 젖이 나오고. 가슴이 좋은 젖으로 가득 찰 때까지 나쁜 젖을 짜서 버렸어. 아기는 정말 끝도 없이 젖을 빨고 또 빨다가 겨우 배가 차니까 잠이 들었지.

우리는 계속 살았어. 사람들이 채집 나가면 나는 아기랑 둘이서 오두막 안에 누워 있었지. 나는 아기를 들여다보고 들여다보고 또 들여다보았어. 아기가 손가락을 쪽쪽 빨고 있으면 '아, 어떻게 요 조그만 것이 내 무릎 위에 있을까!' 하는 생각이 들어. 세상에 우리 둘만 있었지.

아기를 보고 "우리 꼬마 동생……, 우리 꼬마 동생……." 그러면 아기는 거품을 흘리면서 "우—우……, 우……, 우—우……, 우—우……." 그래. 그게 뭔지 내가 제대로 이해를 했겠나? 남편이 보다 못해 설명을 했지. "아니, 이 아이는 당신이 낳았으니 인사할 때 동생이라고 부르지 말고 '우리 딸'이라고 불러야지.[5] 이 아이는 우리 둘이서 낳았어. 우리 둘이 같이 이 아이를 밴 거야. 이 아이가 자라면 나를 보고 '아빠'라고 하면서 인사하고, 당신을 보고 '엄마'라고 하면서 인사하게 돼. 그러면 당신은 이 애를 '우리 딸'이라고 불러야지." 시어머니도 그러셨어. "이 애가 널 보고 웃는데 어떻게 이 앨 보고 '우리 딸'이라고 안 하니?"

오래지 않아 나는 자리에서 일어나 아기를 업고 다녔어. 사람들하고 채집하러 갈 때도 애 업고 나가. 그러다 애가 울지. 그러면 좀 있다가 돌아와서 사람들하고 마을에 있고 그랬지.

아기가 웃기 시작하자 사람들이 나를 친정어머니한테로 데려다 주었어. 어머니가 날 보더니 "언제 이 애를 다 낳았니? 잘 자라도록 돌봐 줘라." 그러셔. 우리는 애가 클 동안 어머니 곁에서 한동안 지냈어. 아기 이름이 추코였어, 꼬마 추코. 정말 예쁜 아기였지! 피부색도 환하고. 그 앨 보고 내가 속으로 '우리 애인이 예쁜 아기를 배어 주었구나!' 했지. 아기가 막 기어 다니고 서려고 용을 쓰더니만, 이내 제 발로 설 수 있게 됐어.

그런데 애가 클수록 점점 남편을 안 닮고 트위를 닮아 가는 거야. 얼굴이 딱 그 사람 얼굴이고 입도 딱 그 사람 입이야. 내가 그 앨 보면 그 사람 앤 줄 딱 알겠어. 타셰이도 그 앨 보고 쟤는 트위 딸이라고, 아이 얼굴이 트위 닮았고 눈만 봐도 알겠다고 그래. 그러면서 "이 애는 트위 딸이야. 그때 당신이 내가 달거리를 끊었다고, 임신시킨 게 나라고 그랬지. 그런데 당신 무릎에 앉은 이 애를 봐. 여기 앉은 애는 딱 내 동생을 닮았잖아." 그래.

내가 "그래, 하지만 트위는 당신 형제이고 둘이는 가족이잖아. 추코가 당신네 가족을 닮은 건 사실이야. 하지만 그렇다고 그 사람이 내 애인이어서 저 앨 밴 건 아니야." 그래도 타셰이는 "내가 복수할 필요는 없어. 분명히 내 동생이 저 애를 뱄어. 그러니 저 앨 키우는 건 그놈이 알아서 도와주겠지." 그래.

그렇지만 하느님은 그 앨 내치셨어. 하느님이 추코를 잘 돌봐 주지 않고 데려가 버리신 거야. 그 애가 애인한테서 낳은 딸이라서 그랬나 봐. 추코는 자라서 막 걸음마를 시작하나 싶더니, 병이 가슴으로 들어왔어. 그러고 며칠 뒤에 죽었지.

그게 타셰이네 식구들 사는 데로 다시 돌아오고 난 다음에 일어난 일이야. 하루는 황야로 나가다가 근처 마을에 들렀어. 나는 아기를 데리고 여자들 사이에 앉고 남자들은 그 주위에 앉았지. 여자들이 아기 좀 보자고, 얼러 보겠다고 슬링에서 좀 내려 달라고 그러더니, 아기를 안아 들고는 다들 칭찬을 했겠지. "오, 어쩜 이렇게 예쁠까! 어쩜 이렇게 사랑스럽고 귀여운지! 타셰이는 정말 딸 하나는 예쁘게 됐네!"

그때 타셰이가 성큼성큼 오더니 지금 떠난다며 "일어나, 가자. 뭐 찾을 거 있다고 여태껏 앉아서 뭉개고 있어?" 그러고는 휭 가 버렸지. 여자들이 계속 추코를 어르면서 말 걸고 귀여워해 주고 있는데, 타셰이가 다시 오더니 주위를 휘 둘러봐. 거기 남자들이 별로 없었나? 둘러보더니 그래.

"내가 벌써 떠난다고 그랬는데, 당신은 딴 사람들이 애 데리고 놀게 놔두고 여태껏 뭉개고 자빠졌으니 어떻게 된 거야? 냉큼 일어나서 따라오지 않고 뭐해? 내가 물만 마시고 바로 떠난다고 분명히 그랬는데."

나는 추코를 안아 들어 슬링에 싸 가지고 일어났어. 그러고 타셰이 앞으로 지나가는데 그 사람이 나한테 소리를 지르면서, 내가 자기를 안 따라오려고 했다고 난리를 치는 거야. 질투가 난 게지. 그러고는 나뭇가지를 집어 들고 날 때리기 시작했어. 손이랑 등이랑, 추코가 업힌 데 근처까지 때렸어. 사람들이 얼른 달려들어 그 사람을 붙잡으면서 "지금 뭐 하는 건가? 자네 부인이 지금 애를 업고 있는데, 저걸 죽일 셈인가? 아무리 질투가 나도 엄마 등에 업힌 애까지 때릴 건가? 정 니사를 때리려면 애라도 멀리 내려놓든지, 어떻게 엄마 등에 업힌 애를 때리나?" 그랬지.

그때 추코가 울음을 터뜨리는데, 아기가 화 때문에 겁에 질려서 온몸을 달달 떨고, 들썩이면서 마구 우는데 도무지 멈추질 않아. 아마 그때 병이 그 앨 붙들어서 결국 죽게 된 것 같아. 병이 가슴으로 들어가서, 채찍질처럼 순식간에 그 아이를 앗아가 버린 거지.

결국 그날 거길 떠나서 다른 데로 가 짐을 풀었어. 타셰이가 몽공고 열매를 주우러 같이 근처 덤불에 가야 된다고 해서 가 있는데, 추코가 또 울음을 터뜨렸어. 그게 전에 붙잡힌 그 병이야. 그때 무서워서 달달 떨 때 들어간 병 말이야. 애한테 노래도 불러 주고 얼러도 봤지만 울음을 멈추질 않아. 타셰이가 안아 들어도 계속 울어 젖히고, 그래 타셰이가 그 앨 업고 걷기 시작했지. 그러다 결국 잠이 들었어. 그런데 그게 진짜로 잠이 든 게 아니라 병이 눈에 들어가서 그런 거야.

나는 속으로 '우리 아기……, 오늘은 우리 아기가 젖을 안 물었는데.' 하는 생각이 들어, 타셰이한테서 애를 받아 업었어. 애가 잠이 깨서 젖을 물려 줬는데 먹는 둥 마는 둥 하고 안 물려고 해. 그렇게 몽공고 열매를 지고 계속 걸어서 마침내 마을에 도착했어.

내가 사람들한테 그랬지. "우리 애가 아파요. 이 예쁜 아기가 병이 났어요. 몽공고 덤불에서부터 갑자기 울기 시작해서 아직까지 울어요. 젖도 거의 안 먹고요. 지금도 젖을 물려도 빠는 게 안 느껴지니, 제가 가슴이 미어져요."

사람들이 추코를 위해 치유 의례를 베풀어 주었어. 주술사들이 황홀경에 들어서 그 애를 치료하려고 했지. 그런데 그중 한 사람이 그러데. "이 애 아버지가 이 앨 때린 그 나뭇가지 때문이오. 그 나뭇가지 때문에 이 애가 몸이 떨려서 그새 병이 들어간 거요." 사람들이 그 애를 고치는 동안 우리는 간절히 빌었어. 하지만 기도가 그 애한테 가 닿지 못했나 봐. 황홀경에 들어도 그게 그 애한테 들리질 않았나 봐. 결국 그 아인 낫지 못했어. 아버지가 그 앨 거부하고 있다고 하느님이 그러셨어.

내 자식들은 하나도 살아남질 못했어. 그 아이도 밤에 잠들었다 아침에 눈 떠 보니 죽어 있었어.

아이가 죽자 나는 타셰이한테 악을 쓰고 소리를 지르면서 화살집을 찾아다녔어. 화살로 찔러 죽이겠다고 하면서 말이야. "당신이 내 아이를 죽였어! 당신이 이 아일 자기가 낳지 않았다고, 자기 아이가 아니라고 그랬지. 이 아이가 당신 동생 닮았다고 했지. 하지만 당신은 나를 때린 그 나뭇가지로 이 아일 죽였어. 당신은 내내 마음속으로 이 아이를 부정해 왔잖아. 그러다 결국 죽인 거야!"

그러고는 소리 질렀어. "당신은 내게 잘 해 준 적이 없어. 난 인제 죽어

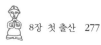

야 되나 봐. 내가 당신 애를 낳아 주었으면 좋겠지. 하지만 당신이 내 아이를 죽였어. 그리고 내가 친정으로 가 어머니 곁에서 아이를 낳도록 해 주지도 않았어. 그래서 당신 식구들 사이에서 애를 낳았잖아. 당신은 나에게 해만 끼쳤어. 매일같이 나를 해코지하더니 이젠 내 아이까지, 첫 아이까지 해쳤어."

그가 말했어. "아니야. 저 애는 우리 아이야. 우리 둘이 배고 낳은 아이야. 하느님이 저 아이를 죽여서 우리에게서 앗아간 거야."

나는 억장이 무너져 통곡했어. 젖이 퉁퉁 불어서 줄줄 흘러내렸어. 내가 너무 괴로워서 남편한테 그런 식으로 말했던 거지, 내 마음이 떠난 건 아니었어. 내 마음은 아직 남편에게 머물러 있었지.

우리는 한동안 거기 살다가 다른 곳으로 이사했어. 그리고 이내 다시 아이를 가졌지. 딸이었어.

9장

부모 됨과 사별의 고통

Motherhood and Loss

!쿵 사람들은 수렵채집 생활을 함으로써 적당한 건강과 안전한 삶을 유지하는 데 여러 모로 덕을 본다. 그들의 식단은 양도 알맞고 영양도 풍부하다. 일상적인 생계 활동을 하는 것만으로도 활발한 운동이 되며, 성인들은 중년이 되어도 대체로 날씬한 근육질의 몸매와 훌륭한 신체 조건을 유지한다. 그들은 또한 식생활과 스트레스로 인한 특정 질병들로부터 자유롭다.

그럼에도 !쿵 사람들의 전체적인 건강 수준은 좋지 않다. 도베 지역은 비교적 높은 고도(해발 약 1,000미터)에 있고 기후가 건조해 열대 아프리카의 몇몇 전염성 질병들이 침투하지 못하지만, 그럼에도 모든 연령대에서 !쿵족의 사망 원인 1위는 전염병이나 기생충으로 인한 질병이다. 유행성 감기, 폐렴, 기관지염, 위장병, 류머티즘, 결핵 등이 만연해 있다. 우기에는 말라리아가 흔하고, 최근에는 임질도 널리 퍼졌다. 성인 가운데 상

당수가 혈기왕성한 장년기에 사망하며, 신생아와 아동들은 질병과 죽음에 더더욱 쉽게 노출된다.

!쿵 사람들은 사람이 죽으면 현세의 육체는 뒤에 남고, 정신적인 육체와 영혼은 조상들이 있는 영계로 올라간다고 믿는다. 영계는 하늘에 있지만 여러 가지 면에서 지상의 인간 세상과 비슷하다. 다른 귀신과 신들도 이곳에 사는데, 그중 !쿵 사람들이 믿는 가장 중요한 신이 둘 있다. 우주를 창조한 '최고신'은 주로 선을 베푸는 존재다. 그리고 최고신의 지휘 하에 있는 '하급신'은 불행과 죽음을 몰고 온다.

사람들이 병들고 죽으면 그 근본적인 원인은 영계에 있다고 여긴다. 가끔 인간의 행동이 영계에 영향을 미치기도 하며, 누군가가 버려지거나 학대당해서 죽으면 사람들은 그 죽음에 대한 책임을 나눠 져야 할 때도 있다. 그러나 귀신들이 벌이는 일은 인간의 행동과는 관계없는 경우가 더 많다. 누구에게나 너그럽고 사랑받는 사람이라고 해서, 보통 사람들이 겪는 불행이나 질병이 그를 비껴가라는 법은 없다. !쿵 사람들은 이런 불행을 하급신과 다른 잡신들의 변덕스러운 기질 탓으로 돌린다. 하급 귀신들은 원한에 차서 그러기도 하지만 그저 인간들의 사정에 무심해서 그런 경우가 더 많기 때문에, 살려 달라고 부탁하면 들어줄 때도 많다. 전통적인 !쿵 주술사들은 영계와 인간 세계를 중재하는 역할을 한다. 치료의 성공 여부는 주술사가 귀신들을 얼마나 잘 설득하느냐, 그리고 귀신들이 고집을 굽히느냐에 달려 있다.

!쿵 문화에서는 부모 자식과 부부 간에 끈끈한 결속이 맺어진다. 부부는 한 이부자리에서 자고, 식사를 함께하며, 음식을 나눠 먹고, 요리나 장작 줍기 같은 집안일을 함께한다. 또 채집이나 사냥을 나갈 때 서로를 대

동할 때가 많다. 전체적으로 보아 두 사람은 아주 많은 것을 함께한다. 남편과 아내와 자녀들은 기초적인 삶의 한 단위를 이루며, 여기에 각 배우자의 확대가족에서 다양한 친척들이 합류한다. !쿵 사람들은 성인이 되어서도 부모와 강한 애착 관계를 유지한다. 결혼한 성인과 부모와의 강한 애착을 건전하지 못하다고 보는 서구 사회와는 대조적으로 !쿵 사람들은 이러한 감정을 자연스럽게 받아들이고 자유롭게 표현한다.

이렇게 가까운 가족의 일원이 죽으면 남은 사람들은 중요한 변화를 겪는다. 집단의 사회적 연결망의 일부가 고인과 연결되어 있기 때문에, 누군가의 죽음은 집단의 분열을 초래할 수도 있다. 남은 사람들은 과거 고기와 식량, 지식과 경험, 치유 능력, 또는 사랑이나 우정 등을 신세졌던 그 사람 없이 사는 데 익숙해져야 한다.

아내가 남편보다 약 열 살 이상 어린 데다가 남성들이 질병에 더 취약하기 때문에 !쿵 여성들은 남성들보다 배우자를 여의고 혼자 될 확률이 더 높다. 젊은 과부들은 재혼해 새로운 남편과 가정을 꾸리는 경우가 많다. 나이 든 여성들도 많이들 재혼한다. 남편감이 여의치 않은 경우에는 자매나 가까운 여자 친척의 둘째 아내로 들어가기도 한다. 재혼하지 않고 장성한 자식들이 있는 마을에서 따로 오두막을 짓고 지내는 편을 택하는 여성들도 있다.

다른 문화권 사람들과 마찬가지로 !쿵 사람들도 사람이 죽었을 때 슬픔을 강하게 표현하지만 오래 끌지는 않는다. 사람이 죽으면 다른 곳에 사는 친구와 친척들이 모여 장례를 치르거나 나중에라도 와서 고인이 임종하거나 묻힌 자리를 보고 간다. 장례 때는 모두가 슬퍼한다. 공적인 애도 기간은 여러 날 동안 계속된다. 대개 여자들은 소리 내어 울며 통곡하고, 남자들은 앉아서 이야기를 나누지만 어떤 때는 남자들도 큰 소리로 운다. 시신은 마을 근처 땅속에 구덩이를 파거나, 사막 곳곳에 솟아 있는 단단한 흰개미 둔덕 깊숙이 구멍을 뚫고 묻는다.

죽음을 멀리하는 관습도 있다. 어린아이가 죽으면 다른 아이들은 그 시신을 보지 못하게 하는데, 그러면 건강한 아이도 병에 걸린다고 믿기 때문이다. 누가 죽거나 묻히고 나면 그 마을을 버리고 가까운 곳에 새로 마을을 세운다. 전통적인 !쿵 오두막은 몇 시간이면 새로 지을 수 있고, 마을을 짓는 데도 며칠이면 충분하다.

고인과 가까웠던 사람들이 슬픔을 극단적으로 표현하더라도 주변 사람들은 다 받아주고 위로하지만, 그래도 결국은 정상적인 삶으로 다시 복귀하도록 북돋아 준다. 그래서 대개 과부나 홀아비는 재혼을 하고, 갓난 아기를 잃은 어머니는 다시 아이를 가지고, 부모나 형제를 잃은 이들은 다른 친척이 있는 마을로 이사하게 된다.

!쿵 사람들의 삶은 죽음과 친숙하지만, 개개인의 관점에서 볼 때 자기 삶에서 중요한 사람의 죽음은 결코 평범한 일이 아니다. 한 소녀에게 수 년 전 죽은 여동생에 대해 물었을 때 그녀가 한 대답은, 그 사건이 그녀의 삶을 얼마나 심각하게 교란했는지를 보여 준다. "하느님은 소용없어요. 아이를 주었다가 그 다음엔 죽여 버리잖아요. 그래서 화가 나요. 왜 하느님은 나처럼 큰 애들은 놔두고 어린아이들만 골라 죽이는지 알고 싶어요. 동생이 죽었을 때 나는 너무 슬펐어요. 사람들한테 말도 안 할 정도로 맘이 너무 아팠어요. 나는 정말 그 앨 사랑했어요."

다른 한 여성은 어머니가 돌아가시고 난 후 남동생이 돌연 변해 버린 이야기를 해 주었다. 그녀의 동생은 한 여자를 무척 사랑해서 내키지 않

아하는 양가를 설득해 어렵게 허락을 받아 결혼했다. 그런데 어머니가 돌아가시고 난 후에 그는 험악하고 무뚝뚝해졌다. 그는 전에 하던 채집과 사냥을 관두고 근처 헤레로 사람들의 목장에 가서 술을 마시기 시작했다. 그리고 집에 돌아오면 아내가 바람을 피웠다고 하면서 술에 취해 두들겨 패기까지 했다. 그의 어머니는 오랜 지병을 앓다 여섯 달 전에 일흔두 살로 명을 달리 했는데, 누나는 그가 어머니의 죽음 때문에 슬픔을 못 이겨서 성격이 변한 것이라고 했다. 물론 그의 그런 행동을 묵과하는 사람은 없었지만, 그렇다고 어머니에 대한 그의 애정과 어머니의 죽음으로 그가 경험한 고통을 의심하거나 경시하는 사람도 없었다.

산 사람들이 죽은 사람들을 아주 잃어버리는 것은 아니다. !쿵 사람들은 죽은 사람들의 영혼이 남아 있는 가족들의 삶 속에 가끔씩 개입한다고 믿는다. 한 여성은 오래 전에 돌아가신 그의 아버지가 당신 손자의 목숨을 살려 준 이야기를 들려주었다. "어제 내 여동생이 아기를 낳았는데, 아이가 나왔는데도 눈도 못 뜨고 숨도 안 쉬는 거예요. 심장만 아주 약하게 뛰고요. 내가 온갖 수를 써서 애를 살리려고 해 봤지만 소용없었어요. 그래서 아버지와 할아버지의 영혼께 아기를 살려 달라고 기도를 드렸지요. 아기 얼굴과 머리와 등을 물로 계속 문지르면서요. 그러는데 마침내 애가 눈을 뜨고 울기 시작했어요. 그래서 지금까지도 건강해요." 그녀는 계속해서 이야기했다. "어젯밤에 푸닥거리가 있었는데, 주술사 한 사람이 황홀경에서 본 걸 얘기해 주었어요. 그 사람이 말하길 '그때 당신이 아버지를 불러서 애가 살아났어요. 다른 조상신들이 그 애를 데려가려고 했는데, 당신이 아버지를 소리쳐 불러서, 조상신들이 애를 못 데려가게 했기 때문에 모두가 잘 된 거예요.' 하더라고요. 어제만 해도 동생네 애가 살지 못할까 봐 맘이 타들어갔는데 오늘은 그렇게 기쁠 수가 없네요." 그러고 나서 그녀는 잠시 말을 끊었다가 결연히 덧붙였다. "어제 우리 아버지가 정말로 나를 도와주신 거예요!"

한 나이 든 남성은 당시로부터 20년 전에 있었던 한 사건을 들려주었다. 그때 그는 매우 심하게 앓아서 거의 죽음의 문턱까지 갔다. 반가사상태에 빠진 그에게 얼마 전에 죽은 형의 영혼이 찾아왔다. 형은 그가 아픈 것을 보고 화를 내면서 그를 꾸짖었다. 아직 죽을 때가 안 되었다는 것이다. 그러면서 "이제 그만 병석에서 일어나 나이 든 사람을 불러서 겜스복 치유 노래gemsbok medicine song를 불러 달라고 청해라. 이건 요즘에는 부르지 않는 노래다. 그걸 배우면 나을 거다."라고 했다. 며칠 동안 움직이지도 못하던 그 남자는 그 길로 일어나서 나이 든 어른들을 찾아갔다. 그가 형이 찾아온 얘기를 전하자 그들은 오랫동안 쓰이지 않던 그 노래를 결국 되살려냈다. 머지않아 그 남자는 원기를 되찾았다. 20년이 흐른 후 그는 강력한 주술사가 되었고, 지금도 그 겜스복 노래 덕분에 자신의 치유 능력을 계속 발휘할 수 있다고 믿는다. 그는 그때 일을 돌아보며 그때 형이 찾아오지 않았다면 형을 따라 황천길로 갔을 거라고 생각한다. 어쩌면 그는 형이 죽고 난 후에도 계속 살아가려면 형의 허락을 구해야 했던 것 같다.

추코를 낳았을 때 나는 아직 어려서, 그 전에 애를 낳아 본 적이 한 번도 없었어.[1] 그 애가 태어날 때는 거의 참기 힘들 정도로 아팠었지. 아래 구멍이 아직 너무 좁아서 아픈 것도 심했어. 둘째 아이를 낳을 때는 좀더 넓어졌지. 하지만 그래도 애 낳을 때 아픈 건 매양 똑같아. 요만큼도 더 편해지는 게 없어.

애 낳는 건—첫 번째도 아프고, 두 번째도 아프고, 세 번째도 아파. 안 아프고 낳는 애는 이 세상에 없어. 아주 죽을 병 걸린 것처럼 아파.

내가 낳은 애들 가운데 추코가 처음으로 죽은 애였지. 걔는 내가 둘째를 가지기도 전에 죽었어. 그 애가 죽고 나서 몇 달 동안을 울고 또 울었어.

그러고 나서 '나이'를 가졌지. 나이를 낳던 날은 해가 뜨겁게 내리쬐는 날이었어. 사람들이랑 몽공고 덤불에 갔는데, 해가 너무 뜨거워져 거의 죽을 지경으로 내리쬐어서 몽공고 나무 그늘 아래에 앉아 쉬고 있었어. 그러고 있다가 내가 "쉬고 앉아 있기 싫어요. 저는 물을 머금은 뿌리를 좀 찾아볼게요." 그러고 일어나 나왔는데, 그때 진통이 시작된 거야. 속으로 그랬지. '에—헤이, 지금 애가 나오려고 그러나? 저기 확 트이고 풀이 깔린 데로 가자. 저기서는 뿌리도 좀더 찾을 수 있을 거야.'

좀더 가서 뿌리를 캐 가지고 한 무더기를 쌓았는데, 날카로운 진통이 와서 주저앉았어. 옆에는 아무도 없었지. 그러고 바로 나이가 태어났어. 나는 탯줄을 자르고 애를 안아 들고, 뿌리 캔 것까지 주워 담아 가지고 사람들이 앉아 있는 데로 갔어. 다 나무 그늘에 누워서 자고 있데. 가서 앉으니 애가 울음을 터뜨리는 바람에, 여자들이 놀라서 깼어. "어디서 아기가 울어? 이게 어디서 나는 소리야?" 그러고 보더니, "오, 타셰이댁이 애를 낳았네……. 니사가 애를 낳았어! 어쩜 장하기도 하지!" 그러고 우릴 아주 대견하게 부르면서 나이를 보고 칭찬하고 나를 보고 칭찬하고 그랬어.

우리는 거기 좀 머물면서 물 뿌리에서 물을 짜 마셨어. 내가 찾은 자리에서 물 뿌리를 좀 많이 캤거든. 그러고 한동안 거기서 지냈어.

나이는 무럭무럭 잘 자랐어. 하지만 셋째 아이는 들어서고 얼마 안 돼 유산되었지. 그게 타셰이 아기였는데, 그 사람이 아기를 배고 나서 곧 다시 집을 비우는 바람에 나는 트위랑 다시 사귀게 되었어. 한 달이 지나고 두 달이 지나고 보니 몸이 변하는 게 보이데. 그러고 그 다음 달에 타셰이가 돌아왔지. 내가 아기 가진 걸 보더니 펄펄 뛰면서 "이번엔 또 어떻게 된 거야? 내가 떠날 때만 해도 임신 안 했었잖아. 그때 막 달거리를 끝냈는데 어떻게 지금 또 배가 불러 있어?" 그래. "여보, 그런 식으로 말하지 말아요. 우리가 마지막으로 같이 지낸 달부터 이놈이 뱃속에서 자라기 시작해서 보다시피 이렇게 배가 부른 거예요. 내가 누구랑 정을 통해서 이 아이를 가진 것 같아요?" "내가 떠난 게 벌써 여러 달 전이야. 그런데 가만히 보니 이건 달수가 얼마 안 찼어. 어느 놈이 이렇게 만들었는지는 모르겠지만, 확실한 건 내가 떠난 지 여러 달 됐다는 거야."

그 사람은 이번에는 그걸 가지고 지치지도 않고 날 괴롭혔어. 아주 아침저녁으로 날만 밝으면 그 얘길 꺼내고, 어디 잠깐 다니러 갔다가 오면 기다렸다는 듯이 이래. "내가 간 사이에 또 그놈이랑 정을 통했지. 당신 임신시킨 놈, 그놈 누구야?" 내가 속으로 '이 남자가 나보고 어쩌라고 이러나? 독화살로 확 죽어버리라는 건가?' 그러고 있으니 또 이래. "그래……, 당신은 나이나 돌보고 나는 내 할 일이나 하자고. 하지만 딴 놈이랑 같이 있는 걸 보기만 하면, 당신을 떠나든지 죽이든지 둘 중에 하나야. 당신이 꼬리를 치고 돌아다니니까! 아직 어린 주제에 그 짓만 밝히고 다니지!"

내가 그랬어. "나는 뭐 당신이랑 당신 형수 사이 모를까 봐? 형만 있으면 무서워서 나랑 둘이 오두막 안에 얌전히 있다가, 형이 담요 싸들고 사냥 나가면 일어나서 형수한테 가 눕는 거 모를까 봐? 내가 자는 줄 알았지? 일어나 보면 온데간데없어도 나는 입도 뻥긋 안 했어. 따라가 보지도 않고, 몰래 쫓아가서 보고 오지도 않았어. 내가 무서워서 그런 줄 알아? 하나도 안 무서워. 그냥 둘이 그러게 내버려 둔 거야. 그러고 오면 아침에 말 한 마디 않고 밥 해 갖다 바쳤어. 이제 와서 당신 동생이 날 임신시켰다고 그러는데, 그런 건 바로 당신이야. 남자가 여자와 동침했는데 아기가 안 생길 줄 알아? 이제 그런 소리 내 귀에 들리지 않게 해!" 그러니까 그가 "거기 앉아서 그 따위 소리 계속 지껄이면 배를 갈라서 애를 꺼내버리겠어!" 하고 소리를 지르네.

곰곰 생각해 보니, 남편은 확실히 트위에 대해 알고 있어. 그래 속으로 '좋아, 그럼 인제 다른 집 불에다 음식을 해야지. 그러면 애가 유산된다고 어른들이 그러니까. 샤 뿌리나 몽공고 열매 구울 일 있으면 딴 집에 가서 해야지. 이제 우리 집 불에서는 음식 안하고 다른 집 불만 써야지.' 했어.

그리고 정말로 그렇게 했어. 마을을 돌아다니면서 매번 다른 불에다 음식을 했어. 속으로 '이 남자가 지 동생이 나 임신시켰다고 괴롭히는데, 꼬치꼬치 캐물어서 날 아주 말려 죽일 심산이야.' 그러면서.

그리고 얼마 안 되어서 배가 일어나 아프기 시작했어. 꼭 뱃속에 불이 난 것처럼. 타셰이가 보더니, "왜 그래, 오늘 어디 아픈 데 있어?" 그러는데 "아픈 데 없어요." 하고 앉아 있었지. 그러다가 누워서 쉬는데 또 "해가 중천에 있는데 왜 누워? 왜 그래?" 그래. "그냥 눕고 싶어서 누운 거지 아무 일 없어요." 그랬지. 그날 저녁에 타셰이가 불을 피워서 겜스복 고기 말린 거를 요리했어. 그걸 빻아 가지고 덜어 줘서 같이 먹었지. 그러는데 타셰이가 "니사, 왜 그래? 당신이 먹긴 먹는데 눈을 보니 많이 아픈 거 같아." 하데. 나는 왜 그런지 말하기 싫어서 그냥 허리가 아프다고만 했어. 그리고 먹고 잠자리에 들었지.

아주 오래도록 잤어. 그러고 동 트기 직전에 일어나서 마을을 빠져 나갔지. 나이가 깨 가지고 집에 있기 싫다고 떼를 써서 나이를 업고 나와서는, 덤불에 앉아서 유산을 했어. 속으로 '내가 생각했던 대로 됐어. 남자가 타셰이처럼 그런 식으로 말하면 이렇게 해 줘야 돼.' 그랬지. 그게 금방 빠져 나오데. 애는 안 보이고 피만 나와. 피가 나오고 그 안에 쪼그만 뭐가 있는데, 나뭇가지를 꺾어서 큰 구덩이를 파 가지고 그걸 묻었지. 그러고 속으로 '이제 끝났어. 남편이 바라던 대로 됐지. 안 그래?' 그랬지. 하지만 애를 유산한 건 그 때문만은 아니었어. 내가 트위랑 동침했거든. 그 사람이 애 아버지가 아니라서 사랑을 나눌 때 뱃속에서 거부한 거지. 그래서 임신을 그르친 것도 있어.

나는 마을로 돌아와서 나이를 내려놓고 오두막 바깥 불가에 누웠어. 오두막에 들어가진 않고 동이 틀 때까지 그냥 거기 누워 있었지. 내가 자고 있을 때 타셰이가 깨서 날 보고 내 옆으로 와 누웠어. 날이 밝자 그가 말했어. "니사, 여보, 어제 무슨 일이 있었는지 얘기해 봐. 오늘도 당신 눈이……. 트위가 그리워서 그래? 상사병이라도 걸린 거야?" "아니, 그 사람 생각 안 해. 그냥 아파서 그래."

그런데 내가 일어나니까 남편이 내 서 있는 걸 보더니 "당신 어떻게 된 거야?" 그래. "그래, 어제까지 내가 뱃속에 품고 있던 거, 어제 해질 때까지, 잠잘 때 까지 품고 있던 거. 한밤중에 일어나 봤더니 밖으로 나와 버렸어. 그르쳐 버렸어." "임신을 그르쳤다고? 뭣 때문에 그렇게 됐지?" "당신 때문이야……. 그래, 나랑 한 지붕 아래서 자는 당신이, 딴 남자가 배 불렀으니 이제 넌 필요 없다고, 당신 입으로 그랬잖아. 자기랑 한 오두막에서 자는 나한테 말이야." "세상에, 그래서 당신, 애를 뗀 거야?"

나는 대답하지 않았어.

그 다음에 들어선 아기를 나는 바우라고 이름 붙여 주었어. 이때는 순조롭게 임신했지. 달거리를 몇 번 하다가 끊기고 뱃속에서 조그만 것이 자라더니, 한참 있다가 움직이기 시작했어. 움직이다가 잠잠하다가 하면서 쑥쑥 잘 컸어. 그러다가 어느 여행길에, 아카시아 암나무 밑에서 애를 낳았지.

바우는 잘 자랐어. 기어 다니다가 앉았다가 또 기어 다니면서 놀고 그랬어. 그런데 채 걷기도 전에, 첫애랑 같은 나이에 죽어 버렸지. 병이 가슴으로 들어와서 그 조그만 것을 죽였어. 주술사가 그 앨 고쳐 보려고 왔는데, 하는 말이 이 애 병이 공중을 떠다니는 새한테서 온 병이라고 그래. 그런데 그 새가 하늘에서 하느님이 보낸 거래. 그 새의 영이 들어가서 그 앨 죽인 거라고 그러데.[2]

내가 막내인 크사우를 낳았을 때는 츠와나 사람들 마을에 살고 있었어. 이사크라는 츠와나 수장이 있는 마을이었는데[3] 그때는 나도 완전히 어른이 되어서 애 낳는 거에 대해 좀 알았지.

그때 비가 억수같이 내렸는데, 그래도 진통이 와서 이제 때가 됐다 싶어 마을을 나갔지. 일어나 혼자 나와서 풀이 난 데 자리를 잡고 앉았지.

앉아 있는 동안 진통이 오고 오고 또 오고 그러다가 잦아들고. 다시 진통이 더 크게 오다가 또 잦아들고. 그러다가 온몸이 부들부들 떨릴 정도로 제일 큰 진통이 왔지. 그 아픔이란! 다른 여자들 같았으면 크게 비명을 질렀겠지만 나는 안 그랬어. 몸이 떨려도 가만히 앉아 있었지. 하지만 머리가 막 나오기 시작할 때는, 음……, 심장이 미칠 듯이 뛰기에 참다못해 소릴 질렀어. 크사우가 태어나니까 사람들이 애 우는 소리를 듣고 달려 왔지. 와서 탯줄을 끊어 주고 애를 안아 들고 마을로 돌아왔어.

나는 애 낳을 때 사람들이 옆에 있는 걸 꺼렸어. 늘 혼자 가려고 했지. 왜냐하면 사람들이 배를 잡고 쓸고 하면서 도와주려고 해도 그러는 게 오히려 더 아프기만 하거든. 그러니까 사람들이 있으면 더 아파서 죽을지도 모르는데 그게 싫어서 매양 혼자 간 거야. 크사우를 낳을 때는 아주 잘했어. 아기가 다 나온 다음에야 사람들이 와서 도와줬지.

타셰이가 죽은 게 우리가 츠와나 사람들 마을에서 지내고 있을 때, 크사우를 낳고 얼마 안 돼서 일이야.[4] 초저녁에 첫 달이 높이 떠올랐을 때 병에 걸려 가지고, 몇 달도 아니야, 겨우 며칠 앓았어. 몇 밤 안 자고 바로.

크사우를 낳고 하룻밤 자고, 다음 날 누워서 쉬고, 그 다음 날 그 다음 날 그 다음 날 밤을 자고 나서, 그러니까 크사우가 나고 그렇게 여러 밤이 지난 어느 날 타셰이의 가슴에 병이 들어왔어. 한밤중에 타셰이를 건드려서는 몸속으로 들어가서 한 방에 때려눕혔지.

다음 날 아침에 일어나 보니 끙끙 앓고 있기에 그날로 사람들이 와서 그이를 고치려고 애쓰고, 하룻밤 자고 다음 날 주술사들이 와서 고쳐 보려고 했는데, 무엇 때문에 병에 걸렸는지 그 사람들도 몰라. 다음 날도 마찬가지. 병 때문에 아파서 숨 쉬기도 힘들어하고 막 피를 토해 냈지. 다음 날 밤에 나란히 누워서 잤는데, 그 이튿날 수탉이 첫 울음을 우는 찰나에, 막 동녘이 밝아오려고 할 때쯤에 숨을 거뒀어.

이 사람 숨 쉬는 소리가 안 들려서, 건드려 보고 흔들어도 보고, 계속해 봐도 숨을 안 쉬는 거야. "타셰이……, 타셰이……, 타셰이……." 하고 큰 소리로 불러도 대답이 없어. 그래 "타셰이!" 하고 다시 부르고, 또 불러도 잠잠해. 손을 짚어 보니 숨을 안 쉬어. 가슴에 손을 대 보니 심장이 안 뛰어. 그래 울부짖었어. "아이고, 여보……, 벌써 가셨소? 우리 남편, 어젯밤만 해도 나란히 누워서 나란히 잠들었는데…… 죽은 거요? 아직 이렇게 같이 누워 있는데, 이제 죽어 버렸네!"

그러고 누워서 속으로 '왜 이렇게 되었나? 우리 두 사람이 서로 그렇게 많이 주고 그렇게 행복하게 같이 살았는데. 이제 나는 남편도 없이 혼자로구나. 나는 벌써 과부로구나. 왜 하느님은 나를 희롱해서 남편을 빼앗아 가시나? 하느님도 인색하시지! 이렇게 다 빼앗아 가 버리고. 하느님은 정말 사람은 안중에도 없나 보다.' 하고 탄식했지.

그때 갓난 아들놈이 또 울음을 터뜨려서 그걸 안아 들고는, 주저앉아서 엉엉 울고 울고 또 울었어. 사람들이 그 소리를 듣고 달려왔어. 여자들은 나랑 같이 앉아서 울고. 그러고 한참을 있다가 사람들이 그래. "자네는 애들을 돌봐야 하니 이제 죽은 남편 옆에 누워 있지 말게. 자네 남편은 죽었어. 다 끝났어. 저 사람 곁에 누워 있는다고 죽은 사람이 살아 돌아오나. 이제 애들 데리고 저쪽에 가 있게. 남편 시신은 덮어서 여기 두고. 죽은 사람 두고 그런다고 좋을 게 없고, 떠난 사람 더 붙잡을 수도 없네. 그러니 그만 시신은 덮어서 여기 놓아두고, 자네는 애들이랑 같이 저쪽 가서 누워 있게."

그래서 나는 사람들 말대로 오두막 바깥에 담요를 깔고 누웠어. 다른 사람들이 들어가서 타셰이가 누운 자리를 덮어 주었지. 다음 날 아침에 츠와나 수장이 와서는 "아, 내가 아끼는 준/트와시가 이렇게 황망히 세상을 뜨다니! 어떻게 이 사람한테 이런 일이! 이 사람 같은 이도 없었는데. 모처럼 같이 지내나 싶더니 이렇게 세상을 떴구려." 그러더니 "이제 남은 사람들은 저 흰개미 둔덕에 구멍을 파서 저 준/트와의 시신을 가져다 묻게. 괴로워서 차마 주검을 더 보고 있을 수가 없네그려." 했어. 그리고 남자들이 구덩이를 파서 그이를 묻었어.

남편이 뜨고 나서 맘이야 이루 말할 수 없지. 매일 밤 보고 싶은 맘에 울면서 "이제 내가 결혼한 사람은 곁에 없구나." 그러다가 속으로 '이제 애들 먹일 음식을 어디서 구해 오나? 이 갓난아기를 누구 도움으로 키우나? 오빠도 남동생도 멀리 있는데. 이제 누가 날 도와주나?' 하는 생각이 퍼뜩 들어. 크사우는 갓 태어나서 너무 조그마해 눈에 띄지도 않았거든. 결국 '매일 먹는 식량은 구해 올 수 있어. 당장 오늘부터 나가서 식량을 거두어다가 애들 먹여 키워야지.' 그리고 나가서 할 수 있는 만큼 구해 왔어.

그런데 애들을 볼 때마다 타셰이 얼굴이 눈에 아른거리지. '왜 다른 여자 남편이 죽지 않고? 여기 이렇게 사람이 많은데, 나처럼 젊은 여자는 거의 다 남편이 살아 있는데. 왜 하필 내 남편이 갔나? 왜 내가 결혼한 사람이? 한창 같이 동침하고 애를 가질 나이에, 왜 하필 그 사람이 갔나?' 하는 생각이 들어, 너무 억울해서 울고 울고 또 울었어.

보다 못해 츠와나 수장이 와서 그래. "여보게 니사……, 자네가 남편 때문에 슬픈 건 알겠네만, 그런다고 무슨 소용이 있나?" 그러더니 "이제 어떻게 할 건가?" 그래. 내가 "그냥 여기 머물러 지내면서 친정어머니한 테 이리로 좀 와 주십사고 전갈을 보내 줄 사람을 찾아야죠. 지금 저는 여기에 가족이 하나도 없어요. 남편은 내게 아버지 몫을 해 준 사람인데, 이제 남편이 죽었으니 나는 집도 가족도 없어요. 부모님이 계신 곳으로 돌아가고 싶어요." 이러니 "그래. 그럼 내가 사람들한테 부탁해서 자네를 그리로 데려다 달라고 해 봄세." 그래.

내가 거길 떠나고 싶은 이유가 또 있었어. 시부모님이 타셰이가 죽었 다는 전갈을 듣고 찾아와서는 "우리 아들을 누가 데려갔나?" 그러셔. 내가 "죽음이 그이를 데려간 거죠. 하느님이 데려가신 거죠. 달리 뭐 때문 이겠어요? 그저 하느님 때문이죠." 그러니까 흐느껴 우시겠지. 그러고 날 당신네 마을로 데려가겠노라, 나를 돌봐 주겠노라고 그러시는데, 난 내키 지 않았어. "저는 친정으로 가겠어요. 이제 다시는 다른 사람 마을에서 살지 않으려고요. 예전에는 남편이랑 같이 시댁 마을에서 살았지만, 이제 남편이 죽었으니 거기에는 가지 않겠어요. 만약 제가 거길 따라가면 이내 절 미워하고 내내 타박하실 거예요."

그런데 정말로 그렇게 될 뻔했어. 그러고 얼마 지나지 않아서 타셰이네 친척들이, 내가 타셰이를 죽였다고 떠들고 다니기 시작했거든. 그 사람들 은 칸틀라에 대해서도 알고, 이제 타셰이가 죽었으니 칸틀라가 나랑 결혼 하고 싶어한다는 것도 알고 있었거든. 그래서 칸틀라의 영혼이 타셰이를 죽였다고 말하고 다닌 거야.[5] 내가 그 얘길 듣고 속으로 '이제 타셰이네 마을에서 덕 볼 일은 없게 됐어. 하느님이 타셰이를 데려가신 건데, 시집 식구들은 하느님이 하신 일을 두고 내가 했다고 그러고 다니니. 저 사람 들 마을로는 돌아가지 말아야지. 친정 식구들 있는 데로 가서 거기에 살고 거기에 누워야지. 시집 식구들은 내가 남편을 죽였다고 하니 그 마을로는 가지 말아야지. 거기 살다간 그 사람들이 날 죽이고 말겠어.' 그랬지.

그래서 나는 그 사람들을 따라가지 않고 친정 부모님한테 가 살았어. 거기서 지내면서 건기가 다 가도록 마음껏 슬퍼하고 맘에 있는 걸 다 쏟아 냈어. 맘을 활짝 열어서 결국 슬픔이 가실 때까지.

나는 친정 마을에서 오랫동안 지내면서 거기서 애들을 키웠어. 먹을 걸 거둬다 애들 먹이고, 꿀을 찾아서 채취해다 애들 먹이고 그랬지. 오빠랑 남동생도 같이 살면서 많이 도와줬지. 그네들이 벌집이나 사냥감을 가져오면 우리 애들이 먹고. 어머니도 음식을 거둬다 갖다 줬어.

그리고 이내 크사우가 기기 시작했어. 한 다리를 들었다 놓고 다른 쪽 다리를 당겼다 놓고 하다가 풀썩 넘어지고 하는 걸 보면서 '와! 내 젖으로 우리 아기가 튼튼해졌네.' 하고 대견해했지.

그렇게 그 마을에서 쭉 살았어.

10장

변화

Change

처음 도베 지역에 츠와나와 헤레로 사람들이 침범해 주거지를 세우는 걸 !쿵 사람들이 묵인했던 이유는 아마도 싸우기보다는 그냥 순응하는 편이 더 쉬웠기 때문일 것이다. 하지만 그들이 있는 것을 반긴 사람들도 있었을 법하다. 키도 크고 몸집도 크며 반투어를 하는 이 기독교도들과 !쿵 사람들이 서로 극히 대조적인 것과 마찬가지로, 영구적인 식량 자원을 지닌 정착촌은 정처 없이 떠돌아다니는 황야의 삶과는 극적으로 대비됐다. 츠와나와 헤레로 사람들이 누리는 상대적으로 편안한 삶—우유를 마시고, 밭을 일구며, 가축을 길러 고기를 얻거나 시장에 내다 팔고, 화려한 옷을 입는(헤레로 여성들이 입는 옷은 19세기 선교사들의 드레스를 본떠 만든 것인데, 한 벌 바느질하는 데 들어가는 옷감만 10미터가 넘는다.)—또한 매력적으로 비쳤을 것이다. 가축 우리를 옆에 낀 튼튼한 집들로 이루어진 그들의 안정된 정착촌은 때때로 황야에서 식량 부족에 직면한 !쿵 사람들에게 일종의 보험이 되어 주기도 했다. 필요하면 !쿵 사람들은 노동력을 팔아 우유나 곡식과 바꾸기도 했다. 물론 이는 반투어족들에게 충분히 식량이 남아 돌 때 한해서다.(곡식 농사가 흉작인 해에는 그들도 황야에서 식량을 채취하는 방법을 !쿵 사람들에게서 배울 수밖에 없다.)

그러나 !쿵 사람들이 보는 손해도 명백했다. 우선 반투어족 사람들이 부근에서 먹이는 소와 염소들 때문에 샘물이 오염됐다. 가축과 가축 분뇨, 신선유나 발효유를 담은 바가지 등을 모아 둔 곳에 파리 떼가 꼬였다. 대규모 인구 밀집 지역과의 접촉으로 츠와나와 헤레로 사람들에게 흔한 성병과 기타 질병들이 !쿵 사람들 사이에 처음으로 퍼지기도 했다. 소 떼와 염소 떼는 사냥감을 놀래서 쫓아 버리고 !쿵족과 그들이 사냥하는 짐승들이 먹을 풀, 뿌리, 열매, 기타 야생식물들을 먹어 치웠다. 이동하는 가축 떼의 먹성을 이기고 살아남은 것은 가시덤불뿐이었으며, 그래서 실제로 가시덤불만 무성하게 자랐다. 가축 떼는 영구적인 샘물을 중심으로 점점 더 넓은 범위를 뜯어 먹으면서, 아직까지 !쿵족이 수렵채집을 영위하는 땅을 서서히 잠식해 들어왔다.

츠와나와 헤레로 마을들이 전통적인 !쿵족의 샘물 주변을 에워싸고 영역을 넓혀감에 따라 !쿵식 생활 방식을 유지하기는 점점 더 어려워졌다. 부유한 이웃에게 먹을거리를 구걸하는 일은 이제 용인할 수 있는 정도가 아니라 어쩔 수 없는 일이 되었다. 츠와나나 헤레로 가정으로 시집간 !쿵 여자들을 빼고, 정착촌 주변에 사는 !쿵족들은 주로 거지 아니면 직접적인 보상을 거의 못 받고 긴 시간 일하는 노예로 전락해 버렸다. 한때 직접 고기와 식량을 구해다 가족을 부양했고, 품위를 지키며 독립적인 삶을 영위했던 !쿵 사람들은, 이제 그들을 열등한 존재로 취급하는 사람들 사이에서 낮은 지위로 살아가게 되었다. 그러한 환경 변화가 심리적으로 끼치는 영향을 고려했을 때, 많은 !쿵 사람들이 마을 농가에서 빚어다 파는 술을 마시며 시간을 때우기에 이른 것은 놀라운 일이 아니다. 그러나 츠와나와 헤레로 주거지에 잘 적응하고 그로부터 혜택을 취하는 사람들도 많다. 그들은 물웅덩이가 마르면 노동력을 팔아 우유와 바꾸다가도, 비가 오면 풍부하게 널린 황야의 식량과 큰 짐승에서 얻는 고기에 이끌려 주저 없이 마을을 떠나 황야로 나간다. 멀리 떨어진 사람들을 방문한다든지, 새롭고 깨끗한 지역으로 이동해 가는 즐거움 또한 !쿵 사람들이 번잡한 목축지를 등지고 떠나는 동기가 된다.

도베 지역의 부족 정치는 1948년 츠와나족 정부가 이 지역의 수장이자 법적 대표로 이사크 우투길레Isak Utugile를 처음 임명하면서 공식화되었다. 그 이전에는 !쿵, 츠와나, 헤레로 사이 또는 그들끼리 일어나는 갈등이 규제되지 않았는데, 그 자신이 !쿵족의 피를 일부 이어받았으며 세 부족의 언어를 유창하게 구사한 이사크는, 가축 절도, !쿵족 고용인에 대한 착취, 간통, 주먹다짐, 심지어 살인에까지 이르는 모든 갈등을 중재했다. 그는 부족법에 의거해 판결을 내리고 벌을 주었으며 필요할 때는 구금형을 선고하기도 했다. 또 그는 결혼과 이혼에 관해서도 자문을 해 주곤 했다. 모든 부족 사람에게 크게 존경받던 그는, 고용인으로 일하는 사람이든 아니든 모든 !쿵족에 대해 공정하게 처우하는 분위기를 조성했다. 그는 1973년까지 재직하다가 건강이 나빠져서 사직하고 다른 수장에게 자리를 양보했다.

1960년대 후반까지만 해도 영구 거주지에서 멀리 떨어져 주로 황야에서 채취한 식량에 의존해 살아가는 몇몇 !쿵족 가구들이 있었지만, 이제는 확실히 한 마을에 정착해서 사는 추세로 돌아섰다. 곡식, 설탕, 소금을 살 돈을 벌고자 자기나 다른 사람의 염소와 소 떼를 돌보고, 밭을 일구고, 닭을 치고, 수공품을 파는 !쿵 사람들이 해마다 늘어 간다. 또 물물교환하거나 상점에서 산 물건들—단지, 프라이팬, 접시, 수저, 외투, 램프, 양초, 화려한 색의 옷감이나 대량생산한 옷, 담요, 신발, 손전등, 그리고 이따금 라디오까지—을 점점 더 많이 쓰고 있다. !쿵족 오두막의 모양도 변해 간다. 이제 오두막은 반투족의 오두막을 본떠 튼튼한 뼈대에 진흙을 이긴 반죽으로 벽을 바르고 지붕을 따로 이어서 오래 갈 수 있게 짓는다. 그보다 더욱 중요한 변화는, 마을 안에 처음으로 공공 영역과 따로 분리된 개별 주거 공간이 생겼다는 점이다.

일상생활에도 어쩔 수 없는 변화가 생겼다. 모여서 놀거나 채집과 사냥을 배우던 아이들은 이제 가축과 염소를 돌본다. 어른들도 정착 마을에서 해야 할 일들로 바쁘다. 밭을 지키기 위해 가시나무로 울타리를 치고 손봐야 한다. 모종을 심고 씨를 뿌려야 한다. 새 오두막을 짓고—보통 한 채 짓는 데 일주일씩 걸린다—벽을 바르고 유지 보수해 줘야 한다. 설거지도 해야 하고, 옷과 담요는 바느질하고 빨고 수선해야 한다. 그리고 새로운 음식은 준비하는 시간이 더 오래 걸린다.

이는 양육 패턴에도 영향을 끼친다. 여성들은 정착 생활을 오래 할수록 아이를 가지는 터울이 짧아진다. 그 이유 가운데 하나로는 아기에게 소젖과 염소젖을 먹일 수 있게 되어 수유 패턴이 바뀐다는 점을 들 수 있다. 또 여성들이 더 잘 먹고 활동량이 줄어서 임신이 수월해지고 유산도 줄었기 때문이라는 의견도 있다. 어떤 경우든 돌봐야 할 아이가 둘쯤 되면 여성은 채집을 나가기가 어려워지고, 축산물이나 농작물 등 새로운 식량원에 더 의존하게 된다. 아이 수가 많아지고 해야 할 집안일도 더 늘어나면서 !쿵 여성들이 자기 가정에 조달하는 식량의 양은 실제로 이전보다 줄어들었다. 이러한 흐름은 !쿵 여성들이 전통적으로 누려 왔던 영향력과 비교적 높은 지위를 위협하고 있다.

!쿵족의 연장자들에게도 같은 일이 일어났다. 이전에 그들은 전통 문화의 산증인으로 모두가 우러러 보았다. 그러나 이제 학교에 다니고 소젖을 짜고 염소와 당나귀를 돌보고, 심지어 다이너마이트를 써서 우물을 파는 법을 배운 손자들에게 그들이 지닌 지식과 기술이 무슨 쓸모가 있을까? 정부 토지위원회가 땅을 관리하면서 큰 가축 떼를 소유하고 복잡한 법률 서식을 채울 수 있는 교양을 갖춘 지원자들에게 땅을 분배하는 세상에서, 한때 존경받던 땅과 식량 자원의 '주인'들은 어떻게 될까? 하지만 이렇게 의문스러운 부분이 있는 반면 긍정적인 측면도 있다. 우선 목축과 농업을 하는 정착 생활이 연장자들에게는 좀더 용이하다. 자주 황야로 나가지 않아도 되고, 가축을 지키려고 마을에 남아 있는 청소년들이 노인들을 돌볼 수도 있다. 그리고 멀리까지 식량을 실어 나르는 당나귀 덕분에 황야에 나갈 때도 좀더 효율적이고 시간이 단축된다.

!쿵 사람들은 자기들의 생활 방식에 닥친 많은 변화를 언제나 열렬히 환영한 것은 아니지만 유연성과 유머감각을 발휘해 비교적 잘 대응해 왔다. 그들은 생존하려면 새로운 방식을 택하는 것이 최선의 방책임을 안다. 그래서 땅에 대한 그들의 전통적인 권리를 지키고자 나라가 세운 법률 체계에 따라 행동하기 시작했다. 보츠와나 정부와 '칼라하리 인민 기금'의 지원과 자문을 받아, !쿵 사람들은 다이너마이트를 터뜨려 우물을

뚫는다. 그러지 않으면 (그들이 그 땅에 거주하고 있다는 '물증'이 없으므로—옮긴이) 땅에 대한 권리를 얻을 수 없기 때문이다. 학교에 갈 수 있고 가고 싶어하는 !쿵 어린이들을 위한 교육비 또한 보조받는다. 의료 시설 덕분에 사망률도 크게 낮아졌다. 농업 전문가나 수의사들은 !쿵 사람들에게 농사일을 하고 가축을 기르는 일에 대해 조언해 주며, 정부 바이어들은 판매 목적의 전통 수공예품 제작을 독려한다. 우리의 희망은 그들이 전통적인 !쿵 문화를 희생시키지 않고 새로운 경제생활을 하는 데 성공하는 것이다.

이러한 희망은 아직은 실현 가능성이 있는 듯하다. 정착 마을에 사는 !쿵 여성들도 여전히 이따금씩 채집을 나가며, 그 덕분에 인근의 반투어족들보다 다양한 먹을거리를 섭취한다. 그들은 말한다. "우유와 밭에서 난 식량은 마을 음식이에요. 마을에 식량이 풍부히 있어도 우리는 '우리' 음식을 채취하기 위해서 황야로 나가요. 우리 마음이 그 맛을 잊지 못하거든요."

이제는 사람이 아닌 당나귀가 몽공고 덤불에서 몽공고 열매 자루를 운반하지만, 이 영양이 풍부한 음식은 앞으로도 계속 !쿵족의 식생활에서 중요한 부분을 차지할 것이다. 학교에 다니면서 현대 문화의 가치를 배우는 !쿵 아이들도 여전히 부모, 조부모와 오랜 시간을 함께하면서 윗세대의 전통을 많이 접한다. 전통적인 수렵과 추적 기술 또한—다소간 변형된 형태로—유지되고 있다. 사냥에 있어 타의 추종을 불허하는 달인인 !쿵 남성들은 이제 츠와나와 헤레로 사람들에게 고용되어, 총을 가지고 말을 타고 사냥한다.

또 하나 바람직한 흐름은 의례적인 황홀경 춤과 여성들의 북춤이 정착 마을에서도 활발히 꽃피고 있다는 점이다. 이제는 잦은 주거 이동이 줄어들어 사람들은 밤새도록 춤을 추는 데 오히려 더 많은 에너지를 쏟아 붓는 듯하다. 예전보다 더 많은 사람들이 모여들어 흥분된 축제 분위기를 만든다. 더욱이 츠와나와 헤레로 사람들이 !쿵족의 푸닥거리를 신뢰하는 것도 그 위신을 유지하는 데 일조했다. !쿵족이 아닌 사람들도 춤 의례에 많이 참석해 다른 사람들과 함께 의례적 치유를 받곤 한다. 또 아플 때 !쿵 치료술사를 고용하기도 한다. 그들의 도움으로, 문화 접촉과 변동이라는 맥락에서 !쿵족의 영적 성취에 위엄이 더해진 것이다.

부모님 마을에서 같이 살다가 얼마간 시간이 흘렀을 때 일이야. 사촌 언니가 말하길 그이 남편이 날 둘째 아내로 맞고 싶어한다는 거야. 하지만 나는 그 사람이 싫었어. 아마 그 사람이 총각이었어도 결혼 안 했을 거야. 내가 그랬지. "나한테서 뭐 얻을 게 있다고요? 내가 가진 음식이라고 당신이 가진 음식이랑 뭐 다를 게 있나요? 무슨 결혼을 하자는 건데요?" "당신을 내 둘째 아내로 맞고 싶어요." "아니, 싫어요. 큰 마누라가 날 죽이려 들 거예요." 그러니까 사촌 언니가 그랬지. "아냐! 그러지 않을 거야. 우리 남편이 너랑 결혼하면 너는 내 동생처럼 되는 거야. 같이 앉아서 모든 걸 같이 하는 거야."

"아니, 안 할래. 설령 저 사람이 나랑 결혼해서 우리 둘이 같이 한다고 해도, 저 사람이 나만 찾고 언니는 마다하고, 언니를 타박하기 시작할 날이 안 올 것 같아? 그렇게 살다 보면 맘이 괴롭지 않겠어? 괴롭지. 남편이 나랑 사랑을 나누고 언니는 마다하는 날에는 어쩔 거야. 오두막 안에 같이 누워 있으면, 일어나서 불을 피우는 척하다가 불붙은 장작을 집어서 우리한테 던지겠지."

"틀렸어. 우리는 자매지간이고 나는 우리가 한 오두막에서 살았으면 좋겠어. 남편이 너한테 가더라도 타박하지 않을 거야. 너랑 남편 모두를 똑같이 좋아할 거야." "아냐. 내 맘이 내키지 않아. 나한텐 애들이 있으니 다른 아내랑 한 오두막에 들지 않을 거야. 그러면 나는 한숨도 못 잘 거야. 나는 다 큰 성인 여자야. 나 같은 사람이 다른 여자의 오두막으로 들어가? 아니, 나는 혼자 누울 거야. 내 남편이 죽은 지 얼마 안 되었고 나는 다시 또 결혼하고 싶지 않아. 하더라도 나만을 위해 짐승을 잡아다 주는 사람을 찾을 거야. 그러면 언니한테도 나눠 줄게. 구슬도 주고, 계속 선물을 주고받을 수 있어. 그런데 왜 우리가 한 오두막에 들어야 해?"

우리 어머니도 그러셨어. "그래, 니사 말이 옳다. 둘째 아내로 결혼 생활을 하는 건 힘든 일이니, 어미 된 나도 이 애가 아내가 있는 남자랑 결혼하는 건 반대다. 더 나이 든 사람들도 그렇게 결혼하면 힘들어해. 작은 아내가 큰 아내한테 음식을 청해도 주지 않기도 하고. 남편이 고기를 가져오면 첫째 아내가 나눠 줄 때까지 앉아서 기다려야 하고, 그런 건 나도 바라지 않는다." 그러고는 "너는 니사를 데려다 네 오두막에 같이 들이고 싶다고 하지만, 니사에게는 돌봐야 할 애들이 있단다. 행여 둘이 같이 잘 못 지내고 서로 싸우기라도 하면 어쩌려고? 그럼 니사가 나쁘다고 주위에 안 좋게 말하고 다닐 거 아니냐." 그러셨어.

그러니까 사촌 언니의 남편이 이랬지. "왜 그러세요? 제 아내는 사촌

동생을 둘째 아내로 들였으면 하는데, 어르신은 따님과 떨어지기 싫으신 거죠? 차라리 딴 사람과 결혼했으면 하시는 거죠?" "그래. 식량을 구해 와서 이 애한테 갖다 줄 사람 말일세. 자네가 뭘 가지든 첫째 아내에게 가 져다줄 텐데 그러면 니사한테는 돌아갈 몫이 없지 않은가. 니사는 사촌이 나눠 주기만을 앉아서 기다려야 겨우 먹을 수 있을 거 아닌가. 나는 이 애 하나만을 아내로 맞아들일 남자한테 보내겠네. 그래야 남편이 먹을 것을 구해 집에 돌아오면 이 애한테 주고, 그러면 제 애들도 먹이고 할 게 아닌 가. 하지만 둘째 아내로 들어가면⋯⋯ 니사는 앉아서 먹을 걸 언제 주나 기다리고 애들은 울고불고 할 게 빤하니, 절대 안 되네."

사촌 언니가 그랬어. "왜 제가 작은댁한테 고기를 안 줄 거라고, 애들 이 우는 걸 버려두고 저 혼자서만 먹을 거라고 생각하세요? 저는 니사 애 들도 잘 돌보고 도와서 함께 키울 거예요. 니사가 결혼하면 저도 이 애들 엄마 아니에요?"

그래도 나는 끝내 뜻을 굽히지 않았지. 그러다가 결국 거길 떠나서 츠 와나 마을로 다시 돌아갔어.[1] 몇 달이 흐르고 나서 사촌 언니가 남편이랑 같이 다시 찾아왔어. 그래 내가 말했지. "준/트와시! 아직도 난 싫어요! 무슨 말을 더 듣고 싶어요? 내 남편이 죽었으니 나는 앉아서 맘을 좀 추 스르고 싶어요. 이 맘 아픈 걸, 그냥 앉아서 맘 아픈 걸 추스를래요. 내가 먹을 건 내가 구해서 내가 해 먹어요. 당신들이나 다른 사람한테 음식이 나 고기를 달라고 청하지 않아요. 내 먹을 건 혼자 충분히 감당해요."

그래서 그들은 자기네 마을로 떠나고 나는 계속 살았어.

베사가 처음 나한테 온 게, 내가 그 츠와나 마을에서 지내고 있을 때

10장 변화 307

야.[2] 베사는 궁둥이가 엄청나게 컸지. 그 사람은 지금은 딴 여자랑 결혼해 살지만, 그때는 아직 미혼이었어. 그전에 우리는 애인 사이도 아니었고, 타셰이가 살아 있을 때는 내 오두막에 들어오지도 않았지. 그런데 타셰이가 죽고 나자 나한테로 오더니 "이제 당신과 사랑하고 동침하고 결혼하고 싶어요." 그래.

처음에는 거절했지. "이제 방금 우리 남편이 죽었어요. 다른 남자와는 결혼 안 해요. 결혼한다 한들 내가 뭘 하겠어요?" 츠와나 수장이 와서 "베사와 결혼해서 애들 키우는 데 도움을 받게." 그러기에 내가 "그럼 내가 지금까지 애들을 잘 못 키웠단 말인가요? 내가 애들한테 젖을 못 줬나요? 아님 먹이질 못했나요? 베사한테 무슨 도움을 청하라는 건가요?" 그러니까 "이걸 마다한다는 건 앞날을 생각 못하는 거지. 내가 보기엔 자네가 그 사람이랑 결혼해야 될 거 같은데." 하데. 그래 내가 "난 그 사람 싫어요. 배도 너무 많이 나왔고 궁둥이도 너무 커요. 나도 궁둥이는 클지 모르지만 배는 그렇게 안 나왔으니 그 사람이랑은 결혼 안 할래요." 그랬지.

그래 나는 따로 오두막을 짓고 거기에 살았어. 그러고 얼마 안 되어, 베사가 그 오두막으로 들어와서 내 애인이 되었지.

그런데 칸틀라가, 내게 처음으로 애인 사귀는 걸 가르쳐 준 사람 말이야, 그때까지도 그이는 나랑 결혼해서 첫째 아내 베이랑 같이 둘째 아내로 삼고 싶어했거든. 하긴 그 사람은 내가 타셰이랑 결혼하기 전부터도 그랬지. 그 사람이 그 수장한테 가서 "나는 저 여자랑 이미 나란히 누워서 잠자리를 했고 물건과 음식도 가져다주었으니, 내가 저 여자랑 결혼해야겠소. 베사를 저 사람한테 준다니 무슨 소리요? 나를 저이한테 주고 내가 저이와 결혼하게 해 주시오." 그랬어. 칸틀라는 베사한테까지 가서

"당신은 니사랑 결혼 못해. 당신보다 내가 더 연장자니, 내가 니사를 가질 거야. 왜 우리 둘이 한 여자를 나눠 가져야 한다는 거지?" 그랬어. 둘이 거의 싸울 뻔했지. 내가 "아뇨, 나는 칸틀라와도 결혼 안 할 거고, 베사와도 결혼 안 할 거예요. 둘 다 그냥 애인으로 할래요." 그랬지.

하지만 내 맘은 칸틀라한테 가 있었어. 그 사람을 많이 사랑했지. 사실 맘이 거의 칸틀라한테 가 있고 베사한테는 조금만 가 있었어. '그냥 칸틀라랑 결혼할까? 사실 베사는 별로 맘에 안 들어. 다음에 베사가 와서 같이 눕자고 하면 당신은 내가 바라는 사람이 아니라고 말해야지. 칸틀라랑 결혼하게 이만 떠나 달라고 해야지.' 하는 생각도 해 봤지. 이번에는 나도 베이랑 같이 그의 아내가 되는 게 그렇게까지 싫진 않았어. 오래 전에 칸틀라가 나한테 청혼했을 때는 베이나 나나 둘 다 아직 어린애였지. 그때 칸틀라가 우리 둘을 같이 데리고 살려고 해서 내가 거절했지만, 타셰이가 죽고 나니까 마음이 좀 기울어 가지고 다시 생각하게 되더라고.

그러고 얼마 안 있어서 칸틀라는 베이가 있는 자기 마을을 떠나 내가 사는 마을로 와서 오두막을 하나 짓고 살기 시작했어. 그래서 베사, 칸틀라, 나 이렇게 셋이서 같이 살게 됐지. 한 오두막에는 베사가 자고, 또 한 오두막에는 칸틀라와 내가 자고. 베사가 "우리 둘 다 이 여자와 함께하려고 온 건데, 어떻게 당신 혼자만 이 여자와 같이 자는 거요?" 하고 따지니까 칸틀라가 "내 여자니까 그렇지. 베사, 이 여자는 내 거라고." 그러더니 "이봐, 니사의 남편이 죽고 나서 그 시집 식구들이 날 거의 죽이려고 했어. 내 영혼이 자기네 아들을 죽였으니까 자기들도 날 죽이겠다는 거야. 그 사람들이 날 지목하고 온통 나에 대해서 떠들고 다녔어. 그 난리가 이제 잠잠해졌으니, 니사와 결혼할 사람은 바로 나야. 당신이 아니라고. 그러니 나는 앞으로도 여기에 계속 누울 거고, 당신은 지금 눕는 곳에 계속 누우면 돼." 그랬어.

그날 하룻밤 자고 난 뒤, 다음 날 아침에 베사는 떠나고 칸틀라는 남았어. 칸틀라와 나는 서로 깊이 끌렸거든.

그때 나한테 다른 남자들도 있었는데, 그중에 차라는 사람이 있었어. 하루는 오두막 옆에서 크사우를 무릎에 앉히고 젖을 물린 채 차랑 둘이 앉아 있는데, 칸틀라가 다가오더니 차랑 말다툼을 하기 시작했어. 칸틀라가 고래고래 소리치더니 화가 머리끝까지 나서, 불에서 장작을 집어 들고 그걸 사방에 집어던지는 거야. 놀라 벌떡 일어나서 크사우를 무릎에서 안아 들어 차한테 넘겨줬지. 그리고 뭐, 숯가루를 떨어내고 도로 자리에 앉았지.

또 하루는, 그때 베사가 도로 와 있었는데 그 사람이 "왜 차랑 늘 같이 앉아 있어? 어제도 둘이 같이 있더니만." 그러면서 딴 남자랑 같이 있었다고 날 막 때리는 거야. 그 왜 사귀는 남자들이 가끔 그럴 때 있지 않나? 그 사람이 등을 두들겨 패서 부어올랐어. 결국 수장이 와서 이러고 말렸지. "자네 아주 니사를 때려죽이겠구먼! 자네가 니사랑 결혼한 것도 아니니 그만 좀 때리게. 도대체 왜 이러나? 이런다고 니사한테 뭔 도움이 되나?" 그러더니 내게 "자네도 남편이 죽은 지 얼마 안 된 건 사실이지만, 그렇다고 재혼도 않고 이렇게 애인들만 바꿔 가며 사귀는 건 마땅치 않군." 그래. 그때는 베사가 내 오두막에 들락날락한 지도 벌써 꽤 되어서, 수장은 우리 둘이 이제 결혼해야 된다고 생각했던 거지.

베사가 나랑 결혼하고 싶어한단 걸 알고 우리 아버지가 그 사람을 거의 죽일 뻔했지. 아버지가 어머니랑 사촌이랑 같이 내가 사는 마을에 다니러 오셨는데, 그때 마침 베사랑 내가 한 오두막 안에 있었어. 우리 아버지가 바로 오두막 안으로 들어오시더니 다짜고짜 창을 꺼내 들고(정말 앞뒤 안 가리셨지!) "저 몹쓸 놈이 내 딸과 결혼하려는 놈이냐? 냉큼 일어나 썩 나가!" 그러셨지. 내가 일어나서 아버지한테서 창을 뺏어 들고 "여기 애들도 있는 거 안 보이세요? 저랑 같이 있는 남자한테 왜 이렇게 화를 내세요?" 그랬지.

그러니까 아버지가 "저 놈은 맘에 안 차니 결혼하지 마라. 네 남편이 죽고 나서 부모랑 같이 안 있고 츠와나 마을로 돌아가 버리더니, 이제 지 맘대로 남편을 골라 얻겠다고? 안 된다. 우리와 같이 가자꾸나. 내가 남편감을 정해 주마. 이런 일을 혼자 멋대로 결정하다니 뭐 하는 짓이냐?" 하시더니, 베사를 보고 그러셔. "그리고 자네, 저 애 남편이 죽은 지 얼마 안 되었으니 자네는 니사랑 결혼 못 하네. 지금 니사한테 뭘 바라고 이러는 건가? 결혼도 청하지 않고 왜 그냥 같이 사는가?" 그러니까 베사가 "저는 따님과 결혼할 겁니다. 왜 그러면 안 되죠? 어르신이 절 죽이더라도⋯⋯, 아니 그런다면 할 수 없겠지만, 죽이지만 않는다면, 따님과 결혼할 겁니다. 결혼해서 애들도 같이 키울 겁니다." 그래.

베사는 나한테 마음이 많이 기울어 있었거든. 하지만 우리가 처음 같이 살던 그때에도 내 맘은 베사한테 별로 기울지 않았어. 그 사람한테는 크게 아쉬울 것도 없었고, 그 사람한테 가 있는 맘은 정말 아주 조금이었지. 그래서 그랬어. "내 아이들은 내가 돌보고 내가 식량을 채집해 와서 내가 키울 거예요. 고기는 친척들이랑 아버지가 가져다줄 거고, 우리 애들은 그렇게 키울 거예요. 애들 아버지가 죽었다고 왜 내가 다른 남자를 데려다 같이 애들을 키워야 돼요?" 그러니 베사가 "말도 안 돼. 당신 친척들이 있긴 해도 나는 당신 애들 키우는 걸 도와주겠어." 그래.

그러니 아버지가 "베사, 난 자네가 맘에 안 들어. 내 딸을 데려가겠네. 이 애한테는 황야에서 살고 황야를 아는 남자를 찾아다 붙여 줄 거야. 나는 이 애가 마을 남자랑 결혼하길 바라지 않네." 하셨고, 어머니도 고개를 끄덕였어. 그래서 결국 식구들은 나를 데리고 떠나고 베사는 거기 남았지.

나중에 결국 츠와나 마을로 다시 돌아갔는데, 그때까지도 베사는 날 기다리고 있었어. 나는 여전히 그 사람한테 맘이 그렇게 많이 기울지가 않았지만, 오두막에 들어와 눕는 건 허락해 줬어. 하지만 그 사람이 날 때려서, 속으로는 그런 사람이랑 같이 있는 게 싫었어. 내심 '앞으로 애인이 많이 생길 테니까, 나중에 이 사람이랑 헤어져야지.' 그러고 있었어.

그런데 베사랑 내가 같이 사니까 주위 사람들이 다 우리 둘이 결혼해야 된다고 그러는 거야. 결국 나도 수긍했지. '에, 그래. 지금은 이 사람이 나한테 잘 해 주니까 그냥 결혼하지 뭐.' 한 거야. 츠와나 수장이 그랬지. "베사, 이제 자네는 니사의 오두막에 들어가는 사이가 됐으니, 니사와 그 아이들을 잘 돌봐 줘야 하네. 자네가 저 사람을 그토록 오래 괴롭히고 졸라서 겨우 승낙을 받은 거니까 저 사람한테 잘해야 하네."

그래서 베사랑 결혼했어. 그때쯤엔 칸틀라도 포기하고 부모님도 결국 승낙했지. 결혼할 때쯤엔 내 감정도 좀 변해서, 꽤 맘을 쏟아서 그 사람을 사랑하는 법을 배우게 되었지. 우리 둘은 여러 해를 같이 살면서 우기를 여러 번 함께 보내고, 같이 다니면서 많은 일을 함께했어. 어떤 때는 그이가 황야로 나가서 겜스복 같은 짐승을 쏴 가지고, 다음 날 아침에 그 자취를 쫓아서 고기를 잘라 마을로 가져오기도 했지. 어떤 때는 스틴복이나 일런드영양 같은 다른 짐승을 잡아 가지고, 사람들이랑 같이 사냥한 자리로 가서 고기를 잘라 가져오기도 하고. 고기를 많이 먹어서 좋았지.

크사우를 키우는 것도 베사가 많이 도와줬어. 타셰이가 죽었을 때 크사우는 아직 채 자라지도 않은 핏덩이였거든. 크사우가 좀 커서는 베사를 아버지라고 불렀지. 그 애 누나 나이는 제 아버지를 기억하니까 안 그랬지. 나이 아버지가 그 애 뼈를 튼튼하게 해 주고 키워 줬으니까, 저도 맘한 구석에서는 베사를 아버지라고 부르기가 꺼려졌는지 그냥 아저씨라고 불렀지. 나이가 툭하면 제 외삼촌네 식구들한테로 가서 오랫동안 같이 지내고 한 것도 그래서였지.

크사우가 베사한테 아버지라고 하는 걸 들으면 나이는 "너는 머리가 없니? 베사는 네 아버지가 아니라 그냥 어머니랑 결혼한 아저씨일 뿐이야. 가서 어머니한테 물어봐. 그러면 아버지가 돌아가신 담에 베사가 쫓아다녀서 결혼한 거라고 그럴 거야. 그런데 아버지도 아닌 사람한테 왜 아버지라고 그러니? 나처럼 그냥 아저씨라고 해." 그랬겠지.

한번은 크사우가 좀더 커 가지고 그러데. "저 분이 우리 아버지가 아니야? 그런데 왜 엄마한테 그렇게 소릴 질러?"

베사랑 나는 주로 잠자리하는 거 가지고 많이 싸웠지. 그 사람은 젊은 사람들처럼, 아니 거의 애들처럼 아주 매일같이 마누라랑 그걸 해야 돼. 계속 그러면 사타구니가 쓰리지. 안 그래?

그래 매일 밤마다 졸라 대고 매일 밤마다 사랑을 나눴겠지. 그 사람은 머리가 어떻게 잘못됐었나 봐! 내가 속으로 '아니, 이 남자는 어디가 어떻게 됐나. 세상에 무슨 남자가 이렇게 밤일을 밝히나? 내가 아내가 아니라 뭐 다른 거라도 되는 줄로 아나?' 그래서 말했어. "베사, 당신은 나랑 결혼한 사이고 나는 당신 오두막 안의 여자라는 거 몰라요? 나랑 한 번 했으면 나가서 다른 사람이랑도 한 번 하고 좀 그러면 안 돼요?"

그러니까 그이가 그랬겠지. "뭐? 지금 나한테 다른 사람하고 자라는 거야? 당신은 내 마누라라고." "그렇긴 한데, 당신 하는 방식이 맘에 안 들어서 그래요. 하룻밤에도 몇 번씩이고 계속 하려 들지 않나. 당신은 틀림없이 어디가 아픈 거예요. 꼭 수탉 같다니까. 수탉이 만날 병아리한테 들이대는 것처럼, 당신이 꼭 그래. 이러다간 내 몸 상하겠어요."

그러니까 하는 말이 "당신 딴 남자가 생긴 거지. 그래서 나랑 잠자리를 하기 싫어 그런 얘길 하는 거지." 그래. "아니, 그게 아니야. 내 말 좀 들어 봐요. 여자의 성기는 여자 몸의 일부분이에요. 당신이 언제라도 그 짓 할 수 있게 똑 따로 떨어져 있는 게 아니라니까. 밤에는 한 번 정도 하면 좋아. 한 번이면 충분하니 그대로 자자고요. 저번 밤에는 두 번 했는데 뭐 그것도 좋았어요. 그런데 당신 평소 하는 대로 하면, 하룻밤에 여자가 죽을 지경이 될 때까지 계속 그러잖아! 그래서 내가 이러는 거야. 당신 맘에 차는 걸 내가 어디 가서 구하냐고?"

그런 식으로 만날 싸웠어. 그이는 나를 츠와나 수장한테 데리고 가려고까지 했는데 내가 질색했지. 그 사람은 아주 그거에 환장했어! 그렇게 좀더 지내다 보니 도저히 안 되겠데. 그래 속으로 '아무래도 이 사람하고는 헤어져야 되나 보다. 다른 남자를 찾아서 딴 남자들은 어떤지 좀 봐야겠다.' 그랬지.

그러고도 몇 년 동안은 베사랑 아주 헤어지진 않았어. 다만 애인들을 사귀었지. 그 사람도 그 사람대로 애인들을 사귀고. 이 니사가 애인이야 늘 많았지. 그때는 차하고, 나나우라고 있었어. 하루는 차하고 사랑을 나누고, 다른 날은 나나우하고 사랑을 나누고. 둘이 서로 질투가 많았어. 한 번은 차가 베사한테로 가서 나나우랑 내가 애인 사이라고 일러바쳤다니까. 베사가 그러데. "나보고 어쩌라고?"

또 한번은 장작을 주우러 나갔는데, 나나우가 내 자취를 따라 장작 줍는 데까지 쫓아왔어. 그래 둘이 같이 누웠지. 그런데 츠와나 사람 소가 도망치는 바람에, 그걸 찾으러 베사가 나온 거야. 가다가 모래에 내 자취가 있는 걸 보고 따라왔는데, 나나우의 자취가 내 거랑 겹쳐지는 걸 보고 계속 쫓아왔겠지.

나나우랑 내가 일을 치르고 나서 나무 그늘에 가까이 붙어 앉아 이야기하고 있는데, 가까이서 무슨 소리가 나. 들어 보니 "니사가 어디로 가 버렸지? 아주 향기로운 분 냄새가 이 근처에 진동하는데……." 하고 중얼거리는 소리가 들려. 심장이 쿵쾅쿵쾅 뛰었겠지. "저거 베사 목소리야!" 하고 속삭였지. 나나우랑 내가 서로 멀찍이 떨어져 앉아서 기다리고 있으려니 곧 베사가 나타나서 우리 옆에 와 섰겠지. 내 이름을 부르고 나나우 이름을 부르더니 그래. "당신, 애인 더 안 사귀겠다고 말하지 않았어?" "그래, 그랬지." "그런데 지금 누구랑 같이 앉아 있는 거야?" "나나우." "지금 둘이 뭐 하고 있는 거야?" "사랑을 나누고 있었어." 왜냐하면 도저히 부인할 길이 없었거든. 인제 뭐 무서울 것도 없고. 이러니저러니 해도 벌써 죽은 목숨이라는 걸 알았으니까. 베사가 그래. "마을로 돌아가자."

그래 다 같이 마을로 돌아왔지. 나나우랑 나는 무서워서 덜덜 떨고. 마을에 가니까 베사가 츠와나 수장한테 가서 "방금 전에 니사와 나나우가 정을 통했습니다." 그랬겠지. 수장이 우리를 불러. 바들바들 떨면서 갔지. 수장이 나나우한테 "자네들 둘은 뭘 하고 있었나? 베사가 자네들을 봤나?" 그러니까 "음, 네." 하데. 이번에는 나한테 "니사, 베사가 자네들이 정을 통하는 걸 봤나?" 그러기에 "네, 봤습니다." 했지. 그러니까 우리 둘한테 벌로 태형을 내린다고 하네.

내가 그랬어. "아니, 나는 안 맞을래요. 나는 여자니까 두들겨 맞는 건 싫어요. 등을 때리면 아픈 게 오래 간단 말이에요. 차라리 총을 가져와서 저한테 한 방 쏘세요. 때리면 화만 더 돋울 테니까."

그래서 나는 내버려 두고 나나우만 맞았어. 눕혀 놓고 수장이 네 대를 친 다음에 모두 각자 집으로 돌아갔어. 베사 때문에 나나우가 맞은 걸 생각하니 심란했지.

그리고 얼마 안 있어서 내가 어머니 계시는 마을로 가서 며칠 밤을 묵었는데, 나나우도 거기까지 따라와서 나랑 같이 있었어. 베사가 또 무언가 눈치 챈 게 틀림없었지. 내가 가 있는 동안에 그 사람이, 가는 나뭇가지 하나를 꺾어다가 단단하게 말려 놓고 날 기다리고 있었거든. 집으로 돌아온 첫날은 그냥 잤어. 그 다음 날도 그냥 넘어가고. 그런데 그 다음 날 아침에 그 사람이 그래. "오늘 당신 피는 이미 내 손 안에 있어."

그날은 츠와나 사람 소젖 짜는 일을 하러 나갔는데, 갔다 와서 우유 짜 온 걸 박에다 붓고 있었거든. 그때 베사가 와서 박을 낚아채더니 날 때리기 시작했어. "내 흠씬 두들겨 패서 그 반반한 얼굴 못쓰게 만들어 줄 테다. 얼굴값 한다 이거지, 저는 미인이고 나는 추남이라는 건가 본데, 오늘 그 반반한 얼굴 아주 작살을 내 줄 테다." 하고 소릴 지르면서. 나도 지지 않았지. "상관없어. 안 무서워."

그러고 잠시 앉았다가 그 사람이 수장한테 볼 일이 있어서 다녀왔겠지. 일을 끝내고 돌아오더니 내 팔을 잡아채고 또 때리기 시작하는데 등이고 몸이고 가리지 않았어. 하도 맞아서 허리가 또 한껏 부어올랐어. 수장이 그랬지. "이제 됐어! 마누라를 잡는군. 니사는 당나귀가 아니야. 오늘 아침 일어나서부터 때리기 시작해서 이제 해가 넘어가고 있잖아. 이제 됐네! 그렇게 때리다가는 사람 죽이겠네."

그제야 멈췄어. 허리가 부어올라서 나는 막 울고. 울고 또 울어도 눈물이 멎지 않고 아픈 것도 가시지 않았지. 그날부터 나는 베사의 오두막에서 나와서 마을 안 빈 오두막으로 옮겨가 거기서 지냈어. 베사는 우리 오두막에서 혼자 지내고. 그 사람이 우물에서 물을 길어 와서 나한테 갖다 주면 "당신이 길어 온 물은 안 마셔." 그러고 내쳤지. 우유 마시라고 부어다 줘도 "당신이 가져온 우유도 안 마셔." 그랬어. 나는 그 사람이 가져다주는 건 아무것도 안 받고 딴 사람들이 가져다주는 물과 우유만 마셨어.

허리는 그 뒤에도 계속 좀 쑤시긴 했지만 그래도 금방 나았어. 내가 그러고도 차를 잠자리에 들였다니까. 속으로 '나도 참 징하다! 이 짓 때문에 그렇게 두들겨 맞았는데 관두지 않고 또 이러고 있으니.' 그랬지. 차는 한밤중에 와서 동트기 전에 갔어.

허리가 완전히 낫고 나서는 베사한테로 돌아가서 다시 우리 오두막에서 지냈지.

내가 소싯적에 애인이 많았지만 그중에서도 진짜로 소중히 여긴 애인은 차였어. 둘이 오랫동안 사귀었는데 그 사람이 딴 여자한테로 가 버리는 바람에 끝나게 됐어. 그 사람도 따르는 여자가 참 많았지! 그이는 세상에 무서운 사람이 없었어. 나도 안중에 없었어.

그 일이 일어난 게, 여럿이 같이 이웃 마을에 춤추러 간 날이었어. 춤판이 끝나면 그날 거기서 잘 계획이었지. 그런데 그날 밤에 차가 날 내버려 두고 딴 여자랑 같이 보낸 거야. 그 사람은 날 무서워하기는커녕, 내가 보고 있어도 눈 하나 깜짝 안 하고 그 여자랑 같이 눕더라고.

다음 날 아침에 내가 그랬지. "그래, 이런 식으로 하겠다는 거야? 누가 보든 말든 상관도 안 하고?" "당신은 따로 남자가 있잖아? 당신 남편 있잖아? 그러니까 내가 굳이 당신 생각 안 하고 다른 여자랑 같이 있었던 거지." "아, 그래서 그러셨어? 그럼 그 여자는 남편이 없냐? 당신이 내 눈앞에서 그 여자랑 잤다는 건, 그 여자는 중요하고 난 안중에도 없다는 거지. 나는 당신한테 아무짝에도 쓸모없으니까 차라리 그 여자한테로 가." 그러고는 "일이 이렇게 됐으니 이제 우리 사이는 끝났어. 가서 그 여자랑 잘 사귀어. 나는 딴 여자랑 당신을 나눠 가질 생각 없으니까." 그랬지.

우리 둘은 그렇게 헤어지고 그 사람은 그 여자랑 한동안 사귀었어. 하지만 나는 내심 질투가 나서 입이 만날 뿌루퉁해 있었어. 차가 그걸 보고 "왜 그렇게 뿌루퉁해 있어?" 그러기에 내가 "당신이 나한테 정말로 상처를 줘서 그래." 그랬지.

그렇게 계속 언짢은 기분으로 지냈지. 한번은 차가 와서 "니사, 마실 물 좀 따라 줄래?" 그러기에 "싫어. 기껏 마시고 안 좋다 그럴 거면서. 가서 당신 여자한테 물 달라 그래." 그랬지. 그런데 좀 있다 또 와서 씻을 물 좀 부어 달라고 그러는 거야. "싫어. 물이 있으면 우리 남편한테나 부어 주지 당신한테 왜 줘." 그랬어. 질투가 나고 언짢아 가지고, 입이 하도 튀어나와서 얼굴을 다 덮을 지경이었어.

그러고 지내다가, 출타해 있던 그 여자의 남편이 돌아왔어. 내가 속으로 '옳거니! 이제 차한테도 올 것이 왔군! 이제 차도 저 갖고 싶은 걸 마음껏 가질 수 없겠지. 모래나 실컷 들이켜라! 내가 제 성에 안 찬다더니, 이제 저도 헛물켜고 초라해질 차례로구나!' 그랬어.

아니나 다를까 차는 그 여자의 남편이 무서워서 도로 나한테 왔겠지. 와서 내 옆에 눕기를 청하는데 내가 그 사람을 보고 그랬어. "나랑 자겠다고? 차, 이제 와서 나랑 자겠다는 거야? 절대 안 돼! 우린 이미 헤어졌고 우리 사이는 끝났어."

우리는 계속 살았고 차는 거기를 떠나 동부로 갔어.

그 뒤에 카셰라는 남자가 와서 자기 애인이 되어 달라고 했지. 나는 조금 시간을 끌다가 승낙했어. 한번은 베사가 며칠 집을 비워서 나는 어머니네 마을로 가 있었는데, 카셰가 거기까지 나를 따라왔어. 그런데 어느 날 밤 우리 둘이 같이 누워 있는데, 베사가 갑자기 돌아와서 한밤중에 몰래 오두막 앞까지 온 거야. 내가 잠결에 무슨 소리를 듣고 귓속말로, "카셰, 지금 베사가 밖에 와 있는 것 같아." 그랬지. 그러다가 또 무슨 소리가 들리나 싶더니, 딱 남편 모습이 눈에 들어오네. 카셰를 깨우려고 손가락으로 살을 툭툭 치면서 "베사가 왔어……. 카셰……, 베사가 왔어." 그랬지. 근데 카셰가 잠이 깨나 싶더니 이러는 거야. "베사? 그 인간 나한테 아무 짓도 못해. 무서워할 거 없어." "미쳤어?" 나는 떨려 가지고 숨죽여 속삭이는데, 그 사람은 잠에 취해서 듣는 척도 안 해. 막 밀치고 때리면서 "일어나. 나가 앉아 있어. 지금 정신이 있어 없어?" 그래도 "나는 안 일어나. 여기 누워서 베사가 어떻게 할지 두고 볼 거야." 그래.

그러는 걸 베사가 보고는 "그래 이렇게 나오겠다? 또 날 망신시켜 놓고 어떻게 하는지 보겠다 이거로군. 아주 톡톡히 창피를 주겠다 이거지?" 하고 마을이 떠나가라 소리를 지르더니 주먹을 날리려고 달려드네. 카셰가 냉큼 일어나서 오두막 밖으로 도망치니 베사는 칼을 꺼내들고 그걸 쫓아가고.

그쯤 되니까 온 마을 사람들이 다 깼어. 우리 어머니가 놀라서 "칼은 쓰지 마……. 칼은 쓰지 말게……." 하고 비명을 질렀겠지. 베사가 결국 돌아와서 칼을 내려놓더니 어머니한테 소릴 질러. "장모님은 어떻게 되신 거예요? 딸이 바로 코앞에 있는데, 딸 오두막 안으로 딴 남자가 들어가서 동침하는데 하다못해 쫓아버리지도 않다뇨?"

어머니도 지지 않고 맞받아쳤지. "자네 바본가? 어미가 허구한 날 딸 지키고 서 있는 사람인가? 나 보고 이 애를 감시하라는 건가? 난 그러지 않겠네. 자네 어머니나 아버지가 그렇게 자넬 종일 지키고 서 있나?" "이 사람이 장모님 마을에만 오면 애인들을 만난단 말입니다. 여기 올 때마다 자기가 동침하고 싶은 남자들을 데리고 온다고요." "거짓말 말게! 니사가 여기에 남자들을 데리고 오는 게 아니라, 그 사람들이 이 앨 찾아서 제 발로 오는 게지. 그자들이 이 앨 따라온다고. 그건 그렇고 자네는 왜 그런 얘길 지금 날 붙잡고 하는 건가? 자네 눈으로 방금 봤지 않나. 그자와 마주친 마당에 이러고 가만있을 건가?"

카셰는 멀찌감치 도망쳐 버렸지. 베사는 자기 마을로 돌아가고 나는 어머니네 마을에 남았어. 그런데 며칠 후에 카셰가 다시 또 찾아왔어. 우리 아버지가 사람들이랑 앉아 있다가 카셰가 마을로 들어오는 걸 보고는 "뭐야? 자네 여기 또 왔나?" 그러고는 타이르셨어. "카셰, 난 자네가 여기 다신 오지 말았으면 하네. 그날 밤에 들켰을 때는 베사가 자넬 죽이지 않았지만, 다음에 베사가 또 자넬 보면 그땐 내 딸을 죽일 걸세. 그러니 이제 이 주변에서 얼쩡대지 말고 당장 떠나게. 자네 마을로 돌아가."

그런데 카셰는 들었는지 말았는지 모른 척 자리에 주저앉는 거야. 아버지가 "이런 분별없는 놈이!" 그러고는 지팡이를 집어 들고 카셰의 배쪽을 때렸어. 카셰가 맞은 팔을 움켜쥐고 아파서 몸을 숙이니, 남동생이 아버지한테 큰 소리로 "지금 뭐 하세요? 말로 타일렀으니 그냥 가게 놔두세요. 이자가 죽기라도 하면 어떻게 변명하려고 그러세요?" 그랬어.

아버지가 "이놈을 죽일 생각은 없다. 그런데 이 젊은 놈 하는 짓이 하나도 맘에 안 들어. 당최 마땅치가 않아. 이놈이 돌아와서 네 누나가 죽게 되면 그건 다 이놈 책임이다. 이번에는 네 매형이 분명히 그 앨 죽일 거다. 그러니 당장 떠나야 해. 빨리 가라고 때리는 거야." 하셨어.

카셰는 곧 일어나서 마을을 떠나 자기 마을로 돌아갔어.

그리고 오래지 않아 나는 카셰와 헤어지고 베사와 나는 같이 앉아 지내게 됐어.

그렇게 한참을 지내는데 하루는 칸틀라가 돌아와서 나를 우리 친정 마을로 데려다 주겠다고 했어. 나는 좋아서 그 사람이랑 함께 갔지. 베사를 혼자 놔두고 가는데도 그 사람은 아무 말도 못 했어. 그 사람이 칸틀라를 무서워했거든.

그래, 무서워했지. 사람이 누굴 무서워하면 어떤지 아직 본 적 없지? 베사는 제정신이 아닐 정도로 칸틀라를 무서워했어. 칸틀라는 한번 화나면 정말로 사나웠거든.

그게 처음 있었던 일도 아니지. 내가 베사와 결혼하고 얼마 안 되어서, 베사와 칸틀라가 다른 마을에서 며칠 동안 같이 일했던 적이 있어. 일이 끝나고 둘이 당나귀를 타고 돌아와서, 베사가 나 있는 오두막으로 들어오려는데, 칸틀라가 그랬겠지. "안 돼. 자넨 저기 누워 있어. 내가 들어가겠네." "뭐? 당신 지금 내가 청혼해서 결혼한 내 마누라를 취하겠단 소리야? 당신이 들어가서 저 사람이랑 누워 있는 동안 나는 저기 바깥에 누워 있으라고? 그걸 말이라고 해? 미안하지만 절대 그럴 일은 없을 거야." 그런데 칸틀라는 그 말을 간단히 무시하고 오두막 안으로 들어와서 누웠어. 베사는 바깥에서 불 옆에 누워야 했지.

다음 날 아침 베사는 단단히 질투가 나서 씩씩대고 있었지. 칸틀라가 "길 떠나게 가서 당나귀 좀 가져오게." 그러니 베사가 말을 들을 리 있겠어? 칸틀라가 "그만 뻗대고 가서 가져와." 그래도 요지부동이니 칸틀라가 그래. "좋아, 그럼 나는 니사를 우리 집으로 데리고 가서, 베이한테 우리 셋이서 같이 오두막을 쓰게 됐다고 이야기하지."

그러고 정말로 그렇게 했어. 나를 자기 마을로 데리고 갔어. 마침 베이가 집을 비우고 없어서, 베이가 돌아올 때까지 계속 거기 있었어. 그런 다음에야 다시 집으로 돌아와서 베사랑 같이 지내게 됐지.

그때 나한테 딴 남자가 하나 더 있었어. 템이라고, 칸틀라의 남동생이야. 그 사람이 내게 수작을 걸기에 결국엔 나도 응했지. 한번은 어머니한테 다니러 갔을 때 그 사람이 나를 따라와서 같이 지내기도 했어.

그 일이 분명히 칸틀라의 귀에도 들어갔을 거야. 그 사람이 우리를 찾아왔거든. 칸틀라가 왔을 때 템이랑 나는 우물에서 몸을 씻고 있었어. 칸틀라는 나를 못 찾고 우리 어머니한테 내가 어디 있냐고 여쭤 보았겠지.

내가 우물에 있다고 하니 뎀이랑 내가 앉아 있는 곳까지 찾아온 거야. 거기서 두 형제가 서로 소리를 지르면서 싸우기 시작했지. 칸틀라는 내가 자기 동생이랑 같이 잤다고 난리를 쳤지. 질투 때문에 제정신이 아니었어. 싸우다가 칸틀라가 내 팔을 잡아끄니까 뎀이 다른 쪽 팔을 잡아끄네. 그러고 양쪽에서 잡아당기는 거야! 내가 "이러다 팔 부러지겠어! 도와줘요! 어머니! 이 사람들이 내 팔을 잡아당겨서 부러뜨리려고 해요!" 하고 소리를 질렀지.

우리 어머니가 그 소릴 듣고 우리 있는 데로 달려왔어. "자네들 어떻게 된 건가? 정신이 있는 거야, 없는 거야? 이 애 팔 부러뜨릴 뻔한 거 안 보여? 이 앨 죽이려고 작정했어? 지금 애까지 업고 있는데! 애랑 엄마를 둘 다 절단 낼 뻔 했잖아!" 하고 소리 지르면서 꾸짖었지. 칸틀라가 그래. "좋아요. 하지만 뎀, 너는 분별없는 어린애라서 형 여자를 자기 애인으로 삼을 수 없다는 걸 모르는 모양인데, 지금 날 망신시키자는 거냐? 이 사람을 취해서 같이 앉은 이유가 뭐야? 지금 누구한테 그 짓을 하는 건지 모르는 거야? 우리가 친구냐? 형이랑 여자를 나눠 갖자는 거야?"

그러니까 뎀이 "니사는 형 여자가 아냐. 형 마누라도 아니잖아. 어차피 우리 둘 다 이 여자를 훔쳐 온 건 마찬가지잖아. 형도 바람피우는 거고 나도 바람피우는 거야. 이 사람과 결혼한 사람은 베사니까 형은 남편 행세 하지 말라고." 그랬지.

우리는 마을로 돌아왔어. 칸틀라는 곧 떠나고 뎀과 나는 뒤에 남았어. 팔 잡혔던 게 당겨서 쑤셨지. 그렇게 좀더 같이 지내다가 나는 우리 마을로 돌아왔어.

베사는 누가 귀띔해 주기 전까지 이런 일을 까맣게 모르고 있었어. 그걸 듣고 베사가 "그래, 칸틀라만 가진 게 아니라 그자 동생이랑도 놀아났다고?" 하기에 내가 그랬지. "뎀은 내 애인이 아니야. 칸틀라는—그 사람에 대해서는 우리가 결혼할 때부터 당신도 알고 있었잖아. 당신은 차도 알지. 내가 당신 만나기 전부터 벌써 다른 남자들이 있었고 앞으로도 계속 있을 거라는 걸 알고 결혼했잖아. 알고도 결혼했어. 하지만 뎀은, 그 사람은 내 애인이 아냐."

베사는 화가 안 풀렸어. "아니, 당신은 여자가 아니야. 아무래도 그런 거 같아. 하는 짓이 꼭 남자처럼 애인을 계속 갈아 치우는 게. 도대체 어찌 된 여자이기에 처신을 그렇게 해? 미친 거 아냐?" "베사, 잘 들어. 그건 내 맘이 당신을 거부하기 때문이야. 나는 당신을 원치 않아. 내가 당신과 결혼한 것도, 주위 사람들 모두 우리가 결혼해야 된다고 그래서 그냥한 거야. 싫다고 말하기가 무서워서 당신과 결혼한 거라고. 당신은 자기 질투심 때문에 나한테 뭐라 할 권리가 없어. 당신이 그러면 나는 그냥 떠나 버리면 돼. 나는 애초부터 당신과 결혼하고 싶지 않았어. 지금도 당신한테 가 있는 마음은 아주 조금뿐이야. 맘이 온통 쏠려 있는 게 아니라고. 그러니 그냥 애인들이랑 사귀게 날 내버려둬. 누가 내 애인인 것 같다는 생각이 들면, 그냥 그런가 보다 하고 있어. 알면 어쩔 거야?"

그러고는 "그건 그렇고, 당신도 트와하고 벌써 몇 년이나 사귀었잖아. 트와랑 사이에 자식까지 뒀어. 하지만 나는 암말도 안 하고, 질투하지도 않았어. 그런데 당신은 왜 나보고 뭐라고 해? 어차피 당신은 당신 애인들한테 마음 쓰고 나는 내 애인들한테 마음 쓰는 거잖아. 그래도 당신은 늘 질투를 부리지만 난 안 그래." 그랬어.

베사가 그랬지. "당신은 당신 마음 가는 대로, 나는 내 마음 가는 대로 살자니, 어떻게 그 따위로 말을 해? 원래 결혼하면…… 우리가 결혼할 때 이미 당신 마음은 내 마음이 되고 내 마음은 당신 마음이 된 거야. 당신 마음은 당신대로 있고 내 마음은 내 마음대로 있다는 식으로 얘기하지 말았으면 좋겠어. 당신이 왜 그런 소릴 하는지 이헬 못 하겠어."

내가 그랬어. "왜냐하면 그런 걸 바라지 않으니까. 내 마음이 당신 마음이 되는 걸 바라지 않는다고. 정말로 그렇게 되면, 당신 질투가 너무 커져서 그것 때문에 날 때리고, 그것 때문에 날 죽일지도 모르니까. 그러니까 지금까지 해 왔던 대로 앞으로도 계속하는 거야."

베사는 화가 머리끝까지 나서 소리 질렀어. "너는 여자가 아니야……. 날 존경하는 마음은 눈곱만큼도 없어! 너는 내 눈 앞에서 무슨 짓이든지 다 하지. 내가 거치적거리는 물건조차도 못 되는 것처럼 행동하잖아! 하지만 난 널 때리지는 않아." 나도 소리쳤어. "해 봐! 때려 봐! 그런다고 달라질 것 있나."

그래서 치고받고 싸우기 시작했어. 여기 허벅지 위쪽에 있는 흉터 보이지. 이게 그때 생긴 거야. 베사가 칼을 들고 다가와서 나를 찌른다고 을렀거든. 내가 칼을 잡아채서 던져 버리고 악을 썼어. "뭣 때문에 그렇게 눈이 뒤집혀서 날 죽이려고 해? 내 보지를 갖지 못해 원통한 거야? 그래서 날 죽이려고 하는 거야?" 베사 아버지가 그랬어. "여자를 죽이려 하다니 정신이 어떻게 된 거냐? 여자는 힘이 약하니 죽이지 마라."

상처에서 피가 흘러내리고 다리가 부어올라 가지고, 몇 날 며칠을 앓고서야 겨우 회복했어. 내가 "베사, 당신 그때 날 거의 죽일 뻔했어. 나는 어머니한테로 돌아갈래." 그러니까 "너는 아무 데도 못 가. 그냥 우리 둘이 여기 같이 앉아 있어. 지금 앉은 대로 앞으로도 계속 같이 있는 거야."
하고 못 가게 해. 시아버지도 나서서, "안 된다. 너는 네 부인을 거의 죽일
뻔했으니 지금은 친정 마을로 데려다 줘라. 어제는 죽이려고 했다가 바로
그 다음에 같이 있어야 된다고 그러는 법이 어디 있느냐?" 하고 역성을
들어 줬지만 그래도 막무가내였어.

그래서 그냥 계속 같이 지내게 됐어.

11장

여성과 남성

Women and Men

!쿵 사회에서 여성의 지위는 세계 여러 문화에서 여성의 다양한 지위와 역할을 이해하고자 하는 인류학자를 비롯한 많은 이들에게 지대한 관심의 대상이 되어 왔다. 여성이 하는 일과 살아가는 방식은 각 문화권마다 상당히 다르다. 그럼에도 일반화할 수 있는 한 가지는 압도적으로 많은 사회에서 여성이 남성보다 낮은 지위를 점하며 여성의 활동은 남성의 활동에 비해 그 가치가 낮게 평가된다는 점이다. 사회 구성원들 스스로의 설명도 그렇고 문화권 전체를 외부에서 관찰할 때도 그러하다. 마거릿 미드Margaret Mead는 1949년 이를 인지하고 이렇게 썼다.

"알려진 모든 사회에서는 남성들의 성취 욕구를 인정한다. 남성들은 요리를 하기도 하고, 바느질을 하거나 인형 옷을 입히거나 벌새를 잡기도 한다. 그러나 그러한 활동이 남성에게 적합한 일이라고 여겨지기만 하면,

모든 사회 성원은 남성이든 여성이든 그 활동에 중요성을 부여한다. 똑같은 일을 여성이 수행하면 그 일은 덜 중요한 것으로 여겨진다."

이런 패턴에 비춰 볼 때 !쿵족은 예외적인 사례다. 이 오랜 전통을 지닌 사회에서 남성과 여성은 서로를 착취하지 않고 놀라울 정도로 성 평등을 이루며 함께 살아간다. 이는 아마도 우리 사회에 교훈이 될 것이다. 그러나 아무래도 !쿵족 또한 남성들이 우세한 위치에 있는 것 같다. 남성들이 영향력 있는 위치—집단의 대표 또는 치료술사—를 차지하는 일이 더 많으며, 이들 삶의 여러 영역에서 남성과 여성 모두 인정하는 좀더 큰 권위를 지니는 것도 남성이다. 이 균형을 좀더 자세히 살펴봐야 하는 이유는 단순히 학문적인 관심 때문만이 아니다. 현대의 다른 수렵채집 사회들도 비슷하게—적어도 대부분의 농경·유목 사회보다 훨씬—높은 수준의 성 평등을 이루고 있다. 이러한 사실은 선사시대 동안 성별 간의 관계가 대개 오늘날 !쿵족의 모습과 비슷했음을 시사한다. 아마도 오늘날 사회·경제적으로 한층 '진보한' 문화에서 여성이 남성에게 극단적으로 종속되는 모습이 발견되는 것은 길고 긴 인간의 역사에서 비교적 최근에 이루어진 탈선에 불과할 수도 있다.

!쿵 여성들은 가정생활과 경제활동의 실제에서 중요한 역할을 한다. 그들은 자녀가 태어날 때부터 아이와 관련한 결정을 내리는 데 오랜 기간 가장 큰 영향력을 행사한다. 일반적으로 !쿵 남성들은 출산 현장에 입회하지 못하게 되어 있으며, 출산 과정을—영아 살해를 할지 말지를 비롯해서—여성들이 전적으로 통제한다. 그리고 !쿵 사람들은 아기가 태어나기 전에 특정 성별을 선호한다는 표현을 하지도 않는다.

어머니는 아기 양육의 90퍼센트 가까이를 책임진다. 그러나 마을 생

활은 공적인 성격을 띠고 있어서—활동은 대개 닫힌 문 안이 아니라 바깥 집단에서 이뤄진다—여성들은 쉽게 짐을 덜어 아이에게만 매이지 않고 다른 일을 할 수 있다. 어머니 주변에는 항상 도와줄 누군가가 있고 아이들 주변에는 항상 같이 놀 친구가 있다. 어머니와 단 둘이 따로 떨어져 심심해하는 아이를 어머니 혼자 감당하는 풍경은 !쿵족의 일상에서 흔치 않다. 아이가 좀 크면 어머니가 채집을 나가 있는 동안 어른들과 함께 마을에 남아도 되기 때문에, 대가족을 부양하는 여성들도 소가족을 부양하는 여성들과 똑같은 정도로 경제적 기여를 할 수 있다.

!쿵 아버지들은 어머니보다는 아이와 접촉하는 시간이 훨씬 적지만, 그래도 다른 사회의 아버지들에 비해 아기와 어린 자녀들을 많이 돌보는 편이다. !쿵 어린이들은 양쪽 부모와 매우 편안하게 잘 지내는 것 같다. 그리고 아버지와 신체 접촉을 하거나 함께 앉아 있거나 대화를 나누는 빈도도 잦다. 아버지는 화를 내면 두려워해야 할 권위 있는 존재로 굳어져 있지 않다. 양쪽 부모 모두 자녀들을 지도하며, 아버지의 말이나 어머니의 말이나 똑같은 무게를 지닌다. 자녀들이 버릇없이 구는 것은 아버지한테나 어머니한테나 마찬가지이고 이때 부모들은 직접적인 대립이나 체벌을 피한다.

사생활이 쉽게 노출되는 !쿵족의 생활 방식은 남편에게 매 맞는 여성이나 부모에게 학대받는 아동들을 보호해 주는 역할을 하기도 한다. 남편과 아내 사이의 언쟁은 이웃들이 지켜보는 가운데 벌어진다. 주위에는 싸움이 물리적인 폭력으로까지 치달을 때 중재에 나설 준비가 된 사람들이 언제나 있다.

어떤 문화권에서는 어머니의 영향력이 아들의 남성성이나 온전한 남성의 지위를 얻는 능력에 위협이 된다고 여겨서, 여성적인 영향을 최소화하기 위해 아들을 어머니로부터 떼어 놓기도 한다. 반면 !쿵 사람들은 아들이든 딸이든 오랜 기간 동안 부모와 한 오두막에서—흔히 어머니 곁에서—자도록 허용한다. 이제 충분히 커서 잠자리를 따로 독립하겠다고 결정을 내리는 쪽은 주로 자녀들이다. !쿵 남자아이들이 여성으로부터 의도적으로 격리되는 때는 15세에서 20세 사이, 남성의 성인식 의례인 초마Choma가 행해지는 몇 주간에 불과하다. 이 강도 높고 혹독한 의례를 거치는 동안 입문자들은 굶주림, 추위, 갈증, 그리고 계속해서 춤을 추는 데서 오는 극단적인 피로를 경험하게 된다. 이 의례는 6주일이 넘게 계속되며 이 기간은 남성들이 지닌 의례적 지식이 한 세대에서 다음 세대로 전수되는 신성한 시간으로 여겨진다.

그러나 초마가 끝나면, 소년들은 예전과 똑같이 마을 생활을 영위하며 남녀가 섞인 가운데 먹고 자고 일한다. 마을의 공간은 기본적으로 공용이며, 누구나 아무 곳에나 마음대로 접근할 수 있다. 다만 여성이 생리 중일 때는 남성의 화살에 손댈 수 없으며 생리가 한창일 때는 성관계가 금지되지만, 그렇다고 이때 남녀가 한 자리에서 자는 것까지 금하지는 않는다. 어떤 남성들은 사냥을 나가기 전에 성관계를 가지면 안 좋다고 말하기도 한다. 여성에 의해 오염된다는 두려움도 있지만 힘이 약해진다는 생각도 하는 것 같다. 또 다른 문화권에서는 월경 중이거나 임신했거나 갓난아기를 데리고 있는 여성이 격리되는 일이 흔하지만, !쿵족은 그러지 않는다. !쿵족의 삶에는 지켜야 할 금기도 별로 없지만, 있더라도 공동체에서 높은 가치를 갖는 사회·정치·경제 생활에서 여성을 배제하지 않는다. 여성들이 !쿵 남성의 정체성과 기능을 유지하는 데 위협이 된다고 여기지도 않는다.

!쿵 여성들의 영향력은 자녀가 성장할수록 점점 더 커진다.(아이를 낳지 못하는 여성은 인생의 중요한 부분을 누리지 못한다는 이유로 동정의 대상이 되기는 하지만, 쫓아내거나 얕잡아 보지는 않는다.) 딸이나 아들이 결혼 적령기에 다다르면, 어머니는 자녀를 언제 누구와 결혼시킬지 결정하는 데 주된 역할을 한다. 배우자 선택은 가족은 물론 그 집단 전체의 사회·경제적 삶에 중요한 영향을 끼치게 마련이다. 결혼을 통해 양가 가족들은 방문, 상호 의무, 선물 교환의 긴밀한 고리로 묶이게 되며, 심지어는 거주지를 공유하기도 한다. 결혼 후에 부부는 남편의 가족 옆에서 살 수도 있고 아내의 가족 옆에서 살 수도 있다. 즉 딸도 아들과 동등하게 공동체 내에서 가족의 위치를 향상시키는 데 기여하기 때문에 아들과 똑같이 사랑받는다.

부모는 딸이 십대 초반일 때 성인인 남자와 결혼을 주선하는 경우가 많다. 이러한 결혼이 매우 불안정한 것은 놀랄 만한 일이 아니다. 사위가 장인 장모의 기대에 부응하지 못할 수도 있고, 비협조적이거나 자신을 거부하는 아내가 자라서 성인이 될 때까지 기다릴 끈기가 부족할 수도 있다. 그러나 이런 조혼에서 이혼을 주도하는 사람은 주로 신부다. 그것만 빼면 이 결혼은 근본적으로 불평등한 관계다. 신체적으로 남자가 훨씬 크고 힘이 세다. 여자는 친정 식구들한테 보호받지만 남편이 (주로 성관계와 관련하여) 아내에게 강제력을 행사할 위험은 언제든 도사린다. 늦은 결혼은 대개 이보다는 평등한 관계가 되며 특히 부부의 나이가 비슷할수록 더욱 그렇다.(결혼한 부부 가운데 20퍼센트는 남편이 아내보다 어린데, 이때는 부인의 영향력이 남편보다 더 큰 경우가 많다.) !쿵 여성들이 삶의 이러한 부분에서 통제권을 지닌다는 것은, 어린 소녀들이 부모와 남편의 소망에 따르는 것 외에 선택의 여지가 없는 다른 문화권들과 대조적이다.

!쿵 남성과 여성 모두, 여성이 집단의 주된 경제적 생산을 도맡고 있다는 점을 인정한다. 그들은 일주일에 사흘 정도를 들여 야생에서 식물을 채집해, 가족과 부양할 사람들의 하루 식량을 대부분 충당한다. 여성들의 경제 활동은 자율적으로 행해진다. 남성들은 여성들의 작업 일정을 규제하지 않고 어디 가서 어떤 식량을 채집하라고 명령하지 않으며, 채집한 식량의 분배를 통제하지도 않는다. 여자들은 남자들에게 자기가 어느 날 채집하러 나갈 것인지 미리 알려 주는데, 이는 잠재적인 규제이기도 하지만 예의상 말해 주는 측면이 크며, 남자들도 대개는 여자들에게 자기 일정을 알려 준다. 남편이 마을에서 해야 할 일들이 있다거나 둘이 같이 다녀야 한다고 아내를 나가지 못하게 막으면 아내는 아마 남편 말을 들을 것이다. 그러나 남편도 아내의 식량 채집에 의존하고 있기 때문에 아내를 너무 오래 묶어 둘 수는 없다.

 여성들은 혼자 채집하러 나갈 때도 가끔 있지만, 대부분은 안전을 위해 또는 사회적인 이유로 다른 여성들과 함께 나가는 편을 선호한다. 이따금 나타나는 포식 동물이나 낯선 사람, 심지어는 사귀자고 따라다니는 남자와 맞부딪치는 등, 혼자 다니다 보면 다소 불안하고 짜증나는 일들을 경험할 수도 있기 때문이다. 만일 남성들이 자신의 특권을 정당화할 필요가 있다면, !쿵 여성들이 황야를 지나거나 마을에서 마을로 이동할 때 남성의 보호가 필요하다는 주장은 그 확실한 근거가 될 수 있다. 그러나 !쿵 남성들은 이러한 가능성을 이용하지 않는다. 여성들은 남성들과 그들이 지닌 무기의 보호 없이 야영지에서 사람이 거주하지 않는 황야로 최대 9킬로미터 정도 떨어진 곳까지 나간다. 큰 동물들은 여성들이 채집 장소를 옮기면서 큰 소리로 떠드는 소리를 듣고 알아서 피해 가며, 독 있

는 뱀은 땅 파는 막대기로도 쉽게 처치할 수 있다.

황야를 이동할 때 !쿵 여성이 남성과 다른 점은 밖에서 밤을 새지 않는다는 것이다. 여성들은 채집하러 나가서 대개 그날 안으로는 마을로 돌아온다. 만약 채집이 하루 이상 걸릴 것 같으면 그때는 집단 전체가 움직인다. 그와 달리, 사냥을 할 때 남자들은 (비록 그러고 싶어하지는 않지만) 야영지에서 멀리 떨어진 곳에서 며칠 밤을 보내는 일이 흔하다. 이런 차이점에는 남성 우월적 선입견이 잠재해 있을 수도 있지만, 그보다는 현실적인 이유를 쉽게 가정해 볼 수 있다. 사냥의 성공 여부는 예측할 수 없으며, 짐승을 죽이기까지는 흔히 며칠이 소요되기도 한다. 이에 비해 채집할 때는 기껏해야 하루나 반나절이면 집으로 가지고 돌아가기에 충분한 식량을 모을 수 있다. 또한 여성들은 아이들을 돌볼 책임이 있기 때문에, 며칠씩 밖에서 지내려면 낯설고 위험할지도 모르는 지역으로 아이를 데려가거나 다른 사람에게 아이를 맡기고 나와야 한다.

채집은 생활을 영위하기에 충분한 생계 전략이다. 부양하는 가족의 규모에 상관없이 수행할 수 있는 활동이기도 하다. 일정과 시간을 자기 보조에 맞춰 유연하게 조절할 수 있는 데다 여러 사람들과 함께하는 일이기 때문이다. 여성들이 각자 자기 식량을 채집하지만 그렇다고 다른 여성들과 상관없이 따로따로 작업하는 것은 아니다. 여성들은 자기가 발견한 채집 장소를 선의와 연대의 표시로 서로 공유한다. 채집 작업은 간단치 않은 일이다. 서로 엉켜 있는 식생 가운데 이름이 알려진 200종 이상의 식물을 구분해 내는 역량이 발휘된다. 어떤 식물을 먹을 수 있고, 어떤 것이 따도 될 만큼 익었고, 어떤 것이 수고한 만큼의 보람이 있는 것인지를 알아야 한다. 채집은 또 효율적이다. 하루 일하면 보통 한 식구가 며칠 동안 먹기에 충분하다. !쿵 사냥꾼들과 달리 !쿵 채집꾼들은 가족들이 배고플 때는 언제든지 채집으로 필요한 식량을 구할 수 있다는 견고한 확신과 긍지를 갖고 있다. 한 여성은 이렇게 말했다. "나는 채집하는 게 좋아요. 내가 그냥 앉아 있으면 애들 먹일 것이 없는데, 채집만 해 가지고 오면 우리 애들은 배를 채울 수 있어요."

마지막으로, 비록 채집이 상당한 체력을 요하는 일이지만, 한 주 중 채집을 나가지 않는 나흘 동안 여성들은 이웃을 방문하는 등 충분히 여가를 누릴 수 있다.

마을로 돌아오면 여성은 채집한 식량을 사람들에게 나눠 줄 것인지, 나눈다면 누구에게 얼마나 나눠 줄 것인지를 결정한다. 그리고 자기가 주고 싶은 사람들에게 갈 식량을 따로 떼어 쌓아 두고 나머지를 오두막 안이나 자기 가족의 모닥불 옆에 가져다 놓는다. 가족들은 보통 그녀가 집에 가져온 식량을 그날 저녁, 다음 날, 때로는 그 다음 날까지 먹는다. 여성의 노동과 그 생산물은 처음부터 끝까지 그녀 자신의 통제 아래 있다.

!쿵 여성들이 높은 지위를 가졌음을 나타내는 또 다른 증거는 '흐사로 hxaro'라 부르는 선물 교환 연결망에서의 관계다. 모든 !쿵 성인(그리고 일부 아동)들은 이 연결망에 소속되며, 각자에게는 특정한 물건을 서로 교환하는 파트너가 일정 수 있다. 여성은 흐사로에 남성과 기본적으로 똑같이 참여하며 교환 파트너의 수나 교환하는 물건의 질과 양에서도 남성들과 별 차이가 없다.

게다가, 무리 핵심 일원으로서의 지위나 우물과 식량 자원의 '소유권'은 남성과 여성 모두 물려받을 수 있다. !쿵 사회에서는 이 중요한 자원에 대해 남성들이 특권을 행사하지 않는다.

!쿵 여성의 삶에 대한 이러한 서술은 남성 우위의 보편성에 대한 마거릿 미드의 언급과 배치되는 것처럼 보인다. 그러나 불행히도 언뜻 보기에는 !쿵족 또한 이 점에서 크게 다르지 않다. 물론 !쿵 여성들은 만만찮게 자율을 누리지만, !쿵 문화에서도 남성들의 활동이 경제적으로나 영적으로 큰 가치가 있다고 여기며, !쿵 남성들은 집단이 누리는 삶에 대한 중요한 결정에 좀더 큰 영향력을 행사한다는 점에서 차별된 이점을 누린다.

남성은 고기를 공급함으로써 경제에 기여하는데 이는 채집한 식량보다 훨씬 가치 있게 여겨진다. 고기는 매우 높이 평가되어 흔히 '음식' 자체의 동의어로까지 쓰이는 반면에, 몽공고 열매를 제외한 대부분의 채집 식량은 "별볼일없다."라고 말한다. 여자들이 채집 나갔다 돌아오면 아이들이나 꺅꺅거리면서 반기지만, 남자들이 고기를 장대에 매달아 어깨 높이 메고 마을로 들어오면 애 어른 할 것 없이 모두가 잔치 분위기가 된다. 심지어 서둘러 황홀경 춤을 추기도 한다. 여자들이 가져올 수 있는 것으로 그에 버금가는 반응을 불러일으키는 것은 바로 꿀이다. 그러나 꿀을 발견하는 것은 훨씬 드문 일이고, 대개는 남자들의 도움을 얻어 채취한다. !쿵 여성들은 채집한 식량의 분배를 마음대로 통제할 수 있지만, 의례적 규칙의 제약을 많이 받는 고기의 분배에는 영향력이 더 멀리까지 미치는 남성들이 개입한다.

또 !쿵 남자들은 여자들에게 기본적인 채집 용구와 기타 도구들을 만들어 주기도 한다. 이 중에는 물건을 담을 수 있는 무두질한 가죽(슬링, 외투, 의류, 주머니 등으로 쓰인다), 땅 파는 막대기, 회반죽과 절굿공이, 수선용으로도 쓰고 구슬, 장신구, 신발을 꿰고 바느질하는 데 쓰이는 동물의 힘줄 등이 있다. 다만 이러한 물건들은 한번 만들어 놓으면 오래 가고, 그 유지 보수는 여자들이 직접 한다. 그에 반해, 여성들은 사냥에 쓰이는 도구들을 전혀 만들지 않는다. 오히려 그 반대로, 여자들은 (특히 월경 중에는) 사냥 도구를 다루거나 사냥에 참여하는 것이 금지된다. 이 금기에는 합리적인 이유가 거의 없어 보인다.

수렵채집 활동을 좀더 자세히 들여다보면 !쿵 경제의 밑그림은 더욱 복잡한 모습을 띤다는 것을 알 수 있다. 남성만 동물성 단백질을 마을로 가져오는 것은 아니다. 여성들은 도마뱀, 뱀, 거북과 새의 알, 곤충과 쐐기벌레를 잡고, 때로는 작거나 새끼인 포유동물을 잡아 가지고 올 때도 있다. 그들은 또 남성들에게 황야를 지나다 목격한 짐승의 흔적과 움직임에 대해 중요한 정보를 알려 주기도 한다. 그러나 !쿵 여성들은 어떤 식으로든 본격적인 사냥꾼으로서 인정받지 못한다. 내가 들어 본 두드러진 예외는 한 중년 여성 이야기인데 그녀는 고기를 무척 먹고 싶었지만 남편이 너무 게을렀다. 그래서 불평하다 지쳐 결국 스스로 나가서 사냥하기로 했다는 것이다. 유감스럽게도 나는 그녀를 만나 보지는 못했다. (남자들을 비롯한) 지인들 말에 따르면 그녀는 매우 능숙한 사냥꾼이지만, 분명한 것은 사람들이 그녀를 별난 사람으로 취급했고 다른 여성들이 따라할 모범으로는 전혀 여기지 않았다는 점이다. 사람들이 그녀에 대해 이야기하면서 낄낄댄 것을 비추어 볼 때, 그녀가 성취한 사냥은 남성들이 이룬 것에 비해 훨씬 낮은 평가를 받은 듯하다. 아무도 대놓고 그녀가 잘못했다고 이야기하지 않았지만, 사람들은 그런 사람이 그녀 하나뿐이라는 사실을 계속해서 지적했다. 그러나 그녀가 한 행동은 남편에게까지 책임지울 일은 아니었다. 즉 사람들은 그녀가 그런 행동을 함으로써 남편의 단점을 부각하거나 그를 공공연히 망신시킨다고 생각하지는 않았다. 아마도 미국을 비롯한 다른 많은 사회에서는 사정이 다를 것이다.

!쿵 여성들이 사냥에서 소외되는 것에 비하면, !쿵 남성들은 한결 느긋하게 채집에 임한다. 남성이 채집 중인 여성에게 부정적인 영향을 미친다는 식의 믿음은 없으며 더욱이 월경 중인 여성이 화살에 손대는 것과 비견할 만한 사회적 금기는 존재하지 않는다. 남성이 채집을 열심히 하는 것은 유별나다거나 남자답지 못하다고 여겨지기는커녕 특별히 언급할 만한 사건조차 못 된다.(이는 많은 문화권에서 남성이 주로 여성과 결부된 일을 하는 것에 대해 수치심을 느끼는 것과 대조적이다.) 식물에 대한 남성들의 지식은 여성들 못지않으며, 남성들도 원하면 언제든지 채집을 할 수 있다. 남성들은 전체 채집 식량의 20퍼센트를 충당한다.

!쿵족 남성의 특권은 영적 생활에서 한층 명확히 드러난다. !쿵족 생활의 영적 측면은 주로 전통적인 푸닥거리medicine dance(13장에서 자세히 설명)를 통해 표현되며, 이때 주술사는 황홀경에 들어 치유 능력을 발휘한다. 주술사는 대개 남성이다. 이따금 (특히 북춤을 통해) 주술을 습득하는 여성도 있지만, 여성들은 치료 기술을 가까운 친척이나 가족에게 주로 사용하지 의례에 쓰는 경우는 별로 없다. 그러므로 주술사가 됨으로써 얻는 지위와 존경 또한 여성에게는 최소한도로 허용된다. 남성들이 전통적으로 !쿵족 삶의 영적인 영역을 지배해 왔음은 의문의 여지가 없다.

힘의 균형에서 가장 중요한 측면은 아마도 리더십과 의사 결정 과정일 것이다. !쿵 사람들이 실제로 어떻게 중요한 결정을 내리는지를 판단하기란 매우 어렵다. 공식적인 지도자도 위계질서도 없고, 권위를 전달할 정치적·법적 제도도 없기 때문에 결정은 집단의 동의에 근거해 내린다. 집단마다 연장자이거나, 그 지역에 대대로 오래 살았거나, 지혜나 지식이

나 카리스마 등 개인적인 자질을 갖춘 사람들이 있으며, 그런 사람들은 다른 이에 비해 입김이 세다. 집단 토론에서 그들은 자기 의견을 소리 높여 주장하고, 제안하는 바를 명확히 하며 결정된 합의 사항을 분명히 정리하는 등 두드러진 역할을 한다. 공식적인 권위는 없어도 집단의 지도자와 매우 비슷한 일을 하는 것이다.

물론 (특히 큰 확대가족을 거느린) 나이 든 여성이 이런 역할을 하는 경우도 이따금 있지만, 아무래도 여성보다 남성이 이런 지위를 점하는 일이 더 많다. 또 남성들은 대개 집단 토의에서 더 큰 발언권을 가진다. !쿵 남성들의 위치는 날이 갈수록 더 두드러지고 있는데, 이러한 경향은 다른 문화와 접촉하면서, 그리고 집단을 대변하는 대표자가 필요해지면서 더욱 강화되었다. 이제 남성들은 외국어를 배우고, 정부 회의에 참석하며 !쿵족 지역 공동체의 이익을 대변해 발언한다.

권력이 남성에게 좀더 치우쳤다는 증거는 그것 말고도 또 있다. 성관계를 주도하는 사람은 남성이다. 여성의 성인식 의례가 공개리에 펼쳐지는 데 비해 남성의 성인식 의례는 비밀리에 거행된다. !쿵 여성들 자신도 남성의 우월성에 대해 언급하며 이를 부인하지 않는다. 이러한 선입견이 존재한다는 사실은 중요하며 축소되어서는 안 되지만, 마찬가지로 확대되어서도 안 된다.

!쿵 문화는 다른 문화권에서 남성 우월성을 부추기는 여러 태도들을 경시한다. 경쟁, 개인의 서열을 매기는 것, 자기 자랑, 권력이나 재산의 확대 모두 바람직하지 않은 것으로 여긴다. !쿵 문화에는 공식적인 형태를 갖춰 공격성을 표출하는 전통이 없으며―대개의 문화권에서 이는 남성의 영역이다―남성들이 싸움을 준비하거나 소년들에게 싸움 기술을

가르치지도 않는다. 부의 차등은 선물 교환을 통한 식량과 소유물의 공유로 최소화된다. 성별에 따른 노동 분업은 엄격하게 정해져 있지 않다. 마을 사람들끼리는 서로 매우 친밀해서—다른 문화권에서는 쉽게 이루어지는—가정생활과 공적인 생활의 구분은 크게 보면 !쿵 사람들에게 의미가 없으며, 이 점은 성 평등을 증진시키는 데 도움이 된다.

전반적으로 !쿵 여성들은 다른 많은 농경·산업 사회의 여성들보다 높은 지위를 유지하고 있다. 그들은 자기 자신과 자녀의 삶에 놀라울 정도로 자율성과 영향력을 행사한다. !쿵 여성들은 공동체 생활에서 자기 자신의 중요성을 존중하도록 길러지며, 그 결과 자애롭고 협력적일 뿐만 아니라 유능하고 자기 주장이 뚜렷한, 다양한 자질을 갖춘 성인이 된다.

베사랑 나는 오랫동안 같이 살았어. 어느 날은 그이가 사람들을 만나러 동부에 갔다가 거기서 츠와나 소 떼를 치는 일을 하게 됐지. 돌아오더니 짐 싸 가지고 거기로 가서 지내자 그러데. 그래서 먼 거리를 걸어 올드 데베 마을로 갔어. 거기는 츠와나 사람과 유럽인이 사는 곳 근방에 있는 준/트와시 마을인데, 거기서 둘이 오랫동안 살았지.[1]

아버지가 돌아가신 게 우리가 거기 살 때였어. 아버지 돌아가실 때 우리 오라버니, 남동생, 어머니가 옆에 있었는데 나는 베사가 그리로 날 데려가는 바람에 임종을 못 지켰지. 사람들이 그 소식을 전해 줬어. 사람들이 말하길 다우가 손을 얹고 열심히 아버지를 고쳐 보려고 했대. 그런데 병을 고치려면 무엇 때문에 병이 난 건지 알아야 하는데 하느님이 거부하셔서 그걸 알아내질 못했대. 다우가 "하느님이 아버지를 포기하라신다."고 그랬다고.

그걸 듣고 내가 "에, 지금 당장 그리로 가야겠어요." 그러고 베사랑 애들이랑 몇몇 다른 이들을 데리고 서쪽으로 먼 길을 떠났어. 첫째 날 밤도, 둘째 날 밤도, 셋째 날 밤도 길에서 잤어. 막 울면서 걸어갔어. 속으로 '왜 아버지가 돌아가실 때 내가 곁을 지키지 못했나?' 그러면서. 첫째 날, 둘째 날, 셋째 날을 울면서 걸었어.

해가 우리를 다 죽일 것처럼 뜨겁게 지글거리는 바람에 가다가 한참씩 쉬고 그랬어. '이놈의 뙤약볕 때문에 아버지한테 못 가게 되는 거 아닌가.' 하는 생각까지 들었지. 그러다가 좀 시원해지면 다시 걷기 시작하고 밤에 되면 또 길에서 자고 그랬어.

마을에 도착한 건 오후 늦게 돼서야. 남동생 쿰사가 마중 나왔어. 날 보더니 껴안고서는 둘 다 한참을 꺼이꺼이 울었지. 결국 오라버니가 와서 "이제 됐다. 운다고 아버지가 살아 돌아오시는 것도 아니고." 그랬지.

그래서 눈물을 닦고 자리에 앉았어. 어머니도 옆에 계시고. 어머니가 애인이랑 같이 도망가고 난 담에 아버지가 어머니한테 등을 돌리긴 했지만, 결국 나중에는 어머니가 돌아와서 아버지 계시는 곳 근처에서 지냈거든. 비록 혼자 주무시긴 했지만 그래도 어머니는 여태껏 그분을 사랑하셨어.

나중에 어머니랑도 같이 앉아서 둘이서 실컷 울었지.

우리 식구는 거기서 좀더 지내다가 다시 동부로 돌아왔어. 베사는 유럽인들 밑에서 계속 일하면서 아주 오랫동안 그렇게 지냈지. 그런데 어느 날 오라버니가, 어머니가 편찮으셔서 돌아가시려 한다는 전갈을 보내 왔어. 그래 다시 친정으로 어머니를 찾아갔지. 어머니는 다행히 죽을 고비는 넘기셨어.

그래서 당분간 거기서 지내게 됐어. 하루는 사람들 여럿이 황야로 나갔는데 내가 어머니한테 그랬지. "어머니, 우리랑 같이 가요. 내가 어머니 잘 모실게 어머니는 우리 애들도 봐 주시고 하면 좋잖아요." 그래서 그날 어머니를 모시고 길을 떠나서 하룻밤 자고 둘째 날 밤도 길에서 잤어. 그런데 셋째 날 밤에 어머니 몸속의 병이 다시 당신을 붙들어서 이번에는 꽉 달라붙어 떨어지질 않았어. 꼭 아버지 돌아가실 때처럼 그래. 다음 날 피를 토하시데. 속으로 '아, 왜 피가 이리 나오나? 이것 때문에 어머니가 돌아가시는 건가? 이렇게 해서 돌아가시는 건가? 이 병이 어떻게 되려나……. 이미 산송장이나 다름없으시네!' 그러다가, '다우가 여기에 있기만 했어도 어머니를 고쳐 드릴 수 있을 텐데. 매일같이 황홀경에 들어 어머니를 고치려고 애를 쓸 텐데.' 하는 생각이 들어. 하지만 우리 오라버니랑 남동생은 뒤에 남겨 놓고 왔지. 베사가 있긴 했지만 그이는 사람들을 치료하는 능력이 없었어. 다른 사람들도 같이 있었지만 우리를 도와주지 않았지.

그날 하룻밤 자고, 다음 날 아침에 다른 사람들은 길을 떠나고 관습대로 나와 우리 애들과 남편과 어머니만 남았어. 우리 식구만 그 자리에 남은 거지. 어머니는 아직 숨이 붙어 있긴 하지만 거의 끊어질 듯 말 듯 했어.

물을 길러 갔다 오니, 어머니가 그러셔. "니사……, 니사……, 나는 늙어서 이제, 내 심장이……. 오늘은 우리 둘이 잠시 같이 앉겠지만, 조금만 더 있으면, 해가 기울고 초승달이 뜨면 나는 간다. 헤어져서 멀리 떠나간다."

내가 그랬지. "어머니, 무슨 소릴 하세요?" "그래, 내가 말하는 대로지. 난 이제 늙은이야. 모르는 척 하지 마라. 나는 이제 죽는다. 해가 저 자리에 오면 그때가 우리 마지막 이별하는 때다. 그 후론 다시 못 보니 네 애들이나 잘 거둬라."

"왜 그런 소릴 하세요? 말씀대로 어머니가 돌아가시면 이제 누가 남는다고요?" "그래, 나는 가도 이제 네 남편이 돌봐 줄 거다. 너와 애들은 베사가 잘 돌봐 줄 거야."

우리는 그날 내내 어머니 곁에 있었어. 해가 천천히 하늘을 지나 기울어 어머니가 말한 그 자리에 딱 오니까, 어머니가 마치 성한 사람처럼 또박또박 "음, 이제…… 부디 다들 잘 지내라." 하시고는 숨을 거두셨어.

그날 밤 나는 혼자 누워서 울고 울고 또 울었어. 곁에 식구들 아무도 없이[2] 울면서 밤을 새웠어. 다음 날 아침에 베사가 땅을 파서 어머니를 묻었지. 내가 "짐을 챙겨 가지고 도로 마을로 돌아가요. 다우와 쿰사에게 어머니가 돌아가셨다고 알려 줘야죠." 그랬어.

그래서 그날 걷다가 하룻밤 자고 또 다음 날 밤을 자고 다음 날 남동생 쿰사를 만났지. 그 애는 마침 누구한테 어머니가 또 편찮으시단 얘길 전해 듣고는 활과 화살집을 메고 우리를 찾아 나선 길이었어. 쿰사는 해가 뜨자마자 출발해서 우리가 간 방향으로 걸어오고, 우리는 그 반대편으로 걸어가다가 만난 거야. 해가 중천에 왔을 때였어. 쿰사가 우뚝 서서 날 보더니 그래. "여기 있었구나, 니사. 조카들도 있고 매형도 있는데, 어머니는 안 계시네……"

나는 그만 주저앉아 오열했어. 쿰사가 "누나가 그렇게 요란하게 우니까 어머니가 돌아가신 거야." 그러더니 자기도 펑펑 울었겠지. 베사가 그랬어. "그래, 저 뒤에 어머님을 남겨 두고 왔네. 자네 누이와 어머님은 이틀 전에 이별했어. 거기서 출발해서 그 소식을 알려 주러 여기까지 온 거야. 어머님이 돌아가신 슬픔을 같이 모여서 나누는 게 좋을 거 같아서."

우리는 그 자리에서 한참을 울고 또 울었어. 그런 다음 쿰사가 우리 막내아들을 안았다 목말 태우고, 나는 딸을 안아 들고 마을로 돌아왔어. 오라버니도 올케랑 같이 나와 있다가 우릴 보고는 울음을 터뜨렸겠지.

그 후 당분간 거기서 같이 지냈지. 나는 좀 지내다가도 간간이 어머니가 생각날 때마다 울고 그랬어. 우리 어머니가 참 고우셨어⋯⋯. 얼굴도 아주 예쁘셨어요. 어머니가 돌아가셨을 때 나는 너무 큰 고통을 받아서, 한참이 지난 후에야 잠잠해질 수 있었어.

동부로 돌아오기 전에 베사랑 같이 시댁에 들렀는데, 거기서 지내는 동안 호되게 앓았어. 그런데 그 병이 내가 어머니를 업었던 그 자리에서 생긴 거야. 어머니가 편찮으실 때 내가 그분을 등에 업고 갔거든. 그런데 어머니가 돌아가시고 난 다음에 당신이 업혔던 그 자리가 그렇게 아픈 거야. 하느님이 화살을 쏜 것이 그 자리로 들어가서는 가슴으로 나온 게지.

그렇게 한참을 앓더니 입에서 피가 나오데. 그때 내 남동생이(그 애는 나를 정말 끔찍이 위해!) 다니러 와 있었는데, 내 상태를 보고 오라버니한테 달려갔어. "니사가 어머니 돌아가셨을 때랑 똑같은 병에 걸렸어." 오빠가 그 말을 듣고 두 형제가 나 있는 데로 와서, 해가 하늘 높이 걸렸을 때 도착했어. 다우가 나를 고치려고 내 몸에 손을 얹고 황홀경에 들어서는 오랫동안 있었지. 그러니까 금방 잠이 들고, 가슴에서 피 토하던 것도 없어지더니, 나중에는 기침을 해도 피가 나오지 않았어.

거기 며칠 더 지내다가 다우가 "이제 니사를 우리 마을로 데려 가겠소." 그래서 베사도 수긍해 가지고 모두 같이 출발했지. 그래 몸이 완전히 회복될 때까지 오라버니네 마을에서 지냈어.

그러다 결국에는 또 동부로 돌아왔지. 베사랑 나는 오랫동안 같이 살았는데, 그때쯤 둘 사이에 금이 가기 시작했어. 하루는 내가 "베사, 나 친정으로 좀 데려다 줘요. 거기서 지내게." 그러니까 "이제 당신한테는 관심 없어." 그러네. 처음에는 나도 "뭐가 문젠데? 왜 그러는 건데?" 그러다가 곧 "에, 그래 봤자 이제 무슨 상관이람." 그렇게 됐지.

그때 나는 어떤 유럽인 여자 밑에서 일하고 있었는데, 베사가 그랬다고 말했더니 그 여자가 베사를 불러다가는 말했어. "이봐요, 당신은 아내를 쫓아 버리려고 작정한 사람 같군요. 계속 그런 식으로 하면 니사는 당신을 떠나 버릴 거예요. 내가 임신 중인 거 보이죠. 내가 아기를 낳으면 니사가 날 거들어서 아기 돌보는 걸 도와줬으면 싶은데, 그냥 니사를 당신 곁에 앉혀 두는 게 어때요."

그래서 그렇게 했어. 우리 부부는 그 여자가 아기를 낳을 때까지 같이 지냈어. 그 후에도 나는 아기 옷을 빨고 집안일을 거들면서 그 여자 밑에서 오래 일했어.

하루는 베사가 내 급료를 모아 둔 통을 부숴 가지고 돈을 훔쳐 갔어. 술 사 마시느라고. 나는 그 유럽인 여자한테 가서, 베사가 나한테서 5랜드[3]를 훔쳐 달아났다고 말하고 그걸 되찾게 도와달라고 부탁했어. 그래 둘이서 사람들이 모여 술 마시고 있는 츠와나 오두막으로 쳐들어갔지. 그 여자가 뚜벅뚜벅 걸어가더니 양동이 하나를 퍽 걸어차서 술이 쏟아졌겠지. 그리고 또 저 양동이를 걸어차고, 또 저 양동이를 걸어차고 해서 술이 온 바닥에 질펀하게 쏟아지니, 츠와나 사람들이 슬금슬금 나가데. 그 여자가 베사를 돌아보고 "왜 이 젊은 준/트와시 여자를 이딴 식으로 다루는 거예요? 당장 그만두지 못해요?" 그러고는, 돈을 내놓으라고 해서 그 돈을 받아 도로 나한테 줬어. 나는 그 돈을 가져가서 도로 통 안에 넣고, 그 통을 가져다 유럽인 여자네 집 부엌에 보관했어.

나중에 베사가 "왜 나에 대해서 이르고 다니는 거야? 두들겨 패 주겠어." 그러기에 나도 그랬지. "해 봐. 때려 봐. 상관없어. 안 말려."

그러고 얼마 안 있어서 나는 베사의 아이를 가졌어. 그런데 뱃속의 아이가 아직 조그마할 때 그이는 나를 떠났어. 그 사람이 왜 떠났는지는 모르겠어. 애인이 있었나? 모르겠어. 내 얼굴에 벌레 물린 데가 덧나 종기가 되었는데, 그 사람은 그게 무섭다고 했어. 그 자리가 부어올라서 결국 유럽인들이 고쳐 줬지. 어떻든 간에 그 사람은 나를 향한 마음이 변한 거고, 난 여전히 그이를 좋아했어도 그이는 이제 날 별로 안 좋아하게 된 거야. 그래서 떠난 거지.

베사가 유럽인 밑에서 하던 일이 끝난 날이었어. 해가 하늘에 낮게 기울었을 때 집에 돌아오더니 "나는 내일 동생네로 갈 거야. 이제 일이 끝나서 돈도 받았어. 당신은 여기 있어. 나중에 올드 데베와 그의 부인한테, 당신 오빠와 동생 있는 데로 데려다 달라고 해." 그래. 내가 그랬지. "여길 떠나는데 나는 안 데려간다고?" "그래. 당신은 안 데려가." "왜 나는 안 데려가는데? 같이 가서 거기서 아기를 낳으면 좋잖아. 날 여기에 두고 가지 마. 당신 동생네 마을에 같이 가서, 거기서 몸을 풀게 해 줘." "안 돼. 올드 데베가 당신을 친정에 데려다 줄 거야."

올드 데베가 나를 보고 무슨 일 있냐고 그러기에 내가 "베사가 지금 나한테 무슨 짓을 하는 거죠? 날 원하지 않으면 그냥 아예 끝내 버릴 일이지 왜 저러나요? 오랫동안 봐 왔지만 저 사람은 날 원하지 않아요." 그랬어. 가만히 짚어 보니, '베사……, 날 이렇게 멀리 떨어진 마을까지 데려와 놓고, 아이까지 임신시켜 놓고, 이제 와서 피붙이 한 명 없는 이 낯선 곳에 날 떨어뜨리고 혼자 가 버리겠다고?' 하는 생각이 들어.

그래 베사한테 막 따졌어. "왜 날 가족들한테서 데리고 나왔어? 내 형제들이 아직 살아 있는데 날 그리로 데려다 주지도 않고. 딴 사람보고 데려다 달라고? 내 배를 부르게 만든 건 당신인데, 왜 잘 알지도 못하는 딴 사람한테 그 일을 시켜? 당신이 직접 나를 데리고 가야지. 데리고 가서 '여기 당신 누이가 있소. 나는 이제 이 사람이랑 갈라설 거요.'라고 직접 말해야지. 그런데 날 여기 낯선 사람들 사이에 떨어뜨려 놓고 가겠다고? 나는 당신을 따라서, 당신 일자리를 따라서 여기까지 왔어. 당신이 원해서. 그런데 이제 그냥 두고 가겠다고? 도대체 왜 이래? 무슨 좋은 꼴을 보려고?"

그러고는 "여기 일하러 온 건 당신이야. 그런데 당신은 돈도 없고 덮을 담요도 없었어. 당신이 일도 없고 돈도 없을 때 나는 일했어. 나 혼자, 여자 몸으로. 유럽인들 일에 들어가서 혼자 힘으로 담요도 사고 가방도 샀어. 나 혼자 벌어서 살림살이 다 장만하고, 당신 덮을 이불까지 마련했어. 당신은 일 안 할 때는 사람들한테 손 벌리고 다니잖아. 그래 놓고 어떻게 이 낯선 데다 날 버리고 갈 수가 있어?" 그러니까 하는 말이 이래. "그럼 일자리가 없는데 어디 가서 일하라고?"

"이제 그딴 건 상관없어. 당신은 이제 며칠 밤만 더 있다가 떠날 거 아냐. 이젠 나도 알아. 하지만 당신이 지금 이렇게 날 떠나서 동생한테 가 버리면, 나중에 행여 나 있는 곳으로 돌아오더라도 그땐 내가 당신을 내칠 거야. 임신한 사람을 두고 도망치다니, 나는 이제 당신 아내가 아냐."

다음 날 아침 일찍 그 사람은 자기 물건을 챙겨 가지고 떠났어. 오두막 안에 있는 물건을, 우리 이불까지 모조리 다 챙겨 가지고 자기 동생네 마을로 가 버렸어. 나는 속으로 '어쨌든 상관없어. 그냥 가 버리라지.' 그랬지. 그 사람이 세간을 남김없이 싹 쓸어 가는 바람에, 덮고 잘 이불이 없어서 마을 사람들한테 얻어야 될 정도였어.

베사, 그 사람은 못된 인간이었어. 그렇게 날 헌신짝처럼 버리고 갔어.

나는 그가 떠난 뒤에도 당분간은 거기서 지내게 될 것 같았어. 속으로 '이제부터 딴 남자들을 마다하지 않고 받아들일 테다. 아이가 유산되겠지만, 이건 베사의 애고 그 사람은 이 앨 버리고 떠나 버렸잖아? 다른 남자들을 받아들여서 이 애를 떼고 어서 친정으로 가야지.' 그랬어.

그때 마침 눔셰이라는 남자가 내 오두막으로 들어왔어. 그 사람이 말을 해서 그러마고 했지. 사람들이 "니사가 저 남자랑 같이 오두막으로 들어가는군. 하지만 딴 남자가 니사를 맛보면[4] 임신을 그르칠 텐데." 그러니까 올드 데베의 부인이 "그런다고 나쁠 것 없네. 베사가 저이를 버렸으니까, 임신을 그르친다 해도 나쁠 것 없어. 그러니 나는 여기서 니사를 돌봐 주고 나중에 친정으로 데려다 주겠네." 그랬어.

나는 거기서 한동안 혼자 살면서 유럽인들 밑에서 일했어. 그러다 하루는 꼭 내 맘에서 할 말이 있는 것처럼 몸에 불같은 게 치밀어 오르고 배가 무지 아팠어. 나는 올드 데베의 부인한테 가서 "에―헤이, 저 지금 아파요." 그랬더니 "어디가 아픈가? 물 좀 들려나? 어디 병이 나서 아픈 건가?" 하더군. 그래서 "온몸이 아파요. 배만 그런 게 아니고." 그러고 누웠는데 통증이 올라오고 올라오고 그래. 속으로 '필시 그 사람 때문에 몸이 이리 안 좋은 거야. 지금 누웠는데도 이렇게 아픈 걸 보면.' 그랬지.

올드 데베의 부인이 내 배 서 있는 모양을 보고 그래. "에구, 이런. 이녁이 애가 떨어지려 하나 보네? 어떻게 된 일이야? 이 아이를 낳을 수 있겠어, 아님 유산되겠어? 지금 여기 우리 둘뿐이니 더 손을 빌릴 사람이 없네. 이녁이 유산해도 우리 둘밖에 없어." "괜찮아요. 애가 떨어져도 상관없어요. 그러면 여길 떠날 수 있으니, 오히려 좋아요. 남편은 애 떨어지지 않기를 바랄 게 빤하니까요."

그래 둘이 하루 종일 있다가 해가 낮게 기울 때쯤, 시간이 됐다 싶어 같이 황야로 나갔어. 앉고선 얼마 안 있어 아기가 죽어 나왔지. 머리도 팔도 고추도 달린 꽤 큰 아기였어. 아마 내 맘이 괴로워서 임신을 그르쳤나 봐. 내가 "그 사람이 나까지 그르칠 뻔 했어요." 하면서 울부짖으니까 올드 데베의 부인이 이래. "그래, 그자가 하느님이 내려 주신 이 아이를 죽인 거지. 하지만 하느님이 여기서 자네를 돕지 않았다면 자네도 죽었을 거야. 아기가 산모 뱃속에서 죽으면 산모까지 죽을 수 있어. 그런데 하느님이…… 하느님이 자네에게 이 아기를 내려 주고, 비록 아기는 죽어 나왔지만, 자네는 살려 주셨어." 그래 그이랑 같이 마을로 돌아와서 자리에 누웠지.

그 뒤에도 나는 한동안 거기에서 지냈어. 하루는 베사 마을에서 사람들이 다니러 왔기에, 그 사람들 보고 베사한테 이제 우리 결혼은 끝이라고 전해 달라고 했지. "그 사람한테, 행여 마음 한구석으로라도 여기에 자기 부인이 있다거나 담에 우리가 만나면 자기가 아직 날 원한단 생각은 말라고 전하세요." 그게 내가 한 말이었고 내가 한 생각이었어.

왜냐하면 그 사람은 나를 거기에 죽게 내버려 두고 떠났으니까.

그러고 얼마 안 있어 트위라는 남자가 날 보더니 와서 그랬어. "남편이 당신을 떠났나요?" "네, 오래 전에 떠났어요." "그럼 나랑 함께 지낼래요?" 처음에는 거절했지. 그런데 그 사람은 두 번 세 번 와서 청했어. 그래서 그 다음 번엔 승낙하고 둘이 같이 살게 되었지. 그때까지도 나는 그 유럽인 여자 밑에서 계속 일하고 있었는데, 마침내 일이 끝났어. 그 여자는 이제 집에 가도 좋다고 하면서 여행에 필요한 음식을 챙겨 주었어. 그러고 우리 모두—올드 데베, 그의 부인, 트위, 나—먼 길을 떠나 내 친정 식구들이 사는 곳으로 갔지.

트위와 나는 오빠와 남동생이 있는 마을에 살면서 한참을 같이 지냈어. 그런데 어느 날 베사가 찾아왔어. 와서는, "니사, 당신을 도로 데려가려고 왔어." 그래. 내가 그랬지. "뭐? 내가 지금 어떻기에? 갑자기 예뻐지기라도 했대? 나는 예전이나 지금이나 변한 게 없어. 예전에 당신이 날 내팽개치고 가 버렸을 때랑 달라진 게 없어. 그런데 지금 뭐라고? 백인들 틈바구니에 떼 놓고 갈 땐 언제고, 이제 와서 돌아와 또 다시 자기랑 같이 가야 한다고?" "그래, 이제 우리 결혼 생활을 다시 되찾을 거야."

아연실색했지! 내가 그랬어. "지금 무슨 소릴 하는 거야? 이 사람, 트위가 날 여기까지 데려다 줬어. 나랑 결혼할 사람은 이이야. 당신은 날 두고 떠난 사람이고." 그렇게 계속 얘기하니 그는 할 말이 없어서 콧대가

꺾였지. 결국 이러대. "제길, 이 망할 년이." "내가 망할 년이라고? 오래 전에 당신이 날 그렇게 취급했지. 나도 알았어. 그래서 우리가 동부에 있을 때 날 친정에 데려다 달라고 한 거야. 이리로 와서 결혼을 끝내려고. 그런데 결국 나는 혼자서 여기까지 왔고 당신은 나중에야 왔어. 이제 당신과 얽히는 건 사양하겠어."

그러니까 베사는 우리를 끌고 츠와나 수장한테로 가서 부족 청문회를 열어 달라고 청했어. 청문회가 열리자 수장은 자초지종을 다 듣고 나더니 나한테 이렇게 물었지. "여기 사는 여자들 중에, 이 주위에 앉은 여자들 중에 두 남자와 같이 사는 여자가 있나?" "아뇨. 여기 있는 여자들 중에는…… 두 남자와 같이 사는 이는 없습니다. 이 중에서는 찾을 수 없어요. 남자가 둘 있는 건 저뿐이에요. 하지만 그건 이 남자, 베사가 저를 학대하고 상처 입혔기 때문이에요. 그래서 저한테 잘해 주고 저를 위해 주고 먹을 것을 갖다 주는 다른 남자, 트위를 취한 것입니다." 그러고는 "제가 결혼하고픈 사람은 이 사람뿐입니다. 저자는 원치 않습니다. 베사는 임신한 저를 분별없이 버렸고, 저는 그 임신을 그르쳐 거의 죽을 뻔했으니까요. 제가 결혼하고픈 사람은 다른 사람입니다." 그랬어.

이야기는 장시간 이어졌어. 마침내 수장이 베사한테 말했지. "나는 니사에게 어떤 일이 일어났는지 물어보았고, 니사의 말로 자네는 곤란한 지경이 되었네. 의심의 여지없이 니사의 주장이 자네 주장을 이겼어. 특히 니사가 자네 탓에 임신을 그르친 일은 심각한 문제네. 따라서 니사와 트위는 앞으로 계속 같이 살 수 있네. 좀더 시간이 흐른 후에 내가 자네들 모두를 다시 부르겠네." 그래서 트위와 나는 그날 오빠와 동생이 있는 마을로 돌아와서 잤어.

다음 날 오라버니가 황야를 지나다가 꿀이 감춰진 데를 발견했어. 그래 와서 우리 일행을 데리고, 하룻밤 황야에서 묵을 예정으로 그리로 출발했어. 도착해서 그날 저물 때까지 꿀을 채취해 가지고 야영하기로 한 곳으로 돌아왔는데, 모래 위에 베사의 자취가 있는 거야. 내가 "다들 이리 와 봐요! 여기 베사가 남긴 자취야! 딴 데서 이 자취 본 사람 있어?" 그랬더니 남자들 가운데 한 명이 "말도 안 돼! 이 자취가 정말로 그자 것인지……." 그러기에 내가 끼어들었지. "내 남편이야……. 내가 결혼했던 사람이야……. 이 사람 자취는 내가 똑똑히 알아." 그러니까 그 남자 부인이 와서 보더니 "맞아, 이거 베사 자취야." 그래.

아니나 다를까 다음 날 아침에 베사가 야영지로 찾아왔어. 베사랑 트위가 싸움이 붙었지. 오라버니가 큰 소리로 "자네 둘 다 니사를 죽일 셈인가? 니사는 오늘 다른 남편을 들이지 않고 혼자 누울 걸세." 그래. 나도 동의했지. "에, 이제 나는 다시 결혼하고 싶지 않아요."

그 이후에도 트위와 나는 한동안 같이 지내다가 결국 헤어졌지. 오라버니 때문이었어. 오라버니가 나를 다시 베사랑 맺어 주고 싶어했거든. 다우는 베사를 좋아하고 트위는 별로 안 좋아했어. 그래서 트위를 억지로 떠나게 만든 거지. 트위는 다우와 베사가 자기한테 화가 난 걸 알고 겁을 먹어서 결국 떠나고 말았어.

나는 트위를 좋아했는데, 오라버니가 그러니까 너무 속상했어. "그래, 어쨌으면 좋겠는데? 좋아, 하지만 오빠가 아무리 트위를 쫓아 버려도 나는 베사랑 털끝만치도 상관이 없어." 그러고 베사를 완강히 거부했지. 베사가 수장한테 가서 "니사가 저한테 오는 걸 거부합니다." 그러니 수장이 "니사는 오래 전부터 자넬 거부해 왔네. 이제 내가 무슨 법적 근거로 자

널 도와줄 수 있겠나?" 그랬지.

시간이 흘러 몇 년 전에 연애했던 한 남자랑 다시 사귀게 되었어. 그러고 곧 서로 무척 사랑하게 되었지. 그 사람은 굉장히 잘생겼어! 코……, 눈……, 모든 게 훤했지! 피부색도 밝고, 코도 잘생기고. 나는 그 사람을 처음 봤을 때부터 사랑에 빠졌어.

그런데 그렇게 얼마 동안 같이 지내다가 그 사람이 갑자기 죽었어. 맘이 찢어졌네. "내 애인이 죽었네. 그이처럼 멋지고, 유럽인 같은 코와 밝은 피부를 한 사람을 또 어디서 찾을 수 있을까? 이제 이 사람은 죽었는데, 어디서 이 같은 사람을 또 찾을까?"

나는 맘이 너무 괴로워서 슬퍼하고 한탄했어. 진이 다 빠질 때까지 울고 슬퍼하고 나서야 좀 기운을 차리고 기분도 나아졌지.

보랑 새로 시작하게 된 건 그렇게 오랫동안 살면서 산전수전 다 겪고 나서. 보는 내 인생에서 두 번째로 중요한 남자고, 지금 내 남편이지.

베사는 나랑 따로 떨어져 살았지만 여전히 내 근처를 맴돌면서 날 졸라 댔어. 그 사람은 도무지 사람 말을 들으려 하지도, 알려 하지도 않았어. 그때까지도 "나는 저 여자 니사랑 관계가 안 끝났어." 그러고 다녔으니 귀는 뭣 하러 달고 다닌 건지.

사람들이 보한테 그랬지. "자네들은 죽을 거야. 저 베사라는 인간이 자네를 죽일 거야. 이제 니사를 떠나게." 하지만 보는 "나는 다른 오두막으로 가지 않겠소. 난 니사랑 같이 있을 거고 설령 베사가 날 죽이려 들더라도 여길 떠나지 않을 거요." 그러고 버텼어.

처음에 보랑 나는 몰래 만났지만 베사가 우릴 의심했지. 그 사람은 질투가 심해서 늘 날 못살게 굴었어. 하다못해 내가 소변보러 나가도 보랑 만나고 왔다고 그러는 거야. 물 길러 갔다 오잖아, 그럼 "방금 애인 만나고 오는 거야?" 그래. 나도 지지 않고 "어떻게 맘대로 그런 소리를 지껄여?" 그러면 이래. "니사, 당신은 아직 내 마누라 아냐? 그런데 우리는 왜 같이 살지 않지? 지금 뭐 하는 짓이야?" "딴 여자가 없어, 아님 그 여자들도 당신이 싫대? 자기도 딴 사람이 있으면서 나보고 지금 뭐 하는 짓이냐니, 도대체 뭐야?"

하루는 밤에 보랑 같이 내 오두막에 누워 있는데, 빗장 지른 문 너머로 누가 움직이는 게 보여. 얼굴을 가만히 보니 베사야. 그 사람이 우리가 동침하는 현장을 잡으려고, 내가 혹시 양심의 가책을 느껴서 자기한테 돌아올까 하고 어슬렁거리고 있었던 거지.

내가 "이게 뭐야? 베사가 왔어! 보……, 보……, 밖에 베사가 서 있어." 그러니까 보가 일어났겠지. 그때 베사가 와서 문 앞에 딱 섰어. 내가 벌떡 일어나니까 베사가 들어와서 날 붙들고는 불에다 던져 버리겠다고 으르댔어. 그 사람이 날 잡고 흔드는데, 나도 있는 대로 욕을 퍼부었지. "베사, 이 왕자지야! 지가 먼저 날 버리고 가서 딴 여자들 보짓물을 마시더니, 이제 돌아와서 나더러 지 마누라라고?" 그러니까 그자가 나를 불로 밀어 던졌어. 몸을 가까스로 비틀어서 불 위에 떨어지는 건 면했지. 그러더니 베사는 이제 보를 쫓아갔어. 보는 베사보다 약하고 나이도 많아서, 금방 잡혀서 오두막 밖으로 끌려 나와 내동댕이쳐졌어. 베사는 보의 어깨를 마구 때리고 보는 아파서 비명을 질렀지.

남동생이 자다 깨서 "이 거시기에 벼락 맞을 놈아!" 하고 소릴 지르면서 달려와서는 두 사람을 떼어 놓았지. 보가 베사보고 욕하니까 베사도 "거시기에 벼락 맞을 자식!" 하고 큰 소리로 욕을 퍼부었어. "보, 네놈을 죽여서 니사를 괴롭혀 주겠다! 아니면 저년을 죽여서 네놈을 괴롭혀 줄까? 네놈이 가진 게 그리 꿀맛이더냐. 그까짓 것 나도 있다. 그런데 저년은 왜 네놈은 좋고 나는 싫다더냐?"

내가 소리 질렀지. "그게 아니지! 당신 자체가 문제야! 당신 사람됨과 사고방식이 문제라고! 이 사람, 보는 사람됨도 훌륭하고 생각도 훌륭해. 그런데 당신은 매사에 비열해. 방금도 보를 이렇게 패 놓은 거 봐. 늘 이런 식이야. 나도 죽게 그냥 내버려 뒀지. 난 죽기 싫어. 그러니 이제 당신은 나를 맘대로 휘두를 수 없어. 이제 날 위해 주는 사람도 생겼으니, 난이제 베사 당신 아내가 아니야. 나는 보를 남편으로 맞아들일 거야."

그 뒤에도 베사는 계속 날 괴롭히고 내 주위를 맴돌았어. "나한테 오지 그래? 나한테로 와. 나도 남자야. 왜 날 무서워해?" 나는 대꾸도 하지 않았어. 한번은 보가 대꾸했지. "자네는 남자가 되어서 이 여자를 계속 괴롭혀 대니 나는 도통 이해 못하겠어. 이런다고 무슨 이득이 있나? 나는 이 사람 곁을 떠나지 않을 거야. 설사 자네가 나를 때리고 멍들게 하더라도 결국 떠날 사람은 자네지 내가 아니야."

한번은 내가 보한테 이랬어. "베사 무서워할 거 없어. 어차피 우리 둘은 결혼할 거고, 나는 저 사람과 결혼 끝낼 거야. 저 사람이 당신한테 공갈 놓으면 가만있지 마. 저 사람은 활을 가져오더라도 어차피 그걸로 아무것도 못해." "그자가 그런다면 좋을 게 뭐 있어? 나도 활 다룰 줄 아는 남자니, 그럼 둘이 서로 활을 쏘아서 다칠 거 아니야. 그래서 내가 저자한테 당신을 그만 놔 주라고 그러는 거야. 지금 당신과 함께 있는 남자는 나니까."

356

아니나 다를까 베사가 다음번에는 딴 남자 한 명을 데리고, 화살이 꽉 찬 전통을 메고 마을에 나타나서는 "니사를 데리고 가겠어." 그랬겠지. 해가 중천에 떴을 때야. 나는 안에서 쉬고 있었는데, 그자가 "니사, 이리 나와. 가자." 그러기에 내가 그랬지. "뭐? 네놈 거시기가 어떻게 됐더냐? 그게 섰더냐?"

우리가 싸우는 소리를 듣고 사람들이 금방 다 몰려왔어. 남동생하고 오빠도 왔지. 나는 베사랑 계속 말싸움하다가 노여움이 북받쳐서 "좋아! 이제 나도 무서울 거 없어!" 하고 꽥 소릴 지르고는, 입고 있던 옷들을 하나씩 끄르기 시작했어. 하나씩 둘씩 해서 결국 아랫도리를 가린 가죽 앞치마까지 벗었어. 그래 옷을 다 땅바닥에 내리고는 "자! 여기 이게 내 보지다! 봐라, 베사. 여길 봐! 여기 이게 네가 바라던 거지!" 하고 악을 썼어.

베사랑 같이 온 남자가 그랬어. "저 여자, 마음이 자네한테서 진짜로 영 떠났어. 봐 봐. 니사가 온 마음과 온몸으로 자넬 거부하고 있잖아. 저 여자는 자네와 관계하길 바라지 않아. 자네와 저 여자의 관계는 끝났어. 저렇게 옷을 다 내리고 아랫도릴 내보인다는 건, 자기가 자네를 어떻게 여기는지 만천하에 드러내는 거거든. 저 여자는 자넬 원치 않아, 베사, 내가 자네라면 지금 당장 저 여자와 끝내겠어." 베사도 결국 그랬지. "에, 자네가 옳아. 이제 저 여자랑은 끝이야."

그래서 두 사람은 떠나갔어. 나는 그제야 앞치마를 올리고 옷을 도로 챙겨 입었지.

아이고 어머니! 세상에 내가 그랬다니까.

베사는 마지막으로 한 번 더 시도했어. 또 수장한테 갔다 오더니 나한테 와서 "수장이 당신을 보재." 그래. 나는 "수장이 보자면 할 수 없지."

그러고 따라갔어.

가니까 수장이 그래. "베사가 아직도 이 결혼을 계속 유지하고 싶다고 하는군." 내가 그랬지. "결혼을 유지한다고요? 왜요? 내가 내 이름도 모르는 바보예요? 날 낯선 지방에 헌신짝처럼 버리고 간 남자랑 계속 결혼 생활을 하라고요? 올드 데베와 그의 부인이 없었다면 나는 정말로 거기서 오갈 데 없는 처량한 신세가 됐을 거예요. 나보고 베사랑 헤어지지 말라고요? 도저히 그렇게는 못하겠네요."

그러고는 베사한테 그랬지. "우리가 동부에 있을 때도 내가 똑같이 말하지 않았어?" "음, 똑같이 말했어." "그리고 당신이 떠날 때 지금 나 아이 밴 걸 버리고 가는 거라고 말했어, 안 했어? 그것도 말하지 않았어?" "그것도 말했어." "그리고 그때 내가 나도 데려가 달라고, 임신을 튼튼히 하게 좀 도와달라고 말했어, 안 했어?" "말했어." "음, 그러니까, 지금 당신은 결혼을 유지해야 된다고, 그게 수장 손에 달려 있다고 하는 모양인데, 이제 우리 결혼은 끝장났어. 왜냐하면 지금 이 니사는 당신만 보면 토할 것 같거든. 지금 당신을 향해서 내 맘에 남아 있는 감정은 토하고 싶은 생각뿐이야. 여기 이렇게 앉아서 당신 얼굴을 보고 있자니 속엣것이 다 올라오는 것 같아."

수장이 큰 소리로 웃으면서 머리를 흔들더니 "니사는 못 당해!" 하고는 이래. "베사, 자네는 니사 말을 듣는 편이 나을 것 같아. 니사가 말하는 것 들었지? 자기가 임신했을 때 자네가 자길 버리고 가서 유산까지 하고 힘들었다고 하잖나. 이제 니사는 자네를 남편으로 받아들이려 하지 않네." "그건 지금 저 사람이 보랑 같이 있고 그자를 떠나기가 싫어서 그러는 거죠. 하지만 저는 아직 니사를 원하고 결혼 생활을 계속하고 싶습니다."

내가 그랬어. "뭐? 베사, 나 안 보여? 내가 진짜로 다른 남자를 찾은 거 안 보여? 아마 내가 너무 늙어서 딴 남자를 못 만날 거라 생각했나 보지?" 그 말에 수장이 또 웃음을 터뜨렸어. "그래, 나는 여자야. 당신한테 거시기가 달렸으면, 나한테도 그만큼 좋은 게 있어. 추장 거시기 같은 ……, 그래, 내 건 추장 거시기야. 돈이나 다름없는 값어치가 있어. 내 걸 마시는 사람은…… 나한테서 돈을 벌어 가는 거나 마찬가지지. 하지만 당신은 아니야. 당신은 그걸 가졌을 때 내버려서 그르쳤으니까."

수장이 "니사, 자네 정신이 나갔군. 이제 진짜 정신 나간 소리를 하네 그래." 그러더니 "두 사람은 가서 오늘 하룻밤 자면서 이 문제에 대해 신중히 생각해 보게. 니사, 다시 한 번 생각해 보게. 두 사람 내일 다시 오게." 그래.

베사는 집에 가서 눕고, 나도 집에 가서 누워서 이리저리 생각해 봤어. 그러고 아침에 수장한테 갔지. 나는 전날 내뱉었던 말이 부끄러워서 잠잠히 앉아 있었어. 수장이 "니사, 베사는 자네랑 계속 부부로 살아야 한다고 하네." 해서 대답했지. "내가 뱃속에 아기를 배고 있을 때 내팽개친 사람이랑 왜 결혼 생활을 계속해야 하는 거죠? 이자가 저만 내팽개친 줄 아세요? 어린애들도 있는데 이불까지 싹 걷어 가지고 가서, 딴 사람들이 애들 덮으라고 이불을 갖다 주었어요. 하느님도 제가 이런 남자와 부부로 사는 걸 바라지 않으세요. 이자한테 딴 여자 찾아보라고 하세요."

수장은 이번엔 베사한테 그랬어. "니사가 자기 입장을 해명했네. 나는 더 할 말이 없어. 자네도 니사 말이 옳다는 걸 알 걸세. 그러니 니사를 떠나게. 수장으로서 말하는데, 오늘부터 이 결혼은 끝이네. 이제 보와 결혼해도 좋아."[5]

그러고도 베사는 수장한테 한 번 더 찾아갔어. "제발 좀 도와주세요. 니사를 돌려주세요." 그러고 그 얘기를 또 꺼내려고 하니까 수장이 그랬겠지. "이 문제에 대해서는 벌써 얘기하지 않았나? 그 얘긴 귀에 못이 박히도록 들었네. 내가 이미 결정을 내렸는데 그걸 부인하는 건가? 내 말이 귀 기울일 가치도 없을 정도로 내가 그렇게 만만한 사람으로 보이나? 니사를 자네에게 돌려줄 이유가 없네."

그 말을 듣고 너무 고마웠지. 이제 좀 살 것 같았어.

그러고 얼마 안 있어서 보랑 결혼했어.[6] 우리는 같이 살고 같이 앉고 같이 일했지. 우리는 마음으로 서로를 무척 사랑해서 결혼 생활도 아주 아주 끈끈했어.

베사도 얼마 안 있어서 결혼했어. 훨씬 어린 여자랑. 하루는 나한테 와서 그래. "당신이 날 마다해서 어떻게 됐는지 봐! 세상에 여자가 자기밖에 없는 줄 아나? 니사, 당신은 이제 다 늙어 빠졌어. 내가 젊고 예쁜 여자랑 결혼한 거 알지?"

내가 그랬지. "잘됐네! 내가 예전에 그랬지. 우리가 갈라서면, 당신은 젊은 여자랑 결혼해서 데리고 살 거라고. 하지만 당신도 알다시피, 당연히 언젠가 그 여자도 나처럼 늙을 걸."

그러고 한동안 지내다가 그 사람이 또 왔어. 그 젊은 부인한테 문제가 생겼다고, 나보고 다시 와 달라나. 당연히 딱 잘라 거절하고 보한테 일렀지. 왜 거절했냐고 묻기에 "싫으니까." 하고 말았지. 그런데 그 사람 부인 일은 진짜였어. 무서운 병에 걸렸어. 실성하는 병에. 하느님이 내리신 거지. 참 예쁜 여자였는데 그렇게 됐지. 그렇게 젊은 사람이 어찌 그런 병에 붙들렸나 몰라.

지금도 베사는 나만 보면 시비를 걸고 아직도 날 사랑한다나 그래. 내가 "이봐, 우린 이제 헤어졌어. 날 그냥 좀 내버려둬." 그러지. 어떤 때는 먹을 것도 안 나눠 주지. 보는 나보고 그러면 안 된다고 하지만, 뭐라도 주면 또 와서 괴롭힐까 봐 무서워서. 그 사람 맘이 아직 나한테 있으니까.

어떤 때는 먹을 거나 다른 걸 주고받기도 하지. 한번은 그 사람이 우리 마을에 와 있더라고. 와서 "니사, 마실 물 좀 줘." 그래 내가 컵을 씻어서 물을 부어 줬어. 그걸 마시더니 또 "이제 담배 좀 줘." 그래서 담배를 좀 집어 줬어. 그러니까 그러데. "니사, 당신은 정말 어른스러워. 일을 할 줄 안다고. 지금 내가 누구랑 결혼해서 사는데 맘에 별로 차질 않아. 하지만 당신은 나한테 상처를 입혔지. 날 버리고 딴 남자랑 결혼했으니까. 나도 결혼하긴 했지만 영 아닌 사람하고 해서 되려 피곤해지기만 했어. 당신은 손이 있어서 일을 할 줄 알지. 당신이랑 살면 제대로 먹을 수도 있고, 씻을 물도 갖다 주는데 지금은 정말이지 힘들어."

"다 끝난 결혼은 왜 자꾸 끄집어내서 생각해? 물론 우리는 예전에 결혼했었지만, 결국 각자 다른 길을 갔잖아. 이제 나는 당신을 원치 않아. 당신이 날 동부로 데리고 가서, 거기서 살고 일하는 동안에 우리 아버지 돌아가셨지, 어머니 돌아가셨지, 당신도 나한테 몹쓸 짓 했지, 그런 일을 겪고도 다시 합치자고?"

그러니까 하는 말이, 그때는 내가 그런 말을 안 했다고 그러네.

하루는 또 와서 날 보한테서 데려가고 싶다고 그래. 내가 그랬지. "뭐? 이봐, 베사, 도대체 무슨 심보로 또 그런 소릴 하는 거야?" "알았어. 그럼 그냥 애인으로 지내자. 내 맘을 좀 받아 줘." "애인 삼을 남자가 없는 줄 알아? 왜 내가 그래야 되는데?" "이봐, 니사……. 내가 당신 전 남편에게서 난 애들을 같이 키워 줬잖아. 그리고 뱃속에 한때 내 아이도 가졌었잖아. 비록 하느님이 거두어 가시긴 했지만. 아마 그래서 당신 마음이 그런 식으로 날 거부하는 거겠지."

나는 그 사람이 틀렸다고 말해 주었어. 하지만 맞는 말이기도 해. 나는 베사랑 갈라선 이후로는 아이를 더 갖지 못했어. 그 사람이 그걸 나한테서 빼앗아 가 버린 거야. 타셰이랑은 아이들을 가졌는데, 베사는 날 그쳐 놓았어. 딱 한 번 아기를 배고 그마저도 유산했어. 그 사람이 내게 몹쓸 짓을 해서 그런 거지. 남들도 다 그렇게 말해.

!쿵 사람들이 말하길, 신들은 사람들에게 성性이라는 멋진 선물을 내려 주었다. 섹스는 자주 음식에 비유되곤 한다. 먹지 않고는 살지 못하는 것처럼, !쿵 사람들은 사람이 섹스에 굶주려 죽을 수도 있다고 말한다. 식량 자원을 예측하기 힘들고 식량이 끊임없는 관심사인 사람들에게 있어 이러한 비유는 실로 의미심장하다.

그런 만큼 성에 관한 이야기도 중요하게 여긴다. 여성들끼리 마을에 있거나 채집 나갔을 때, 또는 남녀가 모였을 때 그들은 몇 시간이고 성적인 모험담을 세세한 부분까지 이야기한다. 서로 '존중'하는 관계라서 서로가 있는 자리에서는 성적인 언급이 금지된 사이가 아니라면, 성 경험의 모든 측면에 관한 농담이 다반사로 이루어진다. 이렇게 '농담' 관계에 놓인 사람들끼리는 서로의 성기나 성행위를 가리키는 요란한 농담을 주고받곤 한다. "너 거시기가 거대하구나!" "네 불알은 무릎까지 늘어져 가지

고 냄새 나는 주제에!" "아랫입술은 길고 시커먼 것이 흉측해 가지고!" "모래에다 대고 씹해라!" "자기한테 대고 싸라!" (대개 성적 표현은 농담할 때도 쓰이고 심각한 욕설을 할 때도 쓰인다. 이 말들을 어떻게 받아들이느냐는 그 말이 쓰이는 맥락에 따라 달라진다.) 농담으로 욕설을 주고받을 때는 익살스런 몸짓을 같이 곁들이곤 하며, 재미있을 때는 구경꾼들까지 모여든다. 남자들이 서로의 성기를 잡아 뽑아 허공에 던지거나 나무에 걸쳐 놓는 등의 시늉을 하면 구경꾼들은 환호한다. 그 걸어 놓은 것을 독수리나 다른 짐승들이 헤집고 뜯어 먹는 모양을 으스스하리만치 자세히 설명해 주는 것도 여흥의 일부다.

!쿵 사람들은 때로는 긴장을 가라앉히는 데 성적인 농담을 이용하기도 한다. 내가 현장에 있을 때, 한 남자가 오두막 초가지붕에서 기어 나온 독물총코브라를 쫓아 버리려는 것을 목격한 일이 있다. 그가 실수로 너무 가까이 갔다가 뱀이 쏜 독이 눈에 들어가는 바람에, 사람들이 급히 물을 가져와서 독을 씻어 냈다. 그 후 할 수 있는 일이라곤 그의 흐려진 시력이 되돌아오기만을 기다리는 것뿐이었다. 반 시간 가량 모두가 초조하게 앉아서 지켜보고 있을 때, 환자의 주의를 흩트리고 기운을 북돋고자 두 사람이 일어나서 그 사건을 눈에 보일 듯이 극적으로 묘사하기 시작했다. 그들이 이야기를 반복할 때마다 몸짓은 점점 과장되고 점점 더 외설적으로 변해 갔다. 뱀이 일어나서 독침을 뱉는 모습을 마지막으로 묘사한 모습은 노골적인 (그리고 유쾌한) 포르노였다. 사람들 사이에 웃음이 한바탕 휩쓸고 지나갔다. 독에 쏘인 남자도, 다친 눈을 문지르면서도 그 순간의 분위기를 어쩌지 못하고 웃음을 터뜨렸다. 여기에 다른 사람들까지 이 기운차고 전염성 있는 재담에 가세하면서 남아 있는 긴장까지 풀어 버렸다.

(며칠 뒤에 그 남자의 시력은 거의 정상으로 되돌아왔다.)

물론 성에 관한 모든 것이 가벼운 잡담과 농담의 소재가 될 수 있는 것은 아니다. 성은 또한 가장 강렬하고 폭발성을 띤 감정을—특히 혼외정사가 연루되었을 때는 더욱 더—이끌어내기도 한다. 이러한 경우에 섹스는 철저히 위험한 것으로 간주된다. 불륜이 알려지면 이는 폭력으로 이어질 때가 많고, 과거에는 사람이 죽는 일도 있었다. 그래서 배우자를 일부러 자극하려는 의도가 아니면 이런 관계를 맺은 사람들은 극히 조심스럽고 신중하게 행동한다.

!쿵 사람들의 결혼 생활은 사랑으로 맺어져 있으며, 부부는 이를 여러 방식으로 표현한다. 채집이나 사냥을 며칠씩이고 꼭 단 둘이서만 나가기도 하고, 선물을 주고받거나 서로 잔일을 도와주기도 한다. 여성들은 남편과 감정적으로 강하게 이어져 있다고 선선히 인정한다. 그럼에도 많은 여성들은 신혼 때부터 애인을 사귀기 시작한다. 연애는 몇 달에서 몇 년 동안 오래 이어지며 때로는 평생 동안 지속되기도 한다.

혼외관계가 !쿵족의 전통 생활에서도 흔한 일이었는지, 아니면 헤레로와 츠와나 거주지의 영향을 받은 것인지는 확실치 않다. 이에 관해서는 !쿵 사람들끼리도 서로 의견이 다르다. 그러나 배우자의 부정을 다룬 이야기는 !쿵족의 구술사와 신화에도 자주 등장하며, 1950년대 초에 마셜 Marshall 부부와 그 아들이 도베에서 30마일 서쪽에 위치한 니애니애 지역에 거주하는 전통적 !쿵족 집단을 연구했을 때도 이런 사례들이 인정되고 증언되었다. 따라서 이는 최근에 생긴 현상 같지는 않다.

불륜에서 빚어지는 골치 아픈 문제들을 방지하는 최선의 해결책은 아마 나오지 않을 것이다. 남의 눈에 띄지 않는 안전한 시간과 장소를 택해 조심스레 만나는 것이 상책이다. 어떤 사람이 '자기 눈으로 직접 목격한' 것을 증언하면 이는 심각하게 받아들여지지만, 대개는 알고도 침묵하는 편을 택하게 마련이다. 불륜을 밀고한 사람은 그로 인해 벌어지는 싸움에서 중심인물이 되며, 그 결과에 부분적인 책임이 있다고까지 여겨진다.

애인과의 관계에서 감정을 자제하는 것도 중요한 일이다. 연애가 아무리 낭만적이고 짜릿하다 해도, 언제나 배우자가 우선이다. 부정을 암시하는 아주 작은 표시—남편의 성적 접근을 거부한다든가, 평소와 달리 따지고 들거나 화를 낸다든가, 마을에서 멀리 떨어진 곳에서 너무 오랜 시간을 보낸다든가—만으로도 쉽게 의심과 질투를 불러일으킬 수 있다. 그러나 감정을 통제하기란 어려우며 특히 새 애인에 (일시적으로라도) 열중하고 있는 경우에는 더더욱 그렇다. 드문 일이지만, 애인 사이의 감정이 아주 강렬할 때는 그로 인해 오랫동안 유지해 온 결혼이 끝장나기도 한다. 어떤 때는(역시 드문 일이지만) 여성이 임신해서 그렇게 되기도 한다. 그동안 남편이 부재했다면 누가 아이 아버지인지는 분명하다. 그런 경우 연인들은 각자 배우자와 관계를 청산하고 서로 결혼하고자 하기도 한다. 비록 폭력이 발생하지 않더라도 관련된 모두가 감정적으로 큰 대가를 치러야 하기 때문에, 사람들이 이러한 상황을 반기지 않는 것은 확실하다.

혼외관계에 성공하고 거기서 이득을 얻기 위해서는, 남편에 대한 감정—'중요한 것', '오두막 안엣것'—과 애인에 대한 감정—'하찮은 것', '황야엣것'—이 완전히 별개라는 사실을 받아들여야 한다. 남편과 나누는 감정은 값지고 따뜻하며 확고하다. 애인과 나누는 감정은 덧없고 믿을 수 없지만 열정적이고 짜릿하다. 어떤 !쿵 여성(또는 남성)들은 둘 다를 갖는 것이 이상적이라고 생각한다. 연애의 매력은 단순히 성적인 것만이 아니라고들 한다. 비밀스런 눈짓, 훔친 키스, 밀회는 한층 복잡 미묘한 유혹을 부른다. 이러한 관계를 맺는 일은 짜릿한 모험이며 여성들끼리 모였을 때 입에 자주 오르는 화제 가운데 하나다.

그러나 실제 혼외정사는 그렇게 자주 일어나지 않는 것 같은데 이는 !쿵족의 생활에 프라이버시가 없기 때문이기도 하다. 또 !쿵족 성인들이 모두 연애를 하는 것도 아니다. 어떤 이들은 발각될까 봐 두려워서, 어떤 이들은 최근 이 지역에 퍼지기 시작한 성병 때문에 감히 시도하지 못한다.

그러나 어떤 이들에게 연애는 매우 매력적인 일이다. 나는 인터뷰하던 한 여성의 애인인 젊은 남자와 이야기를 나눠 보았다. 그 며칠 전에 그들은 내가 보는 앞에서 선물을 교환했으며, 이는 서로의 유대 관계를 거리낌 없이 인정한다는 표시였다.

그날 야영지는 하루 종일 조용했는데, 오후 늦게 시끌벅적하게 떠드는 소리가 들려 오두막에서 나와 보니, 최근에 결혼한 한 젊은 커플이 서로 쫓고 쫓기며 장난치고 있었다. 그걸 서서 구경하다 보니, 나무 그늘에 한 젊은 남자가 앉아서 역시 그 광경을 지켜보고 있었다. 나는 그 남자에게 "둘이 서로 아주 사랑하는 것 같죠?" 하고 말을 걸었다. 그는 "네, 그래요." 하더니, 잠시 있다가 "지금은요." 하고 덧붙였다. 내가 그에게 좀더 설명해 달라고 하자 그는 이렇게 말했다. "처음에 두 사람이 함께하면 가슴엔 불이 붙고 정열도 매우 뜨겁죠. 그러다 시간이 지나면 불이 식고, 식은 채로 살게 되죠." 나는 그에게 더 설명해 달라고 했다. "두 사람은 계속 서로를 사랑하지만, 그 사랑하는 방식은 달라져요. 다정하고 서로 의지하는 사이가 되죠." 호기심에 찬 내 표정을 보고 그는 말을 이었다. "그러니까, 결혼하면 한 오두막에 같이 앉아 음식을 해서 서로 나눠 먹잖아요—꼭 자랄 때 부모님이 음식을 해 주신 것처럼 말이에요. 그러니까 아내는 어머니처럼 되고, 남편은 아버지처럼 되는 거죠." 그렇게 되기까지는 얼마나 시간이 걸릴까? "커플에 따라 다르지만, 보통 몇 달쯤, 어떤 때는 더 오래 걸리기도 하죠. 하지만 어쨌든 조만간에는 다 그렇게 돼요." 그럼 애인 사이에서도 마찬가지일까? "아뇨. 애인에 대한 감정은 훨씬 오랫동안 강하게 남아요. 몇 년씩 유지되기도 해요." 그렇다면 내가 인터뷰한 그 여성에 대한 그의 감정은 어떠할까—그들도 오랫동안 연인 사이가 아니었나?

내가 그녀의 이름을 언급하자마자 그의 태도가 바뀌고 미소가 얼굴에 스쳤다. 그는 그녀가 얼마나 비범하고 아름다운 여자인지, 자기가 그녀를 '불타는 가슴으로' 얼마나 깊이 사랑하는지를 말했다. 그는 그녀가 이미 내게 들려준 이야기—둘이 함께 도망치는 상상을 자주 한다는—를 다시금 확인해 주었다. 내가 "정말로 그렇게 된다면 어떨까요?" 하고 묻자 그의 얼굴에서 꿈꾸는 듯한 표정이 사라지더니, 씩 웃고 이렇게 말했다. "처음 몇 달 동안은 최고겠죠!"

이러한 연애가 대놓고 용인되지는 않지만, 애인끼리도 나름대로 만남을 약속하고 바람을 피우지 않고 선물을 주고받으면서—비밀을 지키고 규칙을 따르며 애정을 표현해야 한다는—'분별'을 지키는 것이 중요하다. 연인끼리의 선물 교환은 결코 필수적이지는 않지만 매우 흔하게 이루어진다.(서로 선물을 주고받을 때도 많지만, 보통은 남자가 여자에게 선물을 준다.) 남자는 늘씬하고 단단한 몸매에 배와 엉덩이가 들어가면 매력적이라고 여겨지지만, 신붓감이나 애인을 유혹하는 남자들의 외모는 가지각색이다. 또 한 조건은 애인으로서 능력이 있어야 한다는 것이다. 즉 여자가 만족하도록 신경 써 주어야 하고, 성기는 작거나 중간 정도 크기에 '허리가 튼튼해야(정력을 갖추어야)' 한다. 시간이 충분하다면, 성관계시에 남자는 여자의 '일'이 '끝나고' 그녀가 만족할 때까지 기꺼이 추가로 봉사해야 한다.

!쿵 사람들은 대개 몸가짐이 당당하고 자신감 있는데, 그들이 성장하는 환경을 보면 이는 자연스러운 귀결인 것 같다. 그 분명한 한 예가 어린 소녀들이 유년기에서 성년기로 이행하는 사회 환경이다. 마을 규모가 작기 때문에 사춘기에 접어드는 소녀들은 자신과 비교할 동년배 친구들이 없거나 있다 해도 매우 적다. 그래서 그들은 서로 심하게 비교하거나 경쟁하는 분위기를 경험하지 않고, 오랫동안 주목을 한 몸에 받으면서 자라난다. 여자아이가 성숙하기 시작하면 마을 남자들은 그녀 몸의 변화—가슴을 가리지 않기 때문에 매우 뚜렷이 드러난다—에 관해 너도 나도 한 마디씩 하면서 그녀와 결혼하고 싶다느니 함께 도망가고 싶다느니 하고 농담을 걸게 된다. 어떤 이들은 진지하게 두 번째 아내로 들어오라고 청혼을 하기도 한다. 이러한 주목을 다른 여자들과 나누어 받을 일은 별로 없다.

이러한 경험이 자부심을 높여 주는 것 같다. 하루는 이제 막 가슴이 발달하기 시작한 한 열두 살짜리 소녀가 우리 지프차의 운전석 옆 백미러를 들여다보고 있는 것을 본 적이 있다. 그 소녀는 자기 얼굴을 유심히 들여다보더니, 이번에는 깨금발을 하고 자기 가슴과 몸의 다른 부분을 열심히 살펴보고는 다시 자기 얼굴을 들여다보았다. 좀더 많이 비춰 보려고 뒤로 물러났다가 좀더 자세히 보려고 다가가곤 했다. 그녀는 사랑스러운 소녀

였지만, 젊고 건강하다는 그 자체로 아름답다는 점 말고는 그렇게 빼어나지는 않았다. 내가 지켜보고 있는 걸 소녀가 의식하자 나는 그때쯤에는 완전히 습득한 !쿵식으로 그 아이를 놀렸다. "아유, 못생기기도 해라! 어떻게 이렇게 어린 여자애가 벌써 이리도 못생겼을까?" 그 아이는 깔깔 웃었다. 내가 "안 그래?" 하니까 그 아이는 밝게 미소 지으면서 "아뇨, 천만에요. 저는 예쁜 걸요." 하고 계속 거울을 들여다보았다. 내가 "예쁘다고? 나이가 들어서 내 눈이 삐었나 보다. 어디가 예쁜지 안 보이는데?" 하니까 그 아이는 "전부 다요. 얼굴도 예쁘고 몸도 예쁘고. 못생긴 데는 하나도 없어요." 하고 환하게 웃으면서 거리낌 없이, 그러면서도 오만한 기색은 없이 말했다. 그 소녀가 자신의 변화하는 몸을 바라보면서 즐거워한다는 것은 자기 외모를 보고 갈등을 느끼지 않는다는 증거였다.

!쿵 여성들이 유년기와 청소년기에 갖추게 되는 침착한 자부심은 평생토록 지속된다. 문명화된 다른 문화권의 여성들이 경험하는 것과는 달리, 이러한 느낌은 '완벽한' 아름다움이라는 문화적 이상에 끊임없이 자신을 비교하면서 마모되지 않는다. !쿵 사람들은 타고난 신체적 매력의 차이를 대체로 인지하며 일부 사람들은 특별히 잘생겼거나 아름답다는 사실을 인정하지만, 이러한 차이를 놓고 지나치게 왈가왈부하지 않는다. 자신을 매력적으로 만들 기회는 누구에게나 열려 있다. 그냥 깨끗이 씻고, 얼굴과 몸에 기름칠을 하고 야생식물에서 채취한 화장품을 바른 뒤에 자기가 가진 가장 좋은 옷—구슬 장식을 한 전통적인 가죽외투, 또는 최근에는 밝고 화려한 색상의 드레스—을 걸치면 된다.

아프거나 '너무 말랐거나' 아주 늙은 사람들을 제외하고, 여성들은 대개 자신이 매력적이라고 생각한다. 자기의 자부심을 표현하는 데 가장 자

주 쓰이는 어구들을 번역하면, '나한텐 일이 있어.' '나는 생산적이야.' '나는 가치 있어.' 등의 뜻이 된다. 따라서 !쿵 여성들이 느끼기에 애인을 사귄다는 것은 대개—모두가 하는 일은 아닐지언정—마음만 먹으면 언제든지 할 수 있는 일이다. 더욱이 남편감을 매혹하고 결혼하는 일은 모든 !쿵 여성들이 예외 없이 달성하는 목표다.

마저리, 사람들이 황야에서 살 때는 연애를 안 했다고 하는 소리나, 그걸 요즘 들어 검은 사람들한테서 배웠다는 소리는 다 거짓부렁이야. 다 교묘하게 자넬 놀리려고 하는 소리야. 나는 이녁 엄마 같은 사람이니 그런 거짓말은 안 해. 맞는 말만 해 주지. 이리 나이 들고 보니 딴 사람들이 자네한테 그러는 걸 보면 그 속이 빤히 들여다보이네 그래. 연애, 그러니까 결혼한 사람이 자기 남편 말고 다른 이랑 사랑을 나누는 거—그거 아주 오래 전부터 다 했던 거야. 우리 아버지의 아버지의 아버지의 아버지도 알아. 그것 때문에 독화살을 쏴서 사람들이 죽고 하는 것도 늘 그래 왔던 거야. 연애는 하느님이 내려 주신 거야.

지금껏 내 애인들 얘기를 했지만, 다 털어 놓은 게 아니야. 그 수가 내 손가락 발가락을 합친 것만큼이나 많았거든.[1] 그중에는 이미 죽은 이들도 있고 아직 살아 있는 이들도 있지. 나는 나쁜 년이야. 애인 하나 없는 자네와는 다르지. 여자가 되었으면 말이지, 아무것도 안 하고 가만있기보다는 애인을 사귀게 마련이거든. 오두막 안에 한 남자하고만 마냥 앉아 있지 않아. 한 남자가 해 줄 수 있는 건 별로 없어. 한 남자는 한 가지 음식밖에 못 주잖아. 하지만 애인들이 있으면, 한 사람은 이런 걸 가져다주고 또 한 사람은 또 다른 걸 가져다주고 하잖아. 한 사람이 밤에 고기를 들고 오면 또 다른 사람은 돈을 가져오고 다른 사람은 구슬을 가져오고 그런단 말이야. 게다가 남편도 뭘 가져와서 주고.

그런데도 한 남자하고만 있겠다고? 우린 그렇게 안 해. 자네가 보기에는 남자 하나로 충분할 것 같아?

여자는 여러 가지 일을 해야 하니, 어딜 가든 애인을 두어야 해. 여자가 어디 딴 데 가서 혼자 있으면 누가 구슬이나 고기나 다른 음식들을 가져다준대? 그러다 자기 마을로 돌아오면 또 이리저리 도와줄 사람도 필요하잖아.

남편하고 같이 지내더라도 애인을 몇 명 두어야 돼. 애인들이 저마다 뭘 하나씩 해 주거든. 그래야 한 남자한테 이걸 거두고 또 다른 남자한테 저걸 거두고 또 딴 남자한테 다른 걸 거두고 하지. 그래서 보지가 보물 주머니, 돈주머니라는 거야. (웃음) 그렇게 가는 데마다 뭘 거둬서 구슬이니 앞치마니 돈을 외투에 가득 채워 갖고 오는 거지.

그래 갖고 집에 돌아와서 친구들한테 "애인 하나가 이걸 주고, 다른 이는 이걸 주고, 다른 이는 또 이걸 주었단다." 털어놓으면 친구들이 "야, 네가 간 데에는 정말 멋진 애인들이 많구나. 다들 너한테 잘해 주었구나." 그러지. 그러면 "봐 봐, 너희들도 내 보기엔 예쁘니까 거기 가면 남자들이 좋아할 거야. 나한테 해 준 만큼 너희들한테도 잘해 줄 거야." 그러지.

여자가 집에 있어도 마찬가지야. 하루는 남편이랑 둘이 평소처럼 지내다가 남편이 "며칠 동안 어딜 좀 다녀올게." 그러고 혼자 남잖아. 그러면 그때 애인들을 만나는 거지. 애인 하나가 마을 가까이 사는데 짐승을 한 마리 죽였다 치면 그 고길 잘라서 갖다 주잖아. 그것도 육즙이 듬뿍 들고 비계가 많은 맛있는 부위로 말이야. 둘이 같이 앉아서 고깃국물이 아주 진해지도록 끓여 가지고 마시면 맘이 흡족하지. 그래 속으로 '아, 남편이 날 남겨 두고 간 덕분에 이렇게 맛있는 고깃국을 마시는구나.' 그러지.

또 다른 날은 애인이 와서 잠자리를 함께해. 애인이 '당신 남편은 언제 돌아와?' 물으면 그러지. "얼마 동안은 안 올 거야. 내 다리가 아직 안 떨리는 걸 보니." 그게 뭐냐하면 남편이 아직 집에 안 온다는 신호야. 그러고 사랑을 나누고서 수탉이 울고 날이 밝기 전에 일어나지.

다른 날 애인이 또 오잖아. 둘이 같이 누워서 애인이 그래. "오늘은 밤새도록 당신과 있고 싶어. 지난밤에 왔을 때는 사랑을 나누고 바로 일어났잖아. 그러니 오늘은……. 당신 다리가 어때?" "오늘 아침에 앉았는데 허벅지가 약간 떨리더라고. 아마 남편이 돌아오려나 봐. 어쩌면 한밤중에 올지도 몰라. 그이가 언제 돌아올 예정인지 나도 잘 모르겠어. 하지만 다리가 떨리는 걸 보니 오늘 밤일지도 몰라." "그래, 그러면 잠깐만 누웠다가 일어나자."

그래 둘이 누워 있다가 바로 헤어져. 아니나 다를까 애인이 가고 얼마 안 있어서 남편이 돌아오지. 다음 날 아침에 뭘 하고 있으면, 이를테면 샘에서 물을 긷고 있으면 애인이 와서 간밤에 남편이 돌아왔냐고 묻지. "응, 당신이 가고 나서 바로 왔어. 아침에 다리가 떨리더라고 내가 그랬잖아? 그거 진짜 경고였어." "이제 당신 남편이 돌아오니 가슴이 찢어질 것 같아! 진짜로 찢어질 것 같아! 나중에 일 끝나고 해가 기울면 어디서 또 만나자." "좋아, 하지만 일 끝나고 나서. 할 일이 많아. 물 다 긷고 나면, 이제 남편이 돌아왔으니 남편 수발도 들어 줘야 해. 한참 있다가 해가 거의 질 때쯤 되어서야 일 끝나고 만날 수 있지 싶어."

다음 날은 종일 남편 곁에서 빨래하고 요리하고 하지. 속으로는 '애인이 오늘 또 만나자고 했는데.' 하면서 종일 집안일을 하는데, 할 일이 워낙 많아서 애인이랑 만나기로 한 시간이 훌쩍 지나 버려. 잠자리에 들 때까지 정신없이 일하다가 문득 '아, 내일 애인이 나를 보면 화내겠네!' 하는 생각이 들어, 덜컥 겁이 났다가 또 다른 생각이 들어. '그 사람이 화를 낼 명분이 없지. 나는 남편 챙기느라고 못 만난 거니까.'

다음 날 물통을 채우러 우물에 가면 애인이 와 있어. "그날 내가 뭐라고 그랬어? 만나자고 하지 않았어?" "빨래하고 요리하고 남편 수발드느라 바쁘다고 했잖아. 첨에는 장작을 주워 오라고 시키더니만 갔다 오니 또 딴 일을 시키고 하는 바람에. 남편이 너무 일을 많이 시켜서 당신 만날 시간도 미처 못 봤어. 늦게까지 일하느라고." 애인이 화가 나서 그러지. "남편 때문에 그런 거라면 어쩔 수 없지만, 담에도 또 그러면 때리겠어! 아랫구멍에 문제 있나? 너무 늙어서 신경도 안 쓰나?" "내가 무슨 맞을 짓을 했는데? 난 남편 일 했다니까."

그 뒤로는 평소대로 남편을 도와 계속 열심히 일하면서 지내지. 그러다가 어느 날 "장작 좀 주우러 나갔다 올게. 당신은 저기 불 위에 단지 올려놓은 것 좀 봐 줘." 그리고 나무를 주우러 마을에서 멀리 떨어진 데로 나가. 거기서 애인을 만나서 같이 누워 사랑을 나눈 다음에, 장작을 가지고 마을로 돌아오지. 애인과 함께 있었던 데다가 남편은 모르니까 흡족하지. 그렇게 지내는 거야.

또 어떤 여자는 좀 다르게, 애인이 멀리 떨어져 있어. 그러다 애인이 근처에 오면 그걸 보고 마음속으로 이 사람이 날 보러 다시 왔구나 알지. 그리고 며칠 지내면서 단 둘이 있을 기회를 엿보지. 그러다 만나면 애인이 "당신은 아마 내 생각은 하나도 안 했겠지?" 그러거나 "당신 그동안 하루하루 지내면서 내 생각 한 번이라도 했어?" 그러면 "뭐? 당신 생각 많이 했지. 어떻게 안 할 수가 있겠어? 생각했고말고. 나는 사람도 아닌가?" 그러지. 사람이니까 서로를 생각한다는 거야.

애인이 "나는 당신이 나를 잊었는지도 모른다고 생각했어." 그러면 이래. "아냐, 나 당신 생각 징하게 많이 했어." "음, 그래서 온 거야. 당신이 무슨 생각하고 있는지 궁금해서 직접 보려고." "그래, 이제 봤으니 어때?" "당신은……. 당신 때문에 정말 괴로워! 떠나 있는 한 달 동안 당신이 너무 보고 싶어 가슴이 터지는 줄 알았어." "나도 마찬가지야. 나도 당신이 보고 싶어 가슴이 터지는 줄 알았어."

그리고 남편이 자릴 비울 때까지 기다렸다가 마을에서 멀리 떨어진 곳에서 만나 일을 치르지.

어떤 때는 남편이 잠든 한밤중에 만나기도 하지. 우선 애인이 밤에 만나자고 미리 귀띔을 해. 애인이 밤중에 마을에 와서 그 여자의 친구한테 가서는 여자를 깨워 달라고 부탁하지. 그럼 친구가 오두막으로 가서 속삭여. "네 사람이 여기 와 있어. 일어나." 그럼 여자는 '아, 남편은 어떻게 하나? 어떡하지?' 고민하다가 남편을 깨워서 "저기 건너편 오두막에서 사람들이 모여 얘기하고 있는데 거기 좀 갔다 올게. 좀 있다가 와서 자리에 누울 거야." 그리고 애인이랑 만나서 일을 치러. 일이 끝나면 애인은 가고, 여자는 사람들이랑 앉아서 좀 얘기하다가 오두막으로 돌아가 남편 곁에 눕지.

그래, 여자들이 꾀가 있어!

우리 어머니도 애인들을 사귀었어. 어머니가 애인을 만날 때 나도 따라가 봐서 알아. 하지만 아버지한테도 애인이 있었는지는 나도 확실히 모르겠어. 아버지는 날 데리고 다니지 않았거든. 나는 여자들만 따라다녔지. 그래서 아버지한테 애인이 있었을지 몰라도 나는 아무것도 보지 못했어. 하지만 여자들은…… 내가 어려서도 여자들 애인은 누구누군지 다 알았어. 어머니 애인, 이모 애인까지 말이야.

내가 아직 조그마할 때 어머니가 어떤 남자랑 있는 걸 본 기억이 나. 그 남자가 엄마를 만나서 취하고 사랑을 나누는 동안 나는 근처에서 혼자 앉아 기다리고 있었어. 엄마가 장작을 가지고 돌아오는 걸 보고 속으로 '일러야지!' 그러다가 또 '아빠한테 말해야 하나, 말아야 하나?' 망설였지. 하지만 마을에 돌아가서도 나는 아무 말도 하지 않았어. 만약 이르면 아빠가 엄마를 죽일 것 같았거든.

내가 일러바친 건 토마라는 남자 한 사람뿐이었어. 그때가 내 여동생 크삼셰가 죽고, 동부에서 큰 이모가 와서 우리를 그리로 데리고 가 함께 지낼 때였어. 그때 나는 어려서 아직 가슴도 자라지 않았는데, 이모부인 토마가 엄마랑 사귀기 시작한 게 이모랑 같이 살게 된 지 얼마 안 되어서야. 나중에는 아빠를 버리고 함께 도망치자고 엄마를 꾀기까지 했어. 내가 그걸 두 눈으로 봤지. 그 사람이 그랬어. "당신과 사랑하고 싶고, 당신

378

하고 도망치고 싶어. 나 당신한테 새장가 들고 싶어."

두 사람이 처음 사귀기 시작할 때 아빠는 몰랐어. 두 사람은 황야에서 만났는데, 그럴 때면 엄마는 나를 앉혀 놓고 그 남자랑 둘이 어디론가 사라졌지. 그러면 나는 앉아서 기다렸어. 어떤 때는 일어나서 울기도 했지. 한번은 "아빠 오시면 이를 거야. 엄마, 이제 저 사람한테 엄마 그만 괴롭히라고 해. 우리 이제 가야 된다고 그래. 저 사람이랑 엄마랑 그 짓 했다고 아빠한테 이를 거야!" 하고 크게 소리 지르기도 했어. 엄마가 오더니 그래. "만약 아빠한테 이르면 아빠가 엄말 죽이리란 것만 알아 둬. 아무 말 마라. 안 그러면 앞으로 엄마 못 본다." 그 말을 듣고 나는 돌아와서도 아무 말 안 했어.

그런데 하루는 그날따라 유난히 오래 기다렸어. 피곤하고 기분이 언짢아서는 속으로 '집에 가고 싶어. 저 사람은 어떻게 됐기에 우릴 집에 안 보내 주는 거야? 어떻게 엄마가 딴 남자랑 있냐고? 아빠가 황야에서 돌아오시면 가서 일러야지.' 그랬어.

그래 집에 돌아가서는 정말로 일렀어. "아빠, 엄마랑 내가 장작 주우러 갔는데, 토마 아저씨가 엄마를 데리고 가서 이상한 짓 했어. 나는 그냥 앉아서 기다렸어."

그래서 엄마 아빠는 싸웠어. 아빠가 엄마를 때렸지. 그걸 보고 '내가 왜 얘기했을까? 엄마는 죽을 거야. 내가 일러바치다니 나쁜 짓을 했어. 다시는 그러지 말아야지. 엄마가 딴 남자랑 있는 걸 보더라도 말하지 말아야지.' 그랬지.

아빠가 사냥을 나갔을 때 가끔씩 토마가 와서 잠자리를 같이하기도 했어. 난 그게 너무 싫어서 속으로 '이게 뭐야?' 하고 투덜댔지. 그래도 아빠가 오시면 아무 말 안 했어.

오랫동안 그렇게 지내다가 또 싸움이 벌어졌어. 아빠가 엄마한테 막 소리 지르던 게 기억 나. "추코, 독화살로 당신도 죽이고 토마도 죽여 버리겠어. 저건 도대체 어떻게 된 물건이[2]지 마누라나 옆에서 챙기지 않고 당신을 데리고 놀아나? 딴 여자들한텐 없는 게 당신한테 있대?"

나중에는 토마한테도 소릴 질렀어. "나는 오쟁이 지고는 못 살아. 나는 황야 사람이고, 너희 같은 마을 인간들하고는 달라. 네놈을 그냥 잡아다 죽여 버린 다음 애들 데리고 다시 황야로 가 버리면 그만이야. 그러니 네 마누라 데리고 여기서 냉큼 꺼져. 나는 내가 결혼한 여자랑 있을 테니."

어떤 때는 우리 오빠랑 남동생이 토마랑 시비가 붙기도 했어. 그러다 오빠가 관두면 동생이 또 시작하고. 아직 그 애가 그렇게 크지도 않았을 땐데. 쿰사가 그랬지. "우리 엄마를 아빠한테 돌려줘요. 왜 우릴 여기 동부까지 끌고 와서 엄마를 아빠한테서 뺏어 가는 거예요?"

한번은 쿰사가 그 사람을 붙들고 땅바닥에 밀치기도 했어. 둘이 싸우는 걸 사람들이 와서 떼어 놓았지. 쿰사는 엄마한테도 큰 소리로 뭐라 했지. "일어나서 아버지한테로 가요! 왜 딴 사람이랑 같이 앉아 있어요? 뭐 찾으려고요? 아버지한테로 안 가면 죽이겠어요." 그러고는 "뭐 하는 거예요? 왜 언니 남편이랑 사귀고 안 떨어지려고 하는 거예요? 저렇게 늙어빠진 준/트와가 뭐가 좋아요?" 했어.

그러더니 아무거나 집어 엄마를 때리고, 소리 지르고 욕을 퍼붓는 바람에 사람들이 와서 끌고 갔지. 사람들이 그래. "네 어머니는 지금 분별이 없으니 그냥 내버려 둬라. 네 어머니는 힘없는 여자니 그렇게 때리면 죽을지도 모른다. 싸우려면 저 남자랑 싸워라." 그러고는 그랬어. "그건

380

그렇고 토마는 뭐 하는 짓이람? 나이 든 첫째 아내가 아직 시퍼렇게 살아 있는데. 자기 부인이 죽으면 가서 묻어 주지도 않을 위인일세. 그자가 한 짓이라고는 네 어머니를 아버지에게서 빼앗은 것밖에 없다. 그러니 어머니 때리지 말고 가서 그자랑 싸우라고."

그래 쿰사가 토마한테 가서 둘이 한바탕 싸웠어. 그러고 계속 지냈지.

그러다가 또 하루는 토마가 엄마를 데리고 그냥 떠나 버렸어. 그 전에도 다툼이 무척 많았지. 오빠가 어머니한테 막 소리 지르고 때리고 그랬어. "아버지를 버릴 거예요? 지금 아버지를 버리고 토마랑 도망치려는 거예요? 막내는 매일 해 뜰 때부터 해 질 때까지 여기 앉아서 울게 내버려 두고요? 어떻게 자식을 돌보지도 않고 버리고 갈 수가 있어요?"

하지만 두 사람은 결국 떠나 버렸어. 토마가 엄마를 아빠한테서 꾀어낸 거지. 나는 속으로 '엄마가 나빠. 아버지를 버리고 딴 남자와 결혼하다니.' 그랬지.

쿰사랑 나는 울고 또 울었어. 그렇게 울면서 우리는 아버지랑 같이 지냈어.

그러고 얼마 안 있어서 아버지가 두 사람을 쫓아서 마을까지 따라갔어. 아버지가 엄마를 보고는 이랬지. "추코, 뭐 하는 짓이야? 왜 나랑 같이 안 있고 도망쳤어? 아직은 우리 둘이 함께할 수 있어."

또 한바탕 싸움이 벌어졌지. 큰 이모가 "추코, 네 남편한테 돌아가서 네 애들이나 챙겨. 왜 이렇게 내 남편이 가는 데마다 쫓아다니면서 거치적거리게 해?" 그랬지.

그래서 엄마는 토마를 남겨 놓고 우리랑 같이 돌아왔어. 다시 나한테로 돌아온 거지.

그러고 한참을 살고 또 살았어. 그런데 하루는 토마가 또 찾아왔어. 나는 속으로 '이모 내외가 우리 엄마랑 같이 살려고 하는 건가?' 싶었지.

아버지는 또다시 어머니를 지키려고 안간힘을 썼지만 소용없었어. 아버지는 그 사람들한테 소리 치고 욕하고 싸우고, 싸우면서 어머니의 팔을 때리기까지 했어. 내가 그랬지. "계속 그러다가는 엄마를 죽이겠어요. 그냥 보내 주세요."

결국은 그렇게 됐지. 아버지는 포기하고 어머니를 토마랑 함께 보내 주었어. 아버지는 속으로 '에―헤이, 저자가 저런 인간이었나? 그럼 이여자를 보내 주지. 그냥 저자한테 줘 버리고 나는 젊은 여자를 찾아서 결혼해야지.' 하고는 그랬겠지. "좋아. 네놈 물건 챙겨 가. 저 여자를 데려가서 마음대로 해." 토마는 어머니를 다시 얻는 데 성공했고, 아버지는 그냥 모든 걸 포기해 버리셨어. 결국 토마가 어머니를 가지게 놔둔 거야.

그러고 얼마 안 있어서 아버지는 나랑 쿰사랑 다우를 데리고 그곳을 떠났어. 토마랑 어머니는 동부에 남겨 두고. 그래서 한 마을에 가서 잠시 있다가 또 다른 마을에 가서 잠시 있다가 하면서 지냈지. 그렇게 살고 또 살고, 시간이 더 흐르고 난 뒤에 아버지는 우릴 다른 사람 손에 맡기고는 "나도 내 것을 찾아야겠다."고 하면서 떠났어. 돌아올 때 한 나이 든 여자를 데려왔지. 그 여자가 새 부인이었어. 아버지는 우릴 데리고 새 부인네 마을로 가서 살았어.

토마의 첫째 아내는 재혼하지 않았어. 사람들 말에 따르면 큰 이모는 얼마 동안 살다가 딴 데서 죽었대. 이모는 엄마를 둘째 아내로 받아들이기를 거부하고 집을 나가 버렸어. 이모가 죽을 때 토마는 엄마랑 같이 있느라 와 보지도 않았고, 나중에 묻힌 곳에도 보러 오지 않았어.

우리는 아버지 밑에서 크면서 살고 또 살았어. 그러던 어느 날 토마가 죽고 어머니가 우리한테로 다시 돌아왔겠지. 우리 남매는 그 남자가 죽은 게 기뻤어. 하느님이 우리한테 무심하지 않다고 감사드렸지.

하지만 아버지는 어머니를 받아들이지 않았어. 어머니는 다시금 아버지 곁에서 잠자리를 하고 싶어했지만, 아버지는 어머니가 당신을 거부했으니 이제는 당신도 원치 않는다고 못 박았지. "당신이 이미 날 떠났으니 당신을 갖지 않겠어. 당신 남편이 죽었다 해도 나는 당신과 다시 결혼 안 해. 그러니 혼자 가서 자. 당신이 재혼하더라도 내 알 바 아니야. 당신이 떠난 다음에 나는 재혼해서 새로 아내를 얻었거든. 여자가 당신뿐인 줄 알아? 잠자리는 따로 하는 거야. 예전 같은 결혼 생활로는 돌아갈 수 없어."

그러고는 이랬어. "하지만 우리가 낳은 아이들은 두 사람 모두의 자식이니까, 애들은 둘 사이에서 지내야겠지. 우리는 예전처럼 지낼 거야. 선물도 주고받고 호사로도 교환하고. 구슬이 있으면 나한테 줄 수도 있고 나도 뭘 줄 수도 있고. 그런 건 괜찮아. 내가 뭘 요리하거나 당신이 뭘 채집하면 서로 주고받을 수 있겠지. 내가 결혼한 부인이 당신한테 음식이나 고기나 구슬을 줄 수도 있고." 또 이어서 말했어. "우리한테는 애들이— 살지 못한 것들은 죽었고 살아 있는 것들은 여기에—있지만, 당신은 우리 사이에 맺었던 결혼의 유대를 끊었어. 그러니 이제 당신은 나와 떨어져 자야 해. 무슨 일이 일어나든 간에, 하느님이 우릴 데려가시든, 나나 당신을 먼저 데려가시든, 앞으로 이대로 계속 사는 거야."

그래서 어머니는 우리랑 같이 살게 되었어. 어머니는 어머니 오두막에서 지내고 아버지랑 새어머니는 그분들 오두막에서 지내고. 그 후로 별다른 일은 없었어. 쿰사, 다우, 나는 한동안 아버지네 불가에 가 앉았다가,

일어나서 또 어머니네 불가에 가 앉았다가 그랬지. 한번은 어머니랑 같이 밥을 먹고 다음에는 아버지한테로 와서 밥을 먹고 그랬어.

그러고 계속 살았어.

나는 애인 사귀는 게 좋지만, 그 사람들 하는 짓은 내 마음을 버려 놓고 나한테 씨물을 끼얹기도 했어.

예전에 애인 삼았던 남자 하나는 사랑을 나누고 난 다음에 자기 부인한테 가서 그걸 다 얘기했어. 그 다음번에 함께하고 나서도 그걸 또 다 털어 놓았지. 그러니 그 마누라가 찾아와서는 나한테 소리 지르지 않겠어? 나는 속으로 '도대체 저 남자는 어떻게 된 인간인가? 여자를 훔쳐 놓고 그걸 마누라한테 다 고하다니?' 그랬지. 그 마누라한테 "당신 남편이 거짓말한 거야. 우린 애인 사이 아니야." 그러고도 화가 안 풀려서 "정말로 그것 때문에 온 거면 당신을 죽여 버릴 거야. 당신은 몸집이 크고 나는 이렇게 작지만 못 그럴 것 없어. 그런 소릴 하다니 당신 남편은 미쳤어. 나는 그 사람이랑 사랑을 나눈 적이 없어." 그랬어.

다음에 그 남자랑 마주쳤을 때 내가 그랬지. "당신이 날 먼저 원했고 사랑하네 어쩌네 한 사람도 당신이잖아. 내가 당신한테 다가간 게 아니야. 나는 여자이고 당신은 남자니까, 당신이 나한테 다가와서 그제야 내가 승낙한 거지. 그런데 무슨 생각으로 그걸 마누라한테 가서 고한 거야? 정 그렇게 나오겠다면 나도 가서 우리 남편한테 까바칠 거야. 도대체 머릿속에 생각이라는 게 있기나 해?"

하지만 그 이후로 그 사람 마누라는 나만 보면 달려와서 고함을 질렀어. 나도 질세라 고함쳤지. 그러다가 하루는 내가 그랬어. "이렇게 만날 싸우기도 질렸어. 당신은 매일같이 와서 욕해 대고 나는 매일같이 그걸 듣고 앉아 있자니. 그래서 이제 까놓고 말하겠는데, 당신 남편은 내 애인이고 앞으로도 계속 사귈 거야. 그러면 당신도 잠잠하겠지. 이제 어쩔 거야? 궁금하네. 보나 마나 아무 짓도 못하겠지."

그때 나무 그늘에 사람들이 둘러앉아 있었는데, 그중에 내 남편도 있었어. 그 다음번에도 그 여자가 또 욕을 막 퍼부어 댔는데 아무 대꾸도 안했지. 속으로 '오늘 저년한테 아주 본때를 보여 줘야지.' 하고 벼르면서, 계속 욕을 해도 입 꾹 닫고 있었어. 그러니까 코앞에다 들이대고 고함을 질러 대기에, 내가 "우리 어머니 이름을 걸고, 네년을 두들겨 패서 저기 매달아 놓고 싶어 몸이 근질근질하구나!" 그러고 큰 소리로 웃었어. 그러고 "그렇게 욕한다고 나한테서 뭐라도 빼앗아 갈 수 있을 것 같아?" 하고는 이랬어. "그래도 네년이 여기까지 왔으니 한판 붙자."

그러고는 팔찌를 벗어 던지고 그 여자 배를 한 방 먹였어. 그 여자가 쓰러지더니 다시 일어나서 달려들고, 두들겨 패서 쓰러뜨리니 또 일어나서 달려들고 그러데. 내가 그 여자한테 욕을 하면서 '너 이번에는 죽은 목숨이다.' 그러고 또 크게 웃었어. "어차피 죽을 테니 집에 가서 얌전히 앉아 있는 편이 좋을 걸. 또 오면 그땐 흠씬 두들겨 패서 송장을 만들어 줄 테다."

그러니까 어떤 여자가 와서 그 여자를 잡아다 앉혔지. 하지만 나는 아직 화가 안 풀렸어. 그래 계속 고함을 치다가 달려들어 그 여자 손을 깨물었겠지. "아우! 니사가 날 물어요……. 니사가 날 물어요……." 하고 비명을 지르기에, 내가 그랬지. "똥을 지리도록 두들겨 패 주마! 내가 작다고 싸움도 못할 줄 알아? 너처럼 덩치 큰 년하고도 충분히 겨룰 수 있어.

여기 이 내 뼈로 네년을 붙잡아서 똥을 지리게 만들어 줄 테다. 내가 네 어미 친척의 자식이라서 욕해도 아무 말 못할 줄 알고? 나랑 네년은 남남 집안이다. 네 남편은 네 남편이고 내 남편은 내 남편이다."

결국 어르신들이 나와서 "오입질 놓고 왈가왈부하는 건 흉한 짓이다. 이제 그만들 해라." 그래서 끝났어. 그 여자랑 그 남편은 자기들 마을로 돌아갔어. 그 이후로 그 남자하고는 관계를 끊었지. 그놈이 나쁜 놈이지. 그놈 때문에 사람들이 서로 죽이려고 달려들고 한 거 아니야. 분별이란 게 전혀 없었어. 다른 남자들이랑 다르게.

어떤 때는 여자들도 말하고 다녀. 여자가 애인이랑 만나고 와서 "어젯밤에 그 사람, 우리 애인 왔었어." 그러면 친구가 "그 사람이 와서 같이 잤어?" 묻잖아. "응, 같이 누워서 동이 트도록 실컷 하고 갔어." 그러면 친구가 그러지. "음, 음…… 어젯밤에 막 어둠이 깔리고 사람들이 애기하다가 잠자리에 든 다음에, 내 애인도 와서 잠자리를 함께했거든. 그런데 말이지, 딱 한 번만 하고 나란히 누워서 그냥 잤어. 어떻게 된 건지 모르겠어. 그 사람이 원래 그러는지 몰라도, 그걸 더 해 주지를 않더라고. 모르겠어. 어쩌면 날 정말로 좋아하는 게 아닌가 봐. 그러면 그 사람은 대체 왜 날 찾아오는 걸까?" "우리 애인은 안 그래. 그이는 우리 둘 다 지쳐서 곯아떨어질 때까지 계속 해 주는데. 오늘 밤 또 다른 오두막에서 만나 사랑을 나누자고 하던데."

여자들끼리 남자 얘기 즐겨 하지. 한 여자가 "저기 저 남자 말이야……. 저 사람 어때?" 하고 물으면 다른 여자가 그래. "음……, 저기 저 남자? 너무 커! 물건이 하도 커서 아파 죽는 줄 알았어. 저 사람이 또 하자고 오면 난 안 할 거야. 진짜 아파!"

또 이런 얘기도 하지. "내가 어쩌다 이리 된 거지? 아랫구멍이 벌써 늙었는지, 남자랑 자도 몸 안에서 흥분이 안 느껴져. 내가 늙어서 거기가 말라 버린 건가? 그런데 그이도 그렇대. 서로 만족을 못 찾아."

어떤 때는 여자가 너무 넓은데 남자가 너무 작아서 곤란한 경우도 있지. 그럼 여자가 남자를 잘 받쳐 주질 못하잖아. 남자가 그걸 안으로 들이밀어도 여자가 너무 크니까. 남자가 정력이 있어도 둘 다 만족스럽지가 않아. 일이 끝나면 남자는 이러지. "괜찮아. 그건 그리 중요치 않아."

여자는 다음 날 아침에 친구들한테 가서 그래. "어쩌지? 내가 아랫구멍이 늙었나 봐. 어젯밤에 그 남자랑 자면서 동틀 때까지 했는데, 그 사람은 전혀 만족 못 한 것 같아."

남자는 남자들끼리 얘기하는 데 가서 이러지. "저기 저 여자 때문에 기력을 다 써 버렸어. 저 여자, 안쪽이 늘어져 가지고 너무 커. 어젯밤에 저 사람이랑 동침하면서 밤새도록 사랑을 나눴는데 전혀 만족을 못 느꼈어. 거기가 어찌나 넓은지 헤레로 사람 입 구멍 같았다니까! 안에서 허우적거려 봤지만 아무 느낌도 없더라고. 저 사람은 어땠는지 모르겠는데, 나는 허리가 아프고 기운이 없어 죽겠어. 오늘은 저 여자한테 안 갈 거야."

준/트와 여자들은 남자와 관련된 문제나 불평도 서로 이야기하지. 한 여자가 자기 남편이 만족시켜 주질 못한다고 불평하잖아. 남편한테 불평한 얘기를 이렇게 전해. "어떻게 된 거야? 당신이랑 자면, 난 아직 내 걸 못 끝냈는데 당신은 혼자서 일 끝내고 가 버리잖아.[3] 우리는 결혼한 사이인데 왜 이래? 우리 둘이 잘 때 당신 일이 끝나면 내 일도 끝나야지. 이제 넌더리나는 거 당신 몰라? 사랑을 나누면서 우리 둘이 같이 끝낼 수 있도록 노력해야지." 했다고. 그러면 친구가 그래. "네가 만족하기 전에 남편이 끝내 버린단 말이야? 왜 진짜 만족을 느끼기도 전에 가 버린다니?" 여자들은 남편한테는 이렇게 불평을 하기도 하지만, 애인한테는 별로 안 그래. 애인들은 만족시키는 방법을 알거든. 남자가 애인이랑 하면 대개 아주 잘 하지.

준/트와 여자들은 이런 얘기들을 해. 그런데 여자들이 원래 다 서로 이런 얘기 하지 않나?

애인도 저마다 각양각색이지. 물건이 작은 남자도 있고 큰 남자도 있고, 물건이 씨물로 가득 찬 남자들도 있고. 근데 그런 남자들은, 일을 치를 때 온 사방을 적셔 놓기 때문에 일이 제대로 안 돼. 그럼 여자는 속으로 '이 남자는 씨물을 너무 많이 흘려서 내 옷을 다 더럽히고 있네. 난 이 사람이랑 처음 자는 건데 그게 왜 이렇게 많이 나오나?' 그리고는 다시 만나길 거절하고 씨물이 적은 다른 남자를 찾아가지. 애인으로는 그게 적은 남자가 좋아.

남자 물건이 너무 크면 그것도 별로 안 좋아. 그런 남잘 만나면 살이 아프니까. 그러면 속으로 그러지. '안 돼. 이 남자는 물건이 너무 커서 몸속으로 들어올 때 아플 거야. 날 죽일지도 몰라.'

물건이 작은 남자가 제일가는 애인이지. 여자를 아프게 하지 않으니까.

남자들은 대부분 허리가 튼튼하고 나이가 들어서까지 정력을 유지하는 이들도 꽤 있어. 그런 남자들은 처음에는 안 서다가도 건드려 주면 단단해져서 안으로 들어가도록 안내해 주기만 하면 돼. 그런데 물건이 계속 흐늘흐늘한 남자들도 있어. 마음은 굴뚝같아도 물건이 말을 안 듣는 거지. 그런 남자랑 누우면 남자가 노력해도 서질 않아서 잘 안 들어가. 들어

가도 조금 들어갔다 금방 끝나 버리지. 그런 남자는 허리가 부실하지. 늙은이들만 그런 게 아니라 젊은 사람 중에도 간혹 그런 경우가 있어. 물건이 옷감처럼 흐늘흐늘한 이들이.

남자가 자길 승낙한 여자랑 같이 있는데 물건이 흐느적거리잖아. 그러면 속으로 '왜 이러지?' 하고는 손으로 자극해 보고, 그래도 안 되면 '어떻게 된 거지?' 하고 또 자극해 보고 그러다가, '어떻게 해야 되지?' 그러고 있으면 여자가 그러지. "뭐가 문제야? 날 원치 않는 거야? 지금 뭐해? ……내가 만져 볼게……. 뭐? 안 선다고?" 둘이 같이 자극해서 일을 치러 보려고 애쓰지만 씨물만 흘리고 끝나지. 여자가 흥분했다 해도 남자는 그게 안 되니까 진짜로 선 게 아니야. 결국 여자가 이러지. "우리가 오랫동안 사귄 끝에 또다시 이렇게 잠자리를 함께했는데, 이렇게 노력했는데도 자기 물건이 거부하니 어떻게 된 일인지 모르겠어. 우리가 마음은 서로 사랑해도 자기 물건이 제구실을 못하니 소용이 없네. 우리 이제 헤어지는 게 좋겠어. 당신 때문에 기분이 언짢아졌어."

나도 그런 남자랑 잠자리를 함께한 적이 한 번 있어. 젊은 사람이었는데, 나중에 그 사람이 자식을 많이 낳았단 얘길 듣고 정말 놀랐지! 어떻게 부인을 임신시킬 수 있었을까? 아마 허리를 튼튼하게 해 주는 무슨 약을 먹었을 거야. 그 남자는 부인이랑 결혼하기 전까지만 해도 옷감처럼 흐늘흐늘했거든. 그때 둘이 같이 누웠는데, 내 아랫구멍을 번히 앞에 두고 그 사람이(아니 우리가) 아무리 애를 써도 그게 거부하더라고. 내가 그랬지. "뭐가 문제야? 당신 물건 지금 뭐 해? 먹을 걸 바라지 않아?" 우리는 계속 노력해 봤지만 아무 일도 일어나지 않았어. 내가 "음, 음. 내가 당신을 승낙했을 때는 당신이 힘 있는 남자인 줄 알았는데, 그런데…… 결국 이런 식인 거야?" 그러니까 그 사람이 그래. "나도 웬일인지 모르겠어. 이놈이 왜 거부하지?" "여기 더 이러고 있다간 남편이 우릴 찾아내겠어. 자기가 힘이 있었으면 벌써 끝났을 걸. 하지만 힘이 없는데 무슨 소용이람?" 결국 하긴 했는데, 금방 끝났어.

그러면 남자는 다음 날 자기 친구들한테 가서 그러지. "이봐, 친구들. 나 기분이 너무 안 좋아. 내가 여자한테 말 걸어서 승낙을 받아도 막상 여자하고 동침할 수가 없어. 그걸 세우려고 노력해도 안 돼. 부탁이니 고칠 수 있는 약을 좀 줘. 허리에 힘이 떨어진 것 같아. 좀 도와줘."

그리고 자초지종을 설명해. "어제 내가 청한 여자가 승낙했거든. 정말 예쁜 여자야! 그런데 가서 사랑을 못 나누고 그냥 몸만 더듬다 왔다니까. 마음은 굴뚝같지만 물건이 거부하는 걸 어떡해. 그런데 나 그 여자가 정말 맘에 들어서 다시 가고 싶거든. 약 좀 주지 않겠어? 나나 너희들이나 여자를 좋아하지만 너희들은 다 일을 치르는데 나는 못하고 있다고!" 뭐 그런 얘기를 하면 친구들은 "그 여자가 네 말대로 그렇게 예쁘다면 왜 그걸 못 하는데? 우리는 어제 그 마을로 여자들 만나러 가서 잘만 하고 왔구먼. 손장난만 하고 오지 않았다고." 하겠지.

남자가 그러겠지. "부탁인데 제발 도와줘. 그 여자는 진짜 예쁘다고! 그 여자 얼굴을 봤을 때 얼마나 사랑스럽던지! 그 여자가 너무 맘에 든단 말이야. 그런데 남자가 되어 가지고 눕기만 하면 일을 못하니 죽을 맛이야. 모든 걸 걸고라도 지금 당장 약을 구하고 싶어. 내가 어제 허리에 힘만 있었어도 그 예쁜 여자와 함께 동틀 때까지 즐겼을 텐데."

그러면 친구 한 명이 약을 주는 거야. 그걸 마시고 물건을 다시 강하고 단단하게 만들어서, 그 다음부터는 여자들이랑 문제없는 거지.

강한 남자, 허리가 실한 남자는…… 물건이 단단해! 그래서 꼿꼿하게 서지. 그런 남자는 여자한테 마음에서부터 우러나와 말을 걸면……, 여자 오두막 앞에서 자기 마음을 털어놓으면서 여자를 똑바로 바라보면 …… 그것만으로도 선다고! 허리가 튼실한 남자는 그래. 그런 남자는 여자한테 사랑을 나누자는 얘기만 해도 저절로 서.

그걸 보고 여자는 속으로 '저 사람 물건이 저 사람 마음을 그대로 말하고 있구나. 저 사람이 가진 걸 함께했으면 좋겠다.' 그러고 승낙하지. 그러고 나서 마저리, 자네랑 나 둘이 지금 오두막 안에 같이 들어앉은 것처럼, 단 둘이 오두막으로 들어가서 서로를 취하고 관계를 맺는 거야.

두 사람이 사랑을 나누면, 여자도 움직이고 남자도 움직이지. 둘 다 서로를 간절히 원하고 열심히 노력하면, 그때 두 사람이 함께 쾌락을 느끼는 거야. 하지만 여자가 남자를 진실로 원치 않고 남자 혼자만 애쓰면 서로 거의 즐기지 못하지.

어떤 때는 여자가 먼저 끝내고 남자가 나중에 끝낼 때도 있어. 둘이 같이 끝낼 때도 있고. 둘 다 괜찮아. 나쁜 건 여자가 아직 안 끝났는데 남자가 끝내는 거. 남자가 난생 처음 여자랑 자 볼 때 종종 그러지. 제 딴에는 여자가 너무 만족스럽고 너무 좋아…… 설탕처럼, 꿀처럼 달콤해. 그래서 시작하기가 무섭게 바로 끝나 버리는 거지. 여자는 아직 흥분이 가득 차지도 않았는데. 여자는 속으로 '이 남자는 막 사랑을 나누자마자 일을 끝내 버리네. 나는 아직 끝나지도 않았는데. 이 사람 왜 날 이렇게 내팽개치는 거야?' 그러지. 그러고 얼마 동안 누워 있다가 남자가 또 흥분해서 여자한테 달려들면 여자는 속으로 '그래, 이번엔 나도 끝낼 수 있어.' 그러고 사랑을 나눠. 이번에는 오래, 아주 오랫동안 가지. 여자가 먼저 끝나고 남자는 계속할 수도 있고, 남자가 배부를 때 여자도 같이 배부를 수도 있고. 그러고 잠드는 거야.

어떤 때는 여자의 마음이 쾌히 승낙하지 못할 때도 있어. 여자가 욕망을 못 느끼면, 여자가 마음이 내키지 않는데 남자 혼자 그러면 여자는 속으로 그러지. '이 사람이 나를 애무해도 맘이 달아오르지 않아. 어떻게 된 거지? 남자는 끝났는데 여자는 아니야. 하지만 여자가 맘이 바뀌어서 내키게 되면 다음번에 남자가 왔을 때는 둘이 같이 끝낼 수 있게 되지. 내 말은 여자가 처음에는 그걸 원하지 않더라도 나중에는 좋아할 수 있다는 거야. 여자에게 성적 욕구란 건 늘 있는 거니까, 여자가 어떤 남자를 원치 않는다 해도 마음속에선 욕구를 느끼고 있는 거지. 그래서 남자가 여자를 밝히게 만드는 약은 있어도 여자가 남자를 밝히게 만들어 주는 약은 없다는 거야. 그건 바로 여자의 마음속에서 나오는 거거든.

하지만 남자들이 자기를 좋아하도록 만들어 주는 약은 있지. 달콤한 향기가 나서 그걸 몸에 바르면, 남편이랑 다른 남자들이 침을 흘리게 돼. 남자가 쓰는 약도 있어. 남자가 그 약을 몸에 바르면 여자들의 마음이 그리로 향하게 되지. 여자랑 같이 누우면 여자는 그를 좋아하게 되고 서로가 바라는 걸 거부하지 않게 돼.

남녀 간의 그 재미는 여자들이라면 다 알지. 그걸 진짜 좋아하는 여자들은, 자기가 아직 안 끝났는데 남자가 먼저 끝나면, 남자가 쉬고 일어나길 기다렸다가 다시 사랑을 나누고 그래. 자기도 끝내고 싶으니까, 자기도 만족할 때까지 하는 거지. 안 그러면 아파요. 여자가 일을 못 끝내면 허리로 병이 들어온다고.

드문 일이지만, 여자가 진짜 욕구불만이면 수음을 하기도 해. 남자들도 수음을 해. 황야에 나가서 하기도 하고 어떤 때는 오두막 안에 들어가 하기도 하고. 그런데 그걸 하는 건 여자한테 딱지맞았을 때만.

여자가 남자 물건을 입에 받아들이거나 남자가 여자 성기에 입을 맞추지는 않아. 남자는 여자 입에만 키스하지. 왜냐하면 여자 성기는 남자 입을 다치게 할 수도 있거든. 그래서 남자는 여자 입에만 키스하고 힘들 때는 그냥 같이 누워.

여자애들이 성적인 장난을 칠 때는 자기들 성기로 뭘 할 수 있는지 모르지. 그냥 성행위를 하는 척만 하는 거야. 하지만 어른들은 여자 성기를 어떻게 만져야 하는지 알지. 남자가 여자랑 누우면 여자 성기를 만지고,[4] 성관계를 맺고, 또 여자 성기를 만지고 성관계를 맺고 그래. 그런 식으로 해서 남자랑 여자가 같이 끝낼 수 있는 거지.

그래, 어떻게 하는지 그 방법을 아는 게 아주 중요해!

여자는 진짜로 좋아하는 애인과 성관계를 하면 아주 즐겁지. 집에 있는 남편이랑 해도 마찬가지. 어느 쪽이든 그 재미는 똑같아. 여자가 애인한테서 마음이 멀어졌을 때는 빼고. 그땐 별로 즐겁지 않지.

여자는 애인이 있으면 마음이 애인한테도 가고 남편한테도 가. 두 남자한테 똑같이 크게 맘이 쓰이지. 하지만 여자 마음이 중요한 남자한테는 조금 가 있고 딴 남자한테 많이 가 있으면, 여자 마음이 애인한테만 열정적이고 남편한테는 차가우면, 그건 아주 안 좋은 거야. 남편이 그걸 알고 여자랑 애인을 죽일 수도 있거든.

여자는 남편이랑 애인을 똑같이 사랑해야 돼. 그게 좋은 거야.

세상에서 강하고 중요한 게 여자야. 준/트와 남자들은 "여자가 추장이

다, 부자다, 현자다."라고들 해. 여자들은 아주 중요한 것을, 남자들을 살아 있게 만드는 것을 가지고 있거든. 바로 성기 말이야.

여자는 거의 다 죽은 남자한테도 생명을 줄 수 있어. 남자한테 성을 주어서 다시 살릴 수 있어. 여자가 그걸 주길 거부하면 남자는 죽는 거지! 세상에 여자가 없으면 남자들은 그 씨물 때문에 죽을 거야. 그거 알아? 세상에 남자들만 있으면 다 죽어. 여자가 남자들을 다 살리는 거지. 여자한테는 아주 좋은 것이 있어서 남자가 그걸 취해 그 안으로 들어가면, 절정에 올라 거기서 계속 머물게 되는 거야.

13장

치유 의례

A Healing Ritual

영적인 영역에는 !쿵 사람들의 육
체적·사회적 삶의 모든 측면이 우러나 있고, 이로부터 삶과 죽음, 질병과
건강, 비와 가뭄, 풍년과 흉년의 섬세한 균형이 근본적으로 결정된다고
여겨진다. 한 주신主神이 주변의 하급신들을 지휘하며 영적인 영역을 지
배한다. 상급신과 하급신들은 인간을 모델로 하고 있으며 그들의 특질은
인간 정신에 내재된 수많은 가능성을 반영한다. 때로 그들은 친절하고 자
비로우며 너그럽지만, 때로는 변덕스럽고 앙심을 품으며 잔인하다. !쿵족
은 인간의 삶과 죽음이 예측 불가능한 것이 신들의 변덕스러운 행동 때문
이라고 여긴다.

귀신들이 인간에게 영향을 끼치는 방식 가운데 하나는 질병, 죽음, 불
행 등을 지닌 보이지 않는 화살을 사람에게 쏘는 것이다. 그 화살을 피하
면 질병이 달라붙지 못한다. 질병이 이미 침투한 경우 환자를 낫게 하려

면 그 화살을 제거해야 한다. 누군가 제대로 대접받지 못하면 조상신이 살아 있는 그를 향해 적대적인 힘을 발휘하기도 한다. 즉 어떤 사람이 다른 이들과 자주 싸운다든가, 그의 남편이 추잡한 외도를 계속해서 그를 업신여긴다든가, 사람들이 그를 돕거나 그에게 뭘 나눠 주기를 거절한다든가 하면, 귀신은 그가 죽든 살든 아무도 신경 쓰지 않는다고 판단하고 '그를 하늘로 데려갈' 수도 있다.

귀신을 중재하고 그들이 쏜 보이지 않는 화살을 빼 내는 일은 !쿵족 치료술사—느/움n/um이라고 불리는 강한 치유 능력을 지닌 남녀—들의 몫이다. 일반적으로 느/움은 노력을 기울여 일깨우기 전에는 치료술사 내부에 잠들어 있다. 이따금 어떤 치료술사들은 혼자 노래하거나 악기를 연주하는 것만으로 느/움을 일깨울 수도 있지만, 대개는 치유 의례나 황홀경 춤을 통해서 이것을 끄집어낸다. 치료술사들은 여성들이 부르는 굽이치는 노랫가락에 맞추어, 불 주위를 돌고 돌면서 때로는 몇 시간씩이고 춤을 춘다. 음악, 맹렬한 춤, 연기, 불의 열기, 치료술사의 강한 정신 집중에 힘입어 느/움은 한층 달아오른다. 그리고 느/움이 끓어 넘치게 되면 비로소 황홀경에 들어간다.

이 시점에서 느/움은 공동체 전체에 이바지하는 강한 치유력으로서 그 힘을 발휘한다. 치료술사는 황홀경에 들어 불 주위에 앉은 모든 사람들에게 손을 얹고 의례적인 치유를 행한다. 사람들의 머리나 가슴, 환부에 가까이 가면 치료술사의 손은 파닥이고, 몸은 덜덜 떨리고, 숨은 깊고 거칠어지며 땀으로—여기에도 힘이 스며들어 있다고 믿는다—흠뻑 젖는다. 어떤 사람에게서 '삿된 것'이 발견되면 그것을 치료술사 자신의 몸 안으로 끌어들여 느/움과 결합한 다음 자기 척추를 통해 내보낸다. 치료술사는 점점 소리 높여 부르짖다가, 질병이 자기 몸에서 바깥으로 뛰쳐나가는 순간 영혼을 비트는 듯한 비명을 지른다.

황홀경에 들었을 때 많은 치료술사들은 불빛이 미치는 둥근 원 바깥에 여러 신과 귀신이 모여 앉아 사람들이 춤추는 광경을 즐기고 있는 모습을 본다. 그 귀신들은 때로는 누군지 알아볼 수 있는 이들—세상을 떠난 친척이나 친구들—이기도 하고, 때로는 '그냥 사람들'이기도 하다. 이들이 누구이든지, 황홀경에 든 치료술사들은 공동체가 겪는 불행의 원인으로 그들을 지목한다. 그래서 그들을 향해 물건을 마구 집어던지기도 하고, 고함을 치기도 하고, 산 사람을 귀신들의 마을로 데려가지 못하도록 거세게 경고하기도 한다.

아주 위중한 병을 치료할 때는 가장 경험 많은 치료술사들을 부르는데, 이는 그들만이 치료에 필요한 위험한 영적 탐험을 감당할 만한 지식이 있기 때문이다. 황홀경에 들면 그들의 영혼은 병이나 문제의 원인을 찾고자 몸을 떠나 영계로 여행한다고 한다. 그들은 주로 이 병을 일으킨 조상신이나 다른 신에게 가서 마음을 바꿔 달라고 호소하곤 한다. 치료술사가 설득력이 있어서 귀신이 승낙하면 환자는 회복한다. 만약 귀신이 교묘히 달아나거나 냉담한 태도를 보이면 치유는 되지 않는다. 치료술사는 주신한테 가기도 하지만 그것도 언제나 통하는 건 아니다. 한 치료술사의 말을 들어 보면 이렇다. "어떤 때는 신과 대화해도 그분이 '나는 이 자가 죽기를 원하므로 이 자가 낫도록 널 도와주지 않겠다.'고 하기도 해요. 어떤 때는 신이 도와주시기도 하죠. 그럴 때는 어제까지만 해도 땅바닥에 누워 심하게 앓던 사람이 다음 날 아침에 벌떡 일어나 걸어 다니기도 해요."

치료술사의 영혼이 몸을 떠났을 때는 '반쯤 죽은' 상태이기 때문에 이러한 여행은 위험한 것으로 여겨진다. 의식을 잃는 것과 유사한 이런 상태는 의학적·과학적 조사를 통해 관찰되고 확인되었다. 이 상태에 있는 치료술사가 진짜로 죽지 않도록 보호하는 것은 다른 치료술사들의 느/움이라고 한다. 그들은 황홀경에 든 치료술사를 주시하고 아낌없이 돌본다. 몸을 세게 마사지하고 살갗에 땀을 문지르고 손을 얹어 준다. 그가 의식이 돌아와야―이는 그의 영혼이 몸으로 다시 돌아왔다는 신호다―다른 치료술사들의 일이 끝난다.

치료술사가 황홀경 중에 알아내는 질병의 잠재적인 원인을 살펴보면, 심리적인 변수가 질병에 미치는 영향을 !쿵 사람들이 어떻게 이해하는지 알 수 있다. 예를 들어 말라리아에 걸린 한 젊은 여성에 대해 !쿵 치료술사가 내놓은 설명을 보자. 여기서 그는 최근 그녀 아버지의 죽음이 그녀의 건강에 영향을 미쳤을지 모른다고 파악한다. 치료술사의 영혼은 왜 그 여성이 병에 걸렸는지를 알아내려고 망자들의 세계로 여행하다가 그녀 아버지의 영혼이 자기 딸의 영혼을 팔에 안은 채 땅바닥에 앉아 있는 모습을 보았다. 그는 딸을 부드럽게 안고 흔들면서 노래를 불러 주고 있었다. 치료술사가 왜 그녀가 이승에 있지 않고 그와 함께 저승에 있는지를 묻자, 아버지는 딸이 없이 영계에서 혼자 있기가 쓸쓸했다고 대답했다. 그래서 다시 딸과 함께하려고 그녀를 데려온 것이다. 치료술사는 딸이 살 권리―그리고 의무―를 이렇게 변호했다. "당신 딸은 아직 살면서 해야할 일이 많습니다. 자녀도 낳아야 하고, 가족과 친척을 부양해야 하고, 손자 손녀도 보아야 합니다." 격렬한 논쟁 끝에, 치료술사는 딸에게 삶이 선사하는 것을 경험하고 나이를 먹을 수 있는 시간을 되돌려 주어야 한다고, 그런 다음에 그녀는 비로소 '당신과 함께하게 될' 거라고 아버지의 영혼을 설득했다. 아버지가 마지못해 수긍하고, 딸을 잡고 있던 손을 놓아주자 그녀의 영혼은 자기 몸으로 되돌아갔다. 치료는 효과를 발휘했고, 그녀는 건강을 회복했다.

느/움은 기본적으로 !쿵족 삶의 평등주의적인 성격을 반영한다. 이 능력은 특권을 지닌 소수에게만 허락된 것이 아니다. 남성의 거의 절반과 여성의 3분의 1이 이 능력을 지니고 있다. 느/움은 모두에게 돌아갈 만큼 충분하며, 무한히 분배될 수 있고, 모두가 이 힘을 얻고자 노력할 수 있다. 혹독한 수련을 기꺼이 거치고자 하는 자는 거의 누구나 이 능력을 획득할 수 있다. 그러나 누구나 다 수련을 마치지는 못한다. 많은 수련자들은 무서움을 타거나 야심이 부족해서 탈락한다. 어떤 이들은—비록 적은 수지만—시도해도 성공하지 못한다. 열심히 노력하면 자신의 느/움을 강하게 만들 수 있지만, 그 한계는 신이 결정한다고들 한다.

젊은 남성들은 치유 의식무ceremonial medicine dance가 진행되는 동안 대개 경험 많은 치료술사—주로 남자 친척인—에게서 느/움을 받는다. 수련자는 황혼에서 새벽까지 거의 쉬지 않고 몇 시간씩 치료술사를 따라다니면서, 혼자서 또는 치료술사의 허리에 팔을 단단히 두른 채로 춤을 춘다. 치료술사는 자신의 황홀경 상태가 충분한 강도와 힘에 다다를 때마다 수련자의 몸에 자신의 땀을 문지르고, 손을 얹고, 수련자의 허리를 손가락으로 계속 튕겨 그의 몸속에 느/움을 실어 나르는 영적인 화살을 쏜다. 이 과정은 밤새도록 몇 차례씩 반복되고, (주로 십대 후반에서 이십대 초반인) 초심자가 능력을 습득하기까지 몇 달이나 몇 년 동안 계속되곤 한다.

이러한 수련은 스승에게 깊이 의지해야 하므로 초심자가 자기 방어를 해제하는 데 도움을 주며, 그 덕분에 수련자는 변화된 의식 상태—또는

!쿵 사람들의 시각에 따르면 고양된 영적 현실—속으로 들어갈 수 있다. 초보자는 황홀경에 드는 법을 배울 때 극단적으로 감정이 격앙되기도 한다. 이때 그는 불타는 장작을 집어 들거나 불 속에 몸을 던지거나 한밤중에 황야로 달려 나가기도 한다. 큰 소리로 울고, 사람들에게 분노를 터뜨리고, 장작이나 뜨거운 모래를 집어 던지고 주위 물건들을 부순다. 그러다가 문득 어린애처럼 애처로운 목소리로 물이나 음식을 달라고 징징댔다가, 갖다 주면 그걸 땅에 쏟아 버린다. 황홀경이 너무 강력하면 거기에 압도되어 그만 바닥에 몸을 내팽개치고 반가사상태로 들어가기도 한다.

수련자가 이런 행동을 해도 주위 사람들은 놀라지 않는다. 불가에 앉은 여자들은 그가 불에 데지 않게 막아 주고 남자들은 황야로 뛰쳐나가는 그를 쫓아가서 데려온다. 다른 치료술사들, 특히 그의 스승은 그가 반가사상태에 들어간 뒤에 그의 영혼이 몸으로 안전히 되돌아오도록 책임지고, 황홀경을 통제하는 방법을 배우도록 돕는다. 황홀경의 에너지를 사회적 선을 위해 이용하려면 거기에 고삐를 채워야만 한다. 따라서 황홀경에서 인상적이고 극단적인 행동을 보이는 아직 어린 남성들은, 황홀경 중에 풀려나오는 엄청난 힘을 통제하는 데 숙달한 나이 든 남성들에 비해 치료술사로서의 힘이 떨어진다.

한 나이 든 남성은 이를 이렇게 표현했다. "내 느/움은 아주 강력해서, 황홀경 중에 사람들과 대화도 나누고 일어나서 불에 장작을 넣을 수도 있어요." 또 대개 이런 치료술사들은 별다른 외부 자극에 의존하지 않고도 자기 의지에 따라 손쉽게 황홀경에 들 수 있다. 그러나 어떤 이들은 나이가 들어 몸의 기력이 떨어지면 영적인 힘도 비슷하게 떨어지기도 한다.

또 다른 영험한 치료술사인 토마는 자기가 어떻게 느/움을 받게 되었는지 말해 주었다. 그의 아버지는 경험 많고 크게 존경받는 치료술사였다. 장남인 토마가 10대였을 때 아버지는 그에게 느/움을 얻도록 가르치기 시작했다. 그가 영적 수련을 시작한 지 얼마 안 된 어느 날 늦은 밤, 토마는 초자연적인 강림이라 할 만한 것을 경험했다. 그가 잠들었을 때 신이 그를 '만나고 싶어서' 그를 오두막 밖으로 끌어내 앉혔다. 토마는 겁이 나서 울음을 터뜨렸다. 그 소리에 어머니가 깨어 일어나 보니, 그가 자기 오두막 바깥 캄캄한 데 나와 혼자 앉아 있었다. 그 다음번에 토마의 아버지가 황홀경에 들었을 때 신이 나타나 말하길, "내가 그 소년에게 느/움을 주고자 한다."고 했단다.

그리고 얼마 후 어느 날 밤, 신이 토마에게 와서 그의 손에 작은 거북 한 마리를 얹어 주었다. 잠든 동안 그는 그 거북을 나무 밑에 묻었다. 다음 날 아침 깼을 때는 어젯밤의 만남이 희미하게 뇌리에 남아 있었다. 자기 기억을 확인해 보려고 그 나무 밑을 파 보자, 과연 '꿈' 속에 나타난 바로 그 지점 모래 깊은 곳에 거북이 묻혀 있었다. 그는 그 거북을 아버지한테 가져다드렸고 아버지는 그것을 요리해 먹었다.

다음 날 신이 또 나타나서 물었다. "내가 준 거북은 어디 있느냐?" "아버지에게 드려서 그분이 먹었습니다." 신은 진노했다. "내가 그를 죽이겠다." 다음 날 아침 토마의 아버지가 앓아누웠다. 너무 심하게 앓아서 '마치 죽은 것 같았다.' 역시 그의 아버지에게서 느/움을 받은 그의 어머니는 병을 끄집어내려고 황홀경에 들어갔다. 신이 그녀에게 와서 이렇게 말했다. "지금 네 남편을 도울 사람은 토마뿐이다. 네 아들에게 아비한테로 가서 그 곁에 앉아 그를 붙들고 있으라고 해라. 아버지의 건강이 돌아올 때까지 계속 그렇게 있으라고 해라." 토마는 아버지 몸에 팔을 꼭 두르고 하루 종일 앉아 있었다. 그들은 그렇게 계속 앉고 앉고 또 앉아 있었다. 해가 거의 질 때쯤 되어서 그의 아버지가 눈을 떴다. 저녁 무렵이 되자 상태가 호전되었다.

그날 밤 신이 다시 토마에게 나타나서 말했다. "네 아비는 신이 준 것을 먹어 치울 만큼 분별이 없단 말이냐? 네 아비에게 전해라. 또 다시 그런 짓을 하면 그때는 정말 죽일 것이다." 그것이 바로 토마와 아버지, 그리고 신 사이의 전환점이었다. 그 이후로 토마의 느/움은 아버지보다 더 커지게 되었다. 그는 "아버지가 잘못된 일을 하셨다."고 말했다.

느/움의 진지하고 극적인 성격에도, 치유 의례 춤을 추는 분위기는 경건함과는 거리가 멀다. 이것은 중요한 사교 모임이자 신나는 축제다. 또 사람들이 안전을 보장받고 갈등을 유보하며, 서로 결속하는 유대를 실현하고 확인하는 장이기도 하다. 사람들은 서로 이야기하고 농담을 주고받으며, 이성과 시시덕거리고, 일어나는 모든 일에 관해 한마디씩 보탠다. 위중한 질병을 치료해야 하는 경우를 빼면, 춤판은 사전 계획 없이 저절로 벌어질 때가 많다. 그 계절의 첫 비가 오고 나서, 커다란 짐승을 죽였을 때, 또는 아이들이 어른들의 황홀경 춤을 흉내 내면서 그 신명에 모두가 몸이 달아올라서 춤을 추기도 한다. 춤을 출 때 중심인물은 치료술사와 수련자들이지만, 다른 사람들이 활발히 참여하지 않으면 춤판이 이루어지지 않는다. 춤추고 싶은 이들은 다 끼어든다. 많은 사람들이 영구적인 샘 주위로 집결하는 겨울에는 춤판에 사람이 대거 모여들기도 한다. 치료술사들은 한 춤판에서 많은 사람들이 황홀경에 들 때는 황홀경이 더 깊어진다고 증언한다. 또 때에 따라서 자신들의 느/움이 더 강력해지기도 한다고 믿는다.

모든 것을 다 덮을 정도로 풍부한 소리를 내는 대규모 합창이 있을 때
는 여자들도 더 열광적으로 노래하고 박수를 치곤 한다. 치료술사가 아닌
남자들은 화려한 춤 스텝이나 다리에 단 방울 소리의 정교한 리듬, 또는
이성을 끄는 매력으로 사람들에게 인상을 남긴다. 여자들은 노랫가락을
끊임없이 즉흥적으로 변주하고, 잘생긴 춤꾼이나 순간의 분위기에 취해
일어나 춤판에 끼어들어 몇 바퀴를 돈다. 그러는 동안 엄마 등에 업힌 갓
난아기들은 자다 깨다 한다. 춤이 밤늦게까지 이어지면 일부 사람들은 가
까운 불가로 돌아와 앉거나, 자러 가거나 쉬거나 한다. 동이 트기 전에 강
렬한 황홀경이 한 번 더 시작되어 해 뜰 때까지 지속된다.

!쿵 여성들은 이런 의례적 춤판에서 합창을 담당한다. 그들의 노래와
박수는 춤에 없어서는 안 될 본질적인 부분으로, 치료술사가 소환할 수
있는 느/움의 강도에 영향을 끼친다. 또 그들은 황홀경에 든 사람들이 불
주변에서 다치지 않도록 보호하는 데도 중요한 역할을 한다. 일부 아내들
은 남자들이 황홀경 상태를 통제할 힘을 회복할 수 있도록 남편의 몸을
잡거나 마사지해 주기도 한다. 경험 있는 치료술사인 여성 한 둘은 남성
치료술사들과 더불어 사람들의 몸에 손을 대고 치료해 주기도 한다. 그러
나 황홀경은 주로 남자들에게 열려 있는 능력이며 치유 의례 춤의 목적은
바로 황홀경에 들 수 있도록 환경을 조성하는 것이다. 즉 공동체의 보편
적인 안녕을 책임지는 건 남자들이다.

그러나 어떤 춤에서는 여성들이 더욱 능동적으로 느/움이나 영적 탐
험에 나서기도 한다. 여성들의 춤이나 북춤은 적어도 100년 전에는 출현
했으리라 추정되는데, 도베 지역에서는 매우 근래에 생긴 것이다. 특이한

리듬을 두드리는 남자 고수가 있다는 점으로 미루어 볼 때 이 춤은 치유 의식무와는 확연히 다르다. 또 여성들이 앉아 있지 않고 반원을 지어 서서 박수 치며 특이한 가락과 억양으로 노래를 부르는 것도 그렇다. 이 춤의 가장 큰 특징은, 노래하고 박수치고 춤추고 황홀경에 드는 모든 과정에서 여성들이 주된 역할을 한다는 것이다. 북춤이 벌어지는 횟수는 점점 더 잦아지고 있으며 이제 공동체의 종교 생활에서 나름의 역할을 하기 시작했다. 일부 남성들은 여기에 굳이 끼려 하지 않지만, 일부 남성들은 춤에 이끌려 앉아서 구경하기도 한다.

그럼에도 두 가지 춤에서 얻는 심리적 경험은 비슷한 듯하다. 여성들의 춤판이 벌어지면, 반원을 지어 서서 노래하고 박수 치는 여성들 중 느/움을 지닌 이들은 북의 장단에서, 춤의 열기에서, 불꽃에서 자극을 받는다. 내면으로의 강한 집중은 황홀경에 드는 남성들이 전형적으로 보이는 현상인데, 여성들도 느/움이 끓어오르기 시작할 때 분명히 이런 현상을 경험한다. 그러나 황홀경에 달했을 때의 신체적 징후는 다소 차이를 보인다. 시미(shimmy, 진동하듯 어깨와 엉덩이를 흔드는 춤 동작—옮긴이) 비슷하게 한 자리에 서서 주로 하반신을 빠르게 떠는데 그 진동이 머리부터 발끝까지 삼켜 버릴 정도다. 황홀경에 든 경험이 많은 이들은 이 움직임을 오랜 시간 지속할 수 있으나, 경험이 적은 이들은 황홀경에 압도되거나 두려움을 느끼고 앉아서 마음을 가라앉히곤 한다. 황홀경 상태의 힘을 끝까지 탐험하려고 작정한 여성들은, 황홀경에 들었을 때 풀려 나오는 강렬한 느낌을 통제하는 데 남성들과 똑같은 어려움에 직면하게 마련이다. 즉 통제력을 잃고 황야로 뛰쳐나가거나, 자기 자신이나 다른 사람들을 불로 위협하거나 땅바닥에 몸을 거칠게 내동댕이치기도 한다.

!쿵 여성 가운데 3분의 1은 황홀경에 드는 능력을 지니고 있지만, 그중 사람들의 몸에 손을 얹어 치유하는 능력—의심의 여지없이 !쿵족의 영적 영역에서 최고로 치는 활동—을 배우는 이는 소수에 불과하다. 나머지 사람들은 자신들의 느/움을 다른 사람을 돕는 방향으로 돌리지 않고, 강력한 황홀경 상태에 드는 것 자체를 목적으로 삼는 듯하다. 더 높은 영적 단계로 발전하고 싶어하는 여성들은 많지만, 실제로 시도하는 이는 적다. 어떤 이들은 여성이 남성보다 고통을 두려워하기 때문에 그렇다고 주장한다.(!쿵족의 황홀경에는 극심한 신체적 고통이 긴밀히 따른다고 여겨진다.) 그러나 보다 그럴 듯한 이유는, 여성들이 느/움을 받는 경로가 산만하고 여성들에게는 기술을 연마할 수 있는 기회가 제한되어 있다는 것이다.

여자아이가 다른 의식 상태에 처음으로 노출되는 때는 이르면 여덟 살 무렵이다. 이때부터 어머니는 정신에 영향을 미친다고 알려진 '그와' 뿌리를 딸에게 조금씩 준다. 이러한 훈련은 여자아이가 자라면서 임신하는 시기에 가까워질수록 점점 줄어드는데, 이는 느/움이 태아와 아기에게 해롭다고 여기기 때문이다. 요람기에 멈춰 버린 여성의 영적 훈련이 나중에 다시 시작된다고 해도, 그 시기는 막내 아이까지 다 키운 40대쯤이다. 이때쯤이면 신체적으로도 강하고 적응 능력도 빠른 어린 시절부터 훈련을 시작한 동년배 남성 치료술사들은 이미 능숙해진 지 오래다.

이러한 장애물에도 불구하고, 나이 든 !쿵 여성들 가운데 몇몇은 언제나 높은 수준의 영적 능력에 도달한다. 그들이 손을 얹을 때의 느/움은 비슷한 경험과 기술을 쌓은 남성들과 똑같이 강하고 효력이 크다고 여겨진다. 더구나 최근 여성들의 춤에 관심이 모인 덕분에 더욱 많은 여성들이 이 영역에 적극적으로 뛰어들 여지가 많아졌다. 성공을 거둔 소수의 여성 치료술사들은 자신들이 방문하는 마을에서 북춤을 도입하고, 여성들에게 황홀경을 가르치고, 느/움을 전수하고, 손을 얹어 치료하는 법을 지도함으로써 이러한 흐름을 촉진하고 있다.

 느/움—치유하는 능력—은 아주 좋은 거야. 아주 강력한 것이, 자네들의 의술이랑 비슷해. 사람들을 돕는 건 자네들의 의술이나 우리의 느/움이나 마찬가지지. 하지만 느/움으로 치료하려면 황홀경에 드는 법을 알아야 해. 황홀경에 들어야지만 치료술사의 몸 안에 들어앉아 있는 치유 능력—느/움—이 힘을 발휘할 수 있으니까. 남자든 여자든 그 치유하는 법을 배울 수 있지만 그걸 다 배우고 싶어 하는 건 아니야. 황홀경 치유는 정말 고통스럽거든! 황홀경이 시작되면, 느/움이 몸속을 천천히 달아오르게 해서 생각을 쫓아내 버려. 마음과 분별력이 떠나 버려서 생각을 똑똑히 할 수가 없게 돼. 주변 사물이 이상하게 보이고 달리 보여. 사람들이 말하는 소리가 안 들리기도 하고, 들려도 무슨 소릴 하는 건지 이해가 안 되기도 해. 사람들이 갑자기 조그맣게 보여. 속으로 '이게 다 무슨 일이지? 신이 이러시는 건가?' 그러지. 몸 안에 있는 것이 다 느/움이고 느끼는 것이 다 느/움이지.

사람들을 만지고 손을 얹어서 병을 고치잖아. 그게 끝나면 다른 사람들이 내 몸을 붙잡고 머리랑 얼굴에다 대고 입김을 불어. 그러다 갑자기 "파!" 하고 감각이 돌아와. "에—헤이, 여기 사람들이 있네." 하고 평소대로 주변을 볼 수 있게 되지.

우리 아버지는 황홀경 치유, 겜스복 노래로 사람들을 고쳐 주는 능력이 있었어. 몇몇 짐승들—겜스복, 일런드영양, 기린—은 그 이름을 따 붙인 황홀경 노래가 있어. 다 아주 옛날에 하느님이 쓰라고 내려 주신 거야. 우리 사는 데 꼭 필요한, 아주 중요하고 좋은 일에 쓰라고.

다른 것들, 황야의 짐승들도 마찬가지야. 사냥꾼이 황야를 걸어갈 때 하느님이 내키면 사냥꾼한테 이렇게 일러 줘. "저기 가면 너 먹으라고 짐승이 죽어 넘어져 있다." 그럼 그 사람은 걸어가다가 황야에 죽어 넘어져 있는 짐승을 보게 되지. "누가 이걸 죽였나? 이건 하느님이 내게 주신 선물이 틀림없구나." 그리고 가죽을 벗겨서 먹어 치워. 그렇게 살아가는 거지.

하지만 하느님이 원치 않으면, 사냥꾼이 짐승을 많이 보아도 화살이 가서 맞지를 않아. 하느님이 그 짐승에게서 떨어지지 않으니까 화살로 죽일 수 없는 거야. 그러면 짐승이 사냥꾼 코앞에 서 있어도 매번 화살이 빗나가지. 결국 사냥꾼은 포기하고 짐승은 달아나 버리지. 하느님 맘이, 저 사람이 겜스복이든 기린이든 뭘 죽여야 된다고 말해야만 잡아서 먹을 수 있는 거야. 그러면 사냥꾼은 "이렇게 큰 기린이 있나! 나, 사람은 신에게 속한 작은 것 하나를 죽였구나." 그러겠지. 아니면 큰 일런드영양을 쏘아 맞출 수도 있지.

그런 식으로 되는 거지. 하느님이 그렇게 해서 우리 사는 데 관여하시는 거야. 하느님은 모든 것을 주관하시니까.

하느님은 사람을 만드는 힘이야. 하느님은 사람의 몸을 하고 아름다운 옷을 둘렀어. 꼭 사람 같지. 또 말이 한 마리 있어서, 막 황홀경에 들어 치료 술사가 되는 법을 배우기 시작한 사람들을 그 위에다 태워서, 황홀경에 든

사람을 자기한테로 데려와. 새로 온 치료술사를 만나서 말을 시켜 보려고.[1]

황홀경에 드는 법을 배우고 치료술사가 되는 법은 두 가지가 있어. 어떤 사람들은 북-치유 노래drum-medicine song에 맞춰서 황홀경에 들고 치유하는 것만을 배워. 우리 어머니도 이 노래에 맞춰 황홀경에 들 수 있었지만 치유하는 법은 배우지 않았어. 북-치유 노래를 듣든 의식무 노래ceremony-dance song를 듣든 상관없이 황홀경에 들고 치유할 줄 아는 사람들도 있지. 어떤 노래를 하든 느/움은 똑같아. 어떤 사람이 자리에 누워 죽을병을 앓고 있으면 한쪽에서는 북-치유 노래를 두들기고, 치료술사는 황홀경에 들어 환자가 나을 때까지 치료해 주지. 남자든 여자든 다 느/움이 있고 그 힘은 똑같아. 남자도 병자를 건강하게 돌려놓을 수 있고, 여자도 병자를 건강하게 돌려놓을 수 있어.

우리 아버지는 아주 영험한 치료술사셨어. 두 가지 중 어떤 노래로도 황홀경에 들 수 있었지. 그분은 우리 오빠한테 느/움을 전수하셨어. 오빠는 다시 남동생한테 느/움을 가르치고. 그런데 아버지는 돌아가시면서 쿰사에게서 치유 능력을 빼앗아 가셨어. 다우한테는 그 능력을 남겨 두었지만 쿰사는 아니었지. 이제 쿰사는 누가 자리에 누워도 치료하려고 들지 않아. 다우만 그 일을 할 수 있지.

지금 내 남편인 보한테는 느/움이 없어. 그 사람은 겁이 많아서. 사람들이 가르쳐 주려고 했지만 마다했지. 너무 아프다고.

느/움은 영험하지만 쓰기가 아주 까다로운 힘이야. 어떤 때는 듣고 어떤 때는 안 듣지. 왜냐하면 신은 항상 병자가 낫기를 바라지는 않으시니까. 어떤 때는 신이 황홀경에서 치료술사한테 그러기도 해. "오늘은 이 병자를 내가 갖겠다. 내일도 이 병자를 내가 갖겠다. 하지만 그 다음 날도 네가 이자를 치유하고자 노력한다면, 너를 도와주겠다. 잠시 동안 이 병자를 가질 수 있게 해 주겠다." 그러고 신은 병자를 지켜보지. 치료술사가 다시 황홀경에 들면, 마침내 신이 이래. "그래, 내가 이자를 조금만 아프게 했다. 이제 자리에서 일어나도 된다." 그래서 병자가 증세가 호전되잖아. 그러면 "아, 치료술사가 없었으면 나는 분명히 죽었을 거야. 그분이 내 생명을 돌려주셨어." 그러지.

그게 느/움이야—아주 요긴한 거지!

우리 어머니랑 이모가 나한테 북-치유 노래를 가르쳐 준 건 내가 처녀가 다 되었을 때야. 황홀경에 들 수 있게 해 주는 뿌리가 있어서 그분들이 그걸 땅에서 캐 가지고, 어머니가 작은 가죽 주머니에 담아서 쥐어 주었어. "이제 너도 벌써 처녀가 다 되었으니 이걸 배우기 시작해야지." 그러고, 그걸 며칠 동안 주머니에 간직하고 다니라고 하셨지. 그러다 하루는 어머니가 그걸 꺼내서, 다른 구근이랑 콩이랑 같이 넣고 빻아서 익혔어. 맛이 지독하고 입에서 나쁜 냄새가 느껴져서 먹다가 좀 토해 냈지. 어머니가 다른 음식을 같이 넣어서 빻지 않았으면 속이 더 뒤집혀서 전부 다 토해 냈을 거야. 그랬으면 아무 효과도 없었겠지. 그걸 여러 차례 나누어 마시고 또 토하기를 거듭하다 보니, 문득 몸이 떨리기 시작했어. 앉았는데 사람들이 내 몸을 문지르니 그 효력이 점점 더 강하게 오겠지. 갈수록 몸이 더 심하게 떨려서 그만 울음을 터뜨렸어. 나는 울고, 사람들은 내 몸을 문지르면서 옆에서 도와주었지.

그러다가 문득 자신을 깨고 나와 황홀경에 드는 걸 깨우쳤어. 북-치유 노래가 들리면서부터 황홀경에 들기 시작했지. 사람들이 내 머리에 끈 구슬이랑 구리 반지 들을 달아 주었지. 황홀경에 접어드는 와중에 어떤 여자가 "이제 황홀경으로 들어가네. 이제 주의해서 잘 봐요. 넘어지지 않게." 하는 소리가 들렸어. 사람들이 나를 문지르고 돌봐 주었지. 여자 하나가 같이 황홀경에 들어서 내 몸에 손을 얹고 도와줬어. 사람들이 내 얼굴에 기름을 바르고, 나는 황홀경에 들어 몸을 떨면서 끝날 때까지 거기서 있었지.

나는 어머니가 그걸 가르쳐 주는 게 좋았어. 배우고 나니까 뿌듯한 맘이 들었지. 사람들이 북을 두드려 북-치유 노래를 연주하는 걸 들을 때마다 두근거렸어. 마음 내킬 때는 그 뿌리를 직접 캐 가지고 삶아서 마시기도 했어. 황홀경에 드는 걸 배우지 못한 사람들이 그걸 좀 나눠 달라고 하면 나는 "안 돼요. 이걸 줘도 제대로 감당하지 못할 거예요." 그랬어. 하지만 진짜로 황홀경에 드는 법을 알게 된 후로는 그 약을 마시지 않았어. 약은 처음 시작할 때에만 필요하지.

우리 조카가 크면, 나도 그 뿌리를 캐서 그 애 외투에 며칠 넣어 두었다가 삶아 줄 거야. 그 애도 그걸 마시고 황홀경에 드는 법을 배우게 되겠지. 그럼 곁에 지키고 서서 가르쳐야지.

어머니랑 다르게, 나는 북-치유 노래에 맞춰서 사람들을 치료할 줄 알아. 몇 년 전에 나이 드신 삼촌한테서 배웠어. 그분이 영적인 치유의 화살로 나를 쏘아 맞혔지. 모두가 그런 식으로 시작해. 이제는 "동……, 동……, 동……, 동……." 하는 북소리만 들려도 느/움이 날 붙들어. 그러면 사람들을 치료해서 고칠 수 있게 돼.

그런데 요즘에는 사람들이 부탁해 와도 치료해 주는 게 내키지가 않

아. 내가 아파서 마다해. 어떤 때는 그게 내 속 깊숙이까지 들어와서 뒤흔드는 게 무서워. 그 고통이 무서워서 마다하는 거지. 또 누굴 고쳐 준 다음에는 내가 한동안 앓거든. 지난번만 해도 내가 큰 올케를 치료해 주었는데, 그 다음 날 바로 앓았어. 그래 속으로 그랬지. '이 짓 다시는 안 할테다. 올케 병을 고쳐 주고 되레 내가 병을 얻다니!' 그런데 요사이에 올케가 또 아파서 다우가 고쳐 줬거든. 나는 앉아서 노래나 불러 줬지. 오빠가 도와달라고 했는데 "안 돼. 나도 지난번에 하도 앓아서 거의 죽을 뻔했어. 이제 내 치유 능력은 별로 영험하질 못해." 그랬지.

나는 북-치유 노래에 맞춰 황홀경에 드는 데는 숙달했어. 내가 사람들 몸에 손을 얹으면 대개는 다 낫지. 신이 사람들을 죽이지 않고 목숨을 돌려주도록 요령을 부릴 줄도 알고. 하지만 나는 신과 직접 이야기한 적도 없고 신이 사는 곳을 눈으로 보거나 찾아가 보지도 못했어. 치유에 있어서는 내가 아직 일천해서 그런 여행은 해 보지 못했지. 그런 걸 하는 사람들도 있지만, 나처럼 경험이 부족한 치료술사는 언감생심이지. 나는 치료를 자주 하지 않고 어쩌다 한 번씩만 하거든. 그리고 여자들은 대부분 치료를 잘 안 해. 몸속의 치유 능력이 주는 고통이 무서워서 그렇겠지. 그게 정말로 괴롭거든! 실은 왜 여자들이 유독 그걸 안 하는지 모르겠어. 남자들은 덜 무서워하는데. 진짜 웃기지—애 낳는 건 안 무서워하면서 치유하는 건 무서워하다니 말이야!

14장

또 다른 이별

Further Losses

황야의 짐승들과 껄끄러운 대면을 할 위험은 !쿵 사람들에게 큰 근심거리다. 도베 지역의 반건조 환경에는 그만큼 위험한 동물들(사자, 표범, 치타, 하이에나, 물소, 코끼리)과 독사들(맘바, 살모사, 코브라, 나무독뱀)이 많다. 그뿐 아니라 들개, 살쾡이, 오소리, 자칼, 여우 등 소형 포유류들, 전갈, 지네, 거미 등 쏘는 곤충들도 널려 있다. 이 동물들 중에 인간을 먹잇감으로 삼는 종은 없으며, !쿵족도 이 중 물소, 아프리카비단구렁이나 몇몇 소형 포유류들만을 사냥감이나 먹잇감으로 삼는다. 그러나 !쿵 사냥꾼들이 마을에서 사람들을 이끌고 짐승을 죽인 자리로 되돌아왔을 때, 짐승 시체를 헤집고 있는 사자 등 대형 고양잇과 동물들과 맞닥뜨리는 일은 흔하다. 이때는 긴 나무 막대를 휘두르며 시끄러운 소리를 내면 맹수들을 무사히 쫓아 버릴 수 있다. 실제로 가장 위협적인 경우는 늙거나 병들거나 부상을 입은 채 홀로 돌아다니는 육

식동물들로서, 발이 빠른 사냥감을 쫓을 기력이 없어 인간이나 가축을 먹 잇감으로 노리는 놈들이다. 실제로 이런 식으로 희생되는 !쿵 사람은 극히 적지만, 그 극히 적은 수만으로도 근심거리가 되기에는 충분하다. 밤중에 나돌아 다니기를 꺼리는 주된 이유는 바로 이 맹수들 때문이며, !쿵 사람들은 맹수가 꿈에 나오기만 해도 이를 임박한 위험의 전조로 받아들여 하루 이틀은 황야로 나가기를 삼가곤 한다.

야생동물들보다 더 큰 위협은 바로 사람들 사이의 폭력이다. !쿵족의 과거는 모두가 알거나 기억하는 참사로 군데군데 얼룩져 있으며, 분노가 통제를 벗어나 폭발할지도 모른다는 두려움은 !쿵족의 일상생활에 언제나 도사린다. 그래서 사람들은 갈등이 불거지면 이를 적극적으로 막는다. !쿵족의 야영지에서는 끊임없이 이야기 소리가 들리는데—사람들은 밤낮으로 다른 사람들과 대화하거나 대화에 끼어들거나 혼잣말을 한다—이는 일상생활에서 조성되는 정상적인 긴장을 표현하는 한 수단이다. 완전한 신체적·정신적 피로 뒤에 이어지는 황홀경의 카타르시스 또한 같은 기능을 하는 것 같다. 또 남녀 구분 없이 이동의 자유를 누리는 덕택에 갈등이 고조될 때 멀리 떨어진 곳으로 옮겨가서 거리를 둘 수도 있다.

그러나 때로는 직접적인 충돌을 피할 수 없는 경우도 있다. 그런 때는 선의의 장난—무해하지는 않지만 상당히 안전한 방편—을 이용하기도 한다. 두 사람이 농담관계(Joking relationship, 친족 간에 서로를 놀리거나 다소 무례한 농담을 거는 일이 허용되는 관계. 예를 들어, 일반적으로 부계사회에서는 아버지와 아들이 정면으로 대하기를 회피하는 경향이 있는 반면 외삼촌과 조카 사이에는 아주 친근한 관계가 성립되어 농담도 거리낌 없이 주고받는다. 인류학자인 래드클리프 브라운A. R. Radcliffe Brown의 설명에 따르면, 이렇게 되는 이유는 두 사람의 심리적인 태도 때문이 아니라 둘 사이의 구조적 관계 때문이다. 앞서 예로 든 부계사회의 경우를 보면, 아들은 아버지로부터 상속을 받게 되므로 아버지의 권위를 존중하고 존경을 표시할 의무가 있는 반면 외삼촌과 조카 사이는 그런 의무로 맺어져 있지 않다. 반면 모계사회에서는 그 반대로 아버지와 아들 사이에 농담관계가 성립된다.—옮긴이)에 있다면 다음 같은 상황이 발생할 수 있다.

한 젊은 여성이 화려한 구슬 끈을 목에 두르고 마을로 걸어 들어온다. 한 나이 든 여성이 그것을 보고 농담을 던진다. "오, 저 구슬은 내 거야! 네가 전에는 인색하게 굴었지만 오늘은 좀 다르겠지!" 젊은 여성은 그 놀림을 비슷한 태도로 맞받아친다. "누가 인색하다는 소린지 모르겠네! 나야말로 아줌마가 준 구슬로 목 장식 한번 해 보기도 전에 흉측한 꼴로 죽겠구먼!" 이렇게 주고받던 대화는 욕설 대결로 발전하고, 여자들은 성적 놀림과 은근히 가시 돋친 말로 서로를 공격한다. 어디까지나 즐기는 분위기지만 그 밑에 숨은 비난 또한 무시할 수 없다. 우호적인 관계를 유지하려는 바람에서, 젊은 여성은 나중에 자기 맞상대에게 그 구슬을 선물한다. 그리고 몇 주 후에 그에 상응하는 선물이 답례로 온다.

두 여성이 사돈지간이어서 서로 존중하는 관계에 있다면 상황은 사뭇 다를 것이다. 나이 든 여성은 자기 오두막 안에 앉아서 이렇게 큰 소리로 혼잣말을 한다. "젊은 것들이 뭘 더 예쁘게 꾸밀 게 필요하다고? 이 늙은 이가 젊은 기분 좀 내게 도와주는 이가 어찌 이리도 없나?" 이때 그녀가 염두에 두고 있는 당사자(또는 그녀와 가까운 사람)는 풀로 엮은 오두막의 얇은 벽을 사이에 두고 그녀가 탄식하는 소리를 듣게 된다. 또는 나이 든 여성이 한밤중에 홀로 앉아 손가락 피아노나 플루리아크[1]를 뜯으면서,

모두에게 들리도록 비난의 뜻을 담은 노래를 부를 수도 있다. 어떤 경우이든 결론은 너그러운 선물 교환으로 마무리된다.

물론 분노를 언제나 쉽게 딴 데로 돌릴 수 있는 것은 아니다. 두 여성 사이에 감정의 골이 깊다면, 그중 한 사람이 상대방의 놀림에 격분한 나머지 부드럽게 반박하지 않고 직설적으로 공격할 수도 있다. 이렇게 되면 해묵은 불만을 끄집어내면서 열띤 공방을 벌이는 것은 시간문제다. 심각한 욕설, 저주, 위협하는 말들이 나오고, 때로는 치고받는 싸움으로 번지기도 한다. 이 시점에서 주위 사람들이 바로 개입해서 두 사람을 떨어뜨려 놓는다. 그래도 두 사람은 계속해서 서로 고함을 질러 대지만, 이쯤에서 싸움은 거의 끝났다고 봐도 좋다. 모두의 감정이 가라앉고 나면 채 하루도 가기 전에 두 사람이 다시 같이 앉아서 웃고 떠드는 모습을 볼 수도 있다.

갈등은 대개 말싸움으로 그치지만 치고받는 물리적인 싸움도 드물지 않다. 여자들이 먼저 싸움을 거는 경우는 적지만, 몸싸움에 뛰어드는 일은 여자도 남자 못지않게 잦다. 일단 화가 나면 여자들도 능숙하고 결연한 싸움꾼이 된다. 남녀 사이에 벌어지는 싸움은 대부분 남편과 아내의 싸움이며, 공격하는 쪽은 남편이다. 대개 싸움은 그 성격상 우발적이고 격렬하며 몇 분간만 지속되고 끝난다. 친구와 친척들—효과적인 유일한 권위자—은 싸우는 사람들을 물리적으로 떼어 놓고 충돌이 계속되지 않도록 막을 책임이 있다. 잘잘못을 가리는 일은 주된 관심사가 아니며, 가장 극단적인 경우를 빼고는 벌을 주는 일은 없다. 그러나 주변 사람들이 싸움 당사자에게 집단적으로 압력을 넣는 것을 보면, !쿵 사람들이 폭력을 갈등을 해결하는 바람직한 수단으로 보지 않음은 분명하다.

하지만 이러한 태도를 취해도 갈등은 때로 폭력으로 발전한다. 그런 사태가 발생하면 집단 전체의 주의와 감정이 이 한곳으로 집중된다. 사람들은 저마다 한쪽 편을 들면서 오랫동안 묻어 두었던 분노를 드러낸다. 그러다가 원래 쟁점과는 거리가 먼 이차적인 언쟁과 싸움으로 번지기도 한다. 이 아수라장 가운데 누군가 무기를 꺼내들고 "나는 남자다. 나한테는 화살이 있다. 죽는 것이 두렵지 않다." 하고 위협한다. 여기에 어느 정도 제동을 걸지 않으면, 창, 몽둥이, 칼, 독화살이 난투에 등장한다.(!쿵족은 전쟁 의례가 없으며 폭력적인 충돌이 일어났을 때 사용할 것을 염두에 두고 특별히 고안한 무기도 없다.) 실제 화살을 쏘지 않더라도 혼란스러운 와중에 이리저리 날아다니던 화살에 누군가 다칠 수도 있다. 해독제가 없는 상황에서 독화살에 맞은 사람이 살아날 확률은 반반이다.

무기까지 동원해 폭력을 쓸 소지가 가장 큰 이들은 20세에서 50세 사이의 !쿵 남성들이다.(지난 50년간 도베 지역에서 무기에 찔려 죽은 사고의 가해자들은 모두 남성이었다.) 이따금 옆에 서 있던 여성들이 빗나간 화살에 맞아 죽는 일도 있지만, 주된 희생자도 역시 남성들이다. !쿵 마을의 규모가 작기 때문에 희생자와 가해자는 대개 서로 아는 사이지만, 가까운 가족인 경우는 드물다. 살인은 보통 감정이 격해진 가운데 우발적으로 일어나지만, 과거의 살인을 보복하려고 사전 모의한 살인 사건이 몇 건 일어나기도 했다. 이런 식의 폭력을 종식시키고자 서로 앙숙인 집안 사이에 결혼을 주선하는 일도 있다.

전통 시대에는 살인에 연루된 사람들을 마을에서 멀리 떨어진 곳으로 내보내, 다른 곳에서 더는 폭력에 휘말리지 말고 새 삶을 시작하도록 했다. 그러나 계속해서 위험을 끼치는 인물로 판명될 경우에는 집단이 그를 죽이기로 결정할 수도 있었다. 이 지역에 츠와나 법률이 자리 잡은 뒤로는 츠와나 법정에서 살인죄로 기소된 !쿵 사람은 감옥에 보낸다. 그 이전까지 상당히 높았던 !쿵족의 살인 발생률은 눈에 띄게 줄었으며, 1955년 이래로는 이 지역에서 !쿵족에 의한 살인 사건은 단 한 건도 알려지지 않았다.

두 문화 사이에 일어나는 사건을 직접적인 수치로 비교하기는 어렵지만, 전통적인 !쿵족 사회에서 폭력에 의한 사망률이 현재 미국 도시에서보다 덜하다는 증거는 거의 없다. 그러나 !쿵족은 전쟁을 하지 않기에, 미국 측 수치에 전투 중 사망자 수까지 포함한다면 미국의 사망률이 !쿵족보다 훨씬 높아질 것이다. 게다가 현대의 응급 의학 처치 덕분에 미국에서 벌어지는 많은 폭력 행위가 살인 통계에 잡히지 않는 반면 !쿵족은 그러한 처치의 수혜를 입지 못한다. 따라서 마음만 먹으면 실제 있었던 폭력 행위들을 일일이 열거해 가면서 !쿵족을 우리보다 덜 폭력적인 모습으로 그려낼 수도 있다. 그러나 다른 모든 사회와 마찬가지로 !쿵족의 삶에서도 폭력은 상당한 비중을 차지한다.

자식을 많이 낳으면 그중 한둘은 죽는다고 봐야지. 나도 그랬어. 그 작은 것, 처음 낳은 것은 둘째를 가지기도 전에 죽어 버렸어. 그것을 잃고서는 울고 한탄도 했지. 젖이 불면 가슴이 말라 죽거든. 그래 가슴에서 젖을 짜 내서 땅에다 버렸어. 그러고 몇 달을 한탄하다가 '아직 또 가질 수 있어.' 하는 마음을 먹었어.

그래 또다시 아이를 가져서 배가 불렀어. 그러고 둘째 나이를 낳았지. 그 앨 키우면서 셋째를 가졌는데 그것도 아주 어릴 때 죽었지. 그러고 또 임신해서 막내 크사우를 낳아 길렀어. 크사우는 아들이고 나이는 딸. 그 둘을 키웠어.

하지만 결국에는 둘 다 죽었어. 우리 아들은 자라서 여자애들을 알고 사랑을 나눌 정도로 컸고, 딸은 처녀가 다 돼서 초경을 시작했지. 그 애는 가슴이 크고 눈에 띄게 튀어나온 데다 나랑 다르게 몸집이 컸어. 예쁜 아가씨였지! 그 애가 아들보다 먼저 죽었어.

나이랑 크사우는 자라서 이러저러한 일을 하고 내 일을 도와줄 정도로 컸어. 그런 애들이 죽었으니 그 마음이야 말로 다 표현 못하지. 아이고 어머니! 거의 죽을 정도로 맘이 괴로웠지. 더운 계절이 몇 번을 오가도록 한탄했어. 그 애들이랑 함께 한 일을 생각하면, 여기저기 같이 다니고 이런저런 얘기한 생각을 하면 그래. 그때 아들놈은 막 사냥을 나가서 고기를 가져오기 시작했지. 크사우는 죽기 전에 큰 짐승—겜스복—은 딱 한 번 잡아 보았지만 스틴복이나 다이커영양처럼 작은 것들은 많이 잡았어. 그 애가 나한테 고기를 가져다주면 같이 둘러앉아서 이야기꽃을 피우고, 나이는 물통을 가져가서 물을 길어 오고. 어떤 때는 내가 가만히 앉아 있어도 딸애가 다른 여자들이랑 채집을 나갔다가, 돌아와서 거둬 온 음식을 갖다 주고 그랬지.

한번은 내가 그 아이를 데리고 여자끼리 단 둘이서 황야로 나갔을 때가 기억 나. 그때 내가 아직 베사랑 결혼해 살면서 보랑 사귀기 시작했을 때야. 베사는 매양 질투가 많아서 만날 나한테 소리를 지르고 뭐라고 하고 그랬어. 하루는 나도 폭발해서, 나이를 데리고 훌쩍 나와 버렸지. '나이는 다 컸으니까.' 하는 생각에, 크사우는 베사랑 남겨 두고. 우리는 먼 길을 걷고 또 걸어서 닌딸기가 자라고 있는 데까지 왔어.

우리가 집을 나가고 얼마 안 있어서 베사가 우리 뒤를 쫓아 왔어. 우리 자취를 쫓아서 거기까지 왔지. 그러고는 하는 말이, 자기가 장작에 불을 붙여 가지고 우릴 따라왔다고, 여기 황야에 불을 피우고 같이 있자는 거야. "당신이 화난 거 이해해. 오죽 그랬으면 단 둘이 뛰쳐나왔겠어. 하지만 여자끼리 황야에 외따로 있으면 무섭잖아. 나이도 무서울 거야. 그러니 나이 생각해서라도 내가 동행해 줄게."

"뭘 하든 상관없어. 이제는 당신을 좋아하지 않으니까. 당신은 말이 너무 많아! 다른 사람하고는 살아도, 당신 잔소리 때문에 내가 죽을 지경이야! 그래서 내가 지금 애를 데리고 나온 거야. 하느님이 우릴 아껴서 길을 안전하게 밝혀 주시기만 한다면 이대로 둘이서 걸어가겠어." 그래서 베사는 하는 수 없이 마을로 돌아갔어.

나이랑 나는 걷고 또 걸어서 우물에 도착해 거기서 하룻밤을 지내기로 했어. 나는 불을 지피고 나이는 가져온 플루리아크를 뜯었어. 그 애는 누워서 악기를 뜯고, 나는 앉아서 닌딸기를 먹고. 한참을 연주하고 나서 둘이 앉아 도란도란 이야기를 나눴지. 이야기하고 또 이야기하고, 달이 지도록 한참을 이야기하고 나서야 겨우 잠이 들었어. 아무것도 우릴 해치지 않았어. 그냥 둘이 누워서 아주 잘 잤지. 그러고 아침에 일어나 출발해 가지고, 걸어서 오라버니네 마을에 도착했어.

다우가 우릴 보고, "어찌된 일이야? 대체 무슨 일이 있었기에 네 딸이랑 단 둘이서만 여기까지 온 거냐? 황야에서 하룻밤을 지낸 거냐, 아니면 밤새도록 걸은 거냐?" 그러니까 나이가 그랬지. "어머니가 베사랑 싸워서 우리 둘이 어제 떠나왔어요.(나이는 베사가 자기 진짜 아버지가 아니라고, 매번 그 사람을 베사라고 불렀어.) 어머니 마음이 떠났기에 함께 이리로 떠나온 거예요. 지난밤에 우물가에서 잘 자고 일어나 길을 걸어서 이리로 왔어요." "베사가 말이 많은 건 사실이지만, 큰 짐승이나 작은 짐승이 너나 네 엄마를 황야에서 해칠 수도 있었어. 네 엄마가 너만 데리고 나오다니…… 둘 다 죽을 뻔한 거야."

우리는 한동안 오라버니네 마을에서 지냈는데, 거기서 지내는 동안 한준/트와가 나이에게 청혼을 해 가지고 결국 결혼하게 되었어. 나는 오라버니랑 계속 같이 지냈지만 나이는 제 남편 마을로 따라갔지. 하루는 누가 와서 "당신 딸이 초경을 시작했어요." 그래서 그리로 갔지. 달거리 피가 흐르는 동안 모여서 매일 춤을 추고, 달거리가 끝난 다음에는 그 애를 일으켜 씻기고 오두막 밖으로 데리고 나왔어. 그게 끝나고 나는 다시 오라버니네 마을로 돌아왔지.

그리고 나서 나이의 남편이 그 애한테 관계를 조르기 시작했어. 나이는 '내가 첫 달거리 피를 씻어 낸 지 얼마나 됐다고? 이 남자는 왜 사랑을 보채는 거야?' 그런 생각으로 남편을 마다했지. 그래도 그 사람은 계속 그 앨 괴롭혔어.

일이 터진 게 바로 그 무렵이야. 어느 날 밤에 남편이 화가 나서 그 애를 붙들고 억지로 취하려고 그랬겠지. 둘이 발버둥치면서 싸우다가 남자가 그 애를 퍽 하고 냅다 밀쳤어. 그래 갑자기 땅으로 내동댕이쳐졌는데 하도 세게 부딪친 바람에 그만 목이 부러진 거야. 목뼈 하나가 밖으로 튀어나와서 눈에 보일 정도로.

그러고 며칠 동안 시름시름하다가 가 버린 거야. 누가 나한테 와서 "니사, 당신 딸이 지금 위독해요. 가서 들여다보세요. 그이 남편이 때려서 지금 꼼짝 못하고 누워 있어요. 어디가 아픈지 무엇 때문에 아픈지는 잘 모르겠지만 어쨌든 알려 드리러 왔어요." 그래.

그래서 그 애 있는 마을로 달려가서 들여다봤지. 가니까 말도 거의 못하고, 허공에 팔을 휘휘 내저어서 남편이 자길 어떻게 붙들었는지 손짓을 해 보이더라고. 겨우겨우 하는 말이 "남편이 나와 동침하려고 했는데 내가 거절했어요. 그래서 그 사람이 날 붙들고 밀쳐서 이렇게 목이 부러졌어요." 그래. 그 애가 내 손을 잡고 자기 목에다 가져다 대는데, 뼈 부러진게 만져져.

우리는 그 애를 제 큰삼촌이 있는 마을로 데려와서 고쳐 보려고 했지만, 다우는 한눈에 척 보고 고칠 방법이 없겠다며 고개를 저었지. 오라버니가 그래. "네 딸은…… 목뼈가 부러졌으니 어찌할 도리 없이 죽을 거다. 이제 너는 딸을 위해 곡할 일밖에 없는데, 여태껏 앉아서 뭔 일이 일어나길 바라고 있구나. 저 애가 아직은 살아서 누워 있으니 저 희고 고운 얼굴은 여전하긴 하다만. 혹시 그래서 저 애가 살아날 지도 모른다고, 아직 곡을 안 하고 있는 거냐?"

오라버니는 그 애를 고치기를 포기하고 주저앉았어. 나는 그걸 보고 울음을 터뜨렸다가 곧 정신을 수습했어. "아니, 그 준/트와 녀석이 이 아이를 죽여 놓았으니 아직은 울 수 없어. 그놈이 내일이라도 이리로 올 때까지 기다렸다가, 오면 그놈을 죽여 버려야지. 아니, 그놈이 한 그대로 되돌려 주어야지—그놈 누나가 이리로 오면 그년을 죽여서 땅에 묻어야지." 하고 혼잣말을 했지.

우리는 그 아이가 숨을 거둘 때까지 곁을 지켰어.^{2} 겨우 이틀 만에 숨을 거뒀지. 그 애가 죽었을 때 어찌나 울었던지. "왜 이리 되었나? 우리 딸이 다 커서 조금 있으면 자식을 볼 수도 있었는데, 손자도 한 번 얼러 보지 못하고. 우리 딸이 다 커 가지고 덜컥 죽어 버렸네."

다음 날 그 애 남편이 자기 누나랑 같이 조문을 왔어. 내가 그 여자를 보고는 달려가 붙들고 냅다 무릎을 내질렀지. "너는 벌써 자식들을 줄줄이 낳았겠다, 우리 딸은 그래 보지도 못하고 죽었는데." 하고 소리 지르면서, 그 여자를 메다꽂고 또 달려가서는 목을 딱 붙들었어. 그걸 부러뜨리고 싶더라고. 그 여자는 파랗게 질렀고, 주위 사람들이 달려와서 나를 떼어 놓았어. 떨어지면서 마지막으로 배를 한 번 더 걷어차 줬지. 그 여자 남동생, 나이의 남편이 그러데. "장모님이 복수를 하려 하신대도 당연합니다. 저 사람을 그르쳐 놓은 사람은 바로 저니까요."

나는 일어나서 뒤지개를 찾아 가지고, 손에 꽉 쥐고 빙빙 돌려 가면서 그걸로 그놈을 마구 때렸어.(머리는 피해서 몸만 때렸어. 머리가 깨져서 피가 사방에 튈까 봐 무서워서. 그렇게 되는 건 원치 않았거든. 겁나서.) 그렇게 지칠 때까지 때린 다음에야 그만뒀어. 그러고는 "이제 끝이네. 내가 자네 누이를 상처 입히고 자네도 상처 입혔으니 이제 끝났네. 자네들은 이제 딸애 시신을 가져가서 묻게. 나는 따라가지 않겠네." 그랬어.

그랬더니 그리 하더군. 그자들이 그 애를 데려가 땅에 묻는 동안 나는 마을에 남아서 통곡했어.

나중에 내가 츠와나 수장한테 가서 일어난 일을 고했거든. 그래서 그 사건을 놓고 부족 청문회를 소집하게 되었어. 수장이 나이의 남편한테, "어린 소녀가 동침을 거부했는데, 자네는 강제로 그녀를 취하려 했다고?"

하고 묻고는 그랬지. "자네는 아내를 죽이고 니사에게서 딸을 빼앗았네. 지금 자네 옆에서 니사가 슬피 울고 있는데, 그 대가로 니사에게 뭘 준비했나? 뭘 줄 건가?" 나이의 남편이 일어나서 대답했어. "네, 저는 아내에게 동침을 하고 싶다고 했습니다. 하지만 아내는 저를 거부했습니다."

수장이 "어리석기는. 어린 소녀가 첫 월경을 했을 때는 잠자리를 하지 않는 거야. 끝날 때까지 기다려야지. 나이는 그걸 알았기 때문에 자네를 거부한 거야. 그런데 자네는 밀어붙여서 나이를 죽였어!" 그러더니 이래. "내일 염소 다섯 마리를 가져 와서 니사에게 주게."[3]

내가 숨이 끊어져라 외쳤지. "아니, 내 딸이 죽었다고요! 이자가 내 딸을 죽였다고요! 염소 따윈 필요 없소. 이자를 감옥으로 끌고 가서 죽여 주시오." 그리고 통곡을, 대성통곡을 했지.

수장은 그렇게 하지 않았어. 사실 그자한테 아무런 조치도 취하지 않았어. 그 사람을 때리지도 않고, 그냥 제 발로 걸어가게 놓아 주었어. 그 사람 아직도 여기 이 근처에 살아. 나중에 와서 염소를 주긴 했지. 나는 그중 세 마리를 갖고 나머지는 수장한테 갖다 줬어.

그 뒤로 몇 달을 울었어. 끝도 없이. 먼 달이 기울고 나서야 멈췄어.

그러고 나서 나한테 남은 건 아들놈밖에 없었지. 나이가 죽고 한참을 같이 살다가 어느 날 그 애 가슴이 잘못되었어. 그때 그 애는 벌써 젊은 청년이어서 '그늘 한량'[4]이었지. 어찌나 잘생겼던지 세상에 여자애들이 거꾸로 그 애한테 결혼해 달라고 줄을 섰다니까!

병세가 나타난 건 그 애가 헤레로 사람이랑 동부에 다녀오고 나서야. 돌아온 그날 밤만 해도 괜찮았어. 다음 날 밤에도 아무 탈 없이 잤지. 그

428

런데 그 다음 날 병이 가슴으로 들어갔어. 꼭 제 아버지가 그랬던 것처럼.

그 애가 황야에서 사냥하다가 흰개미 둔덕에서 벌집을 찾았거든. 그 벌집 안에 꿀먹이오소리가 반쯤 파먹은 꿀이 들어 있었는데, 그것 때문에 결국 죽게 된 거야. 크사우가 그걸 가져 와서 발라 먹었거든. 그때 하느님이 신령스러운 화살로 그 애 가슴을 찌른 거야. 어쩌면 하느님 뜻이 그 꿀먹이오소리가 먹는 꿀은 건드리지 말라는 거였는지도 몰라. 왜냐하면 그 애가 돌아와서 그랬거든. "어머니, 아까 꿀먹이오소리가 조금 남겨 놓고 간 꿀을 찾아서 그걸 조금 먹었는데, 지금 가슴이 아파요. 뭐가 여기를 찌르는 것 같아요. 뾰족한 막대기가 가슴을 파고들어 죽이려는 것 같아요."

우리 오라버니가 그 앨 고치려고 황홀경에 들었어. 황홀경 속에서 그 병을 일으킨 원인을 보고 와서는 이래. "그래, 신이 막대기로 저 애를 찔러서 아프게 하시는 거야. 신이 말씀하시길 저 애가 꿀먹이오소리가 먹을 꿀을 망쳐 놓았다고 해서. 오소리가 먹을 수 있게 꿀을 그대로 두었어야 했어."

그 애는 숨을 거두기까지 몇 달이나 앓았어. 한 달이 지나고 또 두 달, 석 달이 지나면서 조금씩 기력을 잃어 갔지. 음, 음……. 그동안 마음고생이야 기막혔지. 그 애가 내 마지막 남은 혈육이었는데, 내가 그랬어. "이 아이는 내 유일한 자식인데……. 나를 도와 온갖 일을 다 해 주고, 음식이랑 가죽 옷을 가져다주는 사람은 이 아이뿐인데. 이 아이가 이렇게 죽어 가는구나! 이런 기막힌 일이 있나!" 우리 오라버니랑 다른 사람들이 모여들어서 그 애를 고치려고 애썼어. 손을 얹고 노력해 보았지만 병이 그 애 가슴을 떠나질 않았어.

그래 끝끝내 듣지 않고 결국 숨을 거두었지.[5] "왜, 자식들이 하나도 남김없이 내 곁을 떠나나? 내가 무슨 빚을 졌다고? 내가 하느님께 무슨 못할 짓을 했다고? 나는 잘못한 일이 하나도 없는데. 손톱만큼도 하느님 것을 해친 적이 없는데. 자식들 전부를 이렇게 데려가 버리다니 하느님은 이제 나한테 또 어떤 한을 남기시려나? 이 고통을 대체 뭘로 치유하나?" 그러고 울부짖었어.

이때는 몇 달 동안 오래오래 통곡했어. 딱 하나 남은 자식이 그 아들놈이었는데. 그렇게 몇 달을 울다가 그 눈물 때문에 죽을 지경에 이르렀지. 하도 울다가 내가 병에 걸려서 거의 죽음 문턱까지 갔어. 우리 오라버니가 달려와서는 치유 황홀경에 들고 손을 얹고 하면서 낫게 하려고 애썼지. 마침내 오라버니가 그래. "이 달이 지나면 이제 애도는 그만해라. 하느님도 네가 지금 이러는 걸 싫어하신다. 하느님도 네가 아들을 놓고 그만 슬퍼하라고 하신다. 이제 그쳐야 돼!" 다른 사람들도 한목소리로 그랬어. "이제 됐네! 그만 하게나!"

그래 그 말을 듣고 곧 울음을 그쳤어. 나는 진이 다 빠졌지. 가 버린 자식들을 두고 슬퍼하느라 남은 기력이 하나도 없었어. 왜 날 버리시냐고 하느님께 호소하는 데도 지쳐 버렸어.

결국 나는 일상생활로 되돌아와서 다시 이러저러한 일을 보게 되었어. 우는 건 그쳤지만 자식들이 그리운 건 매일반이었으니까. 그냥 겉으로만 그랬을 뿐이지. 혼자 앉았는데 말할 사람이 없을 때 서럽지. 누구랑 싸움이 나서 그 사람이 나한테 막 고함을 칠 때도 서럽지. 그런 때는 두 아이 다 생각나지. 왜냐하면 예전에는 누가 나한테 뭐라고 소리 지르면, 언제나 나이가 내 역성을 들어 주었거든. 애들이 나한테 소리 질러도 나이가 대신 가서 혼내 주었어. 그 애가 그런 애였어. 그 애가 죽고 난 뒤에 누구랑 싸움이 붙기라도 하면, 옛날 생각이 나서 울잖아. 보가 그 모양을 보면 그러지. "그러지 마요. 당신이 울면 제 병을 불러들이는 거야. 이제 다시는 그러지 마요." 그 둘…… 우리 딸이랑 우리 아들……, 그 아이들은 나한테 큰 고통을 줬어. 아주 무겁고 지독한 고통을 줬어.

지금은 죽은 사람들 생각은 거의 안 해. 전 남편 타셰이……, 그 사람 생각도 안 해. 어제는 어제고 오늘은 오늘이지. 안 그래? 그 사람은 이제 내 마음에 없어. 애들도……, 자식들 생각도 안 해……. 어쩌다, 가끔씩만 빼고.

얼마 전에 남동생 쿰사 내외가 자기들 자식 하나—작은 누카—를 잠시 돌봐 달라고 나한테 보냈어.[6] 그 아이를 좀 키워 달라고 맡긴 거지. 올케가 셋째를 임신해서 큰애가 젖을 떼야 했거든. 그런데 누카는 젖 떼기가 싫어서 종일 울어 대고 하니 남동생이 보다 못해 나한테 와서 그랬지. "누나, 이 아이를 잠시만 좀 맡아 주지 않을래?" 그래서 그 앨 거두어서 데리고 있게 된 거야. 지금도 내가 그 애를 돌봐 주고 있잖아. 내가 키우다시피 했어. 그 애 자라는 걸 빠짐없이 지켜봤지. 그 애가 나더러 엄마라고 그래. 그 애는 자기 진짜 엄마는 딴 사람이라고, 제 친엄마랑 한 오두막에서 잠도 안 자려고 해. 그래서 낮에는 가끔 제 집에 가 있다가도 밤이 되면 어김없이 내 옆으로 와서 자.

그 앨 키우는 게 그렇게 좋을 수가 없어. 꼭 내 속으로 낳은 애 같다니까. 나는 애들이 좋아. 그래서 남동생 둘째 애를 데려다 키우는 거지.

맘속에서는, 자식들이나 어머니나 아버지나 그 무게가 다 똑같아. 그 중 누가 죽어도 괴롭지. 자식이 죽으면 '내가 이 작은 것을 늘 곁에 두고 크는 걸 빠짐없이 보고 키웠는데, 어떻게 이것이 지금 죽어 내 곁을 떠나나? 하나 남은 자식이었는데. 내가 그렇게 오래 가까이 두고 지냈는데. 더불어 지내고 더불어 말했는데. 하느님도 참…… 심보 고약하시지. 왜 그 작은 것을 내게 주었다가 다시 앗아 가시나?' 그런 생각을 하게 되지.

그렇게 통곡하고 통곡하고 또 통곡하지. 어머니가 돌아가셔도 마찬가지야. 자식이 죽었을 때만큼 통곡하지. 목과 몸에 걸친 구슬과 장식은 전부 벗어 던져 버리고. 슬프고 그립고 억장이 무너지지. 그럴 땐 '어머니가 날 먹여 주시고 구슬 선물을 걸어 주셨는데. 이제 어머니가 돌아가셨으니, 누가 날 거둘까?' 그러지. 만약 시댁에 있을 때 어머니가 돌아가셨다면 '지금 내가 가족이 아닌 다른 사람들 틈에서 살고 있는데. 하느님이 와서 어머니를 데려가 버리셨으니, 이제 사람들이 나를 박대하겠지. 한 사람 두 사람씩 나한테 소리 지르겠지.' 하는 생각들이 마음에 솟구쳐. 또 그런 생각도 들지. '무슨 조화로 내 인생이 이럴까? 어머니를 빼앗아 가다니 신이 나를 희롱하는구나. 어머니가 아직 살아계신 것처럼 눈에 선한데, 신은 벌써 그분을 데려가셨구나.'

아직은 아버지가 살아 계셔서 같이 지낼 수 있을지 모르지만, 시간이 흐르면 그분도 결국 가실 때가 되잖아. 결국 아버지도 앓다가 돌아가시면 또 다시 죽는다는 것에 생각이 미치지. '이런 법이 어디 있나? 어머니 죽고 아버지밖에 없었는데 이제 그분마저 돌아가셨구나. 이제 누가 나를 거두나? 누가 내게 먹을 것을 주고 입을 것을 주나? 하느님이 나를 내치시는구나. 우리 부모에게 이러는 걸 보니 내게서 손을 거두시려는 거구나.'

그러면서 통곡하고 통곡하고 통곡하지. 그러다가 마침내 사람들이 와서 그래. "이보게, 자네가 그렇게 계속 통곡한다고 자네 아버지가 돌아오나? 자네 아버지를 어디서 만나 볼 성싶은가? 하느님께서 이미 그분을 데려가셨으니 이제 끝이네. 그렇게 계속 통곡하면 하느님이 자네마저 데려가서 아버지를 볼 수 있을지도 모르지. 그럴 생각이 아니면 그렇게 운다고 아버지를 다시 볼 수 있겠나?' 그렇게들 말해. 그러면 곧 잠잠해지지. 울음을 그치고 가만히 앉아 있게 되지.

남편이 죽어도 마찬가지야. 남편이 앓아 누우면 사람들이 와서 병이 나으라고 몸에 치료용 상처를 내고 치료술사가 와서 그를 고치려고 해. 그래도 결국 죽잖아. 그러면 남편이 죽은 것도 서럽고 먼저 간 다른 이들 생각도 떠오르고 해서 또 통곡을 해.

부모나 남편이나 자식의 죽음은—그 사람들을 잃었을 때 느끼는 고통은 다 똑같아. 하지만 그 사람들이 다 죽고 가족이 하나도 안 남았을 때는 정말로 더 힘들지. 날 돌봐 줄 사람도 없고, 완전히 혼자가 된 거니까. 어머니 아버지가 돌아가셨어도 남편이 살아 있으면 아직 괜찮아. 마음속에서는 '그래, 우리 부모님이 돌아가셨어도 아직 날 돌볼 사람이 있어.' 그러니까. 아니면, 남편이 죽어도 부모님이 아직 살아계시면, 그때는 정말로 힘들어도 시간이 흐르면 고통도 차차 가라앉게 돼. 어머니 아버지가 아직 곁에 계시다는 걸 아니까.

하지만 자식은 다르지. 주변에 다른 사람들이 다 살아 있어도, 자식이 죽으면 지독히 고통스럽지. 자식을 사랑했으니까 힘든 게 몇 달을 가. 그 고통은 계속 사람을 뒤흔들다가 새로 아이를 가지면 그제야 가라앉아.

가족 가운데 누가 죽어도 다 힘들지만, 다른 가족들이 살아 있으면, 시간이 지나면 맘 아픈 것도 가라앉아. 하지만 가족들이 하나씩 죽어서 결국 하나도 남지 않으면 그 고통은 며칠을 가고 몇 달을 가지. 가슴이 아파서 통곡을 멈출 수가 없고, 먹지도 못하고 통곡을 하다가 꼬치꼬치 말라서 거의 죽을 지경이 되는 거야. 그러다 먼 달이 차면 그제야 다시 사람 같은 기분이 들지.

그렇게 되는 거야. 사람을 죽이고 해코지하는 건 하느님이야. 사람이 하는 게 아니라, 하느님이 그러는 거야.

늙는다는 것

Growing Older

죽음을 떠올리면 어떤 생각이 들어?

—죽음은 나쁜 거예요. 죽으면 아무것도 안 보이고, 그냥 하늘로 올라가야 되잖아요.

하늘로 가서 뭘 하는데?

—그냥 다 올라가요. 거기서 뭘 하는지 어떻게 알아요?

어른들이 얘기 안 해 줘?

—아뇨, 그냥 하늘로 올라가서 거기서 산대요. 그 전에 죽은 사람들이랑 같이요.

그게 나쁜 거야?

—네, 아줌마는 안 죽어요?

죽는 게 무섭니?

—무서워요. 죽는 건 무시무시해요. 아무도, 아무것도 못 보니까요.

늙는 건?

—그것도 나빠요. 늙으면 할 수 있는 일이 없잖아요.

— 열네 살 난 !쿵 소녀와의 대화

늙는다는 것은 !쿵 사람들이 손꼽
아 기다리는 일은 아니다. 하지만 그들은 노인들만이 지닌 독특한 무언가
가 있다는 것을 인정한다. 거의 모든 면에서 인정 넘치는 !쿵 문화에서
노인들에 대한 대접 또한 예외는 아니다. 노인들은 매우 존경받으며, 집
단에서 영향력을 행사하는 경우가 많고, 어떤 면에서는 젊은이들이 맛볼
수 없는 특권을 누린다.

　!쿵 사람들에게는 나이 드는 것 자체가 호사일지도 모른다. 태어나서
60세까지 사는 사람의 비율은 채 20퍼센트를 넘지 못한다.(문명화된 현대
사회에서는 이 비율이 평균 83퍼센트에 육박한다.) 따라서 죽음은 노인뿐만 아
니라 모든 연령대의 사람들에게 닥칠 수 있는 일이다. 노년까지 생존한 !
쿵 사람들은 전염성 질병과 사고 위험에 노출되긴 하지만 다른 문화권에
서 노인들에게 흔한 많은 질병들—동맥경화증, 청력 손실, 고혈압, 그리
고 궤양이나 장염 등 스트레스와 관련된 질병—로부터 자유롭다. 60세
이상 된 !쿵 사람들 가운데 상당수는 원기 왕성하고 독립적이지만(다른
사람들이 굴복한 질병을 이겨 내고 생존했을 만큼 튼튼하기 때문이기도 하다.) 절
반 이상은 신체적으로 문제가 있어서 주변 사람들에게 의존해서 생활해
야 한다. 시력 감퇴는 그중 가장 흔한 증상이다. 보행 장애나 호흡기 질병
(결핵, 만성 기관지염, 폐기종 등)도 빈번하다. 충치는 본래부터 없는데 이는
아마도 !쿵 사람들이 설탕과 정제 탄수화물을 거의 섭취하지 않기 때문
일 것이다.(이들은 식물의 줄기로 치아를 정기적으로 문질러서 이를 희고 깨끗하
게 유지한다.) 그러나 !쿵 사람들이 먹는 음식이 질기고 딱딱하기 때문에
나이 든 사람들은 치아가 잇몸에 가까울 정도로 닳아 없어져 있다.

　60세에 도달한 사람의 기대 수명은 10년가량이다.(현재 미국의 경우는

거의 20년에 달한다.) 물론 일부 !쿵 사람들은 통계를 깨고 고령까지 장수하기도 한다. 현지 여행을 두 차례 하면서 내가 본 바로는, 노인들 다수가 !쿵족의 일상생활에 능동적으로 참여하며 그중에는 '아주 고령인'—인구 통계학자인 낸시 호웰이 80대로 판단한—이들도 있었다. 그중 한 남성은 90세에 가까웠다. 그래도 !쿵 사회의 노인들이 전체 인구에서 차지하는 비율은 매우 적다.(60세 이상 인구가 미국은 16퍼센트인 데 비해, !쿵족은 10퍼센트에 불과하다.)

여성들이 대체로 자신보다 5~15년 연상인 남성과 결혼하기 때문에, 60세 이상 !쿵 여성 가운데 40퍼센트는 과부다. 여성들은 대개 40대나 50대 초반에 남편을 여의고 1~2년 안에 재혼하지만, 간혹 재혼하지 않고 혼자 사는 편을 택할 수도 있다. 만약 생존한 자식이 없거나 자녀, 가까운 혈육, 친구가 멀리 떨어져 있다면, 재취로 들어가기로 결정하기도 한다. 둘째 아내가 되면 외로움을 덜고 안전을 보장받을 수 있지만 그만큼 치러야 할 대가도 크다. 오래된 결혼 생활에 신참—손아래 부인—으로 들어온 여성은 집안일을 더 많이 해야 하고, 남편의 애정도 덜하며 첫째 아내의 질투를 받을 가능성이 높다. 둘째 아내의 자녀나 손자 또는 가까운 친척이 근처에 있는 경우에는, 일부다처로 함께 생활하는 것을 거부하고 '가족들 한가운데' 자기 오두막을 따로 짓고 살기도 한다.

!쿵 사람들은 자기 나이를 연도를 기준으로 생각하지 않으며, 계절의 변화라든지 달의 주기, 낮과 밤의 리듬 등 그보다 덜 정확한 기준을 가지고 시간 단위를 잰다. 사람의 일생은 거의 모든 사람들이 경험하는 생물학적·사회적 사건을 차례로 거쳐 가는 것으로 본다. 예를 들어 한 사람의 유년기는 웃고, 일어나 앉고, 서고, 걷고, 말하는 등의 사건이 이어지

는 식이다. 청장년기와 노년기도 비슷한 사건들의 연속으로 인식한다. !쿵 사람들은 나이를 숫자로 세지는 않지만 상대적인 나이 차는 예민하게 인지한다. 나이는 지위와 결부되기 때문에—며칠 차든 몇 년 차든— '누가 더 연장자냐'는 극단적으로 중요하며 모든 관계에 영향을 끼친다. !쿵 사람들은 가끔 멀리 떨어진 지방에서 찾아오는 사람들만 빼고 주위 모든 사람들의 나이 순서를 대개 알고 있다.

경칭—이름 뒤에 붙는 접미사 '느!아ⁿ!ᵃ'—을 붙이는 것은 완전한 성인임을 인정한다는 표시다. 때로 더 젊은 사람도 (예를 들어 사냥, 황홀경, 악기 연주 등에서) 높은 성과를 거두었을 때는 이를 칭찬하는 의미에서 경칭을 붙이기도 하지만, 대개 경칭을 들으려면 남녀를 불문하고 활동력과 생산력이 넘치는 시기인 40대는 되어야 한다. 또는 나이가 좀더 어리고 이름이 같은 이들과 구별하려고 경칭을 붙이기도 한다. 50대 후반이 되면 '느!아 느!야'라는 말을 써서 한층 큰 존경을 표시하기도 한다. 60대 후반이 된 노인에게는 '매우 연로한'이라는 뜻을 지닌 '≠다ᵈᵃ'를 붙이는데, 70대나 그 이상의 노인들은 흔히들 스스로 '≠다 !키ᵈᵃ ⁱᵏⁱ'(말 그대로 해석하면 '너무 연로해서 죽은 것이나 진배없는')라고 농을 하곤 한다.

!쿵 사람들이 경험하는 노화 정도는 서구 사회나 다른 문화권과 비슷한 것 같다. 물론 이들은 바람과 햇빛에 끊임없이 노출되어 있기 때문에 이른 나이에 피부가 건조해지고 주름이 잡힌다. 그러나 낸시 호웰이 고안한 복잡한 연령 검증법에 따라 인류학자들이 !쿵 사람들의 나이를 추정했을 때 그 추정치는 거의 비슷하게 들어맞았다. 이는 !쿵 사람들이 나이가 들어도 체중이 과하게 불지 않아 젊은 외모를 유지하기 때문인 듯하다.

여성들에게 어김없이 닥치는 노화의 징표는 폐경이다. 이는 40대 후

440

반 무렵에 일어나는 듯하지만, 그 정확한 시기는 여성 자신들조차 확실히 말하기 어렵다. 30대 중후반에 막내 아이를 낳고 출산 후에도 몇 년 동안 월경을 계속한 이들이 월경이 멎는다면 일반적으로 폐경기가 분명하다. 그러나 막내를 40대에 출산해서(현재까지 기록된 자료에 따르면 !쿵족 가운데 가장 나이 든 산모는 46세였다.) 수유하게 되면, 그동안 월경이 억제되기 때문에 폐경 시기가 모호해진다. 이런 경우에는 수유를 중단해도 월경이 다시 이어지지 않기도 한다. 그런 데다 일시적이거나 영구적으로 월경이 중단되는 특정한 질병들도 있어 상황은 더 복잡해진다. 그러나 !쿵 여성들은 대개 적어도 50세까지는 월경이 완전히 멎는다고 한다.

폐경을 맞이하는 !쿵 여성들의 소감은 주로 출산 경력에 따라 다르다. 자식을 낳지 못했거나 살아남은 자식이 없는 여성이라면, 앞으로 평생을 자식 없이 보내야 한다는 현실이 고통스러울 것이다. 건강한 자식과 손자들에 둘러싸여 지내는 여성이라면 가임기의 끝을 맞이하기가 좀더 수월할 것이다. 한 여성은 "월경이 끝나면 더 애를 가지지 않아도 되니까 좋다."고 말했다. 그럼에도 폐경은 피할 수 없는 노화의 징표이며 죽음의 전조이므로 결코 환영받는 일은 아니다.

여성들 대부분은 월경의 중단에 대해, 월경 자체에 대해서와 마찬가지로 그리 큰 중요성을 부여하지 않는다. "몸이 편하죠. 아프지도 않고. 그냥 달이 멈추는 것뿐이잖아요." 한 여성에게 폐경이 되어 기분이 언짢으냐고 묻자 그녀는 이렇게 말했다. "내가 젊었으면 그랬겠지만, 이제 늙었잖아요."

!쿵 여성들은 폐경을 맞이할 때 우리 문화권 여성이 호소하는 신체적 징후들을 느끼지는 않는 듯하다. 처음 몇 달 동안 어느 정도는 몸이 불편

하겠지만 폐경기에 주로 나타나는 홍조 현상이나 지속적인 신체적·정신적 스트레스는 보고된 바 없다. 뚜렷한 증거는 없지만 식생활, 생활 방식, 기타 알려지지 않은 이유로 폐경이 !쿵 여성과 미국 여성에게 실제로 서로 다른 영향을 미친다고 가정해 볼 수도 있다. 그러나 한편으로는 폐경의 생리적인 효과는 누구에게나 비슷하게 나타나는데, 다만 !쿵 여성들이 출산에 금욕적인 자세로 임하기 때문에 그들이 실제로 겪는 신체적 반응을 일부러 의식하지 않거나 이에 관해 이야기하지 않아서일 수도 있다.

!쿵 남녀의 삶은 60대에 이르기까지 40대와는 근본적으로 다른 변화를 겪는다. 생식 활동은 여성은 이미 중단된 지 오래이고—비록 남성은 생물학적으로 가능하지만—40대 중반 이후로는 드물어지는 듯하다. !쿵 사람들은 노인 중에도 성생활을 꽤 활발히 영위하는 이들이 많다고 주장하지만, 특정 노인의 성벽이 불손한 농지거리의 주제가 되는 것을 보면 성생활을 적극적으로 즐기는 노인들은 조금 유별나게 여겨지는 것 같다.

경제 활동도 이 나이대가 되면 더뎌진다. 상당수가 자기 먹을 만큼은 채집할 수 있지만(그 정도는 각자 이동할 수 있는 거리에 따라 다르다. 그리고 마을 근방에서만 채집이 가능한 노인들은 젊은이들이 무시하고 지나간, 품질이 떨어지는 식량만 차지할 수 있게 마련이다. 그러나 채소 식량은 대개 가족 단위로 합산하므로 노인도 젊은이만큼 다양한 음식을 섭취하게 된다.) 노인들 대부분은 집단에 식량을 별로 많이 보태지 않는다. 사냥에 따라다니며 자취를 읽거나 전략을 세우지도 못할 정도로 너무 노쇠해 버린 남성들은, 새나 짐승을 잡기 위한 덫을 놓거나 식물을 채집하는 등 거의 평생을 계속해 온 간단한 활동에 의지하게 된다. 남편과 아내는 건강이 허락하는 한 이러한 활동을 함께하곤 한다. 그보다 더 나이 들면 이제는 전적으로 젊은 가족

성원들에게 의지한다.

일부 노인들은 나이가 들면서 영적 능력이 줄어든다고 불평하지만, 오히려 나이가 들면서 이 능력이 더 충만해진다고 주장하는 이들도 있다. 특히 자녀들을 다 키울 때까지 기다렸다가 그 이후에야 진지하게 황홀경과 치유의 세계를 탐색하게 되는 여성의 경우에는 후자가 더 일리 있다. 영적인 문제에서 나이 든 이들은 핵심적인 역할을 수행한다. 노인들은 젊은이들처럼 음식 금기나 다른 제한에 묶여 있지 않다. 게다가 (남녀의 성인식 등) 의례에 쓰이는 재료 가운데는 너무 강력해서 아직 자녀를 가지고 키워야 하는 젊은이들이 다루기에 위험하다고 여겨지는 것들이 있는데, 노인은 이를 믿음직스럽게 취급해 낸다.

노인들은 지식의 보고다. 그들은 가깝고 먼 과거의 역사를 알고 있다. 누가 누구와 결혼했고, 사람들끼리 어떻게 엮여 있고, 누가 언제 태어났는지를 안다. 어떤 드물고 진귀한 일이 일어나면, 과거에 그와 비슷한 일을 경험해서 어떻게 해야 할지를 아는 노인이 있게 마련이다. 노인들은 또 한 지역의 식량 자원이 해마다 어떻게 변화해 왔는지를 알기 때문에, 채집할 식량이 부족할 때 어디에 가야 구할 수 있는지 알 가능성이 높다.

그런 지식과 별개로, 노인들이 관례적으로 소유하는 것은 그다지 많지 않다. 어느 한 시점에서 가치 있는 소유물을 지니기는 해도 평생을 아울러 보면 물질적 소유물을 축적하지는 않는다. 또 죽고 나서 물려줄 재산도 없으며 있더라도 매우 적다. !쿵 경제의 특징인 재화의 상호 교환은 평생 동안 지속되지만, 나이 든 사람의 교환 연결망에 속한 파트너(부모, 형제자매, 가까운 친척, 동료) 가운데 상당수는 사망하고, 남은 이들은 젊은이에게 물려주는 '상속재산' 가운데 하나가 된다.

일부 노인들은 어느 정도 영향력을 행사할 수 있는 무언가를 '소유'하기도 한다. !쿵 사람들은 물과 식량 자원에 대한 소유권을 인정하는데, 이는 자원을 사용할 권리로서 근방에서 가장 오래된 집안의 최연장자가 지닌다. 이러한 권리를 놓고 싸움이 벌어지거나, 다른 사람들이 자원에 잠시 접근할 때 소유주가 이를 막는 일은 거의 일어나지 않는다. 그러나 소유주라는 자격 자체는 영향력 있고 선망 받는 자리다.

노인끼리도 그 삶의 질은 천차만별이다. 배우자와 자식들이 생존해 있거나, 손자 손녀가 가까이에 살거나, 다른 가까운 친척들이 한 마을에 있다면 노년은 상당히 즐길 만한 것이 된다. 젊은 자식들은 사냥이나 채집에서 돌아오면서 모두가 먹기에 충분할 만큼 식량을 가지고 온다. 저녁에는 한담을 나누면서 세상이 창조되었을 때, 짐승들이 아직 인간 모습을 하고 있을 때, 황야의 피조물들에게 반점이 생겼을 때의 이야기를 들려주면서 시간을 보낼 수 있다. 이제 머리가 커서 마냥 순진하게 부모 곁에서 잘 수 없는 손자 손녀들은 조부모와 잠자리를 함께하기도 하고, 며칠이나 몇 주일씩 조부모의 보살핌을 받으며 지내기도 한다. 사람들은 노인에게 찾아와서 조언을 구하고 그 견해를 경청하며 호의를 표시한다. 남편을 여의었지만 대가족을 거느린 일부 나이 든 여성들은 집단에서 가장 영향력 있는 인물이 되기도 한다.

그러나 살면서 배우자와 자식을 모두 잃는 5퍼센트의 남성과 20퍼센트의 여성에게 노년은 황량하다. 주위 사람들은 가까운 가족들만큼 잘 챙겨 주지 않는다. 노인이 있으면 식량을 따로 채집해서 요리해 주어야 하고, 이동하는 속도도 느려지고, 여기저기 떠돌아다니며 생활하는 일도 되도록 최소화해야 하기에 노인들은 집단에서 짐스러운 존재가 되곤 한다.

과거 전통 사회에서 가까운 친척이 없는 이들은 아플 때 제대로 보살핌을 받지 못했고 위기가 닥쳤을 때 생존 가능성이 떨어졌다는 의견도 있다.

한편 오늘날 나이를 먹어 가는 !쿵 남녀는 불확실한 미래에 직면해 있다. 이를테면 집단에 대한 노인들의 경제적 기여는 분명히 줄고 있으며, 남편을 여의고 홀몸이 될 가능성이 높고, 몸이 불편하여 남들에게 더 의존하게 된다. 심지어는 츠와나나 헤레로 방목지로 가서 타인들의 자비심에 기대어 연명해야 하는 상황에 처할 수도 있다.

그러나 !쿵 사람들은 나이 많은 이들에게 여전히 존경심을 가진다. 특히 신화든 역사든 과거 이야기를 듣고자 할 때는 더더욱 그렇다. 그들은 헤레로 사람들이 처음 이 지역으로 왔을 때도, 25년 전 처음 인류학자들이 도착했을 때도 그 자리에 있었다. 그들은 살아 있는 이들과 죽은 이들의 과거사와 추문에 대해, 한 세대에서 다음 세대로 전해지는 설화에 대해 알고 있다. 또 그들은 신화 속 영웅들이 저지른 어리석은 사건들—이를테면 !쿵족의 신 카우하Kauha가 아내들을 속여 넘기고 하늘로 올라간 이야기나, 죽음이 영원한가 아닌가를 놓고 달과 토끼가 입씨름한 이야기(달은 자기가 끊임없이 새로 태어나는 것을 예로 들어 죽음이 일시적이라고 주장했고, 토끼는 죽음이 영원하다고 주장했다.) 같은 민담들—을 걸고 푸지게 들려주어 사람들을 즐겁게 해 줄 수도 있다. 이런 설화나 자신의 인생 이야기, 경험담을 들려줌으로써 노인들은 소실될 위험에 처한 풍요로운 전통을 보존한다.

자식들이 죽은 뒤에도 그냥 계속 살았어.[1] 보랑 결혼하고 나서 둘이 자식을 볼 뻔했었지. 석 달 동안 피가 안 비치더니 돌연 병이 들어왔어. 그러고 얼마간 앓다가 결국 유산했지.[2] 내가 그걸 두 눈으로 봤어. 그 조그만 태아를. 보가 말하길 내가 다른 남자랑 사랑을 나눠서 유산했다나. 내가 그랬지. "아냐. 내가 너무 오래 아파서 유산한 거야."

그 뒤로는 아무 일도 없었어. 다시 애가 안 들어서더라고. 몇 달, 몇 년 동안 계속 달거리만 했어. 그러다 이제는 그것도 끊겼지. 그게 끊긴 지 지금 채 몇 달이 안 됐어. 어느 달엔가 약간 아프고 나서 달거리를 하더니 다음 달에는 더 불편해지고, 그 다음 달에는 달이 떠나 버려서 피가 안 비치더라고. 그런데 불편한 건 여전해. 왜냐하면 달이 안 오니까, 그래서 안쪽이 아픈 거야.[3]

이녁이 약을 좀 줄 수 있으려나? 속 좀 그만 아프게 달거리를 다시 시작했으면 좋겠어. 이녁이 약을 좀 주면 다시 애를 가질 수도 있을 거야. 유럽인들한테 그런 약이 있다고 들었거든. 달거리를 다시 시작하면 기분이 나아질 듯해. 그럼 다시 건강해진 기분이 들 것 같아.

애 낳는 거야 정말 아프지. 그거 아픈 건 싫어. 지난 몇 년 동안 임신을 안 해서 이제 그건 좋아. 이제 그 피를 보는 건 끝났지. 하느님이 나한테 그리 하신 건, 나한테 자식을 더 주시지 않은 건 잘 하신 거야.

하느님은 내가 자식을 더 가지도록 거들어 주지 않으셨어. 내가 낳은 아이들은 다 죽었지. 세상에 나왔다가 다 죽었어. 해산을 여러 번 했지만 하느님이 그것들을 모조리 데려갔어. 단 하나만이라도 남겨 주실 수 있었을 텐데. 그래 놓고 이제 와서 내가 어떻게 또 자식을 낳을 수가 있어? 달거리도 떠나가 버렸는데. 그것도 하느님이 가져가 버리신 거지. 그러니까 이제 난 아기 갖는 일은 끝났구나 싶은 거지. 월경을 하면 몇 달 있다가 또 임신을 하게 되잖아. 그런데 그게 끊기면 애도 못 가지는 거잖아. 그럼 이제 늙은 거고 그대로 쭉 살아야지.

그래서 지금은 이래. 머리도 하얗게 세어 가지고 이제 할머니야. 그러니까 달거리도 끊기고, 이제 그런 일은 다 끝난 거지.

지금은…… 그냥 사는 거지.

얼마 전에 꿈을 꿨는데,[4] 내가 임신을 해서 딸을 하나 낳았어. 꿈에서도 '뭐지? 난 벌써 달거리가 끊겼는데. 어떻게 이런 예쁜 아이를 낳을 수 있지?' 하는 생각이 들어. 내가 그 아이를 내 속으로 직접 낳았거든. 그걸 안아 들고 "우리 딸……, 우리 딸……" 하고 얼렀겠지. 그래 그 애를 키워서 무럭무럭 자라는가 싶더니 죽어 버렸겠지. 나는 울고 울고 또 울었어. '하느님은 왜 나한테 이렇게 하시나, 왜 언제고 도와주질 않으시나? 이 예쁜 아기를 데려가다니 나를 죽이시려는 건가?'

그러고 괴로워서 통곡했어. 꿈에서 너무 큰 소리로 흐느껴 우는 바람에, 그 소리에 놀라 깨고 나서야 그게 꿈인 걸 알았어.

왜 달거리가 끊기자마자 아이가 들어섰다가 죽는 꿈을 꾸었을까? 하느님이 그 꿈으로 날 놀리시려는 건지, 날 갖고 노시는 건지. 하느님이 날 거들어 주려 하지 않는데 나는 왜 다시 임신하게 해 달라고 졸랐나?

내가 꿈을 자주 꿔. 몇 달 전에는 꿈에 짐승이 한 마리 나왔는데, 굴 안에 살고 손발은 사람 같이 생긴 거, 땅돼지 말이야. 내가 그걸 창으로 찔렀더니 그 짐승이 "아우! 누가 창으로 나를 찔렀어?" 하고 소리를 질러.

15장 늙는다는 것 447

내가 그랬지. "보, 들어 봐. 이것 좀 들어 봐! 사람이 짐승을 죽이는데 이게 말을 하네? 어떻게 이게 나한테 말을 하지?" 짐승이 사람처럼 말을 하잖아.

그래 무서워서 막 소리를 치면서 도망가려고 했어. 그런데 막상 뛰려고 하니까 꼼짝도 못하겠는 거야. 보는 벌써 겁에 질려서 뛰어가고, 땅돼지는 굴 안에서 뭐라고 하고. 그리 말하는 걸 보니 그게 사람이었는지. 계속 도망치려고 해도 발이 안 떨어져서 "내 손 좀 잡아 줘⋯⋯. 내 손 좀 잡아 줘⋯⋯." 하고 소릴 질렀지. 그러니까 보가 도로 와서 손을 잡아 줘 가지고 같이 뛰어 달아났어. 땅돼지는 그냥 구멍 속에 있고.

하느님이 안 좋은 꿈을 주신 거지.

어떤 때는 매일 밤이면 밤마다 꿈을 꾸다가도 또 한동안은 전혀 꿈을 안 꾸기도 하고 그래. 어떤 때는 내가 죽는 꿈을 꿔. 내가 아주 오랫동안 앓다가 죽는 거야. 그런 꿈을 꾸고 나면 아침부터 몸이 몹시 아파서 끙끙 앓아. 그러고 한동안 지내고 나면 몸이 도로 나아지지.

한번은 꿈에서 내가 먼 길을 걸어서, 상아야자나무 한 그루가 서 있는 우물가에 갔어. 여러 사람들하고 같이 있었는데, 다 같이 우물 근처에 앉아 있다가 그만 내가 우물 밑으로 떨어졌어. 우물에서 나가려고 벽을 붙잡고 기를 써도, 기어 올라갈 때마다 번번이 다시 아래로 미끄러져. 기어 오르고 또 기어올라도 계속 도로 물속으로 떨어지는 거야.

오늘 새벽에도 하느님이 나한테 떨어지는 꿈을 내려 주는 바람에 어찌나 놀랐는지. 나뭇진을 채취하려고 나무 위로 기어 올라갔다가 밑으로 떨어졌겠지. 떨어지면서 나뭇가지에 다리가 걸렸어. "아우! 나뭇가지에 정통으로 뚫렸어!" 아파서 비명을 질렀어. 그 나뭇가지가 내 다리를 뚫고 들어와 부러졌거든.

　그런데 마저리, 자네가 와서 날 도와주었어. 자네가 "오, 니사……, 죽었군요!" 그러고 사람들을 불러와 모두 힘을 합쳐 그 나뭇가지를 내 다리에서 빼내려고 끙끙댔지. 그래서 마침내 그게 빠져나왔어. 자네가 상처에 약을 발라서 고쳐 주고 마실 물약도 줬어.

　그 꿈을 꾸고 놀라서 꼭두새벽에 깼지. 죽을 것처럼 떨리는데 다리에 꼭 그 부위가 아픈 거야. 마구 떨면서 '대체 이런 꿈을 왜 꾼 건가? 내가 나무에서 떨어진다니, 신이 정말 날 가지고 노나 보다.' 그랬어. 그러다가 '마저리, 그이가 날 도와서 고쳐 줬네.' 하는 생각이 들어.

　아주 어릴 때는 꿈을 꿔도 무슨 내용인지 기억을 못 했지. 그때는 그런 걸 전혀 모르니까 '꿈을 꾼다'고 말할 수도 없었을 거야. 그냥 꿈을 꾸고 어떤 때는 울기도 했지만 무엇 때문에 우는지는 몰랐지.

　좀 크니까 내가 꿈을 꾼다는 것도 알고 꿈에 나온 일도 기억하게 됐지. 어떤 날은 고기 먹는 꿈을 꾸고, 어떤 날은 우는 꿈을 꾸고, 어떤 날은 짐승이 나를 물거나 누가 나를 때리는 꿈을 꾸고.

　마저리, 하느님은 부끄러운 꿈도 내려 주셔! (웃음) 요전번에 이 마을에 사는 어떤 남자랑 동침하는 꿈을 꿨어. 내가 "안 돼. 남편한테 들킬 거야. 이러면 안 돼." 그래도 그 사람은 듣지 않고 계속 날 졸라서, 결국 같이 잤어. 남편한테 들키지도 않았어. 그런데 아침에 깨 보니 이런 생각이 들데. '하느님이 이런 식으로 남자들 꿈을 꾸게 해서 날 상처 입히려는 거로구나.'

　누구랑 동침하다 남편한테 들키는 꿈도 꿔 봤어. 남편이 우릴 줄기차게 때렸지. 깨서는 속으로 '꿈하고는 참! 하느님이 나한테 계속 남자들

꿈만 가져다주네!' 그랬지.

다른 꿈에서는 우리 남편이 다른 여자랑 사랑을 나누는 걸 봤지. 그 여자가 누군지는 모르겠고 그냥 꿈에서 봤어. 내가 소리를 지르니 둘이 떨어졌겠지. 그 다음부터는 나를 가까이하고 다른 여자는 마다했어.

남자들 꿈은 좋지―그런 꿈을 꾼다는 건 남자들이 나한테 끌려서 날 원한다는 거야. 그렇게 되면 성관계를 하는 꿈도 꾸게 되지.

그런 꿈 나는 만날 꿔. 하느님은 정말 꿈으로 날 괴롭히신다니까! (웃음) 하지만 누구와 사랑을 나누는 꿈을 꾸면 기분이 좋아. 그런 꿈을 꾼다는 건 나한테 애인들이 있다는 뜻이니까 좋지.

나는 늙은 여자지만 아직은 기력이 있어. 아직도 남자랑 살 섞는 게 재밌어. 하지만 기력이 예전 같지는 않고. 내 마음이 그래서 그런가? 모르겠네. 내 마음이 벌써 죽었나? 그럴지도. 남자 생각이 간절한 건 아니거든. 애인이 아쉽지가 않아. 그냥 번히 앉아서 하루하루를 보내지. 어느 날은 맘이 달아올라서 좀 생각이 날 때도 있어. '먹을 것'이―잠시 곁에 둘 남자가 아쉬운 날이 있긴 해.

하지만 요즘은 맘이 누웠어. 아니, 아예 잠들어 버렸나. 그런 흥분이 속에서 일어나질 않네. 내가 살이 좀 붙으면 맘도 준비되고 사람들도 "아, 보의 아내 좀 봐, 얼마나 예쁜지! 보는 어쩜 저렇게 예쁜 부인이랑 결혼했을까?" 그럴 거야. 그리고 몸 여기저기 구슬도 걸치고 머리에 스카프 같은 옷감도 두르고 걸어 다니면 예쁘게 보이겠지. 그럼 다시 젊은 여자가 된 것 같은 기분이 들어 날아갈 듯할 거야!

하지만 요즘은 내가 늙어 버린 기분이 들어서 애인도 그리 아쉽지 않네. 나는 이제 다 닳아 해졌어. 예전에는 내가 예뻐 보였는데 이제는 못생긴 것 같아. 내가 소싯적에야 진짜로 예뻤지! 지금은 지치고 말라빠져서 매력이 없어. 내가 지금 남녀 간의 즐거움을 별로 찾지 않는 게 그래서 그런 거지.

안 그런 날도 있지. 이러다가도 마음이 동하는 날에는 누구한테 가서 "당신, 내가 매력적이지 않아서 동침하자고도 안 하는 거야?" 하고 물어보겠지.

여전히 나를 원하는 남자들이 많지. 그이들은 내가 늙었다고 마다하지도 않아. 앉아 있으면 와서 그런 얘기를 꺼내곤 해. 하지만 내가 거절하지. 나는 늙어서 애인을 바라지 않는다고 그래. "왜 싫다는 거예요? 다른 늙은 여자들도 애인을 두는데. 왜 남자랑 사랑을 나누지 않겠다는 거예요?" 그러면, "아니, 싫어. 내가 자네 같은 젊은이를, 그늘 한량을 애인 삼았다가 죽기라도 하면 어쩌려고. 자네 기력이 하도 세서, 몸이 너무 실하고 힘이 세서 내가 못 견뎌." 그러고 놀리지.

그러면 그래. "저기 늙은 소들도 교접하는 거 안 보여요? 여자도 늙어서도 다 남자와 관계할 수 있어요. 그런데 뭐가 모자라서 사랑을 나눌 사람을 안 들이려는 거예요?" "암소가 늙어서 수소랑 교접하면 쓰러져 버려. 자네도 늙은 암소가 뒷다리 깔고 쓰러져서 누워만 있는 꼴을 봤잖아. 그런데 왜 굳이 나랑 동침해야 된다는 건지. 진짜로 그러면 이 늙은이 죽어."

이 정도 말해 주면 젊은 남자들은 가 버리지. 한 젊은이는 그래도 다시 왔는데 도로 보냈어.

그러다 다시 구미가 당겨서 남자 생각이 나는 날도 있겠지. 그러면 분을 바르고 구슬을 꿰어 걸치고 예쁘게 치장해. 그럼 아주 예뻐진 나를 보고 남자들이 그래. "이 늙은 여자가 이렇게 달콤한 향기를 풍기면서 왜 나를 마다하나?" 그러면 내가 낄낄 웃으면서, "썩 꺼져! 나 붙드는 놈 누구야! 나한테 지들 물건이라도 맡겨 놨나? 누가 감히 이걸 빼앗아 가려고! 내가 늙었어도 아직 이건 내 거야. 어디가 잘못됐는지, 만나기만 하면 구걸해 대고 마다해도 또 졸라대니 원." 그리 마다하고 쫓아 버리지.

요전번에 한 남자랑 그런 일이 있었어. 그 사람이 나한테 "니사, 뭐 줄 거 없어요?" 그래서 내가 "오늘은 오두막에 음식이 없는데." 했지. 그랬더니 "보통 먹는 음식을 찾는 게 아니라." 그러고 날 가리키더니 "바로 거기 있는 특별 음식 말이에요. 좀 주지 않을래요?" 하데. 내가 "특별 음식은 다 나갔네. 사람들이 하도 먹어 대서 남은 게 하나도 없어. 알맹이는 다 나가고 껍질밖에 안 남았어. 영양분도 빠지고 단맛도 빠지고. 벌레가 무는 것 마냥 성에 안 찰 걸." 그러고 놀려 댔지.

어쩌면 올겨울에 날이 아주 추워지면 그 사람을 받아들일지도 모르겠어. 하지만 지금은 아직 더우니까 그냥 오두막 안에서 남편 곁에 누워 있을래. 나처럼 늙은 여자는 추위를 타거든. 요즘같이 더운 때는 추위를 탈 일이 없으니까. 하지만 겨울이 오면 승낙할 거야. 남편이 사냥 나갈 테니 그때 젊은 애인이랑 도망쳐야지. 지금 새로 애인 삼을 이는 그 사람밖에 없어.

아직까지 내 마음에 두고 있는 남자들, 애인들이 몇 명 있지. 데베도 있고, 어렸을 적부터 함께했던 칸틀라도 있고. 그중에서 지금 내 마음에 가장 깊이 자리 잡은 사람은 데베야. 그 사람을 정말 좋아해. 어제도 우리가 같이 있는데 그 사람이 와서 나한테 말 걸었잖아. 그 사람도 마음으로 날 정말 좋아하지. 그래서 내가 그 사람을 그렇게 좋아하는 것이기도 하고. 그쪽에서 온 마음으로 나를 끔찍이 아껴 주지 않았으면 나도 그만큼 그 사람을 좋아하진 않았을 거야.

한번은 우리 둘이 사귀는 걸 보한테 들켰어. 데베랑 내가 며칠 동안 다른 이들과 같이 몽공고 덤불에서 지내고 마을로 돌아왔는데, 사람들이 우릴 보더니 그래. "오, 어떡해! 둘 다 이제 죽은 목숨이야! 니사, 자기랑 자기 친구 이제 끝이야. 남편들이 자기들을 죽이러 올 거야." 왜냐하면 그때 내 친구도 애인이랑 같이 거기 있다 왔거든. 눈앞이 깜깜했지. "어차피 일이 그리 됐다면 그냥 여기 앉아서 남편이 올 때까지 기다릴래. 와서 날 죽이라 그래."

친구 남편이 먼저 오더니 친구를 패기 시작했어. 나한테는 어떤 일이 닥칠지 전전긍긍했지. 일어나서 담배를 좀 가지고 돌아와서 사람들 틈에 섞여 앉았어. 데베도 그중에 있었지. 사람들한테 몽공고 열매를 선물로 나눠 주고 자리에 앉았는데, 그때 보가 왔어. 그 사람은 잠시 서서 우릴 노려보더니, 날 지나쳐서 데베한테 달려가 그 사람을 덥석 붙들었어. 그러고는 둘이 서로 붙들고 때리면서 싸우기 시작했지. 결국 다른 이들이 떼어 놓았어. 보는 화를 들이키더니 내가 앉은 데로 달려와서 가슴을 걷어찼겠지. 하도 세게 걷어차서 "퍽!" 하는 소리가 나면서 저기 덤불 있는 데까지 가서 나동그라졌어.

어떤 이가 달려와서 날 일으키고 다른 이가 보한테 큰 소리로 야단을 쳤어. "왜 이래요? 니사는 여자예요. 거의 죽일 뻔 했잖아요. 방금 당신이 찬 게 누군지 생각이나 해 봤나요? 가슴뼈를 부러뜨릴 뻔한 거 몰라요?" 나는 그냥 잠잠히 앉아 있었어. 보가 화난 게 무서워서 아무 말도 못하고 있었어. 사람들이 다 나와서 그 일을 놓고 이러쿵저러쿵했지.

그날 하룻밤 자고 다음 날 일어나니 아침에 츠와나 트럭 하나가 동부로 가는 길에 마을에 들렀어. 그걸 보다가 문득 '저 트럭 가는 길에 따라가야겠다. 저 트럭 떠날 때 저걸 타고 도망쳐야겠다.' 하는 생각이 들어. 속으로 '정말?' 하고 자문해 봐도 대답은 '그래, 정말.'이야. 그래 트럭 운전수한테 가서 "우리 남편이 날 죽이려고 해요. 여기 다른 사람들과 같이 동부로 가게 해 주세요." 그랬어.

그래 트럭이 막 출발하려 할 때 올라탔어. 남편이 그걸 보고는 트럭 바퀴 자국을 밟아서 우릴 뒤쫓아 왔지. 운전수는 트럭을 달려서 다음 마을에 정차하더니, 헤레로 소에서 짠 우유를 마시러 갔어. 그 사이 나는 사람들이랑 트럭 짐칸에 앉아 기다리고 있었지.

보는 모래 위의 자취를 쫓아 계속 달려서 결국 우리를 따라잡았어. 그래 츠와나 사람들이 앉아 있는 데로 와서는 "이봐, 검둥씨, 내 마누라를 돌려줘! 그 사람 내려 줘! 나한테 돌려달라고!" 그러더니 마구 소리를 지르고 욕을 퍼부었어. "네놈들은 거시기가 다 죽었냐? 내 마누라를 데려가 버리게? 좆심 다 시들어 버려라, 검둥이들! 내 마누라 내놔!"

결국 그중 한 사람이 "옜다, 네 마누라." 그러고 날 남편한테 넘겨주었어. 그래서 둘이 같이 마을로 걸어 돌아왔지. 그걸로 끝이었어. 그 뒤로 그냥 계속 같이 살았지. 하지만 그 일이 있은 뒤로는 애인을 사귀는 게 무섭더라고. 그래서 남자가 새로 사귀자고 다가와도 마다했지. 한동안은 데베도 멀리했어.

그 사건이 있고 오래지 않아 데베가 와서 "니사, 나 누구랑 결혼하고 싶어. 그래도 될까?" 하고 물어. "그래, 그 여자랑 결혼해." 그랬지. 그래서 결혼하게 된 것까지는 좋았는데, 그 후에도 그 사람은 여전히 나를 따라다녔어. 내가 마다하는데도. 오면 쫓아 버리고, 쫓아 버리면 또 오고 그래. 내가 "당신은 이제 젊은 여자를 마누라로 얻었잖아." 그러면서 가라고 떠밀었지.

어느 날 밤 그 사람이 또 와서, "니사, 자리에 눕게 잠자리 좀 봐 줘." 그래. 내가 안 된다고 해서 그냥 갔지. 그러더니 다음번에 또 왔어. 그래 결국에는 다시 그 사람을 취하는 데 응했지.

애인들이란 그래. 그때 데베 때문에 거의 죽기 직전까지 갔잖아. 그때 남편이 날 거의 죽일 뻔했어. 보는 우리 둘이 어디 딴 데로 가 버리는 걸 제일 질색했어. 우리가 그냥 오두막 안에서 몰래 그랬으면 남편이 그렇게까지 화내지는 않았을 거야. 그 일이 있고 얼마가 지난 후에는 남편이 데베한테 아주 좋은 말로 타이르기까지 했어. "데베, 자네가 그때 더러운 짓을 해서, 그래, 내 마누라를 데리고 도망쳐서 내가 화가 나 가지고 자넬 거의 죽일 뻔했지. 하지만 자네가 또 그런 짓을 해서 나를 죽도록 괴롭히지만 않으면 다시는 그렇게 큰소리 낼 일은 없을 거야. 뭐 오입질은 자네만 하는 게 아니니까. 누구나 다 그러고 사니 사람들이 그 문제를 가지고 크게 왈가왈부하지 않는 거지. 그러니까 이제 내가 자네를 부당하게 대했단 말 말게."

그 후로 남편은 그렇게 심하게 질투하진 않아. 아마 데베가 결국—보의 조카랑—결혼해서 더는 총각이 아니게 되었으니까 그러겠지. 또 보가 나를 너무 좋아해서 내가 떠나길 바라지 않는 것도 있고. 어제도 데베가 우리 야영지 주위를 어슬렁거리는 걸 보가 봤거든. 나보고 가서 데베랑 사랑을 나눌 거 아니냐고 그러더라고. 그러고는 끝이데. 그래도 나는 그 사람 맘이, 남자 맘이 그렇지 않다는 걸 알지. 그래서 보가 근처에 있을 때는 나도 데베 안 만나.

어젯밤에 이웃 마을에서 춤판이 벌어져서 거기 갔다가, 뭘 가지러 잠깐 오두막으로 돌아왔거든. 그런데 거기 데베가 와 기다리고 있어. 나보고 자기랑 둘이 같이 다른 데로 가재. 내가 싫다 했지. "안 돼. 남편이 뭐라 할 거야. 춤판으로 빨리 다시 돌아가지 않으면 남편이 호통 칠 거야." 그래서 데베는 내 입술과 뺨에 입을 맞추고는 그냥 갔어. 나는 맘이 아주 좋아져서 춤판으로 돌아갔지.

하지만 나는 그 사람이 진짜로 좋거든! 어쩌면 다시 만날지도 몰라. 어쩌면 내일 밤에 아주 아주 약간—한 순갈 정도 바람을 피울지도 몰라!

칸틀라? 그 사람한테도 여전히 마음을 두고 있지. 그 사람은 아직까지도 내 인생에서 중요한 남자야. 요즘도 남편이 멀리 외출하면 칸틀라가 와서 같이 누워. 그이하고는 바로 얼마 전에도 만났는데, 이건 보도 모르고 그 사람 부인 베이도 몰라. 그래도 만날 때마다 들킬까 두렵긴 하지. 주변에 사람이 많이 있으면 우리는 그냥 서로 바라보기만 해. 서로 흘깃흘깃 눈길만 주고받아도 가슴이 확 달아오르지. 그럴라치면 나는 속으로 그러지. '아, 내 연인. 주위에 사람이 너무 많고 보와 베이가 두렵다 보니 우리는 이런 식으로밖에 볼 수가 없구나.'

보는 가끔 시샘하면서, 칸틀라를 보면 왜 그를 애인 삼았느냐고 따지고 들지. 내가 보의 속을 아니까, 마음속에 질투가 있다는 걸 알지. 그래서 보랑 베이가 없을 때만 몰래 만나. 하지만 다른 때는 보도 칸틀라를 받아들여서 친근하게 굴어. 서로 피가 섞이지도 않았는데 "형님"이라고 부르기도 하고. 따지고 보면 칸틀라는 내가 보와 결혼하기 훨씬 전부터 나랑 사귀어 왔으니까.

베이도 당연히 우리 관계를 알지. 하지만 그이는 질투를 안 해. 그 옛
날에 우리가 어렸을 때도 그이는 질투 안 했어. 베이가 바로 옆에 앉아 있
어도 칸틀라는 서슴없이 나한테 와서 날 어루만지곤 하는 걸. 하지만 그
사람이 다른 여자랑 같이 있으면, 베이는 "그이에게서 떨어져!" 그러고
여자를 물어뜯고 소리 지르고 난리가 나. 나도 그러지. 하지만 우리 둘끼
리는 안 그래. 우리는 언제나 서로를 좋아해서 서로 형님 동생 하지.

하지만 요즘은, 칸틀라한테 맘이 있긴 해도 조금만이야. 그 사람이 내
마음을 그르쳐 놨거든. 나쁘게도 날 속이고 딴 여자를 사귀었어. 그 사람
이 딴 여자랑 있는데 내가 뭘 어쩌겠어? 안 그래도 어제 내가 칸틀라한테
그 얘길 했어. 그 여자를 떼어 버리라고. 안 듣지 뭐. 내가 질투를 부린대.
내가 그랬지. "아니, 질투 나서 그러는 게 아니야. 그 여자한테서 병이 옮
을까 봐 그러는 거라고."

그래서 요 며칠 동안은 그 사람이 마음에서 꺼려져. 하지만 그러다가
도 또 맘이 확 기울고 그래. 내가 이 사람이랑 얼마나 오래 갈 건지 모르
겠어. 데베랑도 사귀고 이 사람이랑도 계속 사귈 건지. 데베는 내가 칸틀
라랑 만나는 걸 싫어해서 그와 헤어지라고 하지. 칸틀라는 또 데베랑 헤
어지라고 하고. 칸틀라 말로는 데베가 아직 어린아이래. 그 말 듣고 내 이
랬지. "데베가 어릴지는 몰라도 머릿속에 분별이란 게 있으니 헤어지지
않을 거야."

나는 두 사람 다한테 마음이 가. 어디 다른 곳으로 가 있을 땐 이 두 사
람을 생각하고 그리워하게 돼. 한 사람이라도 만나면 맘이 다시 잡히고
모든 게 순조로워.

여자 마음이 어디로 가는지 알 수 없는 일이지. 그게 단순히 남자 맘 같은가?

그래도 아직은 남편이 있어야 돼. 남편이 나한테 "오늘은 당신한테 '먹을 것'을 좀 신세져야겠어." 하면 맘이 기뻐. 그 사람이 다가와서 일을 치르고 누우면 나도 눕지.

잠자리를 거부할 때도 있지. 요즘은 안 그런 지 꽤 되었지만. 그럴 때는 아프다고, 내가 몸이 말라서 한동안 쉬어야 한다고 그래. 그러면 남편은 "그게 내 탓인가? 당신이 마르고 아픈 건 신이 그래 놓으신 거 아냐?" 그래. 그러고 그냥 누워서 자.

어떤 때는 내가 딴 남자가 있어서 그런다고 화를 내기도 했지. 내가 "아니야. 여자가 애인 하나 생겼다고 남편을 마다하나?" 그러면 "당신은 애인들을 거느리고 있잖아! 안 그랬으면 잠자리를 거부하지 않았을 거야." 그래. 내가 "말도 안 되는 소리! 나처럼 비쩍 마르고 아픈 여자가 다른 남자랑 그 짓 하는 거 봤어?" 그랬지.

그때만 해도 우리가 관계를 자주 가지는 편이었어. 그런데 요즘 들어서는 한동안 별로 잠자리를 함께하지 않았어. 하룻밤 동침하고는 그 후로 오래도록 아무 일 없이 잠만 자지. 그러다 다음 달이 되어서 첫 달이나 뜨면 그때 하룻밤 동침하지. 그러고 또 다음 달이 뜰 때까지 일 없이 지내고. 그런 식이야.

남편 마음이 이제 나를 원치 않나 봐. 어쩌면 그래서 남편이 나를 자주 안아 주지 않는 건지도 몰라. 이게 어찌된 일인지, 왜 그 사람이 부부관계에 관심이 없어졌는지 진짜 모르겠어. 어쩌다 잠자리를 함께할 때는 아주 좋거든. 내가 늙었다고 생각하는 건가? 남편 말로는 내가 너무 말라서 살이 좀더 붙으면 좋을 거 같대.

어쨌든 안 좋아. 기분이 영 좋지 않아.

나는 아직도 부부관계에 관심이 많은데, 내가 원해도 보가 전혀 거들지 않아. 흥미가 없어. 그래 혼자 대책을 강구해야 하니 다른 남자를 찾을 수밖에. 내가 데베를 취하고 그이를 좋아하는 것도 그 때문이야. 그 사람이 나한테는 거의 남편이나 같아. 그리고 그 사람은 일을 아주 제대로 치르지. 함께 밤을 보내면 동이 틀 때까지 한다니까.

이전 남편들은 보 같지 않았어. 타셰이랑 살 때는 사랑을 나누는 날도 있고 안 그런 날도 있었지. 어느 날 밤에는 두 번도 하고—한 번은 눕자마자, 또 한 번은 새벽녘에. 그리고 베사로 말할 것 같으면 그 사람은 시도 때도 없이 밝혔어! 노상 흥분해 가지고 늘 빳빳하게 서 있었다니까. 도대체 쉴 틈을 안 줬어! 그 사람 마누라가 되면 쉴 수가 없어. 아주 기진맥진해서 지쳐 떨어질 때까지 해야 돼. 그 사람이랑 일을 치르고 나면 파김치가 돼. 그 남자는 진짜로 그걸 좋아했어! 나는 그걸 끝내 이해 못 했지. 도대체 뭘 먹었기에 그렇게 됐는지, 혹시 알아? 그 사람 때문에 나는 너무 피곤했어! 속으로 그랬지. '이이는 왜 이렇게 자주 하는 거야? 씹하다 사람 죽일 일 있나?

그 사람은 정말 호색한이었어. 아이고 어머니!

보랑 내가 아직 결혼 전에 사귀는 사이였을 때는 그 사람도 하룻밤에 몇 번씩 관계를 가지고 그랬어. 결혼하고 나서도 그랬지. 나에 대해 성욕이 식지 않았어. 그이는 마음도 따뜻하고 나를 사랑하는 마음도 아주 굳건했지. 동침도 자주 하고 할 때마다 만족스럽고. 불과 몇 달 전까지만 해도 그랬거든.

그러니까 요즘 들어 갑자기 그렇게 된 게 마음에 안 들어서 왜 그렇게 변했느냐고 내가 남편한테 묻는 거야. 뭐가 잘못된 건지 모르겠어. 기력이 떨어지거나 정력이 떨어져서 그런 건 아니야. 아직 그쪽으로는 기력이 팔팔하거든. 어쩌면 마음이 문제인지 몰라. 마음이 죽었는지도 모르지. 그 사람이 다른 여자들이랑 한다는 소릴 들은 적이 없으니까. 물론 여자가 있다 해도 말 안 하겠지만. 준/트와시는 배우자를 무서워하니 바람피워도 입 다물고 마니까, 정말 모르는 일이지. 그러긴 해도 내가 아무한테도 남편 얘길 못 들은 걸 보면 아마 딴 여자는 없는 것 같아.

그게 아니면, 어쩌면 남편이 나한테 흥미를 잃었는지도 몰라.

그 문제를 내가 처음으로 남편한테 물어본 게 불과 넉 달 전이야. 그 전까지만 해도 남편이 얼마나 자주 날 안았는지, 또 얼마나 좋았는지 아니까. 그때 우리가 황야에 둘이 따로 나와 지내고 있었어. 내가 "우리가 지금 딴 사람들 있는 데서 자는 것도 아니고 단 둘이만 있는데, 왜 나랑 동침하려 들지 않아? 여기 우리 오두막 하나만 있고 주위에 아무도 없는데 왜 같이 자려고 안 해?" 하고 물었더니 "아프니까 그렇지. 당신도 아플 때 해 봐. 그러다 복상사할지도 몰라. 아픈 사람보고 안아 달라 조르다니, 어린애 같은 소리 마." 그래.

그 말을 들으니 내가 당분간 그 얘긴 하지 말아야겠다는 생각이 들어, 아예 말을 말자, 하고 있었어. 그 사람이 아프다는 말이 안 믿겼거든. 멀쩡하니 잘못된 데도 없는데. 그 말이 사실이 아니었던 게지. 그 사람 행동이 이해가 돼? 자기가 아픈 줄 믿게끔 속이는 거잖아. 그래서 차라리 말을 말자, 하고 더 묻지도 않았어.

하지만 아직까지도 그 일은 마음에 두고 있어. 그 생각을 계속하고 있지.

다른 여자 문제는 아닌 게 확실해. 그 사람이 나랑 사귀기 전까지만 해도 여자가 많았지만 나랑 결혼하고 나서는 다 마다했거든. 몰래 바람피운 건 내 쪽이지. 왜 그러는지 몰라……

하루는 내가 남편한테 젊은 여자랑 사귀어 보라고까지 해 봤는데, 싫대. "왜 그래? 딴 여자 있으면 나한테 구해다 주려고?" "왜, 그러면 안 돼? 내가 당신한테 다른 여자들을 붙여 줄게. 나가서 젊은 여자랑 마음대로 사귀어." 하지만 그 사람은 자기는 유부녀들이랑은 안 사귀겠다는구면. 오두막에서 남편한테 들키기라도 하면 죽는다나. 그 후로 그런 얘긴 꺼내지 않았어.

어떤 때는 이 모든 일에 울화통이 치밀어. 그러고 있으면 또 와서 그래. "뭣 때문에 기분이 안 좋아? 왜 그렇게 화가 났어?" "당신이 나랑 진짜 결혼 생활을 안 해 주니까. 자고로 결혼이란 걸 했으면 당연히 잠자리를 함께해야 하는 거잖아." "왜 그렇게 허구한 날 그걸 못 해서 한탄이야? 여자가 되어 가지고 만날 그거 하고 싶단 투정이야?" "애초에 뭘 해 주겠단 생각으로 나랑 결혼했어? 나랑 동침할 생각으로 결혼한 거야, 아니면 그거 없이 같이 살기만 하려고 결혼한 거야? 우리 그냥 집안일이나 같이 하자고 결혼한 거였어?"

사람이 결혼을 하면, 서로 이러저러한 일을 해 주기도 하지만 운우지락을 나누기도 하는 거잖아. 그런데 부부관계가 전혀 없으면 마음이 죽지! 잠자리가 멀어지면 마음도 따라 멀어져. 이해해? 남편이 밤일을 안 해 주면 심란해져. 욕구 때문에 맘이 헝클어지잖아. 그럴 땐 한 이불 속에서 일을 치러야 사이가 순탄해지지.

그래서 생각했어. '그래, 남자는 정력이 있어야 하지. 그런데 보는 기력은 있으면서 사내구실을 안 하는구나. 내가 이 사람한테 이걸 매일같이 요구해야 하나? 차라리 가만 내버려 두자. 그냥 나 혼자 스스로 살 길을 강구해 보자.'

어떤 때는 내가 보랑 결혼 안 하고, 매일 동침해 주는 다른 사람이랑 결혼했으면 어쩌면 다시 임신했을지도 모른다는 생각이 들기도 해. 날이면 날마다 남자랑 동침하면 아기를 배고 낳고 또 배고 낳고 하거든. 그건 자네도 여자니까 알지. 어쩌면 남편이 자주 보듬어 주지 않아서 내가 다시 임신 못한 건지도 몰라.

보도 왜 우리 사이에 자식이 생기지 않는지를 생각하지. 우리 사이에 자식이 있었으면 좋겠다고 말한 적도 있지, 아마? 내가 그랬지. "여보, 내가 아직까지 달거리를 해야 임신을 하지, 그게 멈추면 자식이고 뭐고 없다오."

보도 다른 여자랑 사이에 자식이 하나 있었어. 딸이었는데 참 예뻤지! 그 애도 다 자라서 달거리 시작하고, 결혼해서 임신해 가지고 애까지 낳았는데, 애 낳고 얼마 안 되어 산모랑 아기가 둘 다 죽었어.

그이도 나하고만 유독 자식이 안 생겼어. 나하고만 자식이 없어.

나는 보랑 헤어지진 않을 거야. 다른 남자가 좋아져도 덜 중요한 사람으로, 애인으로만 삼겠지. 다른 남자가 와서 결혼해 달라고 해도, 보가 없을 때만 동침할 거야. 어쩌면 그 사람을 좋아하게 될지도 모르지만 그래도 보를 떠나진 않을 거야. 그럴 필요가 없으니까.

남편하고야 자주 싸우지. 허구한 날 서로 상대한테 불평하고 소리 지르고 하지. 우리는 처음부터 그랬어. 어떤 때는 남편이 부탁한 일을 내가 안 해 준다고 싸워. 그 사람이 뭘 하라고 했는데 내가 거절하잖아. 그럼 남편이 소리를 지르고 둘이 싸우기 시작하는 거지. "오늘 물 안 길어 올 거야?" 그래서 내가 싫다 그러면 "여자가 하는 일이 뭐야? 남자는 마누라가 여자 역할을 해 주길 바라 결혼하는 거야. 물 길어 오고, 장작 줍고, 잠자리 챙기고. 그런 게 여자의 할 일이야. 어떻게 된 여자가 잠자리도 안 챙기고, 물도 안 길어 오고, 장작도 안 주워 와?" 그래.

그러면 내가 이러지. "딴 남자들은 아내를 도와주지 않아? 여자들이 장작 주우러 물 길러 나가면 남편들도 같이 따라가서 장작 나르고 물통에 물 채워 주고 안 그래? 당신은 날 도와줄 필요가 없단 말이지?" 그러고 계속 싸워.

다른 싸움도 하지. 어떤 때는 남편이 나한테 뭘 부탁했는데 내가 안 해 주잖아. 그러면 또 이렇게 고함치지. "당신 진짜 글러 먹었어! 다른 남자들도 다 당신이 못돼 먹었다고 그러더군! 내가 뭣 좀 해 달라는데 못하겠다고? 대체 어떻게 생겨 먹었기에 그렇게 못된 여자가 되었지? 당신 버리고 딴 여자 찾아 결혼할 거야!"

그럼 나도 그래. "좋아! 가! 딴 여자 찾아 마누라 삼아. 내가 게을러서 당신이 날 버리고 딴 여자랑 결혼한다 해도 달라질 거 없어. 그런다고 내가 속상해할 거 같아? 천만에. 내 애인들이 다 와서 도와줄 걸. 남자가 자기밖에 없는 줄 아나?" "그래. 그놈의 애인들 때문에 내가 시킨 일을 안 한다 이거지. 그놈들 때문에 내 말은 콧등으로도 안 듣고."

한번은 남편이 발에 가시가 박혔어. "여보, 이리 와서 발에서 가시 좀

빼게 도와줘." 그러기에 내가 "혼자 하셔. 내가 왜 그걸 해? 요전번에 내가 발에서 가시 빼내게 도와달라고 하니까 당신이 싫다고 했잖아?" 그랬더니 내가 거짓말한다네.

당연히 남편 발에서 가시는 빼내 줬지. 그러고 나서 말했어. "자, 가시 빼 줬다. 하지만 만약 이게 내 발에 박혀서 빼내 달라고 부탁했으면 당신은 '싫어. 남자가 여자 발에 가시 박힌 거 빼 주는 거 봤어?' 그러면서 안 해 줬을 걸. 그러면 나는 '말도 안 되는 소리 마! 딴 여자였으면 빼내 줬겠지. 내가 해 달랄 땐 왜 안 해 줘?' 그랬겠지."

그러고 일어나서 멀찍이 떨어진 구석으로 가 누워 버렸어. 보가 그래. "이게 뭐 싸울 일이야? 그렇게 날 혼자 놔두고 저만치 떨어져 있을 거면 차라리 일어나서 나가지 그래?" "당신이 만날 심한 말만 하고 좋게 대해 주지 않으니까 그러지! 나한테 만날 소리 지르고. 매일같이. 쉬지도 않고."

어제도 싸웠어. 내가 담배 좀 피우게 파이프를 빌려 달라고 그랬거든. 그런데 내가 지난번에 파이프를 잃어버렸다고 안 빌려 주겠다는 거야. 내가 "거짓부렁 마. 그나저나 어찌 된 거야? 왜 파이프에 불 안 붙여 줘?" 했더니 "못된 여편네! 염병할! 불 따위 붙여 주나 봐라!" 그러던걸.

그러고 저녁 때 다른 일로 또 말다툼을 했지. 춤판에 가서 잠시 있다가 보가 그만 오두막으로 돌아가재. 그래 내가, 나는 더 있고 싶으니까 돌아가려면 당신 혼자 가라고 했지. 그런데 보는 나도 같이 가야 된다고 우겼겠지. 그래서 결국 같이 왔어.

우리가 하도 많이 다투니까 한번은 오라버니가 그래. "니사, 뭐가 잘못되었기에 왜 만날 그렇게 남편한테 소리 지르는 거니?" "음, 음. 소리 지르는 건 남편이야. 나는 여자라서 그렇게 화로 꽉 차 있지 않다고. 화내는 건 남편이야." "아니. 나는 네가 그러는 게 영 탐탁치가 않다, 니사. 그건 안 좋아. 너는 보한테 만날 소리 지르잖니. 보가 뭘 잘못했다고 그래? 네 남편은 착한 사람이야. 왜 하루가 멀다 하고 그 사람한테 소릴 지르는 거냐?" "보가 날 싫어하니까! 허구한 날, 하다못해 물 가져오란 얘기할 때도 큰소리를 낸다니까! 뭘 가져오라고 해서 갖다 주면, 그래도 맘에 안 든다고 투덜거리고."

내가 일 안 하고 뻗댈 때도 가끔 있긴 하지. 보가 나한테 뭘 부탁해도 피곤하면 안 해. 하지만 피곤하지만 않으면 나도 마다하지 않아. 그 사람은 우리가 그렇게 많이 다투고 화목하게 못 지내는 게 내가 못돼서라고 생각해. 하지만 집안일 때문에나 싸우지. 그런 거 아니면 내가 뻗대고 남편이 나한테 소리 지를 일도 별로 없지.

대부분은 별 거 아닌 일로 다투지만 심각한 싸움도 몇 번 있었지. 한번은 어떤 일 때문에 다투는데 남편이 나한테 고함을 치더니, 화가 머리끝까지 나서 여기 눈 근처를 때렸어. 나도 악을 쓰면서 남편한테 달려들어서 막 때리고. 남편이 나를 붙들어서 내동댕이치고는 다시 붙들려는데, 사람들이 와서 떼어 놓았어. 남편은 주저앉아 있고 나는 서서 막 고함지르고. 그러다가 남편을 때리려고 막대기를 가지러 달려가는데 사람들이 말려서 그건 못하고, 그냥 서서 소리만 질렀지.

심하게 싸운 적이 또 한 번 있어. 우리 조카딸, 우리가 키우고 있는 작은 누카 때문에. 보랑 내가 조카를 데리고 다른 일행과 함께 황야로 나가서 한동안 지낸 적이 있었거든. 그때 나는 우리 야영지 근처에서 오두막에 이을 풀을 베고 있었어. 일하고 있는데 누카가 우는 소리가 들려. 계속 일하는데 울음소리가 그치질 않아. 그래서 하던 일을 관두고 야영지까지

허겁지겁 달려갔지. 도착해서는 화를 내면서 "작은 누카가 왜 계속 울어 대? 누가 이 앨 때렸나? 왜 울어?" 그랬지. 누카한테 "너희 할아버지가 어떻게 했니? 이렇게 울게?" 그랬다가 다시 보한테 "이 애 누가 울렸대?" 그러니까 보가 그래. "당신네 꼬마, 요 못된 것이 눈물샘이 터졌나봐. 왜 만날 빽빽 울어 대는지. 그냥 저 혼자 울음보 터뜨린 거야. 난 아무 짓도 안 했는데 지금 당신은 내가 울렸다고 그러는 거야?"

그래 말다툼을 시작했지. 그러다 몸싸움이 됐어. 처음에 보가 나를 밀어서 내가 넘어졌지. 나도 벌떡 일어나서 남편을 붙들고 때리고. 그랬더니 그 사람이 나한테 주먹을 휘둘렀는데 너무 세게 때려서 여기 머리에 아직도 흉터 남았잖아. 하지만 나도 지지 않고 남편을 붙들고 그 손을 부러뜨릴 생각으로 마구 때렸어. 사람들이 달려와서 우리를 떼어 놓는 바람에 겨우 그쳤지.

하지만 나중에는 화해하고 도로 서로를 아끼며 지냈지. 다들 그래. "에, 니사랑 보가 잘 지내시네. 그렇게 싸우고 나서도 다시 서로를 아껴 주고." 맞아. 그냥 계속 함께 앉아서 서로를 보듬어. 싸우고 나서 속에 앙금이 남거나 하진 않아. 그저 계속 서로 사랑해. 싸우고 나서도 변함없이 서로 사랑하고. 그렇게 사는 거지.

이게 내가 살아 온 이야기야. 내가 살아 온, 나에 대한 이야기. 나는 아직 애인들도 있고, 아직 이러저러한 일도 많이 하지만, 살고 또 살아서 이젠 늙었지. 이제 내가 아는 많은 얘기들, 옛날에 사람들이 내 앞에서 얘기했던 것들, 내가 봤던 것들, 그런 것들을 모두 털어놓았어. 이제 자네는 나한테서 이 이야기들을 가지고 떠나겠지.

에필로그

Epilogue

고고학적 증거에 따르면, 과거 한때는 오늘날 코이산족과 문화적으로 유사한 주민들이 남아프리카, 동부 중앙아프리카, 동아프리카 전체를 차지하고 살았다. 북부에 살던 주민들은 적어도 2,000년 전 이후부터 수단 지방에서 온 철기를 사용하는 농경민들(오늘날 반투어족의 조상)에 떠밀려 점차 남쪽으로 내려갔다. 이러한 이주는 느린 속도로 계속 진행되었지만, 사하라 이남 아프리카는 수렵채집민들에게 쾌적한 환경이어서 그들은 수세기 동안 문화적으로나 머릿수로나 번성했다. 그 이전 시기의 고고학적 발견을 통해 우리는 아프리카 남부에 수렵채집민들이 수만 년간 존재해 왔음을 알 수 있다.

1652년 네덜란드인들이 남아프리카에 상륙하기 이전까지, 산족과 이웃한 반투어족의 관계는 치열한 경쟁과 전쟁으로 얼룩져 있었다. 그러나 그 후 200년 동안 추산하여 20만 명에 달하는 남아프리카의 산족들이 거의 몰살당한 책임은 궁극적으로 네덜란드인—오늘날의 아프리카너(Afrikaner, 남아프리카 백인 정착민의 후예들을 일컫는 말—옮긴이) 주민들의 조상—들에게 있다. 그들은 남아프리카 개척지를 점차 넓혀 갔으며 이곳은 17세기 대부분과 18세기 내내 공격과 보복이 꼬리를 물고 이어지는 무법 지대였다. 그러나 활과 화살과 창은 중화기로 무장하고 공식 인가를 받은 의용군(소위 '코만도commandos')에 상대가 안 됐다. 이 군대는 구석진 곳까지 침투해 외딴 지역에 고립된 산족들까지 학살했다.

그 이웃 나라의 산족 집단이 겪은 정치적 사건들은 그보다는 덜 잔혹하다. 반투어족 목축민들, 바칼라하리족, 츠와나족, 헤레로족은 무장 공격을 통해 결국 산족 영토에 대한 통제권을 획득했다. 그러나 그들이 남부에서 승리를 거두었을 때와는 달리, 이 정복 과정에서는 산족이 대규모로 살상되지 않았다. 오늘날 산족—최소한 세 주요 언어·문화 집단의 이질적 복합체—의 전체 인구는 4만~4만 5,000명으로 추산되며, 그중 절반 이상이 보츠와나에 거주하고 있다. 가장 외딴 곳에 고립된 몇몇 산족 집단들은 실제로 그들 이전의 조상들과 같은 방식으로 생활을 영위해 나갈 수 있었다. 1950년대 초까지도 최북단—보츠와나, 나미비아, 앙골라—에 거주하는 산족 대부분은 수렵채집 생활을 유지했다.

1963년 리처드 리와 어빈 드보어가 도착했을 때 보츠와나 도베 지역의 많은 !쿵족들은 전통적인 생활 방식을 따라 살아가고 있었다. 내가 첫 번째 현지 여행을 떠난 1969년에는 도처에서 변화의 압력이 느껴졌지만 아직은 !쿵 전통이 우위를 차지하고 있었다. 그러나 내가 두 번째 현지 여행을 간 1975년 봄에는 변화의 속도가 빨라지고 어디에서나 변화를 목격할 수 있었다. 아직까지는 수렵채집한 식량이 눈에 많이 띄었지만, 사람들은 채소를 심고, 염소를 치고, 황야에서 식량을 운반하는 데 당나귀를 쓰고, 공예품을 판 돈을 모아 가축을 샀다. 무엇보다도 크게 바뀐 것은 사람들의 태도였다. 그들은 이제 근방의 농경목축민들을 미래의 모델로 삼고 있었다.

이러한 변화는 부분적으로는 헤레로·츠와나족과 다년간 접촉하면서 영향을 받은 것이다. 헤레로·츠와나족은 1920년대 중반 한 헤레로 부족이 도베 지역에 영구 거주지를 건설하면서 이곳에 처음 정착했다. 정착 마을에서는 !쿵 사람들을 대부분 기꺼이 받아들였다. !쿵 사람들은 가축을 치는 데 일손을 보태고 노동의 대가로 주로 식량과 거처를 얻었다. !쿵 사람들이 수렵채집으로 생계를 영위하는 능력이 심각하게 위태로워진 것은 헤레로·츠와나족이 오고서도 오랜 시간이 흐른 뒤였다. 그러나 보츠와나 전역에 가뭄이 닥치고, 인구가 한층 밀집된 지역의 넓은 땅이 심한 방목으로 훼손되면서, 경작과 방목이 안 된 땅이 있는 도베 지역으로 주변 인구가 모여들기 시작했다. 또, 기술이 발전해 우물을 파는 일이 쉬워지고 비용도 더 저렴해졌다. 1960년대 후반 경에는 이 지역에 사는 !쿵 사람 460명이 우물 아홉 개를 (가장 작은 것 하나만 빼고) 헤레로·츠와나 사람 350명과 그들이 소유한 소 4,500마리, 염소 1,800마리와 나눠 쓰고 있었다. 뿌리 식량과 열매는 대부분 가축들이 짓밟거나 먹어 치우거나 뿌리째 뽑혀서 점점 찾기 힘들어졌다. 사냥감들도 가축 떼에 놀라 도망가거나 먹이인 목초 경쟁에서 밀려나 멀리 이동했다. 이제 !쿵 사람들은 수렵이나 채집을 하려면 그들이 전통적으로 대부분의 시간을 보내 온 영구 샘물에서 더욱 멀리 떨어진 곳까지 걸어가야 한다.

최근에는 변화의 자극이 다른 여러 곳에서 동시에 밀려오고 있다.

1967년 소를 거래할 목적으로 처음 상점이 열렸는데 여기에서는 식량을 비롯한 각종 상품들도 판다. 상점에서 파는 설탕은 술을 빚는 데 쓰이고, 사람들은 술을 팔고 마시면서 시간을 보내는 일이 흔해졌다. 교역이 늘고 정부 관리들이 찾아오면서 이 지역을 왕래하는 교통량 또한 발생하게 되었다. 많은 !쿵 남성들은 동부의 인력 시장으로 태워다 줄 운송수단을 찾아, 그곳에서 남아공의 금광에서 일할 인부로 등록한다. 그렇게 해서 몇 달 또는 몇 년을 일하고, 그때까지 번 돈과 더불어 바깥세상에 대한 새로운 물정과 지식을 얻어 가지고 돌아온다.

임금 노동이 이 지역에 아주 새로운 것은 아니다. 많은 !쿵 남녀들이 이 주변 지역에서 보츠와나 정부가 지원하는 프로젝트에 동원되어 몇 년간 일하거나, 나미비아에서 단기간 노동한 경험이 있다. 1963년부터 1972년까지 이 지역에 인류학자들이 자주 찾아온 것도―노동과 조력의 대가로 임금 또는 상품을 교환하거나, 외부 세계의 새로운 역할 모델을 보여 줌으로써―이미 일어나고 있던 변화를 더욱 가속시켰다.

또 다른 변화는 1970년대 중반 보츠와나 정부가 추진했다. 1966년 독립한 보츠와나는, 어느 민족도 상대적 우위를 점하지 않는 다인종적 근대화 프로그램을 추진했다. 그러나 정부는 별도의 도움이 없으면 산족은 아마도 (법적으로는 그렇지 않았지만) 대대로 그렇게 취급되어 왔던 대로 2등 시민으로 남을 것이라 판단했다. 도베 지역의 !쿵족들처럼 개중에서도 문화 접촉이 적었던 산족들은 자기 조상들이 수렵채집을 영위해 온 땅의 소유권을 스스로 지키기에는 정치적으로 너무 순진하기에, 아마도 보츠와나의 다른 지역에서 그랬듯이 불법 침입자로 전락하든지 부유한 농장에서 소몰이꾼으로 궁핍하게 살아갈 것이 뻔했다.

그래서 보츠와나 정부는 1974년 정부 부처 내에 바사르와 개발국을 신설했다. 이곳에서 처음으로 한 일은 산족의 인구 통계를 작성하고 그들의 요구를 하나하나 정리하는 것이었다. 그리고 국제 원조 기구의 지원으로 산족의 삶을 실질적으로 개선하기 위한 프로젝트 자금이 할당됐다.

또 보츠와나 곳곳에서 산족의 미래에 관심을 가지고 그들과 함께 일하는 인류학자들을 비롯한 여러 사람들도 지원의 손길을 뻗었다. 그들은 보츠와나 정부의 대대적인 지원을 받아 칼라하리 인민 기금Kalahari People's Fund: KPF[1]을 설립했다. 정부의 감독과 산족의 협조를 얻어, KPF는 !쿵족과 기타 산San 민중들의 땅과 문화에 대한 권리 보호를 위한 프로그램 개발을 지원했다. 이 조직은 여러 프로그램을 위한 기금을 모으는 일을 했는데 그 프로그램 가운데 다수는 산족의 요청으로 발의된 것이었다. 예컨대 우물이 없으면 토지에 대한 법적 소유권을 주장할 수 없으므로 우물을 파는 데 쓸 다이너마이트와 기타 장비를 확보하는 일, 보츠와나 정부와 !쿵족과의 의사소통을 원활히 하고 경작지를 등록하거나 물 사용권을 청구하는 데 필요한 복잡한 법적 절차를 거들어 주는 연락관을 파견하는 일, !쿵 어린이들에게 수업료와 의복을 지급하는 일, 산족 문화에 대한 교육 과정을 개발해 보츠와나 전역의 학교에서 활용할 수 있게 지원하는 일 등이다. 이러한 프로그램을 통해 산족들은 한층 순조로운 미래를 보장받을 수 있을 것이다. 물론 이러한 프로그램들은 정치·경제적 변동에 따라 변동되기 쉽기 때문에 정부 정책과 우선순위가 바뀔 경우에는 온전히 실현되지 못할 수도 있다.

그러나 국경 너머 남아공 통치 하에 있는 나미비아(남서아프리카)에서 벌어지고 있는 일들은 !쿵족의 장기적 복지를 훨씬 더 위협하고 있다.

1966년 이후 북나미비아 흑인 민병대와의 게릴라전에 휘말려 있는 남아공은, !쿵 남성들을 반란 진압군으로 남아공 군대에 입대시키기 위해 !쿵족과 다른 토착민들 사이의 적대감을 공공연히 조장해 왔다. 지금까지 도베 지역에서도 많은 !쿵족 남성들이 추격병이나 정찰병으로 입대해 무기와 화기를 다루는 훈련을 받고 있다. 나미비아 분쟁에 대한 평화적인 정치적 해법이 제시되지 않는다면, 나미비아의 !쿵족은(그리고 보츠와나의 !쿵족도 아울러) 싸울 이유가 없는 사람들에게 총부리를 겨누는 한편 자신들의 목숨까지도 잃게 될 것이다.(1966년 유엔은 1920년 이래 남아공의 신탁통치하에 있던 나미비아를 유엔의 관리 하에 둘 것을 결의했다. 이에 남아공 정부가 철수를 거부해 내전이 일어났으며, 이것이 저자가 설명하는 1981년 현재의 상황이다. 이후 남서아프리카인민기구SWAPO를 중심으로 한 끈질긴 게릴라전과 투쟁 끝에 나미비아는 1990년 남아공으로부터 완전히 독립했다.—옮긴이)

확실히 !쿵족의 미래 세대는 수렵채집 생활을 계속 유지할 수 없을 것이다. 그들 스스로의 통제를 벗어난 변화는 날로 가속화되고 있다. 이제 그들은 바깥세계의 여러 집단과 물자, 사회·경제·정치적 영향에 노출되어 있다. 이제 도베 지역에는 운송 트럭이 다니는 도로, 상점, 학교, 병원까지 들어와 있고 앞으로는 더욱 발전할 것이다. !쿵 사람들은 이러한 미래를 반기며, 받아들이는 데 그치지 않고 능동적으로 도전을 추구한다. 그러나 그들의 문화유산이 미래에 얼마나 살아남을 것인가는 미지수다.

보츠와나 도베 지역의 !쿵족을 다시 방문할 기회가 오기까지 4년 동안, 나는 첫 번째 현지 여행에서 수집한 많은 자료들을 정리했다. 여러 여성들을 인터뷰한 녹음테이프를 다시 들으면서 나는 그중에서도 니사의 이야기가 가장 사람 마음을 끄는다는 내 느낌을 재확인했다. 그리고 니사와 열다섯 차례 인터뷰한 내용을 번역하고 옮겨 적었다.

그러나 자료 작업을 하면서 잠재적인 문제점들 또한 시야에 들어왔다. 첫째로, 나는 성적인 주제가 대화에 얼마나 빈번히 등장하는지를 확인하고 한 대 얻어맞은 듯한 느낌이었다. 나는 니사를 비롯한 여성들에게 "!쿵 여자가 된다는 건 어떤 건지 가르쳐 달라."고 나를 소개했다. 이것이 인터뷰한 여성들의 자기표현에 얼마나 영향을 미쳤는지는 분명치 않다. 하지만 다른 인류학자 하나는 !쿵 사람들이, 내가 여자들한테 쪼르르 달려가서 눈을 똑바로 쳐다보며 "어젯밤에 남편과 성교했나요?" 하고 묻는 인물이라고 웃기게 (그리고 통렬하게) 묘사했다고 전해 주었다. 내 명성은 한 번은 남편이 아내의 부정을 추궁하는 데 이용되기도 했다. 그는 아내에게 "정말 당신이 바람을 피우지 않았다면, 대체 마저리는 만날 당신한테 와서 무슨 얘길 하는 거야?" 하고 쏘아붙였다는 것이다.

다른 문제들도 있다. 니사는 경험으로나 성격으로나 !쿵족 주류의 삶을 잘 대변하는 인물이 아니었다. 내가 인터뷰한 여성들 가운데는 니사만큼 비극적인 일을 많이 경험한 이도, 그녀만큼 거침없고 제멋대로인 성격을 지닌 이도 없었다. 어쩌면 !쿵족 삶을 해석하거나 그 이야기를 다른 !쿵 여성에게까지 일반화하기에는 니사의 이야기가 너무 특이할는지도 모른다.

또 다른 문제는 그녀의 증언에—아이들 간의, 부모와 자녀 간의, 성인들 간의—폭력 묘사가 과도하게 등장하는 듯하다는 점이었다. 체벌이나 폭력적인 충돌은 확실히 다른 여성들을 인터뷰할 때도 드러난다. 인류학자들 스스로도 주먹다짐이 오가거나 독화살로 공격하겠다고 위협하는 현장을 직접 목격했고, 서류상으로도 살인 사건이 꽤 많이 보고되어 있기 때문에 !쿵족의 삶에 공격성이 존재한다는 것은 이미 논란의 여지가 없다. 내가 걱정하는 것은 니사가 자신의 부정적인 경험을 과장한 나머지, 그녀가—대다수 !쿵 사람들의 생각과는 거리가 먼 방향으로—!쿵 문화를 극단적으로 묘사했을지도 모른다는 점이다. 지금까지 발표된 자료들 대부분은 !쿵족의 평화스러운 면을 보여 주고 있다. 그 다른 측면에 대한 니사의 묘사는 정확한 것일까? 그리고 사실 나는—그녀의 이야기를 발표함으로써—시각의 균형을 맞춰 주는 역할을 하고 싶었던 것일까?

마지막으로 중요한 쟁점은 도덕적인 것이었다. 그녀의 생애사를 출판하려는 의도를 니사와 의논할 때 나는 니사에게 어떤 의무를 지게 되는 것일까? 비록 신원을 감추고자 인명과 지명을 세심하게 변조하기는 했지만, 그녀가 자신의 이야기를—어떤 형식으로든—발표하는 데 반대한다면 책을 쓴다는 계획은 확실히 지장이 있을 것이다. 이것은 분명히 '나의' 작업이었고, 그녀는 확실히 '충분한 설명을 들은 후 동의'해 주긴 했지만, 이것은 '그녀의' 이야기이기도 하다. 나는 니사를 비롯해 내가 인터뷰한 여성들에게, 미국 사람들이 !쿵 여성들의 삶을 배울 수 있도록 인터뷰한 내용을 가지고 돌아가겠다고 이야기했다. 이 동의 내용에는 그것을 글로 쓰는 것도 암묵적으로 포함되어 있어서, (내가 느끼기에) 그 증언을 소량 발췌해 잡지 기사에 발표하는 정도는 괜찮을 것 같았다.

내가 니사에게 제안한 책은 그런 것과는 매우 달랐다. 니사의 증언 전체는 논문에 조금씩 인용한 것보다 훨씬 더 복잡하며, 개인의 명예를 손상할 만한 내용을 품고 있었다. 사람들의 신원을 감춘 데다 그녀가 사는 마을이 고립되어 있음을 감안하면, 이 책의 반향이 혹시라도 니사에게까지 미칠 여지는 매우 적어 보였다. 그럼에도 나는 내 계획을 니사와 의논

476

하는 일이 중요하다고 생각했다. 어쩌면 그녀는 출판하기에는 너무 사적이라고 느끼는 부분을 제외해 달라고 요구할지도 몰랐다.

과연 그녀가 출판과 제작, 독서, 도서 홍보의 세계를 이해할 것인가? 분명 그녀는 말을 기록하는 수단으로써 글을 쓴다는(그리고 나중에 그 글을 읽고 이해한다는) 개념을 이해했다. 그녀는 리처드 리한테 부탁해서 나한테 편지를 한 통 써 달라 하겠노라고 말하기도 했고, 다른 인류학자들과 츠와나 법정의 관리들이 이런저런 상황에서 글을 쓰는 광경을 보기도 했다. 또 그녀는 시장—물건을 사고팔고, 돈을 벌고 쓰는—에 대해서도 충분히 알고 있었으니, 책도 옷처럼 상품으로 팔기도 하고 팔지 않기도 한다는 원리를 이해할 것이다. 나는 책에서 나는 수익을 일정 비율 떼어 칼라하리 인민 기금과 (적절한 방식으로) 니사에게 전달할 계획이었기 때문에, 이 책이 성공을 거둘 경우 우리가 나눠 가질 경제적인 이익에 관해 의논하는 일은 중요했다. 대체로 나는 이 이야기를 다시 꺼내면 그 계획에 대해 니사가 찬성할 것이라는 희망을 품고 있었다. 혹여 그렇지 않더라도 나는 그녀의 뜻을 곧이곧대로 따르리라고 결심했다.

두 번째 현지 여행 때는 이러한 질문을 탐구할 수 있을 터였다. 니사의 생애사에서 혼란스러운 부분이나 빠진 부분을 상세히 보충해 최종 원고의 질을 높일 수도 있을 것이다. 아울러 니사와의 관계를 새롭게 다지고 내가 떠난 뒤에 그녀의 삶에 어떤 일이 일어났는지 들을 기회가 될 수도 있었다.

나는 또 두 번째 현지 여행이 !쿵 여성의 삶의 또 다른 측면을 연구할 기회가 되기를 기대했다. 나는 !쿵 여성들이 과거에 대해 어떻게 이야기하는지는 배웠지만 현재를 어떻게 경험하는지에 대해서는 정보가—특히 통계 정보가―거의 없었다. 실제로 몸으로 느끼는 그들의 일상생활은 어떠한가? 그들은 누구와 대화하고 누구와 놀고 누구와 일하는가? 일상 속에서 어떤 기분을 느끼고, 왜 그런 기분이 들고, 그 기분이 얼마나 자주, 얼마나 크게 변화하는가? 혹시 기분의 변화가 월경 주기와 조금이라도 관계가 있는가?

나는 이 중에서도 특히 마지막 질문에 관심이 있었다. 미국을 비롯한 다른 지역에서 행해진 연구에 따르면 여성의 기분, 사회적 행동, 신체적 증상, 활동 패턴 등은 어느 정도 월경 주기에 따라 변동한다. 나는 !쿵족에게서 이 주제를 탐구해 보기로 했다. 그들의 환경과 문화적 조건은 선행 연구를 통해 관찰한 문화권과는 극히 다를뿐더러, 이와 관련된 몇몇 문화적·생물학적 변수들이 눈에 띄었다. 또 이들이 타 문화와 고립되어 있기 때문에 (여성의 월경 주기와 관련한) 서구적 믿음이 그들의 가치 체계를 침범했다고 보기도 힘들었다.

남편과 대학원생인 캐럴 워스만과 나, 이 세 사람은 연구의 세부 사항을 다음과 같이 잡았다. 남편은 월경 주기의 호르몬 수준을 알아보고자 !쿵 여성들에게서 생리혈 샘플을 채취한다. 캐럴 워스만은 이것을 실험실에서 분석한다. 나는 월경 중인 !쿵 여성들을 인터뷰해 일상생활에서 이들의 행동이 어떻게 변하는지 알아본다. 이 인터뷰를 통해 그들의 일상적인 활동, (남편과 맺는 관계의 모든 측면을 비롯한) 사람들과의 관계, 건강, 자기 자신과 타인에 대한 느낌 등을 살필 수 있을 것이다. 나는 여성들 모두를 이틀에 한 번씩 인터뷰하면서 지난번 인터뷰 이후에 일어난 일을 빠짐없이 들을 수 있기를 희망했다.

두 번째 현지 여행은 내 인생에서 가장 보람 있는 경험 가운데 하나였다. 현지 조사시의 고통스러운 적응 과정을 다시 반복하지 않아도 되고, 현지 상황으로 여러 제약을 받을 때에도 감정의 혼란이 전처럼 크지 않았다. 보이는 광경, 들려오는 소리, 사람들 모두가 기대 이상으로 친숙해 마치 4년 동안 떨어져 있던 나의 일부분으로, 고향으로 돌아온 것 같았다. 나는 거기 있는 것이 즐거웠고 사람들은 나를 친절하게 대해 주었다.(나는 !쿵 사람들이 얼마나 인심이 좋은지 미처 기억 못하고 있었다.) 몇 주 동안 적응 기간을 거치고 나서는 언어 실력도 예전 수준으로 되돌아왔다.

첫 몇 주 동안은 연락이 끊겼던 사람들이 그동안 어떻게 지냈는지 소식을 듣고, 연구에 참여시킬 여성들을 조사하면서 보냈다. 우리는 전에 살았던 곳 근처에 야영지를 차렸다. 거기서 채 반 마일도 떨어지지 않은 곳에 !쿵 마을 네 개가 서로 인접해 있었다. 이곳에서 너무 젊지도 늙지도 않고 임신 중이거나 수유 중도 아니며, 규칙적으로 월경을 하고 연구에 기꺼이 참여하고자 하는 여성 일곱 명을 만났다. 그리고 3마일 떨어진 마을에서도 한 여성이 합류했다.

여성들 대부분은 월경 주기가 두 차례 지나갈 동안 인터뷰에 임했으며, 나는 모두 200건이 넘는 인터뷰를 새로 수행했다. 그 다음 본국으로 돌아가서 중요한 정보를 뽑아내고 해석했다. 그리고 데이터는 100개 이상의 변수를 분리하고 부호화하는 통계 처리를 거쳤다.

결과는 흥미로웠다. !쿵 사람들은 월경 전 증후군이나 월경 증후군에 대해 서구와 비슷한 예상이나 믿음을 지니지 않았다. 또 월경 주기가 여성의 기분이나 행동에 미치는 부작용을 인지하지도 못했다. 오히려 그런 질문을 받으면 놀라면서, 월경은 별로 중요치 않은 일이라서 크게 신경 쓸 거리가 안 된다고 했다.(내가 한 여성에게, 미국 여성들은 월경 즈음해서 가끔 불쾌한 기분을 느낀다고 했더니, 그녀는 월경 중에 남편이 부부관계를 잘 안 해 줘서 그런 게 아니냐고 했다.) 여성들은 내가 잘못 알고 있다고 생각했다. "혹시 임신 얘기하는 거 아니에요? 여자가 행동이 이상해지는 건 임신했 을 때인데." 그들은 (특히 주기가 시작될 때) 월경에 신체적인 불편—예를 들어 생리혈이 주위 사람들의 눈에 띌까 걱정되는 등—이 따른다고 말했 지만, 그 불편은 심리적인 것이 아니라 실제적인 측면에 국한되었다.

이렇게 서구에서 관찰된 패턴과 크게 다른 것은 호르몬 차이 때문이 아니다. !쿵 여성 여덟 명에게서 채취한 혈액 샘플에서 보이는 기본적인 월별 호르몬 패턴은 서구 여성들 것과 같았다. 그러나 인터뷰 자료를 해 석한 결과는, 다른 문화권에서 월경 주기가 기분과 행동에 미치는 작용을 !쿵 여성들은 매우 적게 경험한다는 것이다. 따라서 여성이 월경 주기의 어느 시기에 있는지를 알더라도 그녀의 행동이나 기분을 예측하기가 어 렵다. 그보다 훨씬 크게 고려해야 할 변수는 남편, 친척, 친구들의 행동, 식량과 물이 풍족한지, 잔병을 앓고 있는지 등이다. 월경 주기의 영향은 통계적으로는 의미가 있으나, 실제적으로는 중요치 않았다.

물론 내가 현지에 있을 때는 아직 이러한 사실을 알지 못했다. 사실 수 집한 자료가 너무 많아 그 자료로부터 도출되는 결과가 어느 방향을 가리 키는지조차 알 수 없었다. 따라서 내 목표는 여성의 삶에 대한, 되도록 완 벽한 증언을 최선을 다해 수집하는 것이었다. 인터뷰는 시간을 엄청나게 잡아먹는 데다 무지막지한 속도로 진행되었지만, 두 달 동안 여덟 여성이 살아온 궤적을 따라가는 일은 흥미진진한 모험이었다. 인터뷰를 진행하 는 동안 여성들 저마다 살아온 환경이 하루가 다르게 더욱 분명한 모습을 띠어 갔다. 이 책 가운데 민족지를 기술한 부분에서 !쿵 여성들의 삶에 대한 일반론은 이 상세한 인터뷰를 통해 깨우친 사실을 토대로 한 것이다.

또 나는 이 200여 건의 추가 인터뷰를 통해, 니사의 이야기에 관해 앞서 언급했던 문제점을 해소할 만한 시각을 얻게 되었다. 그녀가 들려준 이야기의 내용이나 관점은 유별난 것이 아니었다. !쿵 여성들은 모두 섹스에 관해 이야기하고 농담하기를 즐기는 것 같다. 나는 여전히 성을 주제로 이야기할 용의는 있었지만, 4년 전만큼의 열의는 없었다. 이제는 생산자로서의 여성, 자녀 양육, 우정, 자기표현과 창조적 활동 등 조금 덜 낭만적인 주제에 초점을 맞추고 싶었다. 이런 주제는 이제 나 자신의 삶과 관련된 이슈이기도 했다.

내 작업이 이전보다 훨씬 넓은 범위를 다룬다는 것을 명확하게 밝히고 시작했는데도, 방향을 의도적으로 틀지 않으면 대화는 어느덧 성적인 주제로 떠내려가 버리곤 했다. 또 대개 여성들은 일상적인 활동에 대해서는 의무적인 태도로 보고하면서, 상상으로나 실제로 남자를 만난 이야기를 할 때에는 즐거워했다.

인터뷰와 상관없이 일어난 다른 사건들도 이런 인상을 굳혀 주었다. 하루는 여자들 한 무리가 우리 야영지 근처에 둘러앉아서 내 남편과 일할 순번을 기다리고 있었다. 나는 그 가운데 앉아 그들이 음식이 어쩌고 하면서 뭔가 이야기하는 것을 듣고 있었다. 그러나 생기 넘치는 목소리와 얼굴 표정, 터져 나오는 웃음을 보고 대화의 진짜 주제가 음식 이미지를 이용한 성적인 말장난임을 눈치 챘다. 나는 용기가 나서 농담에 끼어들어 어울려 보았다. 그 시도는 성공적이었다. 여자들이 내가 이제 진짜 !쿵 여자가 다 됐다고 입을 모으기 시작했다. 모인 사람들 사이에 내 입심을 너도나도 칭찬하는 분위기가 번져 나갔다. 몇 마디 익살스러운 말로 그런 분위기를 무마해 보려 했지만 오히려 불에 기름을 부은 꼴이 됐다. 대화는 폭소에 묻혀 와르르 무너져 버렸다.

내가 채집 나가는 여자들 무리를 따라 나선 날 또 다른 사건이 일어났다. 우리는 몽공고 덤불을 지나면서 열매를 주웠다. 한두 시간 일한 후에 여자들이 큰 나무 그늘에 짐을 부리고 휴식을 취했다. 나는 그 시간을 이용해 짐을 다시 정리했다. 내 짐 꾸러미에는 채집한 열매와 뿌리들 말고도 카메라, 렌즈, 공책까지 들어 있었다. 여자들은 그날따라 유난히 기분이 좋아 보였다. 그들은 담배를 피우고 웃고 떠들며 노래를 부르기 시작했다. 그리고 농담을 섞어 자기가 거둔 식량의 양과 질에 대해 이야기했다. 짐 꾸러미를 정리하느라 여념이 없는데, 몇 년 전부터 알고 지내 온 한 십대 소녀가 다가오더니 나한테 먹을 것이 얼마 없는 것 같다고 말을 걸었다. 나는 눈길도 주지 않은 채 벌써 채집한 것들만 해도 감당 못할 지경이라고 대꾸했다. 그런데 그녀가 재차 말하는 투를 보아하니 아무래도 내가 요점을 놓친 것 같았다. 고개를 들어 보니 확실해졌다. 그녀는 앞치마를 허리까지 들어 올리고 자기 성기를 보여 주고 있었다. 장단을 놓치지 않으려고 나는 새로운 규칙에 따라 이렇게 대꾸해 주었다. "나는 남편과 내가 '배고프지' 않을 정도로 '먹을거리'가 충분하단다." 그러고 몸짓을 해 보이자 그녀도 따라했다. 이에 다른 사람들이 폭소를 터뜨리고 이어서 초경 의례 때 추는 춤의 스텝과 가락을 흉내 내기 시작했다. 이 춤을 추면서 여성들은 자기 여성성을 축복하기 위해 반복해서 엉덩이와 성기를 드러낸다.

이렇게 멋지도록 음탕하고 성적인 사건들을 겪고 나서, 성적인 주제—물론 그것 자체로도 중요한 가치가 있지만—에 관해서는 내 관심이 그들의 관심보다 못하면 못했지 더 크지는 않다고 여기게 됐다. 비록 예전의 내 관심사 덕분에 !쿵 사람들 사이에서 유명세를 떨치기는 했지만, 내가 섹스를 대화에서 으뜸가는 주제로 삼는 그들의 성향을 과장했을지언정 없던 성향을 있는 것처럼 꾸며 낸 것은 결코 아니었다.

또 !쿵 사람들은 그런 순간에 실제로 우정, 신뢰, 심지어 집단의 연대를 표현하는 듯했다. 섹스는 매우 자극적인 주제일지는 몰라도 금기는 아니다. 오히려 섹스에 관해 자기들끼리 떠들거나 일상적인 말로 나에게 이야기해 주는 것이, 내가 질문한 다른 까다로운 문제에 답하거나 어떤 특정한 경험에 관해 이야기하는 것보다 더 수월했을 수도 있다. 니사와 내가 다시 같이 일하기 시작했을 때도 그랬다. 첫 번째 인터뷰를 하면서 내가 떠나고 없었던 기간에 어떻게 지냈는지 물어보자 그녀는 "남자 말이야?" 하고 되물었다. 마음 같아서는 남자와 관련된 일을 비롯해서 그동안 있었던 일을 다 들어 보았으면 했지만, 지금은 진짜로 중요한 일들에 대해서만 듣고 싶다고 설명했다. 다음 1시간 동안 그녀는 과거 애인들 이야기를 했다. 내가 대화를 다른 방향으로 돌리려고 아무리 노력해도 소용없었다. 그녀는 자기 삶에서 한층 '사적인' 일들을 내게 다시 이야기하게 되어서 편안한 듯했다.

두 번째 현지 여행에서 니사와 재회한 것은 바로 도착한 첫 날 도베 지역을 찾아갔을 때였다. 가는 길에 우리는 !쿵 마을들을 하나씩 들르면서 사람들과 인사를 나눴다. 전에 있던 마을에 니사가 안 보여서 걱정했더니 누군가 그녀가 다른 마을로 거처를 옮겼다고 알려 주었다. 그 마을로 가서 근처에 트럭을 세우자 그녀는 다른 사람들과 같이 우리를 맞이하러 나왔다. 그녀는 전보다 더 나이 들어 보였지만, 친숙한 활기는 여전했다. 보도 그녀 옆에 있었다. 우리는 서로 포용했다. 그녀는 "우리 조카……, 우리 조카……" 하면서 나를 반겼다. 그리고 몇 년 전에 우리가 나눴던 대화를 아직 기억하는지 물었다. 사람들이 다 몰려나와 주위에서 밀치는 바람에 나는 그렇다고 짧게 대답할 수밖에 없었다. 그리고 이렇게 덧붙였다. "물론 아주 잘 기억하고 있죠. 아주머니만 괜찮으시다면 다시 같이 일하고 싶어요." 그녀는 신이 나서 승낙했다. 우리는 몇 마디 말을 더 나눴지만, 우리가 와서 빚어진 작은 소동 때문에 정신을 집중할 수가 없었다. 야영지로 출발하기 전에 나는 그녀를 다시 만나서 내가 얼마나 들떠 있는지 이야기했다. 나도 모르게 내 입에서 "아주머니는 제게 무척 소중한 분이에요." 하는 말이 나왔고, 이는 진심이었다. 하지만 그와 동시에 나는 낯선 괴리감을 느꼈다. 그녀는 너무 연약하고 작게 보여서, 떠들썩한 군중들 한가운데서 거의 하찮은 존재처럼 보였다. 저이가 정말 내가 지난 수년 동안 생애를 탐구해 온 바로 그 사람인가?

그 후로 새로운 연구에 착수하느라 바빠 한 달 이상 니사를 다시 보지 못했다. 그러던 어느 날, 니사가 보와 함께 벌집에서 채취한 신선한 벌꿀을 선물로 싸 들고 찾아왔다. 벌집 찌꺼기를 제거하고 걸러 낸 귀한 선물이었다. 우리는 몇 마디 인사말과 잡담을 나눈 후, 내가 지금 하는 연구를 마무리 짓고 나서 다시 같이 일하는 데 합의했다.

내가 그녀를 다음으로 본 것은 어느 늦은 오후였다. 나는 토지 권리에 대해 논의하는 정부 후원 회의에 사람들을 태워다 주고 돌아오는 길에 그녀가 있는 마을에 들렀다. 그녀는 마을 어귀에 트럭이 서기가 무섭게 달려와 나한테 짧게 인사하고는 보와 조카가 매우 아프다고 했다. 그녀는 보가 죽을지도 모른다고 했다. 그리고 환자들을 우리 야영지로 데려가서 약을 주고 보살펴 줄 수 있는지 물었다. 보는 담요를 덮고 누워 있었는데 정말 많이 아파 보였다. 그 가까이에 앉은 조카는 그보다는 기력이 있었지만 둘 다 위험할 정도로 쇠약해져 있었다. 사람들의 도움을 받아 두 사람을 트럭에 태웠지만, 그러고 나니 트럭 안은 벌써 사람들로 만원이라 니사는 우리 야영지까지 6마일을 걸어오기로 했다. 그녀는 몇 시간 뒤에 도착해서 내 야영지에서 조금 떨어진 곳에 자기 가족들이 머물 임시 야영지를 세웠다. 3일 동안 약을 복용하자 작은 누카는 완전히 나았고 보는 기력을 되찾기 시작했다. 니사 말에 따르면 보는 몇 주 만에 처음으로 걸음을 뗀 것이었다. 니사는 우리가 보의 생명을 구했다고 주장했다.

그렇게 가까이에서 지내면서도 우리는 서로 거의 보지 못했다. 내 하루 일정은 빽빽이 짜여 있어서 저녁때가 되면 지쳐 늘어져 버렸다. 니사도 채집 나가거나 그 근처에 네 개나 되는 !쿵 마을로 마실 다니느라 자리에 없을 때가 많았다. 그러던 어느 날 밤, 불가에 늘어져 있는데 근처 한 마을에서 두 남자가—둘 다 내가 잘 아는 사이였다—야영지로 찾아왔다. 나는 주전자를 올려 차를 끓이고, 추운 밤공기를 녹이려고 다 같이 불가에 모여 앉았다. 곧 니사가 와서 합류하고 좀 있다가 보와 조카딸도 와서 앉았다. 분위기는 정겨웠고, 차는 뜨끈하고 맛 좋았으며, 이런저런 주제—!쿵 의학과 서양 의학의 차이점, 근처 마을에 사는 사람들의 소식, 일상생활에서 일어난 소소한 사건 등—를 놓고 나른한 대화가 이어졌다.

나는 이렇게 편안하고 격의 없는 분위기에서 니사와 다시 친해질 기회가 찾아온 데 들떠서, 그녀가 말하고 행동하는 모습을 주의 깊게 관찰했

에필로그 485

다. 그녀는 멋졌고 기분이 좋아 보였다. 특히 보가 건강을 되찾았다며 기뻐했다. 그녀는 시시덕거리고 웃음을 터뜨리면서, 역동적이고도 매력적으로 대화를 이끌었다. 그리고 사람들이나 사건들에 얽힌 웃기는 일화를 들려주면서 서서히 대화의 주도권을 잡았다. 그녀의 매력은 전염성이 있었다. 우리가 그녀의 이야기를 알아듣고 웃음으로 화답할수록 그녀의 이야기는 더 생생해졌다. 다른 객들도 그녀의 이야기를 우리만큼이나 즐기는 듯했다.

나는 지금 내 앞에 있는 사람을 그동안 테이프로 들어 익숙해진 목소리의 주인공과 하나로 만드느라 애쓰면서 꼼짝없이 그녀를 주시했다. 그녀는 다시 한 번 나를 깊이 감동시켰다. 내가 그녀에 대해 다시 생각할 기회를 가진 것은 요 몇 달 만에 처음이었다. 마치 그녀를 새로 발견한 기분이었다.

그녀를 관찰하면서, 우리 둘의 작업을 진전시킬 수 있고 또 그래야 한다는 확신은 더욱 굳어졌다. 나는 다른 여성들과 인터뷰하면서 니사가 기본적으로 주변 사람들과 비슷하다는 사실을 알게 됐다. 그녀는 유난히 말을 조리 있게 잘 하고, 남들보다 가족을 많이 잃는 고통을 겪었지만, 다른 중요한 측면에서는 전형적인 !쿵 여성과 다를 바 없었다.

순간 나는 길고 애벌레 같은 몸통에 크고 투명한 날개를 단 날개미에게 시선이 쏠렸다. 그놈은 모닥불 옆 뜨거운 모래 위에 앉더니 불꽃을 피해 몸을 둥글게 구부렸다. 그리고 날아오르더니 다시 한 번 불꽃을 향해 달려들었다. 다시 뜨거운 모래 위에 앉더니 또 날아올라, 붉게 달아오른 장작을 향해 위험한 다이빙을 반복했다.

그걸 보고 있는 동안 우리 사이에 오가던 대화는 느려지다가 문득 멈쳤다. 날개미의 비행은 우리 모두를 매혹시켰다. 결국 그 벌레는 장작 너무 가까이에 착륙했고, 아무리 애를 써도 안전한 곳으로 나아갈 수 없게 되었다. 이제 그놈은 수 초 내에 죽을 운명이었다. 그때 니사는 재빨리 몸을 움직여 그놈을 잡아채더니 불꽃 너머 차가운 모래 있는 곳으로 내던졌다. 그놈은 그곳에 잠시 앉아 있다가 도로 발작적인 비행을 계속했다. 그놈이 다시 장작 위에 앉자 니사는 또 다시 살려 주었다.

그러나 이번에는 날개미를 집어 들더니 가는 나뭇가지로 몸통의 반을 꿰뚫고 몸통의 나머지 반쪽—날개와 머리가 붙은 부분—은 놓아두었다. 그리고 몸통을 끝에 꿴 나뭇가지를 땅바닥에 수직으로 꽂고 그것을 손가락으로 가볍게 건드렸다. 날개미는 마치 나는 것처럼 날개를 파닥거리고 몸통의 자유로운 부분으로 나뭇가지를 뱅글뱅글 돌면서 앞으로 나아가려 애쓰다가, 문득 움직임을 멈췄다. 니사는 나무 막대를 건드리고 또 건드리길 반복했고, 그때마다 벌레는 똑같은 움직임으로 반응했다.

나는 그걸 지켜보면서 질겁했다. 첫 번째 현지 여행을 왔을 때 나는 고기를 얻으려 야생동물을 죽이는 모습에 (쉽지는 않았지만) 익숙해졌다. 나는 또 바로 이 흰개미 종 수백 마리를 불에 구워 먹는 것을 본 적도 있었다. 이것은 !쿵 사람이나 유럽 사람이나 할 것 없이 누구나 잘 먹는 맛 좋은 요리다. 그러나 니사가 한 행동은 달랐다. 그것은 변명의 여지가 없는 고문처럼 보였다.

내 시선은 다시 한 번 니사에게로 끌렸다. 그녀의 머리와 상체가 리드미컬하게 움직이기 시작했다. 처음에 나는 그녀가 무엇을 하는지 이해하지 못했다. 그러다 이내 명확히 알게 됐다. 날개미가 바짝 서면 그녀의 몸도 바짝 섰다. 그 벌레가 맴돌고, 축 늘어지고, 팽팽해질 때마다 니사의 몸도 따라서 똑같이 움직였다. 그녀는 표정과 몸짓을 미세하게 비틀어 날개미가 처한 곤경을 그대로 재현했다. 그녀가 흉내 내는 몸짓이 날개미의 모든 움직임과 너무나 잘 어울려서 그 상황 자체가 묘하게도 아름답게 비쳤다. 내 혐오감은 완전히 지워지지는 않았지만 그녀의 창조적인 정신이 나에게 드리우는 힘을 깨달아 가면서 점차 희미해졌다. 나는 그녀와 다시 작업을 시작하고 싶어 몸이 달았다.

분명 짜릿한 경험이었지만, 그 사건은 니사와 나 사이에 놓인 문화적 심연을 떠올리게 했다. 그 차이 때문에 내가 품은 어떤 의문은 답을 쉽게 구하지 못할 수도 있었고, 어떤 의문에는 듣고 싶지 않았던 답을 얻을 수도 있었다. 나는 때때로 부정하려고 했지만, 우리 둘이 처한 문화는 그 배경이 서로 많이 달랐다.

몇 달이 흘러 월경 주기 연구를 위한 인터뷰를 마친 후, 니사와 같이 작업을 시작했다. 나는 니사를 내 야영지로 불러냈고 그녀는 전에 그랬던 것처럼 보와 조카를 같이 데려왔다. 그들은 니사와 내가 작업을 끝마칠 때까지 우리 야영지에서 지낼 예정이었다.

첫 번째 인터뷰는 따뜻하고 다정한 분위기에서 시작했다. 나는 녹음기를 켜고, 그녀가 예전에 아주 훌륭하게 해 주었다고 이야기한 뒤, 이전 인터뷰에서 들은 대로 그녀 삶의 주된 몇몇 시기들을 짤막히 정리했다. 그리고 내가 그녀에게 깊은 관심이 있다는 인상을 심어 주려고 구체적인 세부 사항을 많이 들먹였다. 나는 그녀가 내게 관심이 없다며 !쿵식 농담을 던졌다. "그런데, 아주머니는 그동안 확실히 절 잊어버리셨어요. 이제 아주머니는 우리가 같이 일하든 말든 상관하지 않을 테죠? 내가 아주머니가 겪은 일을 말해 달라고 해도 마다하실 것 같아요."

그녀의 응답은 놀라웠다. 그녀는 우리가 4년 전에 마지막으로 나눴던 대화를 거의 토씨 하나 빠트리지 않고 기억하고 있었다. "나는 우리가 한 일도 안 잊어버렸고, 자네도 안 잊어버렸어. 그때, 이녁이 멀리 가고 난 뒤에도 내가 보고 들은 것을 잘 넣어 두었다가 다시 올 때까지 그 생각을 가슴에 담아 가지고 다닐 거라고 그랬잖아? 언젠가 여기 다시 오면 그 이야기를 하자고 이녁이 그랬잖아? 그런데 내가 자네에게 해 줄 이야기를 담아 놓지 않았다는 거야?" 이제 니사가 나한테 따질 차례였다. "자네야말로 돌아와서는 나를 제쳐 두고 다른 사람들하고만 일했잖아. 날 잊어버린 건 분명히 자네라고."

나는 이번에 다른 사람들과 한 인터뷰는 예전에 했던 인터뷰와 같지 않다고 설명했다. 이 인터뷰는 젊은 여자들이 지금 겪는 일상에 관한 것일 뿐, 우리가 4년 전에 했던 것처럼 과거와 현재를 모두 아우르는 인터뷰에 댈 것이 아니다. 내가 미국에 가 있는 동안에도 니사와의 인터뷰를 주의 깊게 다시 듣고, 또 지금 함께 작업하고 싶어하는 건 그 때문이라고 말해 주었다. 니사는 내 설명에 만족한 것 같았다. 그녀는 전에도 그랬듯이 자기 삶의 여러 시기를 각각 펼쳐서 들여다본 뒤에 닫고 끝내는 식으로 이야기하기를 즐겼다. 자신이 말하는 모든 이야기를 귀 기울여 들으라고 주의를 주기도 했다.

나는 내가 떠나 있었던 동안 그녀가 경험한 일부터 이야기해 달라고 청했다. 그녀가 들려준 이야기는 주로 자기나 다른 여자들의 남편이나 애인들 이야기로, 다소 단조롭긴 했지만 정감 있고 친밀했다. 그녀는 사람들 이름을 입에 올렸다가 곧 취소하곤 했다. "자네가 이미 알아 버렸으니 아마 말하겠지?' 하지만 미처 그 말을 부인할 틈도 주지 않고 하다 만 이야기로 되돌아가곤 한 걸 보면 단순히 형식적으로 해 본 말 같았다. 그녀는 최근에 데베—지난번에 내가 있을 때 그녀가 사귀기 시작한 애인—와 관계를 정리한 이야기를 들려주었다. 또 아직까지도 계속 칸틀라—니사가 어렸을 때부터 그녀 삶에 들락날락했던 남자—를 사랑하고 있다는 이야기도 했다. "그 사람은 내 인생에서 진짜로 중요한 남자야. 이젠 머리도 세어서 나한텐 남편 같은 이지." 그녀는 다른 남자들도 언급했지만 이런 식이었다. "그 사람들은 거의 안 만나. 남편이 알기라도 하면 날 죽일 거야!"

남편과는 어떻게 지냈을까? 그녀는 말했다. "남편이랑 나는 그냥 같이 지내는 거지. 그러다 어쩌다 한 번 나한테 와서 동침하고. 그러고 또 그냥 같이 한참을 지내다가 또 한 번 자고. 둘 사이는 그래." 그러고 이렇게 덧붙였다. "그 사람은 내 오두막 안의 남자니까." 나는 몇 년 전에 그녀가 털어놓았던 불평을 기억해 내고 물어보았다. "그래서 좋아요, 나빠요?" "좋아, 아주 좋아." 하지만 몇 년 전만 해도 그녀는 남편이 자주 사랑해 주지 않는 건 이제 자기를 좋아하지 않아서라고 생각하지 않았나? 그녀는 말했다. "지금도 가끔은 좀더 자주 동침해 주지 않는다고 타박해. '날마다하는 거야?' 하고. 그래도 그 사람은 그냥 지금처럼 사는 게 순리래. 자네가 떠난 뒤로 죽 그랬어. 그냥 죽 지내다가 어쩌다 함께하고, 또 그냥 지내다가 어쩌다 함께하고."

그녀는 몇 년 전처럼 이 문제로 고통스러워하는 기색이 없었다. 나는 물어보았다. "그러면 마음이 서로를 바라보고 있나요?" "응. 우리 마음은 서로 사랑하고 서로를 바라보고 있어." 싸울 때는? "거의 안 싸워. 싸워도 주로 음식 가지고 그러지. 내가 너무 여기저기 음식을 나눠준다고. 남편이 그래. '다 나눠 줘 버리면 어떡해. 남들이 우리한테 언제 음식 나눠 준적 있어? 음식이 있으면 그냥 우리끼리만 먹자고.' 내가 '당신은 그저 소리만 지르면 장땡인 줄 알지?' 그러면, '당신이 일을 그르치니까 그러지. 사람만 보면 음식을 덥석덥석 줘 버리니. 음식이 있으면 나랑 조카애들 먹여야지, 그래야 애들이 배불리 먹을 수 있잖아? 이런 식으로 하다간 결국엔 당신 손에 아무것도 안 남게 될 거라고.' 그래." 이것이 중요한 싸움인가? "아니, 사소한 거야. 조금 싸우다가 관두고 다시 서로 사랑해."

여기서 녹음기를 조정하느라 대화가 잠시 중단됐다. 다시 시작하면서 그녀는 "여자가 말이야, 먹을 것이 없으면……" 하고 말을 잇다가 문득 멈추더니 웃음을 터뜨렸다. 나도 웃음이 터져 나왔다―대화가 다시 섹스 이야기로 틀어진 것이다. 그녀는 말을 이었다. "여자가 먹고 살자면 그렇게 해야지. 날 위해 그리 해 주는 사람은 아무도 없어." 혹시 그녀가 보에 대해 불만을 털어 놓으려는 건가 싶어 두 사람 사이가 어떤지 재차 물어보았다. 그녀는 이렇게 대답했다. "요즘에는 남편이 나를 아주 정력적으로 사랑해 주는데 좋아. 예전에도 그랬지. 그이가 나한테 안 오려고 했던 건 순전히 내 달거리 때문이었어." 나는 우리가 인터뷰를 처음 시작하기도 전에 그녀가 폐경을 맞았다는 사실을 상기시켰다. 게다가 월경이 끊긴 후에도 보는 그녀와 잠자리를 자주 하지 않았다는 점도 지적했다. 그녀는 내 말에 수긍했지만, 그런 건 이제 이야기할 가치가 없다는 듯 계속 말을 이었다. "사랑을 나누는 건 그리 중요치 않아. 그냥 남자들이 밤에 하는 거지. 그게 다야."

그녀는 월경의 중요성도 높이 치지 않았다. "달거리가 끊겼으면 끊긴 거지 뭐. 난 그거 끊길 때 아프지도 않고 가뿐했어." 폐경을 맞았을 때 그녀가 느꼈던 심란함은 이제 사라지고 없었다. 다시 임신할 수 있는 약을 구해 달라던 예전 주문도 재차 하지 않았고, 자신이 가임기가 끝났다는 사실을 완전히 받아들이게 된 것이 확실했다.

나는 물었다. "제가 없었던 동안에…… 사람들이 잘 대해 줬나요, 아니면 속을 썩였나요?" "그럭저럭 잘 지냈어." 그녀는 내 질문을 또 다시 남자관계에 대한 것으로 해석했다. "한 남자랑 있다가 또 다른 남자한테 옮겨가곤 했지만, 맘이 그리 아프지는 않았어." 니사는 몇몇 남자들이 그녀를 간절히 원한 나머지 그녀와 함께하려다 거의 죽을 고비를 넘겼으며, 그녀 역시 그 남자들한테 그런 감정을 느낀 적도 있다고 설명했다. "세상 남자들이 다 날 맘에 두고 있지는 않지. 하지만 그렇다고 상처받거나 하진 않아."

그녀는 자기 인생에서 칸틀라가 얼마나 중요한 남자인가를 다시 한 번 강조하고, 만족스러운 표정으로 이렇게 덧붙였다. "그래도 그 사람은 나한테 남자가 너무 많다고 질투하고 뭐라 그래. 다 그 사람이 나를 하도 끔찍이 여기니까 그런 거지." 그녀의 전 남편 베사도 여전히 그녀를 원하고 있었다. "그 사람은 자기가 언젠가는 나를 보한테서 빼앗아 버리겠대." 그러면 그녀는 베사에게 "우리는 오래 전에 헤어졌으니 이제 그런 얘기는 관둬." 하고 그의 관심을 무시해 버린단다.

그날 인터뷰가 끝나고 나는 만족했다. 아주 잘 된 인터뷰였다. 우리 둘은 서로 편안하고 친숙한 화음을 이루었다. 그녀는 진지했고, 사적인 이야기를 기꺼이 털어놓았으며 우리 작업이 순조롭게 진행되도록 신경 썼다. 녹음기가 잠시 오작동하기라도 하면, 다음 이야기를 잇기 전에 먼저 지금까지 자기 목소리가 잘 녹음되었는지 확인하고 싶어했다. 인터뷰는 너무나 부드럽게 진행되어 마치 내가 떠난 적 없이 여기 죽 머무르고 있었던 듯한 느낌이 들 정도였다.

그러나 뭔가 달라진 점이 있었다. 그것은 바로 니사의 말투였다. 이전보다 편안하고 힘이 풀리고 (그녀치고는) 조용조용해졌다. 그녀의 목소리에는 4년 전 인터뷰에서는 미처 느끼지 못했던 자질이 스며들어 있었다. 그녀는 이제 주변에서 일어나는 일들로 인해 고통을 받지 않는 듯했다. 남편과의 관계도 별다른 변화는 없었지만, 그녀는 그것 때문에 그렇게 속상해하는 것 같지도 않았다. 다른 남자들과의 관계도 4년 전하고 별로 달라진 점이 없었지만, 이 역시 큰 걱정거리는 아닌 듯했다. 그 후 이어진 인터뷰에서도 그녀가 전보다 행복해졌고 스스로 평안을 찾았다는 인상을 받았다. 그녀는 오랫동안 여러 가지 일들로 고통 받았고 개중에는 아직까지 그녀를 괴롭히는 일도 있었지만, 격한 감정에 휩쓸렸던 과거의 일들은 이제 어느 정도 정리된 것 같았다.

그녀 말에 따르면 삶이란 기본적으로 좋은 것이다. "나는 이제껏 살아오면서 굶주린 적이 없어." 그녀는 대부분 스스로 채집한 황야의 음식을 먹었다. 물론 가끔 근처에 사는 헤레로 사람한테 우유나 간 옥수수 죽 같은 '부드러운' 음식을 얻어다 먹기도 하지만 그것도 어쩌다 한번이었다. 너무 자주 가서 달라고 하면 그들은 "어떻게 준/트와가 되어서 매일같이 식량을 달라고 한담?" 하고 면박을 주곤 하기 때문이다. 물론 그녀나 보가 헤레로 사람 밑에서 일을 해 주면 음식을 좀더 많이 얻어 올 수 있을 테지만, 두 사람 다 그런 것은 원치 않는다. 그들도 예전에는 헤레로 사람들 밑에서 일을 했지만, "헤레로 사람들 밑에서 일하는 건 안 좋아. 이제는 일 안 할 거야. 일한 만큼 대가를 받지 못해. 먹을 것밖에 안 준다고. 돈을 안 줘서 담요도 옷도 살 수가 없어."라고 토로한다.

그래서 니사와 보는 헤레로 사람들과 떨어져 산다. "우리는 준/트와시하고만 같이 사는 게 좋아." 그녀가 되도록이면 가족들 먹을 것을 자기 스스로의 노동으로 구하는 것도 그 때문이다. "우리 목숨을 부지해 주는 건 내가 채집하는 몽공고 열매, 바오밥 열매, 샤 같은 뿌리들이야." 하지만 몽공고 덤불은 멀리 떨어져 있어 채집할 때는 보통 보가 동행한다. 어떤 날은 집에서 타조알 껍데기 구슬이나 (헤레로식) 나무 구슬이나 악기를 만들어, 정부에서 이 지역에 정기적으로 파견하는 공예품 구매인에게 내다 팔기도 한다. "그 돈을 가지고 상점에 가서 담요를 사지." 또는 그 돈으로 헤레로 사람들한테 껍질 벗긴 옥수수를 사 가지고, 말리고 빻아서 가족들끼리 요리해 먹기도 한다. 그녀는 앞날도 지금과 똑같으리라고 내다보았다.

니사와 보는 지금껏 '서로를 사랑하면서' 사이좋게 지내 왔다. "우리는 같이 앉아서 이야기하는 게 좋아." 그들은 서로 거의 다투지 않으며 다투더라도 사소한 문제를 가지고 싸운다. 그녀는 주로 먼저 싸움을 거는 쪽이 자기임을 인정했다. 다툼은 대개 음식을 둘러싸고 벌어진다. 니사가 남편한테 배고프다고 짜증을 낸다. "그만 일어나서 먹을 것 좀 구해다 줘. 가서 덫이라도 놓으면 기니닭 쯤은 먹을 수 있잖아. 입 안에 거미줄 치게 생겼어." 니사가 남편에게 소리 지르면 남편도 맞받아 고함친다. "다른 여자들은 식구들 먹으라고 채집해 오는데, 당신은 뭐해?" 그러다 그녀가 이렇게 말하면서 다툼은 일단락된다. "여자들은 너무 굼떠서 같이 나가기 싫어. 우리 같이 나가서 먹을 걸 거둬 가지고 오자. 당신 없이 나가면 오늘 먹을 만큼밖에 못 가지고 온단 말이야. 그러면 내일 또 나가야 돼. 둘이 같이 가면 오두막 안에서 며칠 먹을 식량은 충분히 거둘 수 있어. 그러니까 나가서 열심히 일하자고. 어차피 우리가 앉아서 마냥 노는 애들 흉내를 낼 수도 없는 노릇이잖아." 그리고 두 사람은 같이 황야에 나가서 자기와 식구들 먹을 것을 거둬 가지고 돌아온다.

지난 4년 동안 그녀에게 가장 고통스러웠던 일은 큰 올케이자 친한 친구인 크사루의 죽음이었다. "화가 나진 않았어. 사랑하는 사람이 죽었을 때처럼 마음이 아프기만 했지." 그녀는 이렇게 설명했다. "자네가 떠나고 난 뒤에도 크사루랑 나는 가우샤의 한 마을에서 계속 같이 지내면서 함께 앉아 일하고 서로 말상대가 되어 주었거든. 둘이 싸우거나 다투지도 않고 한결같이 그렇게 지냈어. 그런데 병이 들어가서 결국 그일 죽여 가지고 우리한테서 데려가 버렸어. 크사루가 죽었을 때 그이를 잃은 게 너무 슬퍼서 모두가 다 울었지. 나도 울고. 내가 그이를 얼마나 아꼈는지 계속 생각이 나서, 왜 그이를 데려갔는지 하느님한테 따져 물었어. 맘이 너무 괴로웠지. 결국 그이 남편—우리 오라버니—이 나한테 이제 그만하라고 그러데."

니사는 이어 말했다. "그래도 그이가 너무 그리워서 내 맘이, 그 마을에 더는 머물고 싶지 않았어. 이제 같이 앉을 사람이 없고, 같이 이야기 나눌 만한 나이 든 사람도 없고 해서. 거기 사람들은 대부분 젊고 헤레로 사람들이랑 어울려 살았거든. 헤레로 사람들이랑 같이 지내면 보는 눈이 서로 맞지 않아. 그래서 나한테 맞는 사람들이 있는 데로 가서 살아야겠다고 결심한 거지. 내 마음이 무너져서, 그 사람이 죽은 슬픔에서 벗어날 때까지 여기 주저앉아 있겠다고 생각했지. 지금은 맘 아픈 게 아물긴 했지만 그저 조금 나아졌을 뿐이야."

크사루가 죽은 후에 니사는 올케가 남기고 간 십대 딸을 보살피기 시작했다. "크사루의 딸이 참 안 됐더라고. 그 애는 이제 돌봐 줄 엄마도 없고 해서 내가 이런저런 일을 챙겨 준 거지. 그러다 결국 그 애를 우리 마을로 아주 데려왔어. 이제는 그 애가 나한테 엄마라고 하면서 집안일도 도와주고 그래."

니사는 남동생의 딸인 누카도 아직까지 보살피고 있었다. "그래, 아직까지 키우지. 오래 전에 그 애 아비가 그랬어. 저 아이를 내 속으로 낳은 애로 삼으라고. 그래서 거의 그렇게 됐어—내가 키운 저 작은 것을 정말로 사랑하니까. 우리 둘이 같이 있으면 그 애가 나한테 말상대가 되어 주지. 맘 같아선 둘째 조카 녀석까지 데려오고 싶었지만, 그건 동생이 거절했지, 아마?"

그녀가 새로 자리 잡은 곳은 산족 몇 가구만으로 이루어진 작은 마을로, 같은 샘물을 공유하는 헤레로 마을에서도 상당히 멀리 떨어져 있었다. 실질적으로나 감정적으로 그녀를 지원해 주는 사람으로는 코코베라는 사촌이 한 명 있다. 코코베와 그녀의 남편은 헤레로 사람 밑에서 일하면서 소 세 마리를 치고 있다. 소를 다른 마을의 우리에 가둬 두고 풀을 뜯기 때문에 우유는 거의 얻을 수 없다. "소들이 오면 코코베의 남편이 우유를 짜서 조금 가져다줘." 보와 니사는 소가 없다. "한 마리 가질 뻔했었는데, 남편이 소 안 사고 당나귀를 사 버리는 바람에." 하지만 니사와 보는 생전 처음으로 염소를 갖게 되어 마을에 매어 두고 먹이고 있다. 심지어 몇 달 전에는 밭에 멜론을 조금 심어서 다 내다 팔기도 했다. 그녀는 헤레로 사람들에게서 멜론과 옥수수 씨앗도 조금 받아 왔다.

니사와 코코베는 매우 친한 사이다. "크사루가 죽고 나서 갈 데를 찾는데 어디로 가야 할지 모르겠더라고. 그런데 하루는 코코베가 찾아와서 우리가 아무도 없이 외롭게 살고 있는 걸 보더니, 자기랑 같이 가서 자기네 마을에서 살재. 그래서 그러마고 했지." 일은 잘 풀려 나갔다. "내가 여기서 지내는 동안은 날 보살펴 줄 사람이 있지. 물론 거의 매일 음식 가지고 다투긴 해도 진짜로 싸우는 일은 없어. 대개는 사이좋게 지내."

둘 중에 한 사람이 어떤 음식을 가지고 있고 다른 사람은 없으면 다툼으로 이어지고 인색하다는 비난이 오간다. "나는 자기한테 여러 차례나 꿀을 갖다 줬는데 자기는 한 번도 안 줬어." 또는 한 사람이 다른 사람한테 뭘 부탁하러 가면 "몽공고 열매 갖다 줬잖아. 어떻게 그걸 벌써 다 먹었어?" 하고 타박을 주기도 한다. 또는 이런 식으로 포문을 열기도 한다. "지난번에 자기네한테 고기 생겼을 때도 나는 달라 소리 안 했어." "그래, 좋아. 그런데 내가 저번에 자기한테 기니닭 가져다주지 않았나? 이제 자기네한테 고기가 생겼는데 나한테는 한 점도 안 주겠다는 거야?" 이렇게 소소하게 다투다가도 대개 속 좋게 화해한다.

이런 식의 다툼은 무궁무진하게 변주되는 듯하다. 니사는 다퉜던 일 한 가지를 자세히 들려주었다. 어느 날 그녀는 어떤 음식을 요리하고 '오늘은 아무한테도 주지 말아야지.' 하고서는 혼자서 먹었다. 속으로 '다른 사람들은 음식이 있어도 나눌 줄을 몰라. 그저 먹고 먹고 또 먹기만 하지. 주는 사람은 항상 나고. 받아도 또 더 달라고 하고. 그런데 내가 요리한 음식을 왜 딴 사람들한테 줘야 해?' 하고 생각하고는, 앉아서 혼자 먹고 코코베나 다른 사람들에게 아무것도 나눠 주지 않았다.

다음 날 아침 코코베가 그녀에게 찾아와서 말했다. "말해 봐. 자기 나랑 모르는 사람이야? 우리 친척 아니야? 내가 어제 고기 비슷한 게 있는 걸 두 눈으로 똑똑히 봤거든? 내 입에도 넣어서 맛 한번 보게 조금 나눠 줘. 안 그러면 자기 잘못하는 거야. 나한테 크게 빚지는 거라고." "아이 고! 자기 그런 소리 할 적마다 내가 피곤해 죽겠어. 내 건데 왜 내가 마음 껏 못 먹어? 뭘 믿고 그리 소릴 지르면서, 내 음식 내가 먹은 걸 갖고 꼭 내가 자기 걸 훔쳐 간 양 유세를 떨어?"

코코베의 남동생네 부부도 같은 마을에 살고 있어서, 가끔 그들까지 이런 다툼에 얽히곤 한다. "한번은 나랑 코코베의 남동생이 같이 코코베 를 몰아붙이니까 그이가 울더라고. 코코베가 우는 걸 보고 내가 그이 남 동생한테, '우리가 무슨 짓을 했나 봐라. 합심해서 저이를 몰아붙였지 않 느냐. 지금 우는 거 봐라.' 하고 꾸짖고는 나도 울었어. 그래 둘이 같이 주 저앉아서 울었다니까."

여자들하고의 관계가 모두 다 만족스러운 것은 아니다. 크사루가 죽고 얼마 안 있어서 니사의 오빠가 재혼했다. 그녀는 새로 온 올케에게 불만 이 많았다. "우린 서로를 별로 안 좋아해. 그이는 우리 오라버니랑 결혼 할 거라고 나한테 와서 알리지도 않았어. 오빠도 마찬가지고." 니사는 이 리로 이사 온 뒤에 그들을 딱 한 번—몸이 아파서 치료를 받으러—찾아 갔다. 영험한 치료술사인 그들은 니사를 위해 전통적인 치유 의례를 주재 해 주었다. 그녀는 병이 나았지만 그 뒤로 그들을 다시 만나러 가지는 않 았다.

니사는 작은 올케와는 그런대로 잘 지내는 편이고 아예 남동생네 가족 과 함께 다른 마을로 이주하기를 바라고 있다. 하지만 그녀의 남동생은 헤레로 사람들 밑에서 일하고 있어서 이사 오지 못했다. 니사도 그들 가족과 같이 산다면 '만날 올케와 싸울 것'이라고 생각한다. 그래 봤자 사소하게 음식 가지고 싸우는 데 그치겠지만, 그녀는 "그러다 결국 내가 지쳐서 닳아 없어질 것" 같은 느낌이 든다고 했다.

니사는 섹스와 남자라는 주제에 대해서는 4년 전이나 마찬가지로 개방적이었으며, 말하는 투도 가볍고 쾌활했다. 스스로 늙은 여자라 칭하면서도 "너무 늙어서 반쯤 죽은 것이나 마찬가지지만 이따금 남자를 밝힌다."는 그녀 말은 씁쓸하기보다는 오히려 명랑하게 들렸다. 그녀는 짓궂은 말투로, 아랫도리가 불편하게 가려운 것이 자기에게 닥친 유일한 문제라고도 했다. 그게 어떤 뜻으로 하는 말인지 확실하지 않아서 나는 좀더 설명을 부탁했다. "이녁이 뭘 모르는구먼. 가렵다는 건 욕구야, 남자에 대한 욕구 말이야. 아직 애니까 가르쳐 줘야지." 그녀는 계속 나를 손가락질하면서 놀려 대고 웃었다. "여기 아랫구멍이 있지. 남자가 이걸 취하지 않으면 가렵고 가렵고 또 가렵게 마련이야! 그게 깨어나서 남자를 애타게 부르잖아. 남자가 이걸 취해 줘야 가려운 게 사라지는 거야."

하루는 분위기가 좀 심각했다. 그녀는 내가 떠난 뒤로 '새 애인 몇 명이랑 헌 애인 몇 명'이 있었다고 말했다. "성관계밖에 취할 게 없는 사람한테는 가지 말고, 단순히 성관계만이 아니라 다른 도움도 주는 사람한테 가는 것"이 중요하다. 하지만 그녀는 보가 출타 중이거나 혼자 황야로 물이나 장작을 가지러 나갔을 때를 틈타 애인들을 드문드문 만날 수밖에 없었다. "남편이 무서워서. 여자가 영리해야 돼. 그 소문이 나지 않으려면."

'처음부터' 그녀의 남자였던 칸틀라에 대해서도 좀더 이야기했다. 그녀는 두 사람 사이가 아직도 견고하며 그가 다른 여자들과 바람을 피워서 성병에 노출되지나 않을까 걱정된다고 말했다. "그 사람한테 성병이 있다는 건 아니지만 다른 여자들한테서 옮을까 봐 무서워. 그건 꿈에도 생각하기 싫은 일이야." 그녀는 칸틀라가 다른 여자들과 관계를 가지고 다닌다는 것을 확신하고 있었다. "칸틀라처럼 노련한 남자가, 여자들이랑 하는 걸 즐기지 않을 거 같아?"

그는 불과 얼마 전에 보가 출타했을 때도 니사를 찾아와 같이 자자고 했지만 그녀는 거절했다. 보살필 애들이 너무 많은 데다가―누카, 누카의 언니, 크사루의 딸―아이들이 남편한테 말할까 봐 두렵다는 것이 이유였다. 그리고 그녀는 칸틀라를 내쫓았다. 그는 화가 나서 그녀가 거짓말을 한다고 소리를 질렀다. "그래도 그 사람은 조만간 또 나한테 올 거야. 그러면 곁에 두고 둘이 같이 눕겠지. 내 마음이 그 사람한테 가 있으니까. 그인 내 인생에서 아주 소중한 사람 아니겠어? 하루는 쫓아 버리더라도 다음 날은 같이 누울 수 있지. 그런 거야."

과거에 일어난 일들을 되짚어 보는 긴 인터뷰가 막바지로 접어들었을 때였다. 니사는 최근에 병에 걸렸다 회복한 이야기를 하고 난 뒤에 잠시 말을 멈췄다. 그리고 뭔가 깊이 생각하듯이 조용하게 "내가 살아온 인생이 이랬어." 하더니 단호한 말투로 덧붙였다. "나는 아주 크고 중요한 일들을 이야기하는 거야. 나한테 큰 고통을 줬던 일들." 그리고 다시 거의 속삭이는 말투로 돌아가 그 일들을 하나하나 열거했다. "내가 낳은 자식들, 다 커서 죽어 버린 것들. 그리고 내 옆에 앉았던 사람, 남편. 그이가 죽었을 때는 거의 인생을 망칠 뻔했지. 다들 내게 너무나 큰 고통을 줬어."

마지막 인터뷰에서 그녀는 자기가 그날 새벽에 꾼 꿈 이야기를 들려줬다. "혼자 우물에 가는 꿈을 꿨어. 그런데 물통을 채우다가 그만 우물 밑으로 굴러 떨어져 버렸지. 너무 무섭고 떨려서 죽는 줄 알았어. 우물 벽을 붙잡고 기어올랐는데 가다 떨어지고, 기어오르다가 또 떨어지고 했어. 그러다 결국 막대기 하나를 붙들고 겨우 기어 나왔지. 나 말고는 아무도 없었어."

잠시 후에 나는 우리가 작업한 내용을 대중들에게 발표하는 문제를 언급했다. 나는 내가 사는 나라 사람들이 그녀의 삶에 대해 궁금해할 것 같다고 설명했다. 아는 친구들은 나한테 "네가 이야기한 그 여자에 관해 책으로 써서 사람들에게 알리는 게 어때?" 하고 권하기까지 했다. 그리고 나도 그렇게 하고 싶다, 하지만 우선 내 계획을 당신에게 알리고 싶다고 말했다.

나는 4년 전과 지금의 인터뷰에 담긴 이야기들을 한데 모아 그것을 영어로 번역하고, 종이에 옮겨서 책으로 묶어 내길 희망한다. 그녀나 그녀가 언급한 사람들을 아무도 알아볼 수 없도록 사람 이름은 모두 바꿀 것이다. 책을 펴내려면 아마 여러 해 정도의 오랜 시간이 걸릴 것이다. 또 책을 다 썼어도 사람들이 그것을 많이 사 줄지는 알 수 없는 일이다. 만약 사람들이 책을 많이 산다면, 얼마가 되었든 번 돈을 일부는 당신에게 주고 일부는 이 지역 사람들 모두에게 혜택을 주는 일—학교나 우물 만들기 사업 등—에 기부하겠다. 이곳 사람들도 나한테 너그럽게 잘해 주었기 때문이다. 이상이 내 생각이었다. 하지만 나는 우선 그녀가 이를 어떻게 생각하는지, '우리 둘이 나눈 이야기를 다른 사람들에게 들려주는 것에 그녀가 동의할지 반대할지'를 알고 싶었다.

그녀는 물었다. "자네가 사는 곳에 있는 사람들에게 말이야?" "네, 거의요. 하지만 이름을 다 바꿀 거니까 설사 츠와나 사람이 읽는다 해도 누구 이야기인지는 못 알아차릴 거예요." 나는 다시 물어보았다. "저, 어떻게 생각하세요? 좋은 것 같아요, 나쁜 것 같아요?"

처음에 그녀는 내가 뭘 물어보는 것인지 확실히 모르는 것 같았다. 내가 제안한 계획은 그녀 입장에서 보면 순전히 내 쪽으로만 관련된 일이었다. "자네가 그러길 바란다면 나는 뭐 괜찮아. 하지만 그 일을 하는 사람은 내가 아니고 자네잖아." 나는 수긍했지만, 그녀의 인생 이야기가 이 책의 초점이 될 것이기 때문에 내가 뭘 계획하고 있는지 그녀도 정확히 아는 것이 중요하다고 말했다. 그녀는 이해했다. "그래, 좋아. 자네는 여길 떠나 자네 나라로 가서 글을 쓴다 이거지. 그러면 다른 사람들이 '아, 그러니까 이게 당신과 그 여자가 이야기한 내용이군요. 이게 그 여자의 말이군요. 이게 그 여자의 이름이군요.' 그러는 거지. 그래서 사람들이 그 책을 좋아하면, 그걸 사서 자네한테 돈을 보태 준다는 얘기지." 나는 "아주머니랑 다른 사람들한테도요." 하고 덧붙였다. 그녀는 말했다. "그래, 우리 작업은 의미 있는 일이었고, 또 아주 잘했으니까."

나는 그녀의 이름과 살았던 지명을 변조하겠다는 의도를 재차 말했다. "사람들이 아주머니가 누군지 모르게요. 아주머니 이름은 '니사'라고 할까 생각 중이예요. 그리고 사는 동네는……." 내가 잠시 머뭇거리자 그 아이디어에 바로 매료된 그녀가 이름을 제안했다. "가우샤. '니사'는 가우샤의 몽공고 덤불 한가운데, 진짜 황야에 산다고 해. 그러면 사람들이 좋아할 거야." "네, 그리고 아주머니 남편들에 대해 얘기할 때는 이렇게 말할게요. '이 여자는 한때 타셰이라는 이름의 남자와 결혼했고 지금은 보라는 이름의 남자와 결혼해 살고 있다.'" 그녀는 내가 고안해 낸 자기 남편들 이름을 듣고 웃음을 터뜨렸다. "그래, 보, 가우샤에 사는 보. 에—헤이, 우리 조카!"

혹시 그녀가 넣고 싶지 않은 이야기가 있는지를 물을 일이 남았다. 나는 인터뷰에 등장한 그녀 인생의 주된 사건들을 하나씩 공들여 되짚으면서, 책에서 다룰 내용을 우리들 마음속에 생생히 그려 내고자 했다. 나는 물었다. "우리는 함께 작업하면서 아주머니의 인생 이야기를 되짚어 왔어요. 우리가 예전에 이야기한 것이랑, 이번에 새로 이야기한 것이랑— 옛날 것이랑 지금 것이랑—합쳐서요. 이 중에는 행복한 얘기도 있고 그렇게 행복하지 못한 얘기도 있는데, 저는 그 얘기들을 아까 제가 쓴다고 했던 그 책에다 넣을 거예요. 그런데 그 얘기 중에는, 아주머니가 다른 사람들이 안 들었으면 싶은 얘기도 있을지 몰라요. 그런 게 있으면 그건 제가 간단히 빼 버릴 수 있어요. 아니면 우리가 한 얘기를 전부 종이에 넣는 게 좋을까요. 어떻게 생각하세요?" 그녀는 단호하게 대답했다. "우리 둘이 나눈 모든 얘기, 이 녹음기 양반이 들은 얘기는 전부 종이에 넣는 게 좋겠어."

나는 책이 완성되기까지 오랜 시간이 걸리며 그 책을 팔아 돈을 벌 수 있을지 불확실하다는 점을 다시 한 번 주지시켰다. "왜냐하면, 어떤 때는 사람들이 책을 힐끗 보기만 하고 책꽂이에 다시 꽂아 놓을 때도 있거든요." 그녀는 덧붙였다. "그래, 말로는 '아주 좋네요.' 하면서도 맘이 안 당기는 때가 있지. 하지만 혹시 사람들이 우리 두 사람을 도와서 책을 사고, 자네가 나를 도와주면 나는 그 돈으로 소를 살 거야." 나는 말했다. "두고 봐야죠."

그녀는 책을 내기까지 해야 할 일이 많다는 것을 이해했다. "그래, 녹음기 양반이 자넬 도와줄 거야. 이 양반이 불러주고 자네는 받아쓰고, 그럴 땐 당신네 둘이서만 일해야겠네! 자네한테 말하는 이는 또 이 양반이랑 나 이렇게 둘이고. 난 말하는 역할이니까. 안 그래?" "네, 저는 아주머니의 말을 담아 가지고 집에 가니까 혼자서도 쓸 수 있어요."

그녀는 신이 나서 내 작업에 대한 공상—나중에 진실로 입증된—을 길게 늘어놓았다. "그래, 자네는 집에 가서도 내가 하는 말을 듣는 거지. 내가 웃기는 얘기를 하면 자네가 크게 웃으면서 '에—헤이, 아주머니! 아주머니가 우리 집에 바로 제 곁에 계시네요.' 하고 칭찬하는 거야. 나는 거기서도 자네와 함께 있을 테니까 자네도 나한테 애틋해지겠지." 나는 고개를 끄덕였다. "네, 몇 해 전부터 오늘까지, 우리가 나눈 이야기를 전부 다 살펴볼 거예요. 언젠가는 그게 어떤 모습을 갖추고 나올지 볼 수 있겠죠." 그녀가 말했다. "우리 조카……, 우리 조카……, 이녁은 진짜로 날 생각해 주는 사람이야."

!쿵 마을, 경계 바로 너머에 펼쳐진 무인지경의 황야도, 사람들이 세운 작은 거주 공간 안쪽까지 이어지지는 않는다. 마을에 가득 찬 사람들은 오두막 바깥에 나와 앉아 일을 하고 여가를 즐기고 다른 사람의 오두막을 방문한다. 모든 활동은 다른 사람들과 함께 하거나 다른 사람들이 지켜보는 가운데 한다. 아이들은 어른들 사이를 마음대로 뛰어다니거나 마을 한가운데 마당이나 근처 황야로 가서 뛰논다. 마을에서는 대화와 일과 활동이 하루 종일 끊임없이 이어진다. 그리고 밤이 되면 저녁 식사를 해 먹고 모닥불이 타오르고, 대화와 활동이 계속된다.

이것이 바로 !쿵족의 세계, 사람들이 사는 세계였다. 몇몇 !쿵 사람들이 자신의 삶을 나와 공유해 준 것은 아마도 그들이 인간적 결속을 소중

히 여겼기 때문일 것이다. 나는 젊었고, 니사는 나를 이끌어서 마치 미래의 나를 향해 말하듯 이야기를 들려주었다. 그녀는 나를 존중해 주었으며, 빠르게 사라져 가는 한 복잡한 세계를 들여다볼 수 있게 창을 내 주었다. !쿵 사람들의 세계와 니사가 그것을 바라보는 방식은, 내 삶의 모든 경험을 채색하고 풍부하게 살찌웠다. 나는 언제나 멀리 떨어진 자매를 생각하듯 그녀를 생각할 것이며, 그녀도 나를 그렇게 여기기를 바란다.

참고문헌과 주석

서론

다음은 수렵채집민 연구를 균형 잡힌 시각에서 개괄적으로 소개하는 책들이다. R. Lee and I. De Vore, eds., *Man the Hunter* (Chicago: Aldine, 1968); M. Bicchieri, *Hunters and Gatherers Today* (New York: Holt, Rinehart and Winston, 1972).

산족의 역사에 대해서는 P. Tobias, ed., *The Bushmen* (Cape Town: Human and Rousseau, 1978)에 수록된 Willcox, "The Bushman in History"; R. Inskeep, "The Bushman in Prehistory"; P. Tobias, "Introduction to Bushmen or San"을 보라. 산족의 최근 역사와 도베 지역의 기후 및 생태에 대한 추가적인 자료는 R. Lee, *The !Kung San* (Cambridge: Cambridge University Press, 1979), 31~35쪽에서 찾아볼 수 있다. 아울러 J. Yellen, *Archaeological Approaches to the Present: Models for Reconstructing the Past* (New York: Academic Press, 1977)도 보라.

리(Lee)와 드보어(DeVore)의 학제 간 프로젝트의 결과로 출간된 첫 번째 주요 저작은 R. Lee and I. DeVore, eds., *Kalahari Hunter-Gatherers* (Cambridge, Mass.: Harvard University Press, 1976)다.

!쿵족에 대해 체계적인 자료를 수집한 최초의 인류학자는 마셜(Marshall) 가족이다. 그들이 수행한 작업의 결과로, L. Marshall, *The !Kung of Nyae Nyae* (Cambridge, Mass.: Harvard University Press, 1976); E. Marshall

Thomas, *The Harmless People* (New York: Knopf, 1959)를 비롯한 많은 책과 필름이 산출되었다. 존 마셜(John Marshall)은 1950년대 초부터 !쿵족을 찍은 필름을 토대로 탁월한 기록영화를 많이 제작했다. 이 기록영화들은 Documentary Educational Resources(주소 101 Morse Street, Watertown, MA 02472, 웹사이트 http://www.der.org)에서 조회와 구매가 가능하다. 그중 한 편인 *N!ai: The Story of a !Kung Woman*은 춤!크웨에 사는 느!아이라는 여성의 증언을 통해 서구화가 !쿵 사람들에게 끼친 영향을 기록한 작품이다.

이 책에서 !쿵족의 생활방식을 설명한 내용은 Lee, *The !Kung San*; Lee and DeVore, eds., *Kalahari Hunter-Gatherers*; Tobias, ed., *The Bushmen*에 수록된 R. Lee, "Ecology of a Contemporary San People"; Marshall, *The !Kung of Nyae Nyae* 및 나의 개인적인 관찰에 근거한 것이다. 호사로(hxaro) 선물 교환 체계는 P. Wiessner, "Hxaro: A Regional System of Reciprocity for Reducing Risk among the !Kung San" (Ph.D. diss., University of Michigan, 1977)에서 설명한다.

!쿵족의 건강 상태, 질병, 사망률에 대해서는 Lee and DeVore, eds., *Kalahari Hunter-Gatherers*에 수록된 A. Truswell and J. Hansen, "Medical Research among the !Kung"; T. Jenkins and G. Nurse, *Health and the Hunter-Gatherers* (Johannesburg: Witwatersrand University Press, 1977); E. Wilmsen, "Seasonal Effects of Dietary Intake on Kalahari San," *Proceedings of the Federation of American Societies for Experimental Biology*, vol. 37, 1978; N. Howell, *Demography of the Dobe !Kung* (New York: Academy Press, 1979)를 보라.

Marshall, *The !Kung of Nyae Nyae*, xix~xx쪽을 보면 !쿵 언어에 쓰이는 혀 차는

발음에 대한 간략하고 훌륭한 설명이 나와 있다. 산족 언어에 대한 좀더 자세한 서술은 Tobias, ed., *The Bushmen*에 수록된 A. Trail, "The Languages of the Bushmen"; J. Berry and J. H. Greenberg, eds., *Linguistics in Sub-Saharan Africa* (The Hague: Morton, 1971)에 수록된 E. O. J. Westphal, "The Click Languages of Southern the Eastern Africa"를 보라.

1. 니사를 비롯해 이 책에 등장하는 !쿵 사람들의 이름은 모두 가명이다. 가명으로는 모두 전형적인 !쿵식 이름을 쓰되, 읽기에 편하도록 혀 차는 발음기호들은 모두 생략했다. 지명도 같은 방식으로 꾸며 썼다. 그리고 용어 설명, 지명, 인명에 특수 발음기호가 들어간 고유명사의 온전한 철자를 실었다.

2. 공식적으로 도베 지역은 보츠와나(약 75퍼센트)와 나미비아(약 25퍼센트)에 걸쳐 있는 지대를 가리킨다. 그러나 통계적인 수치를 들 때를 제외하고 이 책에서 '도베 지역'이라고 할 때는 보츠와나 지역만을 지칭한다. 나미비아 지역은 '니애 니애(Nyae Nyae)'라는 지명으로 부른다.

3. 비록 흡연 습관이 오랜 !쿵족 전통의 일부는 아닐지언정, 그들이 유럽인들과 접촉하기 이전에 외부로부터 전래된 것만은 확실하다. !쿵족이 인류학자들과 처음 접촉했을 때 이미 담배에 대한 욕구와 수요는 확고하게 존재하고 있었다.

4. 니사가 나를 부르는 친족 명칭은 나에게 이름을 준 환틀라와 니사의 실제 친족 관계(아주머니—조카 사이)에 따른 것이다. 나는 환틀라의 이름을 받으면서 가계도에서도 그녀와 같은 위치에 서게 되었다.

5. !쿵족이 믿는 초자연적인 존재들은 많은데, 그중 한 신이 나머지 모든 신들을 지배한다. 이 신을 '카우하(Kauha)'라고 하는데 여기서는 '하느님(God)'이라고 번역했다. 카우하를 제외한 나머지 신들은 '일간와시(Ilganwasi)'라고 부른다.

1장 최초의 기억

이 장의 상당 부분은 관찰과 인터뷰에 기초하고 있다. !쿵족의 유아기와 유년기에 대
한 추가적인 정보를 얻으려면 Lee and DeVore, eds., *Kalahari Hunter-
Gatherers*에 수록된 P. Draper, "Social and Economic Constraints on
Child Life among the !Kung"; R. Reiter, ed., *Toward an Anthropology of
Women* (New York: Monthly Review Press, 1976)에 수록된 P. Draper,
"!Kung Women: Contrasts in Sexual Egalitarianism in Foraging and
Sedentary Contexts"; N. Blurton Jones, ed., *Ethological Studies of Child
Behavior* (Cambridge: Cambridge University Press, 1972)에 수록된 M.
Konner, "Aspects of the Developmental Ethology of a Foraging People";
Lee and DeVore, eds., *Kalahari Hunter-Gatherers*에 수록된 M. Konner,
"Maternal Care, Infant Behavior and Development among the !Kung";
M. Konner "Relations among Infants and Juveniles in Comparative
Perspective," *Social Science Information* 15, no.2 (1976):371~402; M.
Lamb, ed., *The Role of the Father in Child Development* (New York:
Wiley, 1976)에 수록된 M. West and M. Konner, "The Role of the Father:
An Anthropological Perspective"; P. Draper, "!Kung Bushmen
Childhood" (Ph.D. diss., Harvard University, 1972); Lee, *The !Kung San*,
296, 330~332쪽 등을 보라.

조부모와 손자 손녀의 관계에 대해서는 Marshall, *The !Kung of Nyae Nyae*, 6장;
P. Amoss and S. Harrell, eds., *Other Ways of Growing Old* (Stnaford:
Stanford University Press, 1979)에 수록된 M. Biesele and N. Howell,

참고문헌과 주석 509

"'The Old People Give You Life': Aging among !Kung San"을 보라.
여성이 나르는 짐과 여성의 노동 부담에 대해서는, Lee, *The !Kung San*, 250~277,
309~330쪽을 보라.

1. 이 장에 나오는 증언은 니사가 세 살 때부터 여섯 살 때까지(대략 1924~1927년)
   의 기억을 토대로 한 것이다. 정확한 나이 계산(성인의 경우는 1~2년, 어린이와
   청소년의 경우는 몇 개월 정도 오차가 있다.)은 낸시 호웰의 도움을 받았다. 그녀
   는 이 집단 내 모든 개인들의 나이 순서와 일어난 사건들의 날짜를 조합해서 연
   표를 만들었다.
2. '때려죽인다(beat me to death)'는 말은 위협용으로 쓰는 표현이다. '너 또다시
   그런 짓 하면 다신 햇빛 못 볼 줄 알아라' 정도의 뜻이다.
3. !쿵 말로 '지(zee)'는 배변을 가리키는 구어로 화자가 상대방을 겁줄 때 사용하는
   말이다. 미국식 표현으로 '바지에 똥(오줌) 지리게 해 주마[make you shit (or
   piss) in your pants]', '똥이 나오도록 두들겨 패 주마(beat the shit out of
   you)'와 비슷하다.
4. 아이고 어머니!(Mother!) : 화자가 이야기하는 것이 진심임을 강조할 때 쓰는 표
   현이다. '진심이야', '맹세해'와 비슷하다. 비슷한 다른 표현으로는 '할머니!' 또
   는 '우리 어머니!' 등이 있다.
5. 인석하다(stinge): !쿵 언어의 동사 '크"훙(K"xung)'을 직역한 것이다. 'stinge'는
   고어로서 오늘날 거의 사용되지 않지만 가장 적합한 느낌을 전달해 주는 것 같다(의
   미는 옥스퍼드 영어 사전을 참조). (저자가 '인색한'이라는 뜻의 stingy 대신에 그와
   비슷한 형태의 고어인 stinge를 군이 찾아 쓴 것을 감안해, '인색하다'와 뜻과 형태
   가 비슷하지만 지금은 잘 쓰이지 않는 '인석하다'라는 단어로 옮겼다.—옮긴이)

6. 영아 살해가 실제로 이루어지는 것은 매우 드문 일이었다. (2장 참조)

7. 낯을 쪼개다(split your face into pieces): !쿵 숙어를 직역한 것으로 '인생을 망치다'와 비슷한 뜻이다.

8. 성기를 가리키는 욕설은 흔하며 놀리거나 화를 낼 때 쓰인다. 그러나 화를 낼 경우에도 꼭 그리 심한 욕은 아니다.

9. 망가뜨리다(ruin): 일반적으로 '파괴(disruptiveness)'한다는 뜻을 지닌 !쿵 말 '크"흐위아(k"xwia)'를 직역한 것이다.

10. 준/트와(Zhun/twa): !쿵 사람들이 자기 자신들을 가리킬 때 쓰는 말로 '진짜 사람들' 또는 '참된 사람들'이라는 뜻이다. (용어 설명 참조)

2장 가족

!쿵족의 출산 터울에 대해서는 Lee, *The !Kung San*, 11장; Howell, *Demography of the Dobe !Kung*, 6, 7, 10, 11장; M. Konner and C. Worthman, "Nursing Frequency, Gonadal Function and Birth Spacing among !Kung Hunter-Gatherers," *Science* 207 (1980): 788~791; V. Reynolds and N. Blurton Jones, eds., *Human Behavior and Adaptation* (London: Taylor and Francis, 1978)에 수록된 N. Blurton Jones and R. Sibley, "Testing Adaptiveness of Culturally Determined Behavior"를 보라.

!쿵족의 영아 살해에 대해서는 Marshall, *The !Kung of Nyae Nyae*, 165~168쪽; Howell, *Demography of the Dobe !Kung*, 119~121쪽; Lee, *The !Kung San*, 319~320쪽에서 서술하고 있다.

월경에 대한 !쿵 사람들의 태도는 많은 문화권에서 여성을 규제하기 위해 월경이 오염을 일으킨다는 개념을 이용하는 것과 대조적이다. D. Hammond and A. Jablow, *Women in the Cultures of the World* (Menlo Park: Cummings, 1976), 6~7쪽을 보라.

1. 이 장의 내용은 니사가 네 살 때부터 여덟 살 때까지(대략 1925~1929년)의 기억을 토대로 한 것이다. '살고 또 살다(lived and lived)'란 !쿵 관용어를 직역한 표현으로, 주로 점점 늘어나는 시간 간격을 가리키는 긴 반복어구에서 쓰인다.
2. 자기한테 대고 싸다(ejaculate on yourself): 흔한 욕설이다.
3. !쿵 말에는 특별히 월경을 직접적으로 가리키는 단어 외에도 그와 비슷한 뜻을 지닌 숙어가 많이 있는데, 모두 달과 관련이 있다. '달에 가다', '달을 보다', '달과 함께 있다' 등, 이러한 표현들은 여성의 신체주기에 미치는 달의 중요성을 비추면서, 강력한 자연의 힘에 의해 지배되는 시간에 대한 그들의 감각을 반영하고 있다.
4. 추장(chief): 아마도 츠와나족의 추장을 가리키는 말인 듯하다. !쿵족에게는 그런 제도가 없다.
5. 남자에게도 여자와 마찬가지로, 아이를 '배다' 또는 '낳다'라는 표현인 '게(//ge)'라는 말을 쓴다.
6. !쿵족은 인근의 반투족에 비해 피부색이 훨씬 밝다.

3장 황야의 삶

!쿵족의 생계를 뒷받침하는 자연 환경과 생태에 대한 자세한 서술은 Lee, *The !Kung*

San, 5, 6장; Lee and DeVore, eds., *Kalahari Hunter-Gatherers* 1~3장; Tobias, ed., *The Bushmen*에 수록된 R. Lee, "Ecology of a Contemporary San People"; Marshall, *The !Kung of Nyae Nyae*, 1~4장을 보라.
이 장에서 !쿵족의 사냥에 대한 서술은 Lee, *The !Kung San*, 8장; Marshall, *The !Kung of Nyae Nyae*, 4장을 토대로 한 것이다.

1. 이 장에서 구술한 내용은 니사가 다섯 살 때부터 여덟 살 때까지(대략 1926~1929년)의 기억을 바탕으로 한 것이다.

2. !쿵 말에는 '운반하다'라는 뜻을 가진 단어들이 다양하게 세분화되어 있다. 여기서 사용된 단어는 무거운 긴 고기 조각을 막대기에 걸어서 남성의 어깨에 메고 운반하는 전통적인 방법을 가리키는 말이다.

3. 덤불에 가다(go to the bush): 화장실에 간다는 뜻을 완곡하게 표현한 말이다. 물론 이보다 직설적인 표현도 쓰인다.

4. 어린아이가 혼자 소리치면서 뛰어오는 모습을 보고 맨 처음으로 머리에 떠올리는 위험은 뱀이나 맹수에게 물린 상황이다.

5. 한 !쿵 사람이 "니애니애 바오밥 나무 옆 언덕 근처의 작은 아카시아 수풀"이라고 말하면, 이는 뉴욕 사람에게 "5번가와 34번가 교차로의 롱샴(가죽 브랜드—옮긴이) 매장 앞"이라는 말이 의미하는 것만큼이나 구체적이고 유용한 정보다. 사실 주변 환경에 대한 !쿵 사람들의 대화를 그대로 영어로 옮기기는 어렵다. 지형과 식생의 미세한 부분까지 묘사하는 !쿵족의 풍부한 언어에 대응하는 영어 단어가 없기 때문이다.

4장 성에 눈뜰 때

이 장을 집필하는 데 주로 참조한 문헌은 Draper, "Social and Economic Constraints on Child Life among the !Kung"이다. 그 외 추가적인 정보는 Lee, *The !Kung San*, 9장; Konner, "Relationship among Infants and Juveniles in Comparative Perspective"; J. Crook and R. Michael, eds., *Comparative Ecology and Behavior of Primates* (New York: Acadmic Press, 1973)에 수록된 N. Blurton Jones and M. Konner, "Sex Differences in the Behavior of Bushman and London Two-to-Five Year Olds"; Hammond and Jablow, *Women in the Cultures of the World*; 그리고 개인적인 관찰을 통해 얻었다.

!쿵족의 공간 활용에 대한 논의는 P. Draper, "Crowding among Hunter-Gatherers: The !Kung Bushmen," *Science* 182 (1973)을 보라.

1. 이 장의 구술은 니사가 여섯 살 때부터 열두 살 때까지(대략 1927~1933년) 경험한 일에 토대한다.

2. !쿵 말에서 3인칭 단수 대명사 '아(a)'는 성별 구분이 없다. 구술에서 이 말이 부정대명사로 쓰였을 때는 '그녀' 또는 '그녀의'로 옮겼다.(한국어는 !쿵 말과 마찬가지로 대명사에 반드시 성별 구분을 할 필요가 없으므로 이 주석은 한국어 번역문에는 해당되지 않는다.—옮긴이)

3. 사랑을 나누다(make love): 여기서 쓰인 말은 '아레 아퀘(are akwe)'다. 이 말을 해석하면 '서로 사랑(좋아)하다'라는 뜻인데, 여기서는 성행위를 완곡하게 이르는 말로 쓰였다. 성행위를 완곡하게 표현한 다른 말로는 '아레 안/테(are

an/te, 스스로 좋아하다)', '구 아쿼(gu akwe, 서로를 취하다)', '구 안/테(gu an/te, 스스로 취하다)', '두 시//콰시(du si//kwasi, 할 일을 하다)' 등이 있다. 여기에 묘사된 성교 체위는 아이를 깨우지 않으려고 조심하기 위한 방법인 듯하다.

4. 걱정하다(worry about): !쿵 말로는 '쿠아(kua)'로, '두려워하다', '존중하다', '경외하다' 등의 말과 비슷한 맥락에서 쓰인다.

5. '느!아로 안/테(n!aro an/te)'라는 어구를 직역한 것으로, '배우다'라는 뜻이다.

6. 덮치다(screw): 여기에 해당하는 !쿵 단어는 '치(tchi)'다. 매우 구어적이고 약간(심하진 않게) 속된 느낌의 표현이다.

7. 여기서 '동부'는 헤레로나 츠와나 등 다른 종족 사람들이 밀집해서 모여 사는 지역을 가리킨다. 이 지역은 !쿵 사람들의 마음속에서 문화, (바깥 세계와의) 접촉, 변화 등과 연관되어 있다.

8. !쿵 여성은 맏딸이 이미 아기 엄마가 된 이후에도 아이를 임신하는 경우가 심심찮게 있기 때문에, 아이들에게 이모나 삼촌이 또래 친구가 되는 것은 드문 일이 아니다.

5장 시험 결혼

결혼의 규칙과 관습에 대해서는 Marshall, *The !Kung of Nyae Nyae*, 8장; Howell, *Demography of the Dobe !Kung*, 6장에 나오는 결혼 통계; Lee, *The !Kung San*, 242쪽; Lee, "Ecology of a Contemporary San People"에 소개되어 있다. !쿵족의 결혼의 변천사에 대한 서술은, 존 마샬이 20년간에 걸쳐 찍은 뛰어난 기록 영화인 느!아이(*N!ai*)에서 찾아볼 수 있다.

1. 이 장에서 구술된 이야기는 니사가 열두 살 때부터 열다섯 살 때까지(대략 1933
   ~1936년)의 경험이다.
2. !쿵 여성이 남편을 두 명 이상 거느린 사례는 단 한 건 기록되어 있다.
3. 헤레로나 츠와나 남성과 결혼하는 !쿵 여성의 비율은 적으며, 그나마 주로 둘째 아
   내로 들어간다. 헤레로나 츠와나 여성은 !쿵 남성과 결혼하지 않는다.

6장 결혼

!쿵 사람들 사이에서 서로 행동을 삼가야 하는 관계에 대한 논의는 Marshall, *The
!Kung of Nyae Nyae*, 7장을 보라. 이 책에서 마셜은 결혼식 의례와 초경 의례
에 대해서도 서로 비교해 다루고 있다(271~279쪽). !쿵족 여성이 가임기로 진
입하는 시점에 대해서는 Howell, *Demography of the Dobe !Kung*, 6장과 179
쪽을 보라.

1. 이 장에서 증언한 사건들은 니사가 열다섯 살 때부터 열여덟 살 때까지(대략
   1936~1939년) 일어난 일들이다.
2. 귓구멍을 깨부수다(crack open inside her ears): !쿵 말의 관용어를 직역한 것
   이다. 영어에는 이에 대응하는 구어 표현이 없다.
3. !쿵 사람들은 체모가 거의 없으며 여성들은 매우 긴 음순을 가졌다. 따라서 !쿵 여
   성들에게는 체모가 나는 것보다 음순이 늘어나는 것이 사춘기가 되었다는 눈에
   띄는 표시다. (그래서 성적 모욕을 주는 욕설 중에는 기다란 음순을 가리키는 표
   현이 많다.)

516

4. 음식과 먹는 행위는 !쿵 사람들 사이에서 흔히 섹스에 대한 은유로 통한다. 그러나 그들 스스로는 성기-구강 접촉에 대해 아무런 경험도 지식도 없다고 한다.

5. 반복해서 서로의 이름을 소리쳐 부르는 것은 넓은 지역에 흩어져 있는 사람들끼리 서로 접촉을 유지하기 위한 보편적인 방법이다. 이렇게 소리쳐 부를 때 일부러 대답하지 않는 것은 그 자체로 매우 구체적인 메시지다.

6. 여기서 니사가 어머니를 만나 매우 들떠 있는데도 몸가짐을 삼가는 이유는 초경과 두 번째 월경 사이의 기간(그리고 때로는 그 이후까지)에 지켜야 할 관습 때문이다.

7. 니사가 구술할 때 '아레(are)'라는 말을 쓰면서 강조점을 바꿔 말한 것을 여기서는 '좋아하다(like)'와 '사랑하다(love)'라는 두 단어로 다르게 번역했다. '아레'는 프랑스어의 'aimer'처럼, 영어의 'like'와 'love'에 대응하는 두 가지 맥락에서 다 쓰일 수 있다.

7장 일부다처 결혼

이 장에 소개한 내용은 Lee, *The !Kung San*, 452~454쪽; Marshall, *The !Kung of Nyae Nyae*, 8장; Howell, *Demography of the Dobe !Kung*, 12장을 참조해 집필한 것이다. 일부다처제에 대한 비교문화적 시각으로는 Hammond and A. Jablow, *Women in the Cultures of the World*, 34~36쪽을 보라.

1. !쿵 사람들은 자기가 잘 아는 사람은 물론이고 대부분의 사람들이 남긴 자취를 쉽게 알아볼 수 있다. 뿐만 아니라 모래에 남은 흔적을 보고 그 사람이 처했던 상황

이나 취했던 행동까지도 읽어 낼 수 있다.

2. 니사의 할아버지는 분명히 세 아내를 동시에 거느렸던 듯한데, 이는 극히 드문 경우다.

3. 여기서 니사가 일부다처혼을 경험했던 시기는 그녀가 열일곱 살 때부터 열아홉 살 때까지(대략 1938~1940년)다.

8장 첫 출산

이 장의 설명은 관찰을 비롯해, Lee, *The !Kung San*, 11장; Howell, *Demography of the Dobe !Kung*, 4, 6장을 토대로 했다. !쿵족의 작명 체계에 대한 자세한 설명으로는 Marshall, *The !Kung of Nyae Nyae*, 6장을 보라.

1. 이 장에서 증언한 내용 대부분은 니사가 열여덟 살 때부터 스물한 살 때까지(대략 1939~1942년) 일어난 일이다.

2. !쿵 사람들 이외의 다른 종족들의 관습에 관한 니사의 진술은 정확하지 않을 수도 있다.

3. 아기 낳을 때의 화(anger at birth): 출산시의 고통을 표현하는 말이다.

4. 심장이 떠나 버리다(a woman's heart may leave her): 의식을 잃는 것을 표현한 말이다.

5. 인사의 형식은 !쿵 사람들의 사회생활에서 매우 중요하며, 서로에게 어떤 식으로 인사하느냐는 서로에 대해 어떤 감정을 느끼는지를 반영한다.

9장 부모 됨과 사별의 고통

!쿵족의 기대 수명과 사망률에 대해서는 Howell, *Demography of the Dobe
!Kung*, 3~5장과 239~242쪽을 보라. !쿵족의 건강 상태에 대한 의학적 연구를
개관한 글로는 Lee and DeVore, eds., *Kalahari Hunter-Gatherers*에 수록된
A. Truswell and J. Hansen, "Medical Research among the !Kung"; T.
Jenkins and G. Nurse, *Health and the Hunter-Gatherer* (Johannesburg:
Witwatersrand, 1977) 을 보라.

초자연적인 것에 대한 !쿵족의 믿음은 L. Marshall, "!Kung Bushman Religious
Beliefs," *Africa* 32, no. 3 (1962): 221~225; Tobias, ed., *The Bushmen*에
수록된 M. Biesele, "Religion and Folklore"에서 논의하고 있다.

1. 이 장에서 니사가 회상하는 사건들은 그녀가 스무 살 때부터 서른 살 사이(대략
   1941~1951년)에 겪은 일들이다.

2. !쿵 사람들은 갓난아기가 아프면 대개 새의 영이 들려서 그렇다고 믿는다. 이는 조
   상신과 관계된 일반적인 질병과는 다른 특별한 것으로 취급된다. 그래서 갓난아
   기에게만 적용되는 특별한 의례적 치료가 행해진다.

3. 츠와나 마을로 이사한 것은 니사 삶에서 주요한 변화의 기점이 된다. 이후 그녀의
   삶은 츠와나와 헤레로 사람들과 한층 밀접해진다. 이때 그녀의 나이는 서른 살
   정도 되었던 것 같다.

4. 타셰이가 죽었을 때 그의 나이는 서른다섯 살에서 마흔 살 사이였을 것이다. 이때
   까지 그의 부모는 둘 다 생존해 있었다.

5. !쿵 사람들은 병의 원인을 살아 있는 사람의 악의 탓으로 돌리는 일이 거의 없다.

이런 믿음은 분명 츠와나 사람들에게 고유한 것이다. 그러나 !쿵 사람들이 칸틀라와 니사를 비난한 것이 츠와나족으로부터 받은 영향을 반영하는 것일 수는 있다.

10장 변화

20세기 이후 !쿵족을 비롯한 산족의 문화 접촉과 변동에 대한 자세한 설명은 Lee, *The !Kung San*, 1~3, 14장; Lee and DeVore, eds., *Kalahari Hunter-Gatherers*에 수록된 M. Guenther, "From Hunters to Squatters"; Tobias, ed., *The Bushmen*에 수록된 H. Heinz, "The Bushmen in a Changing World"; G. Silberbauer, "The Future of the Bushmen"을 보라.

문화 변동이 여성의 지위에 끼친 영향에 대해서는 R. Reiter, ed., *Toward an Anthropology of Women*에 수록된 P. Draper, "!Kung Women: Contrasts in Sexual Egalitarianism in Foraging and Sedentary Contexts"에서 논의하고 있다. 칼라하리 인민 기금에 대해서는 이 책 473쪽 참조.

1. 이때부터 니사는 거의 츠와나와 헤레로 마을 또는 그 근방에서 살았다.
2. 니사가 베사와 결혼했을 때 그녀의 나이는 서른한 살이나 서른두 살(대략 1956년)이었다.

11장 여성과 남성

이 장에서 인용한 마거릿 미드(Margaret Mead)의 말은 *Male and Female* (New York: William Morrow, 1949)에 수록된 것이다.

!쿵족 공동체 내 여성의 지위에 대해서는, Lee, *The !Kung San*, 274~275, 447~454쪽; Draper, "!Kung Women: Contrasts in Sexual Egalitarianism in Foraging and Sedentary Contexts"; Draper, "Cultural Pressure on Sex Difference," *American Ethnologist* 2, no. 4, (Nov. 1975): 602~615; Draper, "!Kung Bushman Childhood"; Marshall, *The !Kung of Nyae Nyae*, 175~179쪽; Weissner, "Hxaro"를 보라.

!쿵족의 아버지-자식 간 관계에 대한 통계 자료는 West and Konner, "The Role of the Father: An Anthropological Perspective"에서 인용했다.

여성의 역할에 대한 비교문화적 개설은 Hammond and Jablow, *Women in the Cultures of the World*; M. Rosaldo and L. Lamphere, *Women, Culture and Society* (Stanford: Stanford University Press, 1974); L. Lamphere, "Review Essay: Anthropology," *Signs* 2, no. 3 (1977): 612~627; Reiter, ed., *Toward an Anthropology of Women*에서 찾아볼 수 있다. 아울러 마거릿 미드의 고전적인 저작인 *Male and Female and Sex and Temperament* (New York: William Morrow, 1935)도 보라.

이 장에서 소개된 다른 정보들은 B. Whiting and J. Whiting, Children of Six Cultures (Cambridge, Mass.: Harvard University Press, 1975); 2nd International Conference on Hunting and Gathering Societies (Dept. of Anthropology, Laval University, Quebec, 1980)에서 발표된 M. Biesele and R. Katz, "Male and Female Approaches to Healing among the !Kung"을 참조했다.

1. 이 장은 니사가 30대 초반일 때(1950년대 중반)부터 그 후 약 5년 동안 일어난 일을 다루고 있다.
2. 사실 이때 그녀는 남편과 아이들과 함께 있었다.
3. 랜드(Rand)는 남아프리카공화국의 화폐 단위로 당시 베추아날랜드(독립 이전의 보츠와나)에서 법적으로 통용되던 통화였다. 1랜드는 1.2~1.5달러다. 5랜드는 당시 !쿵 사람들에게는 대략 머슴이나 하인들이 받는 두 달 치 급료에 해당하는 매우 큰돈이었다.
4. 맛보다(tastes her): 성행위를 완곡하게 이르는 표현이다.
5. 전통적인 !쿵 문화에서 이혼 절차는 이보다 덜 복잡하고 훨씬 빨리 진행된다.
6. 니사와 보는 1957년경, 니사가 서른여섯 살 때쯤 결혼했다.

12장 연애

!쿵족의 혼외정사와 성적 질투의 중요성에 대해서는 몇몇 인류학자들이 제각기 연구하고 확인한 바 있다. Marshall, *The !Kung of Nyae Nyae*, 279~283쪽; Lee, *The !Kung San*, 383쪽; Howell, *Demography of the Dobe !Kung*, 59~61쪽을 보라. 성적 농담과 성적인 언어폭력 또한 마셜(Marshall)(204~208쪽)과 리(Lee)(372~374쪽)가 기록했다.

1. 이 장의 구술은 니사의 성인기 전반을 배경으로 한 것이다.

2. '도대체 어떻게 된 사람이냐?'라는 말을 아주 강하게 표현한 것이다.

3. 오르가슴을 완곡하게 '끝내다', '배부르다', '살아났다' 등으로 표현하기도 한다. 이 말들은 남성과 여성 모두에게 적용된다.

4. !쿵 말에는 클리토리스를 가리키는 단어가 있으며[춘 느/우(tsun n/u)] 성적으로 흥분했을 때 그 부위가 어떤 기능을 하는지도 알려져 있다.

13장 치유 의례

치유 의례에 대한 정보를 확인하려면 Lee and DeVore, eds., *Kalahari Hunter-Gatherers*에 수록된 R. Katz, "Education for Transcendence: !Kia-Healing with the Kalahari !Kung"; M. Biesele and R. Katz, "Male and Female Approaches to Healing among the !Kung"; J. Marshall의 탁월한 기록 영화 "N/um Tchai" (Documentary Educational Resources)를 보라.

1. 영계로 여행하는 !쿵 치료술사는, 그 세계에 대해 저마다 조금씩이라도 독창적인 이야기를 가지고 돌아오는 것 같다.

14장 또 다른 이별

!쿵족의 삶에서 ─ 위험하거나 유용하거나 또는 두 측면에서 다 ─ 중요한 동물상에 대

해서는 Lee, *The !Kung San*, 96~102쪽과 부록 C; Marshall, *The !Kung of Nyae Nyae*, 4장; Howell, *Demography of the Dobe !Kung*, 54~59쪽에서 소개하고 있다.

!쿵 사람들 사이의 폭력과 그 해결에 대한 기록이나 논의는 Marshall, *The !Kung of Nyae Nyae*, 9장; Lee, *The !Kung San*, 13장; Howell, *Demography of the Dobe !Kung*, 59~62쪽에서 찾아볼 수 있다. A. Montague, ed., *Teaching Non-Aggression* (New York: Oxford University Press, 1978)에 수록된 "The Learning Environment for Aggression and Anti-social Behavior among the !Kung"에서 !쿵 문화에서 어린이들이 사회화하는 과정에 대해 공격성의 측면에서 설명하고 있다.

1. 전통 현악기의 한 종류다.

2. 나이는 열다섯 살 무렵에 결혼해서 열여섯 살이나 열일곱 살에 죽은 것으로 추정된다. 그녀와 비슷한 식으로 어린 신부가 죽음을 맞은 또 다른 사례는 알려진 바 없다.

3. 여기서 염소는 살인에 대한 배상이 아니라 사건을 종결하기 위한 수단으로 제시된 것이다. 실제로 여기서 나이의 남편은 살인이 아니라 그와 유사한 다른 죄목으로 기소됐다. 살인죄가 인정됐다면 그는 니사의 주장대로 동부에 있는 감옥으로 보내졌을 것이다.

4. 그늘 한량(shade expert): 많은 시간을 그늘 주위에 누워 지내는 젊은 청년들을 가리키는 말이다.

5. 크사우는 십대 중반에 죽었다고 추정된다. 이때 그는 처음으로 큰 수사슴을 하나 잡았기 때문에 결혼 상대가 될 자격이 있었다.

6. 아이를 이렇게 어린 나이에 친척에게 아주 맡기는 일은 드물다. 어떤 면에서는 이 아이가 여읜 자식들을 대신해 주길 바라는—니사와 그 남동생 모두의—강한 소망이 반영되어 있다.

15장 늙는다는 것

!쿵족의 생애 주기 통계의 주된 출처는 Howell, *Demography of the Dobe !Kung*, 3, 6, 12장이며, 비교를 위한 미국 측 통계는 1970년 인구 조사를 참조했다. !쿵족의 노년에 대한 자세한 설명은 Biesele and Howelle, "'The Old People Give You Life'"; Lee, *The !Kung San*, 58~61, 242~243쪽; Weissner, "Hxaro"를 보라. 아울러 Lee and DeVore, eds., *Kalahari Hunter-Gatherers*에 수록된 A. Truswell and J. Hansen, "Medical Research among the !Kung"도 참조하라. !쿵족의 민간 설화에 대한 본격적인 논의는 M. Biesele, "Folklore and Ritual of !Kung Hunter-Gatherers" (Ph. D. diss., Harvard University, 1975)에서 찾아볼 수 있다.

1. 아들이 죽고 슬하에 생존한 자식이 하나도 남지 않았을 때 니사는 서른일곱 살 (1958년경)이었다.
2. 이 임신을 한 시기는 니사가 마흔 살 때였다. 그녀는 1970년, 마흔아홉 살 때에 폐경을 경험했다.
3. 이는 !쿵 여성이 폐경으로 인한 신체적 불편을 증언한 유일한 자료다. 니사는 인터뷰하던 당시에 이런 증상을 경험하고 있었기 때문에, 지나고 나서 기억을 더듬어

증언한—여기서 !쿵 여성들은 폐경에 뒤따르는 증상이 있음을 부인했다—자료

보다 더 정확할 가능성이 높다.

4. !쿵 말에서 '꿈'이라는 표현은 문자 그대로 해석하면 '영혼이 한데 모임(a gathering up of the spirits)'이라는 뜻이다.

에필로그

월경 주기에 대한 자료는 대부분 연구 동료 중 한 명인 캐롤 워스만(Carol Worthman)

의 박사학위 논문, "Psyhoneuroendocrine Study of Human Behavior,"

Harvard University, 1978에서 인용했다. 이 논문에서 워스만은 !쿵족을 대상으로

한 연구 및 그 결과를 자세히 설명하고 아울러 서구인을 대상으로 이루어진 선행

연구의 결과를 소개한다.

산족의 역사에 대해서는 Tobias, ed., *The Bushmen*에 수록된 Wilcox, "The

Bushman in History"; Inskeep, "The Bushman in Prehistory"; Tobias,

"Introduction to Bushmen or San"을 보라. 좀더 최근의 역사에 대한 추가 자

료는 Lee, *The !Kung San*, 31~35쪽에서 찾아볼 수 있다. 아울러 Yellen,

*Archaeological Approaches to the Present*도 참조했다.

1. 칼라하리 인민 기금의 연락처는 다음과 같다.

P.O. Box 7855, University Station, Austin, Texas 78713-7855, USA. 전화

1-512-453-8935, 팩스 1-512-459-1159.(2008년 현재 주소로 고쳐 실었다.—

옮긴이)

용어 설명

!쿵(!Kung) 언어 및 종족 이름. !쿵족은 나미비아 북동부, 보츠와나 북서부(이 지역의 !쿵족은 자신들을 일컬어 준/트와시라고 칭하기도 한다. '준/트와시' 항목 참조), 앙골라 남동부 지역에 분포되어 있다.

가우(!gau) *Cyperus fulgens*. 양파 비슷하게 생긴 작은 구근.

가죽외투, 외투(kaross, chik!na) 또는 담요(blanket) 큰 영양, 주로 일런드나 겜스복의 가죽으로 지어 둘러쓰는 옷. !쿵족 의복 가운데 가장 중요한 품목이며 거의 여성들만 입는다. 잠잘 때 담요로도 쓴다. 등에 걸친 뒤 어깨에서 양 끝을 매듭지어 입고 복부에 끈을 둘러매 고정시킨다. 옷의 등 쪽에 주머니가 만들어지는데 여기에는 타조알 껍데기 물통, 채집한 식량, 조금 큰 아이 들을 싣는다. 가죽 천의 나머지 부분은 하반신까지 늘어뜨려 몸을 보호하고 가리는 기능을 한다. 가죽 천은 구슬로 장식할 때가 많다.

겜스복(!gwe) *Oryx gazella*. 가장 흔히 잡히는 큰 영양으로 평균 215킬로그램 정도다. 독화살을 쏘는 고전적인 방법을 쓰거나 사냥개의 도움을 받아 사냥한다.

구에아(//guea) *Talinum crispatulatum*. 푸성귀의 한 종류. 잎과 뿌리를 모두 먹는다.

기니닭(udi) 덫을 놓아 흔히 잡는 새. 크기가 닭과 비슷하다.

기린(≠dwa) *Giraffa camelopardalis*. !쿵족이 전통적으로 사냥했던 대형 짐승 가운데 가장 크며 몸무게는 평균 1톤이 넘는다. 과거에는 이따금씩 잡았지만, 꽤 오래 전부터 공식적인 보호 대상이 되어 !쿵족들도 사냥이 금지되어 있다.

꿀먹이오소리(//hau) *Mellivora capensis*. 흔히 잡히는 포유류로 무게는 9킬로그램

가량이다.

나(≠na) 장구밥나무속의 장과(漿果) 열매.

날쥐(n/hum) *Pedetes capensis*. 땅 밑에서 잡는 주요 포유류 네 종 가운데 하나. 한쪽 끝에 금속 갈고리를 달고 3.5미터 정도 길이로 된 날쥐잡이용 탐침을 가지고 사냥하는데 굴속에 사는 다른 포유류보다 잡기가 쉽다. 평균 몸무게는 3킬로그램이 약간 넘는다.

네흔(n≠h′n) *Pterocarpus angolensis DC*. 나무의 한 종류로 여기서 염료를 채취해 가죽외투를 염색한다.

누(!ghi) *Connochaetes taurinus*: 푸른 누. 큰 영양의 한 종류로 수컷은 250킬로그램, 암컷은 200킬로그램 정도다. 흔히 잡는 대형 사냥감 가운데 하나다.

느/움(n/um) 여러 물질에 깃들어 있는 영적 힘으로, 주로 치료술사의 몸 안에 들어 있으며 황홀경을 통해 이 힘에 접근할 수 있다.

니애니애(Nyae Nyae) 나미비아에서 보츠와나 국경을 따라서 넓게 펼쳐진 지역. 1961년 마셜 가족이 처음 !쿵 산족과 접촉했을 때 이 지역에는 많은 !쿵 산족이 수렵채집을 하며 살고 있었다. 1960년 이후 이 지역의 !쿵족은 남아프리카공화국 정부가 만든 분리 구역인 춤!크웨로 이주했다.

닌(n/n) *Grewia flava*. 낮은 덤불에서 자라는 장과 열매로 여름과 가을에 많이 소비된다. 장과 열매를 가리키는 단어는 '달다' 또는 '즐겁다'는 뜻의 단어와 동일하다.

다이커영양(/tau) *Sylvicapra grimmia*: 회색 다이커. 작은 영양으로 무게는 18~21킬로그램가량이며 대개 덫을 놓거나 곤봉으로 때리거나 독화살을 쏘아서 잡는다.

도(≠do) *Eulophia bereroensis*. 먹을 수 있는 흔한 뿌리.

드차(dcha) *Citrullus naudinianus*. 아이가 젖을 떼야할 때에 이 덩굴 식물에서 쓴

맛이 나는 뿌리를 잘라 빻아서 반죽해 젖꼭지에 바른다. 이 식물의 열매―선인장 열매와 비슷하게 생긴 멜론―는 매우 시어서 !쿵족 음식 가운데에서도 별로 인기가 없다.

땅돼지(n/a) *Orycteropus afer.* !쿵족이 사냥하는 땅 밑 포유류의 일종. 수컷은 평균 63킬로그램, 암컷은 40킬로그램가량 나간다.

몽공고(//″xa) 또는 망게티 열매 *Ricinodendron rautanenii.* 이 견과는 풍부하게 존재하고 1년 내내 채취 가능하며 !쿵 사람들의 식단에서 주식에 해당한다. 이 열매는 !쿵 사람들에게 첫째가는 식량으로 이에 필적할 만한 음식은 고기뿐이다.

물웅덩이 여름에 비가 와서 일시적으로 형성되는 연못. 비가 많이 오는 우기에는 1.2~1.3미터 깊이에 넓이는 수천 평에 달하는 물웅덩이가 만들어져 몇 달씩 유지된다.

바오밥(≠em) *Adansonia digitata.* 아프리카에서 흔히 볼 수 있는 나무. 둥치는 부드럽고 대단히 굵으며 키도 24미터 이상이어서 넉넉한 그늘을 드리운다. 나무 열매는 !쿵족의 식생활에서 주된 식량이다.

반투(Bantu) 아프리카의 주요 어족. 반투어를 사용하는 종족을 반투족 또는 반투어족이라고 한다. 도베 지역의 !쿵 산족과 이웃해 사는 목축민인 헤레로족과 츠와나족도 반투어족에 속한다.

부시맨(Bushmen) 산족을 가리키는 말. 한때 흔하게 쓰였으나 부정적이고 노골적인 인종차별의 의미를 띠는 말이어서 현재 학자들은 이 말을 쓰지 않는다.

산(San) 다소 경멸적인 말인 '부시맨'의 대체어. 이 말은 코이-코이(호텐토트)족이 이웃한 수렵채집민을 가리키는 말에서 유래했다.

상아야자나무(!hani) *Hyphaene benguellensis.* 이 야자나무의 열매는 !쿵족 식단의 주된 음식이다.

샤(sha) *Vigna dinteri*. 흔하게 채취하는 뿌리로, !쿵족이 소비하는 주된 채소 식량 가운데 하나.

스틴복(/ton) *Raphicerus campestris*. 11킬로그램가량의 작은 영양. 사냥개의 도움을 받거나 몽둥이, 창, 이따금 독화살을 가지고 잡는다. 스틴복을 가리키는 !쿵말은 유럽인을 가리키는 !쿵 말과 동일하다.

쌔기벌레 먹을 수 있는 종이 최소한 여섯 가지로 확인되었다. 길이는 약 5센티미터로 부드러운 외피를 지녔다. 채취량은 계절에 따라 큰 차이가 있지만 일단 채취하면 대단한 진미로 여겨진다.

앞치마 성기 부위를 가리는 작은 가죽 천. 허리에 둘러 묶어 입는다.

유럽인(/ton) 남아프리카에서 백인을 흔히 일컫는 말.

일런드영양(n!n) *Taurotragus oryx*: 자이언트 케이프 일런드(giant Cape eland). 매우 큰 영양으로 340~450킬로그램까지 나가며 지방이 많다.

자칼(≠tedi) *Canis mesomelas*. 검은등자칼은 도베 지역에 흔히 출몰하지만 전통적인 !쿵족은 거의 사냥하지 않았다.

준/트와시(Zhun/twasi) !쿵 사람들이 자기 자신들을 가리키는 말. 이 말은 사람을 의미하는 '주(zhu)' 와 '진짜' 라는 뜻의 '트와(/twa)' 에 복수형 어미인 '시(si)' 를 결합한 것이다. 이 말은 보츠와나 북서부와 나미비아 북동부에 거주하는 !쿵족 6만 명을 위시하여 가장 전통적인 세 지역의 !쿵족을 가리킨다. !쿵족뿐 아니라 다른 지역에서도 자기 자신을 비슷한 의미로 일컫는 예가 흔한데 이는 자신이 속한 집단을 인간이라는 개념의 중심으로 인식한다는 것을 보여준다.

초유 출산을 전후한 며칠 동안 산모의 유방에서 분비되는 묽은 유액.

촌(chon) *Walleria muricata*. 먹을 수 있는 작은 뿌리가 달린, 풀 모양을 한 식물.

츠와나(Tswana, /Tebi) 보츠와나의 주요 부족 집단인 반투어족으로 그 수는 약 50만

명가량이다. 이들은 보츠와나에 거의 전국적으로 퍼져 살고 있으나 그중에서
도 남동부 지역에 가장 많이 거주한다.

치료용 상처(medicinal cuts) 환자의 통증 부위의 살갗에 내는 작은 상처. 피를 약간 내
면 병의 일부가 빠져 나간다고 여겨진다. 상처 부위에 약초를 바르기도 한다.

친(tsin) *Bauhinia esculenta*. 덩굴 식물에서 나는 콩류 열매로서 한번에 많은 양을
거두며, !쿵족의 식생활에서 주된 음식 중 하나다. 이것은 중앙 칼라하리에 사
는 산족의 주식이기도 하다.

칼라하리 인민 기금(Kalahari People's Fund) !쿵족에게 변화가 불가피하다는 점을
인정하는 인류학자들을 비롯한 뜻 있는 이들이 산족과 보츠와나 정부와 손잡
고 긍정적인 변화를 촉진하고자 결성한 조직.

코이산(Khoisan) 코이-코이(호텐토트)족과 산족을 포함하는 문화·인종 집단.

쿠두(n!hwa) *Tragelaphus strepsiceros*: 그레이터쿠두. 큰 영양 중에서 가장 많이
잡히는 것으로, 평균 몸무게는 수컷이 270킬로그램, 암컷이 160킬로그램가량
이다. 이 동물은 고전적인 !쿵 방식대로 활과 독화살로 사냥한다.

쿠아(kua) 의례적 사건에 결부된 감정 또는 행동으로, 맥락에 따라 경외, 공포, 존경
등으로 번역될 수 있다. 상호 존중하는 관계를 일컫는 데 쓰이기도 한다.

크와(!Xwa) *Fockea sp. poss. monroi*. 물을 머금은 뿌리 중에서 가장 흔한 것으로,
산족이 사막에 고인 물을 찾을 수 없을 때 생존에 결정적인 역할을 한다.

클라루(//haru) *Lapeyrousia coerulea*. 먹을 수 있는 구근의 일종.

타조알 껍데기 물통(tsun n!usi) 내구성이 있어 전통적으로 널리 사용되는 물통. 타조
알은 둥지에 10~15개씩 숨겨 놓은 것을 채취할 수 있다. 채취한 알에 작은 구
멍을 뚫어서 내용물을 꺼내 요리해 먹고 껍질을 물통으로 쓰며, 깨진 껍질은
구슬로 만든다.

헤레로(Herero, Tama) 20세기 이전까지 나미비아 지방을 장악하고 있던 반투어족 목축민. 1904년 독일군이 헤레로 인들을 대량 학살했을 때 종족 전체가 거의 몰살 지경에 이르렀다. 이 학살에서 생존한 사람들은 보츠와나로 피신해 살고 있다.

호저(!kum) *Hystrix africaeaustralis*. 가장 흔히 잡히는 땅 밑 포유류 종으로 평균 무게는 18킬로그램 정도다.

흑멧돼지(/wa) *Phacochoerus aethiopicus*. 가장 많이 잡히는 대형 포유류. 땅 위에 서도 살고 땅 밑에 굴을 파기도 한다. 무게는 77킬로그램 정도에 길고 뾰족한 엄니가 있으며 멧돼지와 비슷한 외형이다.

황야(tsi) 마을 야영지 경계 바깥의 모든 땅을 일컫는 일반적인 말; 사람이 살지 않는 거친 땅.

흐사로(hxaro) 정해진 교환 상대끼리 선물을 주고받는 관습으로서, !쿵족 경제생활의 중심이 되는 정교한 연결망을 이룬다. 파트너끼리 동시에 선물을 주고받는 것이 아니라, 한쪽이 자유롭게 선물을 주면 상대편은 적절한 시간이 흐른 후에 그에 답례한다.

지명

가우샤(/Gausha) 샘 이름이자 !쿵 마을 이름. 인터뷰 당시에 니사가 살고 있던 마을.

고시(!Goshi) 샘 이름이자 !쿵 마을 이름. 인류학자들의 주 야영지.

나미비아(Namibia) 과거에 남서아프리카로 불렸던 나라로, 서쪽으로 보츠와나와 국경을 맞대고 있으며 일부 지역에 !쿵족이 거주한다. 나미비아는 유엔에서 국명으로 통용되는 이름이다.

도베(Dobe) 원래는 보츠와나(약 75퍼센트)와 나미비아(약 25퍼센트)에 걸쳐 펼쳐진 땅을 일컫는 말. 그러나 통계 수치를 산정할 때를 제외하고 '도베 지역'이라고 하면 대개 보츠와나 지역의 땅을 가리킨다. 나미비아 지역을 일컬을 때는 '니애니애'라고 한다.

보츠와나(Botswana) 아프리카인이 통치하는 국가. 1966년 영국의 지배에서 독립했고, 남아프리카공화국, 짐바브웨(과거의 로디지아), 나미비아(과거의 남서아프리카), 잠비아와 국경을 맞대고 있다. 이 책의 !쿵 산족이 거주하는 도베 지역은 보츠와나의 북서 지역, 칼라하리 사막의 최북단에 위치해 있다. 독립 이전에는 '베추아날란드 보호령'으로 불렸다.

초타나(Tcho/tana) 샘 이름이자 마을 이름; 니사의 이모가 살던 마을. 어린 니사는 이 마을에 같이 놀고 싶은 아이들이 없다고 투정을 부렸다.

칼라하리 사막 칼라하리-나미브 사막의 동부. 칼라하리-나미브 사막은 앙골라 남부, 나미비아와 서남아프리카의 대부분, 남아프리카공화국 북서부, 보츠와나 거의 전 국토에 펼쳐져 있으며 총 130만 평방킬로미터에 달한다.

가우(/Gau) 남자 이름. 니사의 아버지.

나나우(/N!au) 남자 이름. 니사의 애인 가운데 한 명.

나우카(Naukha) 여자 이름. 연구 초기에 인터뷰한 서른다섯 살 여성.

나이(N!ai) 여자 이름. 연구 초기에 인터뷰한 열네 살 소녀; 니사의 어린 시절 친구 가운데 한 명; 니사의 둘째 딸.

노니(N!oni) 남자 이름. 니사의 어린 시절 놀이 친구 가운데 한 명.

누카(N!unkha) 여자 이름. 연구 초기에 인터뷰한 스무 살 여성; 니사가 맡아 기르고 있는 조카딸; 니사가 처음 결혼한 첫날밤에 신방에 같이 들어가서 그녀의 남편과 사랑을 나눈 여자; 니사의 어린 시절 친구.

눔셰이(N/umshay) 남자 이름. 니사가 동부에 살 때 네 번째 남편인 베사가 그녀를 버리고 떠나고 나서 사귀었던 애인.

니사(N≠isa) 여자 이름.

다우(≠Dau) 남자 이름. 니사의 오빠.

데베(Debe) 남자 이름. 니사와 베사가 살았던 동부 마을에 있던 남자; 인터뷰 당시 니사의 애인 가운데 하나.

뎀(Dem) 남자 이름. 니사를 둘째 아내로 삼고 싶어했던 남자; 니사가 젊어서부터 사귀었던 애인인 칸틀라의 동생. 역시 니사의 애인 가운데 한 명.

바우(Bau) 여자 이름. 필자에게 !쿵 사람들의 삶에 대해 처음으로 털어놓은 사람; 니사가 어린 시절에 자주 싸웠던 친척 아이; 니사의 두 번째 남편이었던 차의 어머니; 어려서 죽은 니사의 셋째 딸.

베사(Besa) 남자 이름. 니사가 어린 시절 어울려 놀았던 남자 아이 가운데 한 명; 니사

의 네 번째 남편. 니사가 임신했을 때 그녀를 버리고 떠나서 나중에 이혼했다.

베이(Bey) 여자 이름. 필자에게 "다 말해 주겠다."고 약속해 놓고 그러지 않은 일흔다

섯 살 여성; 니사의 평생 애인인 칸틀라의 부인.

보(Bo) 남자 이름. 니사의 첫 번째 남편; 인터뷰 당시에 니사와 부부였던 그녀의 다섯

번째 남편.

사글라이(Sag//ai) 여자 이름. 니사의 아버지가 둘째 아내로 맞고자 한 여자.

차(Tsaa) 남자 이름. 니사의 두 번째 남편; 니사의 애인 가운데 한 명.

추코(Chu!ko) 여자 이름. 니사의 어머니; 니사의 첫째 딸; 니사의 남편이었던 타셰이

의 어머니.

카셰(Kashe) 남자 이름. 니사의 애인 가운데 한 명.

칸틀라(Kan//a) 남자 이름. 타셰이와 결혼하기 전에 니사는 칸틀라와 그의 부인 베이

와 시험적으로 일부이처 결혼을 했다가 실패했다. 하지만 칸틀라는 평생 동안

그녀의 애인으로 남았다; 니사의 남편이었던 타셰이의 아버지.

케야(!Keya) 여자 이름. 니사의 어린 시절 친구 가운데 한 명.

코카(/Koka) 여자 이름. 니사의 이모.

쿤라(Kun//a) 여자 이름. 니사의 어린 시절 친구 가운데 한 명.

쿰사(Kumsa) 남자 이름. 니사의 남동생.

크사루(Kxaru) 여자 이름. 어려서 죽은 니사의 막내 동생.

크사우(Kxau) 남자 이름. 니사의 아들.

크삼셰(Kxamshe) 여자 이름. 니사의 어린 시절 친구 가운데 한 명.

크소마(!Kxoma) 남자 이름. 필자의 현지 조수.

타사(/Tasa) 여자 이름. 니사의 사촌이자 어린 시절 친구.

타셰이(/¨Tashay) 남자 이름. 니사의 세 번째 남편이자 아이들의 아버지; 필자의 남
편과 동료의 !쿵식 이름.

토마(/Toma) 남자 이름. 필자의 현지 조수; 니사가 어린 시절에 어울려 놀고 싸웠던
사촌; 니사의 어머니가 같이 도망친 애인.

투카(/Tuka) 남자 이름. 니사의 할아버지.

트와(/Twah) 여자 이름. 니사의 남편이었던 베사의 애인.

트위(/Twi) 남자 이름. 니사의 사촌; 니사의 남편이었던 타셰이의 동생이자 니사의 애
인; 동부에서 온 남자로 니사의 애인이 되었으며 베사가 그녀를 버리고 간 뒤
에 그녀를 오빠네 마을로 데려다 준 사람.

티크내이(Tikn!ay) 여자 이름. 니사가 잠시 타셰이와 결혼했을 때 둘째 아내로 들어왔
던 여자.

환틀라(Hwan//a) 여자 이름. 필자의 !쿵식 이름이자 필자에게 이름을 선사한 여자의
이름.

감사말

보츠와나 북서부 도베 지역의 !쿵 사람들
은 나를 비롯하여 수많은 연구자들이 머무는 것을 너그럽게 허락해 주었
다. 그들에게 깊은 감사를 표한다. 그들의 협력 덕분에 현재 빠르게 사라
져 가고 있는 !쿵족의 세계에 관해 그 값을 헤아릴 수 없는 소중한 기록
을 수집할 수 있었다. 나는 자신이 살아온 이야기를 공유하고 내 연구에
참여해 준 !쿵 여성들에게 특히 많은 빚을 졌다. 여성들 한 명 한 명의 이
름을 들어 감사를 표해야겠지만 이는 프라이버시 침해가 될 것이다. 니사
도 그들 가운데 한 명이다.

　도베 지역의 !크소마, ≠투마 !코마, 코펠라 모스웨, 카판제를 비롯한
많은 !쿵 사람들의 도움 덕분에 !쿵족과 함께한 생활이 한층 수월했다.

　나를 장기 연구 프로젝트에 참여하도록 초청하고 내가 연구를 수행하
는 내내 너그러운 마음으로 많이 도와준 어빈 드보어와 리처드 리에게 특

히 감사드린다. 낸시 드보어와 로나 마셜은 현지 조사를 준비하는 과정에서 중요한 조언을 해 주었고, 현지의 동료 연구자였던 패트리샤 그레이퍼, 헨리 하펜딩, 존 엘렌, 미건 비셀, 폴리 와이스너는 내가 현지에 있는 기간과 그 이후에 큰 도움을 주었다. 낸시 호웰, 리, 드보어, 캐롤 워스만 등은 내게 !쿵족에 대한 미출간 자료를 이용할 수 있도록 허락해 주었다.

남아프리카공화국에 있는 동안 리처드 배리엔드, 피터와 아이슬러 존스, 플레밍 라르센, 조지 리그스, 데릭과 베라 홀데인, 레벨 메이슨이 베푼 호의에 기쁜 마음으로 감사를 표한다. 또한 오랜 기간 우리 연구단 일원에게 호의를 베푼 보츠와나 정부에도 빚을 졌다. 그중에서도 보츠와나 국립 박물관의 앨릭 캠벨, 바사르와(산족)개발국의 엘리자베스 윌리, 츠와나 부족 수장인 이사크 우투길레에게 감사한다. 이분들 모두가 지극히 큰 도움을 주었다.

번역, 편집, 집필 과정에서 격려를 아끼지 않은 제롬 케이건, 비어트리스 화이팅, 코라 뒤부아, 어빈과 낸시 드보어, 폴 트레트만, 허버트와 거트루드 필룩, 로라 스미스, 로이스 캐스퍼, 페넬로페 네일러, 로버트 리브먼, 다이앤 프랭클린, 해리 루이스, 데이비드 글로처, 비키 버뱅크, 낸시 랜킨, 벨린다 래스본, 에드나와 제롬 쇼스탁, 루시 쇼스탁, 매릴린 길크리스트, 바바라 마사르에게 감사한다.

해리엇 라이젠, 실리아 길버트, 바바라 시로타, 재닛 머리, 나오미 체이스, 클레어 로젠필드, 게일 마주어, 베스 오설리번, 로라 샤피로 등 많은 여성 작가들은 특히 중요한 지원을 보태 주었다. 앤 뱅크스는 이 책의 주요 부분을 읽고 비평해 주었다. 집필하는 동안에 특별히 많은 도움을 준 수잔 윈체스터, 아눌라 엘리폴라, 칼라 버크, 엘리너 데이비스에게 감사한다. 아울러 일부 집필 기간 동안 버몬트의 은신처를 내 준 조지와 앤 트위첼에게도 감사한다.

일레인 마크슨과 그녀의 동료인 게리 토마도 도움과 격려를 아끼지 않았다. 에릭 워너와 카미유 스미스는 귀중한 편집상의 조언을 통해 이 책을 최종적인 형태로 다듬도록 도와주었다. 아울러 이 책과 관련해 많은 일을 도와준 일리스 토팰리언과 매리 켈리에게, 주석을 정리해 준 캐서린 터디시에게 감사한다.

나는 또한 이 책을 집필하는 동안 데이비드 메이버리-루이스를 비롯한 하버드 대학 인류학과와 피바디 박물관 직원들, 낸시 슈미트를 비롯한 토저 도서관 임직원들이 베풀어 준 호의에 빚을 졌다.

내 첫 번째 현지 여행의 재정 지원은 어빈 드보어와 리처드 리를 대표 수령자로 한 연구 지원금의 형태로 국립과학재단과 국립정신건강연구소에서 제공했으며, 두 번째 현지 여행은 해리 프랭크 구겐하임 재단의 지원을 받았다. 이 재단의 연구 디렉터인 라이오넬 티거와 로빈 폭스와 그분들이 보여 준 열의에 감사한다.

이 작업의 중요한 부분은 래드클리프 컬리지의 번팅 연구소에 머무는 동안에 완성되었다. 패트리샤 그레이엄, 수전 라이먼, 힐다 칸, 도리스 로렌슨, 매리언 킬슨 등 당시 근무하고 있던 행정 직원 여러분이 보내 준 특별한 지원과 격려에 감사한다. 또 나는 이 연구소에 함께 머물던 여러 학자와 예술가들과의 만남을 통해서도 많은 것을 얻었다. 그들의 우정과 모범은 내게 영감을 주었다.

이 책을 작업한 마지막 해에는 국립인문학진흥기금의 지원을 받았다. 나는 기금의 직원 여러분과 아울러, 제안서를 작성하는 데 도움을 준 루이스 램피어, 로버트 러바인, 로버트 레비, 그리고 앞서 언급한 이들에게 감사를 전하고 싶다.

　마지막으로, 현지 조사 경험을 나와 공유한 멜빈 코너에게 가장 깊은 감사를 보낸다. 그의 흔들림 없는 지원과 격려, 그리고 연구와 집필에 대한 조력은 이 책을 현실로 만드는 데 핵심적인 역할을 했다.

이 책『니사―칼라하리 사막의 !쿵족 여성 이야기』를 쓴 마저리 쇼스탁은 애초부터 전문 인류학자는 아니었다. 그는 대학에서 영문학을 전공했고, 의료인류학자인 남편 멜빈 코너Melvin Konner의 현지 조사에 동행해 1969년에 처음 아프리카로 가게 되었다. 이 현지 조사는 1963년부터 1980년까지, 리처드 리와 어빈 드보어를 위시한 다양한 분야의 전문가들 열네 명이 !쿵족을 대상으로 학제 간 연구를 수행한 '하버드 칼라하리 프로젝트'의 일부였다. 쇼스탁은 1975년 한 차례 더 칼라하리를 방문해 니사와의 인터뷰를 보충해서 인터뷰를 총 15건 했는데, 그 인터뷰를 거의 10년에 걸쳐 번역하고 정리한 결과물이 바로 이 책이다.

인류학 민족지[1]로서 이 책은 오늘날까지 고전으로 평가받으며, 특히 미국에서 대학 학부생들의 수업 교재로 널리 읽히고 있다. 한 인류학자는

"지난 20년간 인류학이나 여성학을 공부한 학생들 가운데 이 책을 과제물로 읽지 않은 사람이 단 한 명이라도 있을지 의심스럽다."[2]고 썼을 정도다. 또 대중적으로도 20만 부가 넘게 팔리고, 5개 이상의 언어로 번역되는 큰 성공을 거두었다. 특히 많은 여성 독자들은 자신의 감정과 성욕을 거리낌 없이 표현하는 니사의 말에서 카타르시스를 느꼈으며, 그녀의 기쁨과 고통에 공감했다. 페미니즘 진영에서 열렬한 반응을 보인 것은 말할 필요도 없다. 인류의 역사만큼이나 오래된 수렵채집 사회의 여성이, 서구의 페미니스트들이 추구해 온 자유와 독립과 평등을 상당한 수준으로 누리고 있음을 보여 주었기 때문이다. 많은 사람들은 이것을 선사시대 인간 본연의 모습이 그러했다고 알려 주는 계시로 받아들였다.

니사의 이야기가 이처럼 서구 여성들이 매료될 만한 모습을 띠게 된 데에는 몇 가지 변수들이 기여했다. 첫째는 말할 것도 없이 다른 연구 자료를 통해서도 확증된 !쿵 여성들의 상대적으로 높은 지위와, 니사 개인이 지닌 강렬한 개성일 것이다. 하지만 생애사는 화자와 연구자 간 상호작용의 산물인 만큼 연구자의 의도 역시 중요한 변수다. 우선 저자가 당시 새롭게 부상한 여성운동의 세례를 받고 뚜렷한 여성적 문제의식을 품은 채 인터뷰를 한 사실을 염두에 두어야 한다. 서문에서 저자는 자신이 "!쿵족에게서 서구의 여성운동이 제기한 이슈들에 대한 해답을 찾을 수 있을

---

1. 민족지(ethnography)란 인류학자가 연구하려는 사회에서 1~2년간 현지 조사를 통해 기본 자료를 수집해 그 문화의 여러 측면을 기술한 보고서를 말한다. 정확히 말하면 이 책은 50대의 !쿵족 여성인 니사가 자신이 살아온 이야기를 구술한 '생애사(life history)'와, 니사 이야기의 이해를 돕기 위해 그녀가 속한 !쿵족의 전반적인 생활양식을 설명한 민족지로 이루어져 있다. 생애사는 말 그대로 화자의 경험을 1인칭으로 서술한 기록으로, 인류학 자료로서 그 가치를 인정받고 있다.
2. Meredith F. Small, 이 책의 리뷰, *Natural History*, Feb, 2001.

것"이라 희망했다고 밝혔다. 그는 니사를 비롯한 !쿵 여성들에게 '여성으로 산다는 것'이 무엇인지 가르쳐 달라고 질문을 던졌으며, 니사는 나이 지긋한 아주머니로서 (중립적인 연구자가 아닌) 조카딸에게 인생을 가르쳐준다고 생각하고 이야기를 들려주었다고 한다. 이런 식으로 문화와 인종과 계층을 뛰어넘어, 여성의 보편적 경험에 기초한 여성들끼리의 가상적 연대가 맺어진 것이다.

그리고 저자 개인의 성격과 인터뷰 방식도 결과물에 영향을 끼쳤을 수 있다. 실제로 저자는 관습에 얽매이는 것을 싫어하는 솔직한 성격으로, 인터뷰하는 중간에 종종 끼어들어 단도직입적으로 질문을 던지곤 했다고 한다. 이 책이 나오고 난 뒤 저자는 동아프리카의 한 여성에 대한 책을 쓴 다른 인류학자와 자리를 함께할 일이 있었는데, 그는 세련되고 예절바른 성격의 소유자로 저자와 반대로 인터뷰에서 최대한 개입을 자제하고 화자가 먼저 말을 꺼낼 때까지 참을성 있게 기다렸다고 한다. 그 결과 책 속에 묘사된 인물의 모습은 소심하고 순응적이며 억압된 여성이었다.[3] 만약 니사를 다른 사람이 다른 방식으로 인터뷰했다면 그녀의 이야기가 어떻게 변했을지 궁금해지는 일화다.

니사가 첫 출산을 하는 장면으로 시작되는 첫 장부터 독자들은 그녀의 이야기에 정신없이 빨려 들어간다. 역설적이지만 이는 그녀가 문화적 전형성과는 거리가 먼, 개성 있는 인물이기 때문이다. 솔직히 말해서 니사는 개인적으로 각별히 친하게 지내고픈 사람은 아니다. 그녀는 어이 없을

---

3. Majorie Shostak, *Return to Nisa*, Harvard University Press, 2002, 27쪽.

정도로 방종하고, 욕심 많고 이기적인 면도 엿보이는 데다 시끄럽게 떠들면서 나대고 다니는 여자다. 책에도 나오지만, 저자 자신도 니사의 첫인상이 좋지 않았고 마지막까지도 이것저것 대가를 요구하는 니사와의 관계에 회의를 떨치지 못했다고 한다. 그리고 인터뷰를 번역하고 편집하는 과정에서 니사를 좀더 도덕적이고 호감 가는 인물로 포장하고 싶은 유혹을 강하게 느꼈다고 고백한다.

그래도 확실한 것은, 니사가 타고난 이야기꾼이라는 점이다. 그녀가 걸고 푸지게 들려주는 자신의 이야기는 참으로 생생하고 재미있다. 그뿐 아니라 문화적·공간적 거리를 초월해 읽는 이들의 보편적인 감정선을 건드린다. 이는 니사의 이야기를 번역·편집한 저자의 남다른 문학적 재능, 감수성과 결합해 더욱 빛을 발한다. 저자는 처음 이 책의 원고를 출판사에 보냈다가, 니사의 구술이 "마치 옆집 여자가 하는 이야기 같아서 흥미롭지 않다."는 이유로 퇴짜를 맞았는데, 그래서 오히려 의기양양해졌다고 한다. 칼라하리 사막 한가운데에서, 추장도 위계질서도 부의 차등도 소유물도 거의 없이 살아가는 한 여성의 삶이 옆집 여자의 이야기로 오인될 만큼 보편적인 무언가를 담아 내는 것, 바로 그게 저자가 바라던 바였기 때문이다.[4]

게다가 니사가 들려주는 !쿵 사람들의 삶은 한국 사람들에게 오히려 더 친근하게 다가오는 구석이 있다. 아마 개인의 사생활보다 공동체를 중시하는 전통 사회의 기억이 그리 멀지 않기 때문일 것이다. 물론 성적인

---

4. Majorie Shostak, "What the wind won't take away - The genesis of *Nisa: the life and words of a !Kung woman*", Robert Perks and Alistair Thomson(ed.), *The Oral History Reader*, 1989, 391쪽.

면에서 !쿵 여성들이 우리 전통 사회의 여성들과는 비교도 안 되게 자유롭기는 하지만, 이를테면 싸움판에 온 마을 사람들이 끼어들어 이러쿵저러쿵 거든다든지, 한 이부자리에서 아이들을 끼고 자고 내내 업고 다니며 떼를 써도 너그럽게 보아 넘긴다든지, 결혼을 하고 부모가 되면 이름 대신에 '누구 아버지' '누구 어머니'로 부른다든지, 개인의 특출한 능력을 드러내는 것을 좋지 않게 본다든지 하는 관습은 불과 한 세대 전까지만 해도 한국인에게 친숙했던 것들이다.

우리에게 !쿵족은 영화 〈부시맨〉에서 콜라병을 주워 들고 신기해하는 '순진무구한 야만인'의 모습으로 기억에 남아 있다. 사실 이는 서구인들이 예로부터 수렵채집민들을 묘사해 온 두 개의 고정관념 중 하나다. 식민 초기인 17세기까지만 해도 백인들의 눈에 !쿵 사람들은 식민 세력에 거칠게 저항하고 야밤에 농장을 습격하는 '피에 굶주린 야만인'이었다. 백인들은 코만도 부대를 투입해 !쿵 사람들을 닥치는 대로 사냥하거나 노예로 삼았고, 마침내 그들을 완전히 제압했다고 판단한 18세기 말 무렵부터 !쿵족에 대한 묘사는 180도 변모했다고 한다. '서로 평등하고 소유욕이 없으며, 천성이 온순하고 평화스러운 사람들'이 된 것이다. 이는 얼핏 호의적으로 들리지만, 정복자가 지배를 정당화하기 위해 피정복민을 묘사하는 전형적인 술어들이기도 하다.[5]

많은 인류학자들이 !쿵족에 주목하는 이유는 우선 이들이 지구상에

5. Mary Louise Pratt, "Fieldwork in Common Places", James Clifford & George E. Marcus, eds, *Writing Culture: The Poetics and Politics of Ethnography*, University of California Press, 1986, 46~47쪽.

몇 남지 않은 수렵채집 사회의 일원이며, !쿵족의 유전적 다양성과 특유의 흡기음이 포함된 광범위한 음역의 언어로 미루어 이들이 아프리카에서 기원한 인류의 가장 오래된 조상의 직계 후손일 가능성이 높다고 보기 때문이다.[6] 그런데 문화적으로도 이들이 선사시대 인류의 생활상을 그대로 간직하고 있다고 가정하면, 동시대를 살아가는 !쿵 사람들을 '살아 있는 화석'으로 취급하는 문화진화론적 함정에 빠지기 쉽다. 그러나 실상은 다른 토착민들과 마찬가지로 !쿵 사람들도 과거 수백 년간 식민주의에 짓밟히고, 살던 땅을 빼앗기고, 정치적 분쟁의 틈바구니에서 희생된 것이다. 저자를 비롯해 1950~1960년대 '하버드 칼라하리 프로젝트'에 참여했던 학자들은 !쿵족에 대한 선구적인 연구를 통해 귀중한 자료들을 수집했고, '부시맨'이라는 명칭을 폐기하는 등 과거의 인종적 편견과 결별하려고 의식적으로 노력했다. 하지만 그들은 문화진화론적 관점에서 완전히 벗어나지 못했고, 심지어 앞서 말한 인종적 고정관념을 일정 부분 계승했다는 비판을 받기도 했다. 한 문화이론가는, 그들이 한편으로는 !쿵족이 과거 서구 제국주의에 입은 피해를 인식했으면서도 다른 한편으로는 !쿵족을 역사의 때가 묻지 않은 순수한 존재로 이상화하는 모순에 빠졌다고 지적했다.[7]

이 책 역시 그런 모순을 보이는 데에서 예외는 아니다. 저자는 에필로그에서 !쿵족이 과거 수천 년간 반투족 및 유럽인과 접촉해 온 역사를 언

---

6. 로버트 윈스턴 외 지음, 김동광 옮김, 『인간』, 사이언스북스, 2006, 424쪽. !쿵족(일명 부시맨)이라는 인종 범주 자체가 19세기 이후의 발명품이며, 식민주의가 만든 정치경제적 상황의 산물이라고 주장하는 학자들도 있다. 자세한 논의는 Edwin N. Wilmsen, *Land Filled with Flies: A Political Economy of the Kalahari*, University of Chicago Press, 1989 참조.
7. Mary Louise Pratt, 앞의 글, 48쪽.

급하면서도, 서론에서는 !쿵족이 경험해 온 문화적 변동을 "미약한 것"으로 치부하고 "오늘날 !쿵족 여성들의 삶이 어떠한지를 밝히는 연구는 아마도 지난 세대 수천 년 동안 그들의 삶이 어떠했는지를 반영해 줄 수 있을 것"이라고 단정한다.

(에필로그에 간략하게 소개되긴 하지만) 니사의 이야기에서 그녀의 경제 활동이나 바깥세계와의 접촉, 그리고 !쿵족을 둘러싼 동시대의 정치 상황과 사회 변화 등이 거의 생략되어 있다는 점도 특기할 만하다.[8] 나중에 저자 자신도 인정했듯이, 사실 니사는 10대에 처음 헤레로 사람들과 접촉한 이후로 다시는 순수한 수렵채집 생활로 돌아가지 않았다. 물론 황야에서 채취한 식량에 많이 의존하긴 했지만, 평생 헤레로 목축민들 주변을 맴돌면서 살아온 것이나 마찬가지다.[9] 하지만 니사의 구술에서 그녀가 백인 집에서 가정부로 일한 경험이나 !쿵 남성들이 헤레로 마을에서 소몰이꾼으로 일하는 관행 등에 대해서는 지나가는 말로만 언급될 뿐 구체적인 설명이 없다. 그리고 채집이나 육아, 가사 등 생계를 꾸리기 위해 영위해 온 노동 역시 그녀의 인생 이야기에서 빠져 있다.

한 평자는 니사의 이야기를 두고 "순전히 감정과 감정이 촉발한 행위만으로 이루어진 세계다. 이 점 때문에 니사는 실제로 독립적인 생활 능력을 갖춘 여성임에도 마치 무책임한 사춘기 소녀 같은 인상을 준다."고 지적하기도 했다. 한 페미니스트 인류학자는 이 책이 순전히 사적이고 심리적인 면에 초점을 맞춘 여성용 자기계발 서적과 비슷한 구성을 띠고 있

---

8. Micaela di Leonardo, *Exotics at home: anthropologies, others, American modernity*, University of Chicago Press, 2000, 275쪽: Margo Jefferson, "Field Tripping",이 책의 리뷰, *Nation*, January 2-9, 1982, di Leonardo의 책 285쪽에서 재인용.

9. Marjorie Shostak, *Return to Nisa*, 191~192쪽.

으며, 미국의 독서 시장에서 그토록 큰 호응을 받은 이유가 정치나 경제에 대해 근본적으로 무관심한 미국 중산층 독자들에게 어필했기 때문이라고 냉소적으로 꼬집기도 했다.[10]

그러나 이런 섬세한 비판 이전에, 오랜 세월 무시된 채 이중 삼중으로 배제되어 온 토착민·문맹자·여성의 목소리를 전면에 드러냈다는 것만으로도 이 책은 큰 의미를 가진다. 특히 여성 입장에서 구술한 생애사로서 이 책은 거의 선구적인 위치에 있다. 또 저자가 백인 특권층으로서의 자의식이나 자기성찰에 둔감한 것도 아니다. 현지인과 인류학자의 미묘한 권력 관계를 이처럼 섬세하게 묘사한 글은 보기 드물다. 이 책 서론에는 저자를 비롯한 인류학자들이 !쿵 사람들의 바람대로 담배를 나누어 줄 것인가, 인터뷰에 응한 대가로 돈을 주어야 하는가 말아야 하는가를 놓고 고민하는 모습이 잘 나타나 있다. 특히 저자 일행이 밤중에 가우샤에 도착해 니사 부부와 처음 대면하는 장면은 한 편의 블랙코미디다. 여기서 저자는 고유문화의 보존을 대변한다고 하면서도 한편으로는 오염시켜 놓는 (백인) 인류학자의 딜레마와 죄의식을 예민하게 반영하고 있다.

개인적인 차원에서도 저자는 자신이 니사를 비롯한 !쿵 사람들과 덜컹거리면서 관계를 발전시켜 나간 과정을 보여주고, 그러면서 자신이 느낀 갈등과 회의, 저지른 실수까지 고스란히 털어놓는다. 서로 불평등한 관계에 놓인 연구자와 화자가 둘 사이에 존재하는 경계를 넘는border-crossing 과정을 밝히는 것 자체가 구술생애사 연구의 중대한 작업 가운데

---

10. Micaela di Leonardo, *Exotics at home*, 275~276쪽. 따옴표 안의 내용은 Phoebe-Lou Adams, 이 책의 리뷰, *Atlantic*, December 1981, 92쪽, di Leonardo의 책에서 재인용.

하나이므로,[11] 이는 단순히 재미로 덧붙인 에피소드가 아니라 니사의 구술이 행해진 맥락을 이해하는 데 중요한 역할을 한다.

니사와 저자의 안부가 궁금한 독자들을 위해 후일담을 간략히 소개한다. 쇼스탁은 약속대로 출판 수익금의 일부를 니사에게 보내 주었고, 니사와 보는 그 돈으로 새끼 밴 암소 다섯 마리를 샀다. 그 소들이 불어나서 니사 부부는 인근 !쿵 사람들 가운데 가장 부유한 축에 들게 되었다. 하지만 니사가 맡아 기르던 조카들은 친부모인 동생네가 도로 데려가 버려서, 두 부부는 의지할 피붙이 없이 소들을 자식 삼아 지내고 있다. 큰조카인 누카는 이제 시집가서 아기까지 낳았는데, 니사를 친어머니처럼 여겨 모시고 살려고 해도 남편이 달가워하지 않아 자주 찾아오지 못한다고 한다. 니사는 늙고 병약해진 오라버니를 모셔와 가까이 살고 있지만, 남동생하고는 싸워서 서로 소원한 사이가 되었다. 그는 니사가 소를 나누어 주지 않는다고 화가 난 데다, 부인이 다른 남자와 눈이 맞아서 도망가 버리는 바람에 마음고생을 많이 했다.

한편 저자는 남편과 함께 에모리 대학에서 교편을 잡았으며, 삼남매의 엄마가 되었다. 『니사』를 펴내고 몇 년 뒤에 그녀는 유방암 진단을 받고 큰 수술을 받았다. 그리고 1989년 13년 만에 다시 칼라하리 사막을 찾아 !쿵 사람들과 만나고 니사와도 재회했다. 이때 니사는 저자의 부탁으로 그녀에게 치유 의례를 주재해 주었고 마지막 인터뷰에도 응했는데, 책에 실린 이야기의 일부 내용을 번복하기도 했다.[12]

---

11. 윤택림, 『인류학자의 과거 여행—한 빨갱이 마을의 역사를 찾아서』, 역사비평사, 2003, 54~55쪽.

저자는 그 후에도 암 투병을 계속하다 1996년에 숨을 거두었다. 니사는 그 이듬해에 저자의 부음을 듣고 "그이가 준 소들이 전부 죽어 버렸는데 이제 왜 그랬는지 알겠다……. 하느님이 내 딸을 거두어 가서 내 눈을 멀게 했다."며 슬퍼했다고 한다. 저자의 남편과 친구들은 그녀가 남긴 유고를 정리해, 니사와 재회한 이야기를 담은 이 책의 후속편(『Return to Nisa』)을 2000년에 펴냈다.

쇼스탁은 사진작가로서도 재능이 탁월했는데 이 책에 실린 !쿵 사람들의 사진들 역시 저자가 직접 찍은 것이다. 덧붙이자면 이 책의 표지를 장식한 사진 속의 여인은 니사가 아니라, 저자에게 이름을 준 환틀라의 동생 타사다. 그녀는 1989년 저자가 마지막으로 현지를 방문하기 몇 년 전에 병으로 세상을 떠났다고 한다.[13]

그렇다면 !쿵 사람들의 현재 모습은 어떠할까? 저자가 현지를 마지막으로 방문한 1989년 당시에 이미 순수한 수렵채집 생활을 유지하는 !쿵 사람은 거의 찾아보기 어렵게 되었다. 대부분은 짚풀 오두막 대신에 튼튼한 흙집을 짓고 정착해 가축을 치고 농사를 짓기 시작했다. 사냥 기술을 지닌 세대는 많이 줄어들고, 영어를 할 줄 알고 근대식 교육을 받은 새로운 세대가 생겨났다. 음주와 그로 인한 폭력이 문제가 되기 시작했고 정부의 배급에 의존하는 횟수가 늘어났다.

1997년에 보츠와나 정부는 !쿵 사람들을 칼라하리 사막 바깥의 정착

---

12. 예를 들어 니사는 자기가 베사와 정식으로 결혼한 적이 없으며, 낳았던 자녀의 수가 네 명이 아니라 세 명이라고 말했다. *Return to Nisa*, 191쪽.
13. 이상의 뒷이야기는 *Return to Nisa*를 참조했다.

촌으로 강제 이주시켰다. 정부는 전염병, 야생동물 보호, 근대화 등을 명분으로 내세웠지만, 인권 단체들은 정부가 이 지역에서 다이아몬드 광산을 개발하려 한다는 의혹을 제기했다. 이주 과정에서 군대와 폭력이 동원되었고, 새로운 정착촌에서는 많은 사람들이 알코올 중독과 에이즈와 향수병으로 고통 받았다.

!쿵 사람들은 2002년에 보츠와나 정부를 상대로 소송을 제기해 2006년 12월에 마침내 승소 판결을 받아 냈다. 이는 !쿵 사람들이 자신들의 운명을 개척하기 위해 스스로 행동해 얻어 낸 승리라는 점에서 의미 있는 사건이었다. !쿵 사람들은 이웃한 헤레로나 츠와나족에게도 인간 이하의 대우를 받았고, 백인이 정점에 있는 위계질서의 최하층에 위치했기에 오랫동안 정치적 목소리를 거의 갖지 못했기 때문이다.

하지만 그것으로 싸움이 끝난 것은 아니다. 보츠와나 정부 당국은 소송을 제기한 100여 명에게 귀향만 허락하고 가축 등을 데리고 가는 것도 금지해 아직도 대부분 사람들이 칼라하리로 돌아가지 못하고 있는 상태다. !쿵 사람들은 토착민 인권 단체와 인류학자들의 도움을 받아, 자신들의 미래를 스스로 결정하기 위한 정치적 약속을 얻어 내고자 계속해서 노력하고 있다.

이 책을 처음 접해 출판사에 소개하고 옮기고 마침내 펴내기까지 오랜 시간이 걸렸다. 그 사이에 내 신상에도 많은 변화가 생겼다. 나는 인류학 공부를 포기했고, 이 책을 펴낸 편집실에서 책 만드는 일을 배웠고, 그런 다음 풋내기 번역가가 되었고, 마지막으로 풋내기 엄마가 되었다.

저자는 이 책을 끝맺으면서 "!쿵 사람들의 세계와 니사가 그것을 바라

보는 방식은, 내 삶의 모든 경험을 채색하고 풍부하게 살찌웠다."고 썼다. 그리고 훗날까지도 "우정, 결혼, 섹스에 대한 태도, 이혼, 여가 등과 관련해서도 !쿵 사람들의 방식이 내 기준이 되었다. 나는 '그들이라면 뭐라고 할까.' 하고 스스로에게 되묻곤 했다. 마치 !쿵 사람들의 문화와 니사와 나눈 대화가 이성을 초월하여 내 속에 있는 무언가를 건드린 것 같았다."고 고백했다. 그는 !쿵 여성들의 경험을 이해하기 위해 출산할 때에도 일체의 약물 투여를 거부하고 장시간 진통을 견뎠으며, 수시로 젖을 물리고 아기와 한 이부자리에서 자며 출산 터울을 3∼4년씩 길게 두는 !쿵식 관습을 따랐다고 한다.[14]

그 정도까지는 아니더라도, 나 또한 이 책을 오래 붙들고 있는 동안 내가 경험하는 일들과 살아가는 방식을 !쿵 사람들의 삶에 비추어 보는 습관이 생겼다. 특히 아기를 낳아 키우면서 나는 이 책을 다시 펼쳐 보게 되었다. 사실 나는 별로 주관이 뚜렷하지 못한 초보 엄마로서, 이를테면 젖 물고 잠든 아기의 모습에 애틋해하다가도, 젖 물려 재우지 말고 '수면 교육'을 시켜야 한다는 소아과 의사의 충고에 내가 아기를 임기응변식으로 무절제하게 키우고 있는 건지 불안해지곤 했다. 그런데 '태어나서 3년 동안 밤이나 낮이나 엄마의 가슴에 매달려 지내며, 한 시간에도 몇 번씩 배고플 때마다 젖을 무는' !쿵 아기들과, '태어나서 첫 몇 년간 쏟아 붓는 아낌없는 사랑이야말로…… 안정된 아이로 키우는 힘임을 알고 있는' !쿵 엄마들에게서 큰 위안을 받았다. 무엇보다도 !쿵 엄마들의 방식은 그 어떤 육아서나 전문가의 충고보다도 내 마음을 편하게 해 주었다. 과연

---

14. *Return to Nisa*, 234∼235쪽.

그게 엄마로서의 내 본능이 수렵채집 시대에 맞춰 진화했기 때문인지, 정말로 !쿵 사람들이 그 먼 과거의 인류 모습을 반영하고 있는지는 알 수 없지만, 그렇게 믿고픈 유혹을 뿌리치기란 힘들다.

하지만 !쿵족의 육아 방식 전부가 본받을 가치가 있다거나 인간 본성에 부합한다고 할 수는 없다. 우선 초유를 짜서 버리는 관습은 과학적으로 반박할 여지가 많다. 그리고 10킬로그램 정도 나가는 아기를 업고 버스 한 정거장 거리만 걸어도 어깨가 빠질 것 같은 나로서는, '아이를 업은 채로 3~20킬로미터에 이르는 거리를 걷고, 돌아오는 길에 약 7~15킬로그램의 채소를 짊어지고 오는' !쿵 엄마들의 노동 강도는 도저히 흉내 낼 엄두가 나지 않는다. 또 어린 자녀를 저세상으로 보낼 때마다 매번 말로 다할 수 없는 고통을 겪으면서도 아이들에게 아낌없이 사랑을 퍼붓는 !쿵 부모들에게는, 같은 부모 입장에서 깊은 공감과 더불어 연민을 느낄 수밖에 없다. 그러니 우리는 !쿵 사람들이 사는 방식을 특별히 이상화하거나 폄하할 필요 없이, 각자 공감이 가는 부분에 대한 통찰을 얻어 가면 족할 것이다. 인류가 살아온 방식은 한 가지가 아니며, !쿵 사람들이 사는 방법 또한 가능한 수많은 삶의 양태 가운데 하나일 뿐이다.

니사의 구술 부분은 !쿵 말을 영어로 옮긴 것을 다시 한국어로 옮긴 중역이므로, 원래 말의 색채와 뉘앙스에서 얼마나 많이 멀어졌을지는 그저 짐작해 볼 수 있을 따름이다. 원래 구술을 들어볼 길이 없고 설사 들을 수 있다 해도 해독할 능력이 없으므로, 이왕이면 우리 시골 할머니들이 이야기하는 것처럼 자연스러운 한국어 구어에 최대한 가깝게 옮기려고 애썼다. 근대식 교육의 영향을 받지 않은 여성들의 입말을 자연스럽게 표현하는 방법, 특히 어미를 어떻게 처리할지에 대해서는 '뿌리깊은나무'에서 나온 '민중 자서전' 시리즈의 여성 구술사들을 참고했다. 하지만 따옴표 속 대화체의 어미를 어떻게 처리할지, 특히 남녀 간의 대화에서 높임말을 어떻게 배치해야 할지는 여전히 고민스러웠다. 우선 !쿵족은 보통 부부 사이에 나이 차이가 열 살 이상 난다는 점을 고려해서 니사 부모님의 대화와 니사의 결혼 초기까지 남편의 말을 반말, 부인의 말을 존댓말로 옮겼다. 하지만 니사가 자녀를 낳고 나이가 들수록 부부 간에 서로 반말을 쓰는 빈도를 높였고, 부부가 아닌 애인과 주고받는 말은 대부분 반말로 처리했다. 또 한 가지 옮기기 곤혹스러웠던 것은 자주 등장하는 노골적인 성적 표현이었다. 특히 우리말에 성행위sex나 여성 성기genital를 가리키는, 너무 저속하지도 고색창연하지도 않은 중립적인 구어체 표현을 찾기가 힘들어 골머리를 앓았다. 대체할 수 있는 비슷한 말을 찾아보려고, 국어사전과 유의어사전에서 '씹'과 '보지'라는 표제어를 한 서른 번 정도 들춰본 것 같다. 결국 그때그때 맥락에 비추어 이만하면 적당하다 싶은 표현을 써서 절충했는데, 그 결과 영어 원고에 비해 표현이 대체로 완곡해졌지만, 몇몇 부분은 오히려 한층 원색적으로 되기도 했다.

하지만 그럼에도 어색한 부분들이 있다. 그중 일부는 아마 저자가 주석에서 소개한 !쿵 말의 관용 표현을 직역한 대목일 것이다. 예컨대 구술 중간에 "살고 또 살았어.(lived and lived.)", "울고 또 울었어.(cried and cried.)"처럼 "~하고 ~하고 또 ~했어." 하는 식으로 반복되는 어구들이 계속 등장하는 것을 들 수 있다. 저자가 2장의 1번 주석에서 밝히고 있듯이, 이는 !쿵 사람들이 말하면서 자주 쓰는 표현이다. !쿵족처럼 구술 전통이 강한 사회에서는 이야기 중간에 이처럼 관습적인 반복어구가 나타나는 일이 흔하다. 실제 구술에서 니사는 "살고 살고 살고 살고…… 또 살았어." 하는 식으로 더욱 길게 늘여서 말하곤 했다고 한다. 니사의 이야기에서 이 표현은 일상적인 시간의 경과를 나타내거나, 두 개의 이야기를 잇거나, 생각을 정리하는 구실을 한다. 하지만 영어(더불어 한국어)로 옮겼을 때는 !쿵 말에서처럼 효과가 살지 않고 단조로운 느낌을 주는 탓에, 저자는 이 중 일부만 남기고 상당 부분을 "시간이 흘렀어." 또는 "그러고 계속 살았어." 같은 다른 표현으로 대체했다고 밝히고 있다.[15]

그러나 그런 사정과 관계없이 어색한 부분들도 역시 있을 터인데, 이는 순전히 옮긴이의 역량이 부족한 탓이다. 이에 대해 미리 독자 여러분들의 용서와 양해를 구한다. 끝으로 이 책이 세상에 나올 기회를 선사하고 굼벵이 번역이 끝날 때까지 참을성 있게 기다려 주신 삼인출판사의 홍승권 부사장님과, 이상한 부분을 눈 밝게 지적하고 더 자연스러운 한국어 표현을 제시해 원고의 질을 끌어올려 주신 편집부 김종진 씨, 그리고 숙련된 손길로 글에 아름다운 책의 꼴을 입혀 주신 양경화 과장님께 감사드린다.

---

15. Marjorie Shostak, "What the wind won't take away", 앞의 책, 390쪽.